建筑公司战略管理

(第二版)

曾肇河 著

中国建筑工业出版社

图书在版编目（CIP）数据

建筑公司战略管理/曾肇河著. —2版. —北京：中国建筑工业出版社，2012.2
ISBN 978-7-112-13863-0

Ⅰ.①建… Ⅱ.①曾… Ⅲ.①建筑企业-工业企业管理 Ⅳ.①F407.96

中国版本图书馆CIP数据核字（2011）第253748号

　

　

建筑公司战略管理
（第二版）

曾肇河　著

*

中国建筑工业出版社出版、发行（北京西郊百万庄）
各地新华书店、建筑书店经销
北京红光制版公司制版
北京建筑工业印刷厂印刷

*

开本：787×1092毫米　1/16　印张：21¾　插页：8　字数：554千字
2012年5月第二版　　2012年5月第三次印刷
定价：68.00元
ISBN 978-7-112-13863-0
（21617）

版权所有　翻印必究
如有印装质量问题，可寄本社退换
（邮政编码　100037）

内 容 提 要

本书根据作者近年来在经营管理方面一些新的探索以及最新的国内、国际宏观经济形势和行业动态修订而成，深化了第一版书中内外部环境分析、战略执行、绩效考核等相关内容，并增加了近年来新出现的战略管理理论、"设计-建造"（DB）模式和"建造—移交"（BT）模式、"大客户管理"等相关内容。

全书共 4 篇 12 章，从战略管理理论、方法与原则，战略管理领导、组织与运营，外部环境分析，内部资源分析，战略目标选择，策略选择，中长期计划编制，年度预算编制，资源管理，变革管理，战略风险管理，绩效考核等多个方面进行深入讨论，不但介绍了战略管理的原则与方法，而且结合中国建筑公司实际与国际惯例，给出了建筑企业战略管理的大量实例，对中国建筑公司的战略管理具有重要的理论和实践指导意义。

本书可作为从事建筑公司战略管理、规划及预算管理等部门人员和政府相关管理部门管理人员、高等院校相关专业师生参考。

责任编辑：尹珺祥　咸大庆　岳建光
责任设计：李志立
责任校对：张　颖　赵　颖

第二版前言

经过多年的积累和辛勤写作，在众多同事和朋友的关心与支持下，拙作《建筑公司战略管理》于2005年由中国建筑工业出版社正式出版。该书面世后，受到了读者的广泛好评，曾多次加印。我所在公司的许多同事和行业内的一些专业人士也告诉我，他们认真阅读了这本书，从中获得了很多有益的启发，对于提升本单位的战略规划管理工作有很大帮助，这使我感到非常欣慰。

时光荏苒，转眼六年过去了，在此期间，中国经济、中国建筑业以及中国的建筑企业都发生了巨大的变化。我所在的中国建筑工程总公司也取得了令人瞩目的成绩：公司营业收入由2005年的1160亿元上升到2010年的3700多亿元；利润总额由2005年的30亿元上升到2010年的近200亿元；公司整体重组改制设立的中国建筑股份有限公司2009年7月在A股成功上市，募集资金501.6亿元，成为当年全球最大的IPO之一；公司自2006年首次跨入世界500强后，排名不断上升，最新排名已达到147位，排名四年上升了300多位。

六年来，我所在公司的业务结构也发生了很大的变化，在继续巩固和发展传统的房屋建筑业务的基础上，公司基础设施建设与投资以及房地产开发业务也得到了较快的发展，公司承接项目的体量不断扩大，管理水平也有了很大的提高。公司业务领域也更为宽广，新的业务模式不断涌现。这一切促使我不断地去学习和思考，对于建筑公司战略管理的认识也有了进一步的升华，同时也使我越来越强烈地希望将我六年来的所见、所学和所想与广大读者、各位同事和朋友分享，于是我有了重新修订《建筑公司战略管理》这本书的想法。

经过认真地分析，我认为原书的框架和所论述的方法还是比较实用的，决定不对原有架构做大的调整，重点在内容上进行深化，特别是增加了近年来我所在公司在经营管理方面一些新的探索，这也是本次修订的重点内容。按照这一想法，本次主要修改完善了以下内容：

一是根据最新的国内、国际宏观经济形势和行业动态，对原书中内外部环境分析的相关内容进行了补充和更新，使之更加贴近今天的现实。

二是结合建筑行业的特点，介绍了近年来新出现的战略管理理论（如蓝海战略）在建筑行业的具体应用。

三是增加了在国内外建筑领域越来越多采用的新业务模式的介绍，包括"设计—建造"（DB）模式和"建造—移交"（BT）模式等，以及在"市场营销管理"部分增加了近年来我们开展"大客户管理"的做法。

四是在"战略执行"部分增加了一节"项目管理"的内容，重点介绍了我们在合约管理、项目精细化管理等方面的最新实践。

五是在"绩效考核"部分介绍了我们结合建筑行业特点，改进和完善营销奖励办法，实行项目风险抵押承包制等方面的情况。

此外，本次还对各章节的相关内容进行了补充和完善，在此就不一一赘述了。

在本书修订的过程中，李学冰、肖毅等同事协助完成了资料收集、整理工作，在此特别致以谢意！中国建筑总公司总部和子公司的许多领导、同事及有关方面给予了大力的协助。我在清华大学 MBA 班的同学和中央党校第 22 期一年制中青班的同学，以及其他朋友给予了热情的鼓励和帮助，恕我不能一一列出名字，在此一并表示感谢！我在工作和学习上取得的一点成绩，离不开家人的支持，在此我也要向她们表示我最真挚的谢意！

我衷心希望曾读过 2005 年版《建筑公司战略管理》和第一次接触本书的各位朋友，都能够在阅读本书的过程中有所收获，那将是对我的辛苦和努力的最大奖赏。同时，由于水平有限，书中的错漏之处依然难免，恳请各位读者和同事、朋友多多批评指正。

曾肇河

2011 年 11 月 8 日

第一版前言

从 1984 年进入中建总公司总部开始，从事战略制定与管理工作已经二十年有余了，回想着二十年的工作经历，是一个不断进行实践探索和理论学习的过程，其间既充满艰辛，也有许多心得体会。

我是恢复高考后，于 1977 年第一批考入大学的。在大学中学习的是建筑工程专业。毕业后，分配到中建一局四公司，主要从事工程技术工作，还写了一本《高层建筑外脚手架》的小册子，由中国建筑工业出版社出版后，颇受欢迎。工作三年后，调到中建总公司计划财务部转行从事经济工作，经历了从统计员、计划员到副处长、处长、部门副经理这样一个成长过程。

企业管理的浓厚兴趣始于大学二年级，在之后的工作中，对管理理论与公司实践相结合的探索，二十多年来从未中断。早在 1984 年调入中建总公司总部后，为了满足工作的需要，对在市场经济条件下我国企业跨国经营管理作了广泛深入的对比研究，对美国、英国、德国、日本的跨国公司经营、计划和财务管理运作方式，进行了多层次多角度的分析比较，为建立和完善我国跨国公司的经营管理方法制度，进行了有益的尝试，在工作中也取得了一定的成效。公司战略管理一直是我学习研究探索的主要方面。撰写了中建总公司"七五"（1986～1990 年）计划期间经营状况分析，中建总公司"八五"规划（1991～1995 年）纲要及计划指标，并组织制订每年的年度计划。提出了立足国内，发展亚太，拓展劳务，收缩中东北非，探索欧美等一系列战略目标策略，受到中建总公司领导的充分肯定，以及广大员工的拥护。经贯彻实施后，为中建总公司进入良性循环，并为获得新的发展奠定了基础。

1994 年，受命去香港工作，担任中建总公司在香港的全资子公司中国海外集团董事、副总经理，兼任在香港上市的中国海外发展公司的执行董事及财务总监。当时的香港，正处在经济的低潮向高潮演变的过程，到1997年时，房地产发展到最高潮，香港经济迅速腾飞，公司的业务也蓬勃发展，处在发展的黄金时期，集团资产总值超过200亿港元，上市公司股票市值370多亿港元。但是1997年亚洲金融风暴无情地袭击了香港，股市暴跌，楼市下降六七成，当时公司仿佛是坐在一座财务冰山上，正在从北极移到南极，但是还没有到赤道，资产不断地融化。面对这样的情况，大家及时总结过往正反多方面的经验教训，并于1998年初制定了三年调整规划纲要及计划（1998~2000年），确立了安全运行、稳步发展的战略目标、方针、策略，以及若干战略措施。之后，集团公司全体员工迎战一个又一个困难，在汹涌澎湃的金融风暴浪潮中，坚定不移地贯彻执行，最终渡过了难关。这段经历更使我刻骨铭心地认识到了战略管理的极端重要性。

2001年初，又被调回北京的中建总公司总部工作，还是分管战略、预算、投资、融资、资金、财务、会计、统计、法律工作。中建总公司是一个横跨建筑、地产行业，在全球多个国家经营的超大型国有企业，制定科学合理的战略，凝聚全体员工的力量，打造一个全球最优秀的建筑地产公司，是我进行战略管理的梦想。2002年，在中建总公司党组和总经理的领导下，经过大量深入基层的调研工作，全面分析了中国建筑业、国际承包市场的竞争态势、国有建筑企业面临加入WTO的新形势，借鉴国外大型承包商的经营管理模式，具体组织领导了中建总公司"十五"（2001~2005年）规划纲要及计划、年度预算的起草、编制工作，确定了战略目标、策略，以及一系列重大战略措施。经过中建总公司全体员工的奋力拼搏，取得了令人鼓舞的成绩。截至2004年底公司资产总值921亿元，2004年实现新签合同额1262亿元，营业额972亿元，利润总额、净利润分别达到25.5亿元、10.1亿元。与2000年相比，合同额、营业额翻了一番，利润总额、净利润分别增长了6倍和21倍，净资产收益率全面超过了我国建筑企业平均水平。这些成绩的取得，中建总公司的战略管理发挥了极其重要的作用。

我曾在香港学习了澳大利亚梅铎大学的财务工商管理硕士（MBA）课程，回到北京后，又参加了清华大学首届高级工商管理硕士（EMBA）的学习，这些理论学习加上公司的实践，使我对战略管理有了更深的理解。

目前国内、国外关于战略管理的书很多，但是关于大型建筑公司战略管理的书籍并不多见，所以一直希望能够将多年从事战略管理的经验体会、学习中的一些收获，整理出来，与更多的同行分享、探讨，也算是对这些年从事公司战略管理工作的一个小结。时代在发展，环境在变化，战略管理也将随之变化，由于我水平、经历、视野所限，书中定有许多不当之处，还望读者不吝赐教。此外，十多年前，曾写过一本类似的书，因某种原因未能付梓，随着岁月的流逝，因年代不同，不同章节语言风格可能有不尽契合之处，敬请读者见谅。

本书的思想、观点的形成和发展，都是在中建总公司、中海集团的领导、同事们共同探讨、学习、研究过程中产生的，也可以说是集体智慧的体现。尤其是孙文杰总经理，十多年来我一直在他领导的集体中，分管公司战略管理工作，一些战略思想是在他的倡导下形成的，是在他的强有力推动下，使战略规划得以执行的，在此深表感谢！我在清华大学就读 EMBA 期间，受到了廖理教授、陈国权教授、宁向东副教授、王一江副教授、狄瑞鹏博士等老师的谆谆教诲，特别是我的论文指导老师夏冬林教授更是给予了许多指导，在此同样深表感谢！我还要感谢我的朋友滕威林先生、李山博士、黄杰台博士、任宏博士、黄强先生、陈祥福博士、于上游先生、曹宗苓女士、张锦女士，一直以来对我的关心和帮助。

我还得到了杜书玲、薛克庆、秦玉秀、李百安、刘颖、赵章平、陈晓峰等同事为本书许多方面的写作提供的热情协助和鼓励，在此深表谢意！另外，杨栋、毛磊、梅建国、孙震、李学冰等为本书做了大量资料收集、整理工作，在此特别致以谢意！除此之外，在本书的写作过程，总部与子公司的很多其他领导、同事也在各方面给予了大力的协助，在此一并表示感谢！

探索的道路尽管崎岖而漫长，但研究的历程上也充满乐趣。我感到美好的读书年华是属于年轻人的，而我已年近半百，渐有岁月蹉跎之感。但时代不同了，必须终生学习，所以我少壮虽努力，老大仍奋进。妻子在生活中给予了我无微不至的照顾，女儿以优异的成绩考取了清华大学经济管理学院，我们还成了同一学院的父女同学，一时传为佳话。这些也是我在探索的道路上不断前进的强大动力和对我的无私支持,在此我也要向她们表示我最真挚的谢意,和她们一起分享研究探索的成果给我带来的欢乐!

曾肇河

2005 年 3 月 28 日

目　录

第一篇　总　论

第一章　战略管理理论、方法与原则 ······ 2
1.1　引言 ······ 2
1.2　战略管理的原则 ······ 3
1.2.1　主观与客观统一的原则 ······ 3
1.2.2　全局与局部统筹的原则 ······ 5
1.2.3　当前与长远兼顾的原则 ······ 6
1.2.4　投入与产出匹配的原则 ······ 7
1.2.5　积极可行与综合平衡结合的原则 ······ 8
1.2.6　适时调控与平稳运营协调的原则 ······ 10
1.3　战略管理的基本方法 ······ 11
1.3.1　PEST 方法 ······ 11
1.3.2　五力分析法 ······ 11
1.3.3　SWOT 分析法 ······ 12
1.3.4　价值链分析 ······ 13
1.3.5　平衡计分法 ······ 14
1.4　战略管理调查研究方法 ······ 14
1.4.1　调查研究的重要作用 ······ 14
1.4.2　调查研究工作的目的 ······ 15
1.4.3　调查研究的工作方法 ······ 16

第二章　战略管理领导、组织与运营 ······ 18
2.1　战略管理领导 ······ 18
2.1.1　道德与社会责任 ······ 18

2.1.2	眼光超前的素养	19
2.1.3	卓越的领导力	19
2.1.4	开拓进取的品格	20
2.1.5	依靠组织的力量	21

2.2 战略管理的组织 21

2.2.1	战略管理组织机构	21
2.2.2	人员素质要求	23
2.2.3	战略管理团队建设	23

2.3 战略管理的过程 24

2.3.1	战略管理的阶段	24
2.3.2	战略制定方式	25
2.3.3	战略制定程序	26

2.4 战略计划体系 27

2.4.1	战略计划类别	27
2.4.2	战略计划编制内容	28
2.4.3	战略计划管理信息化	29

2.5 战略规划的组成 30

2.5.1	战略发展纲要	30
2.5.2	战略计划	31
2.5.3	战略规划说明	31

2.6 战略规划制定实例 31

2.7 公司管理制度 33

2.7.1	制度的作用	33
2.7.2	制度建设的重要方面	34

2.8 公司营运管理系统 38

2.8.1	建立高速运营系统	38
2.8.2	打造执行力文化	38
2.8.3	危机处理预案	39
2.8.4	建筑公司运营管理系统案例	40

第二篇　战略分析

第三章　外部环境分析 ··· 45
　3.1　宏观环境分析 ·· 45
　　3.1.1　政治环境分析 ·· 45
　　3.1.2　经济环境分析 ·· 48
　　3.1.3　社会文化环境分析 ·· 57
　　3.1.4　技术环境分析 ·· 60
　3.2　建筑市场形势分析 ·· 61
　　3.2.1　中国内地建筑市场分析 ··· 61
　　3.2.2　投资分析 ·· 64
　　3.2.3　国际工程承包市场分析 ··· 65
　3.3　竞争对手分析 ·· 68
　　3.3.1　国内大型承包商比较 ·· 68
　　3.3.2　与世界500强建筑企业比较 ··· 69
　　3.3.3　与国际大型承包商比较 ··· 70
　3.4　竞争环境分析 ·· 73
　　3.4.1　中国香港建筑业竞争力分析 ·· 74
　　3.4.2　中国内地建筑业竞争力分析 ·· 75
　　3.4.3　阿尔及利亚建筑业竞争力分析 ··· 77
　　3.4.4　美国建筑业竞争力分析 ··· 79
　　3.4.5　其他地区建筑业竞争力分析 ·· 81
　3.5　市场营销分析 ·· 82
　　3.5.1　产品分析 ·· 83
　　3.5.2　价格分析 ·· 84
　　3.5.3　布局分析 ·· 85
　　3.5.4　推介分析 ·· 85
　　3.5.5　业主分析 ·· 86

第四章　内部资源分析 ·· 87

4.1　品牌资源分析 ·· 87
4.1.1　建筑公司品牌特征 ································· 87
4.1.2　建筑公司品牌塑造现状 ····························· 88
4.1.3　品牌整合与延伸 ··································· 89

4.2　技术资源分析 ·· 90
4.2.1　技术创新能力 ····································· 90
4.2.2　设计能力 ··· 91
4.2.3　总承包一体化管理能力 ····························· 91

4.3　人力资源分析 ·· 92
4.3.1　人力资源规划的内外环境分析 ······················· 92
4.3.2　人力资源状况分析 ································· 94
4.3.3　人力资源需求的预测方法 ··························· 96
4.3.4　人力资源培训与开发 ······························· 97
4.3.5　建筑劳务人员分析 ································· 99

4.4　财务资源分析 ·· 100
4.4.1　财务比率分析 ····································· 101
4.4.2　净资产收益率分析 ································· 102
4.4.3　经营盈利能力分析 ································· 103
4.4.4　资产运营能力分析 ································· 104
4.4.5　偿债能力分析 ····································· 105
4.4.6　现金流量分析 ····································· 106
4.4.7　成本分析 ··· 107

4.5　组织结构分析 ·· 110
4.5.1　企业组织依据 ····································· 110
4.5.2　建筑公司组织结构现状分析 ························· 111
4.5.3　GE公司组织结构调整的成功范例 ····················· 113
4.5.4　组织结构的国际比较 ······························· 115

4.6　价值链分析 ·· 116

- 4.6.1 价值链的基本环节 ········ 116
- 4.6.2 价值链内部联系 ········ 118
- 4.6.3 价值链纵向联系 ········ 119
- 4.6.4 未来建筑公司的运营模式 ········ 122

4.7 建筑公司文化分析 ········ 123
- 4.7.1 公司文化的范畴 ········ 123
- 4.7.2 建筑公司文化的现状分析 ········ 126
- 4.7.3 公司的文化建设成功案例 ········ 127

4.8 SWOT分析案例 ········ 128

第三篇 战略选择

第五章 战略目标选择 ········ 132

5.1 战略目标体系 ········ 132
- 5.1.1 战略目标 ········ 133
- 5.1.2 事业层级目标 ········ 133
- 5.1.3 子目标 ········ 133

5.2 综合指标案例 ········ 136

5.3 阶段目标 ········ 140

第六章 策略选择 ········ 142

6.1 策略发展方向 ········ 142
- 6.1.1 策略发展组合 ········ 142
- 6.1.2 地区布局 ········ 143
- 6.1.3 产业布局 ········ 146
- 6.1.4 建立现代公司制度 ········ 149

6.2 策略竞争模式 ········ 151
- 6.2.1 低成本策略 ········ 151
- 6.2.2 差异化策略 ········ 152
- 6.2.3 集中化策略 ········ 153
- 6.2.4 采购供应链重组 ········ 154

	6.2.5 劳务供应链重组	155
	6.2.6 蓝海战略	157
6.3	策略发展方式	159
	6.3.1 总承包商模式	159
	6.3.2 BOT 模式（Build-Operate-Transfer）	160
	6.3.3 BT 模式（Build-Transfer）	160
	6.3.4 特许经营	161
	6.3.5 收购与合并	161
	6.3.6 战略联盟	161

第七章 中长期计划编制 163

7.1	综合计划	163
	7.1.1 基本内容	163
	7.1.2 发展速度	164
	7.1.3 常用预测模型	165
7.2	经营布局专项计划	166
7.3	产业调整专项计划	167
7.4	人力资源专项计划	168
7.5	科技开发专项计划	170
7.6	投资专项计划	171
7.7	融资专项计划	173
7.8	现金流量专项计划	175
7.9	利润专项计划	176
7.10	资产负债专项计划	178

第八章 年度预算编制 180

8.1	综合预算	180
8.2	新签合同预算	182
8.3	营业预算	184
8.4	投资预算	185
	8.4.1 固定资产投资预算	185

XV

- 8.4.2 房地产投资预算 ·· 186
- 8.4.3 股权投资预算 ·· 186
- 8.4.4 工程垫资预算 ·· 186
- 8.4.5 其他投资预算 ·· 187
- 8.5 人员预算 ··· 187
- 8.6 采购供应预算 ··· 188
- 8.7 成本费用预算 ··· 189
  - 8.7.1 工程成本核算的界限 ··· 189
  - 8.7.2 工程预算成本预算 ··· 190
  - 8.7.3 工程成本构成预算 ··· 190
  - 8.7.4 工程成本降低额预算 ··· 191
  - 8.7.5 期间费用预算 ·· 191
- 8.8 现金流量预算 ··· 192
  - 8.8.1 编制内容 ·· 193
  - 8.8.2 平衡方式 ·· 193
  - 8.8.3 编制步骤 ·· 194
- 8.9 外汇流量预算 ··· 195
- 8.10 利润及分配预算 ·· 196
- 8.11 资产负债预算 ·· 196

第四篇　战略执行

第九章　资源管理 ·· 200

- 9.1 市场营销管理 ··· 200
  - 9.1.1 推介工作管理 ·· 200
  - 9.1.2 业主关系管理 ·· 201
  - 9.1.3 大客户管理 ·· 206
- 9.2 项目管理 ··· 206
  - 9.2.1 项目合同管理 ·· 207
  - 9.2.2 项目精细化管理 ·· 208

| 9.3   技术创新管理 ··· 209
| 9.4   财务资源管理 ··· 213
| 9.4.1   融资管理 ··· 213
| 9.4.2   投资管理 ··· 216
| 9.4.3   现金流量管理 ··· 218
| 9.4.4   成本费用控制 ··· 218
| 9.4.5   担保业务管理 ··· 220
| 9.4.6   税务策划管理 ··· 221
| 9.5   人力资源管理 ··· 222
| 9.5.1   战略人力资源管理框架 ··· 222
| 9.5.2   人才选用与培养 ·· 223
| 9.5.3   分配制度 ··· 227
| 9.6   信息资源管理 ··· 228
| 9.6.1   公司信息化内涵 ·· 229
| 9.6.2   管理信息化工作要求 ·· 230

第十章 变革管理 ··· 235

    10.1   业务流程再造 ··· 235
    10.2   组织机构变革 ··· 237
    10.3   公司治理结构 ··· 240
        10.3.1   建立公司内部治理结构的目的 ··· 240
        10.3.2   内部治理结构的基本框架 ··· 241
        10.3.3   案例：Z公司治理结构改革 ··· 245
    10.4   公司文化重塑 ··· 247
        10.4.1   公司文化重塑的意义 ··· 247
        10.4.2   建筑公司重塑公司文化的建议 ··· 248
    10.5   权力与变革管理 ·· 248
        10.5.1   权力的内涵 ·· 249
        10.5.2   领导者的权威观 ·· 251

第十一章 战略风险管理 ... 255

11.1 战略风险的基本概念 ... 255
11.2 战略风险的评估 ... 257
11.2.1 战略风险评估过程活动 ... 257
11.2.2 战略风险评估的作用 ... 257
11.2.3 战略风险评估的方法 ... 258
11.3 战略风险管理措施 ... 259
11.3.1 战略风险管理遵循的原则 ... 259
11.3.2 战略风险控制的方式 ... 260
11.3.3 项目合同管理风险控制 ... 261
11.3.4 项目过程监管 ... 263
11.3.5 财务风险管理 ... 264
11.3.6 转移项目风险的途径 ... 265
11.3.7 战略审计 ... 267

第十二章 绩效考核 ... 270

12.1 公司绩效考核 ... 270
12.1.1 绩效考核工作的演化 ... 270
12.1.2 绩效考核的主要措施与方法 ... 271
12.2 项目绩效考核 ... 273
12.2.1 营销奖励 ... 273
12.2.2 项目风险抵押与项目考核 ... 274
12.3 部门绩效考核 ... 278
12.4 平衡计分卡的运用 ... 278
12.4.1 平衡计分卡简要介绍 ... 279
12.4.2 平衡计分卡的基本内容 ... 279
12.4.3 平衡计分卡与战略规划管理的关系 ... 281

附录一 建筑公司"十二五"（2011~2015年）计划表 ... 284

附录二 建筑公司2012年预算 ... 302

参考文献 ... 326

第一篇 总论

第一章 战略管理理论、方法与原则

本章从古今中外战略管理成功与失败的实例开始,透视了战略管理的重要性。之后,阐述了战略管理的理论依据、基本方法、调查研究方法和原则。这些内容是战略管理的基础,系统的学习、理解和把握是做好战略管理的前提。

1.1 引言

一个成功的组织历来高度重视战略管理,古今中外这样的例子屡见不鲜:

张良下邑划策奠定了刘邦一统天下的基础,刘邦兵败彭城,逃到下邑城郊,坐在马鞍上,张良提出依靠韩信,联合彭越,利用英布,打败项羽,这就是有名的下邑划策。❶

诸葛亮 27 岁前躬耕于南阳,刘备三顾茅庐,诸葛亮作隆中对,提出先取荆州,后取西川建基业,北让曹操占天时,南让孙权占地利,刘备占人和,以成鼎足之势。之后北出祁山,南出宛城,钳制中原,恢复汉室。诸葛亮的《隆中对》虽寥寥 400 多字,却是目标、方针、策略、步骤完整的恢复汉室的战略方案。可以这样讲,一部蜀汉政权的历史,就是推行隆中决策的历史。❷

汇丰银行过去曾推行全球三角凳策略,立足香港,收购英国米特兰银行、美国海丰银行,十分成功。而英国的置地公司当年在香港雄霸天下,后迁册新加坡,在南亚、中东投资失利,现已经萎缩,没有什么发展前途了。

同在香港的华资长江集团与合和集团对比,也颇有意思。合和集团二十年前还可同长江集团一比高低,由于一系列战略失误,现在已经乏善可陈了。20 世纪 80 年代初,彼此势力差不多。当时中国国务院总理认识合和集团的老板,而不认识长江集团的老板。合和集团的老板是普林斯顿大学学土木工程的,自己常拿笔画图,到项目就钻工棚,亲历亲为,非常实干,而在战略管理上就不那么高明了。合和集团在香港投资逐渐减少,在印尼、珠海投资的电厂还可以,但是在泰国投资的环城铁路损失不菲。长江集团的老板由于

---

❶ 司马迁,史记,《高祖本纪》。
❷ 陈寿,《三国志》。

控制长江、和黄两大公司而名列世界华人富豪榜首，战略分析、选择、执行的神机妙算，可以说达到了出神入化的地步。长江集团的老板是初中生，工作后学习刻苦，终生不倦。在香港投资地产、电力电信，在中国内地也有大量投资，还在欧洲、美洲有不少投资都十分成功，获得了很高的回报。

这些都是公司策略规划成功与失败的典型案例。由此可见，战略管理对于一个组织的兴衰起到至关重要的作用，政治与军事集团如此，公司组织也概莫能外。

1.2 战略管理的原则

20世纪，欧美学者对公司战略管理进行了广泛深入的研究，从不同的角度对战略管理理论进行了阐述。理查德·林奇（Richard Lynch）将公司战略管理理论划分为常规理论和自发理论❶。前者依据理性原则，运用逻辑思维，适用于公司中长期战略管理；后者则是依据不确定性原则，积极反映外界变化，适用于公司短期战略管理。作者认为，这种划分不能完全说明公司战略管理的过程。前者反映了公司战略确定性的一面，后者则反映了公司战略管理不确定性的一面。两者各自阐述公司战略管理的不同阶段或不同侧面、不同环节，只是各自强调的重点、时间长短不同而已。理查德·林奇曾经讲过，"应当注意这两种方法（常规理论和自发理论）存在一定程度的重叠。"❷事实上，这两者是彼此相联系的，因此，根据欧美学者关于战略管理的理论，结合作者多年从事公司战略管理的实践经验，将两者加以整合，即形成了公司战略管理的六项基本原则，以便在实践中更具有可操作性。

1.2.1 主观与客观统一的原则

从认识论的角度讲，战略属于主观范畴。主观与客观相统一，这是战略管理的最高境界。

主观与客观相统一的原则还要求公司管理者牢牢掌握战略管理的主动权。

战略管理要求在不断变化的外部环境中，为公司带来威胁与机会、公司内部资源的优势与劣势之间寻求必要的匹配，这是主观与客观统一的首要要求。战略制定的核心问题都

---

❶ ［英］Richard Lynch，公司战略，周寅，赵占波，张丽华，任润译，张一驰，审校，昆明：云南大学出版社，2001：4-89。

❷ ［英］Richard Lynch，公司战略，周寅，赵占波，张丽华，任润译，张一驰，审校，昆明：云南大学出版社，2001：59。

是从此出发的。公司总是生存在一个受到股东、竞争者、客户、政府、行业协会和社会的影响之中。公司对这些环境力量中的一个或多个因素的依赖程度，也影响着公司战略管理的过程。对环境具有较高依赖程度通常会减少公司在其战略选择过程中的灵活性。此外，当公司对外部环境的依赖性特别大时，公司还会不得不邀请外部环境中的代表参加战略态势的选择。这就要求研究分析公司以及公司所处的行业和市场特点，要对外部环境、竞争对手、合作伙伴进行研究，并对变化趋势作出判断，再把公司内部资源状况加以深入分析，从而确定未来一定时期的发展战略。公司所拥有的关键资源是公司战略成功的基础，竞争优势的源泉在于公司所掌握的资源，更直接地讲，资源就是获得利润的基础。

公司战略要通过对竞争态势的研究分析，从而确定公司自身的一般定位，寻求在细分市场上形成自己的优势，以差异化取胜于竞争对手，这是主观与客观统一的又一要求。这一理论是1980年在哈佛大学教授迈克尔·波特（Michael Porter）的极力推动下形成的，已经得到了广泛的运用。❶ 按照这一理论，需要明了竞争者数量和竞争者之间的敌对程度，以及如何成为影响一家公司行为的主要力量，这就是市场结构分析理论，公司长期保持竞争优势的关键在于保持特殊能力，所谓特殊能力是指公司所拥有的竞争对手无法复制的能力，如政府许可、法定垄断或者有效的专利和版权，再例如通过在市场上竞争建立起来的与竞争对手差异化显著的强大的品牌、供货商或者客户关系模式、技术、知识，以及公司文化等等。而管理技巧、勤奋努力和财务资源等往往在市场上可以买到，是可复制性能力，能够被竞争对手模仿，因而无法为公司带来增加值。因此，发现、建立和确保公司自己的特殊能力是公司战略的重要任务。

我们到一个国家或地区去开拓业务，只有认识这个国家或地区环境特征的义务，没有改变该环境的权力。有些公司到国外去盲目大量投入资金，结果上当受骗，钱未赚到，官司却打不完，造成重大损失。总结经验教训时，说什么这个国家法制不健全，那个国家商人不守信用，借钱不还，欠账不付，等等。这些情况我们是无力改变的，也不需要我们去改变。问题在于投入资金之前就应该了解清楚。市场是客观存在的，只是我们要自觉地去适应市场，而不能让市场来适应我们。可是进不进这个市场，何时进去，速度多快，生意做多大，主动权完全掌握在公司决策者手里。我们必须树立这样一个观念，到一个国家或地区去开拓业务，不是依主观上想干什么而就干什么，而应该看这个市场有什么可干，适不适合自己做，自己又能做什么，自己长于做什么。如果可行则脚踏实地，从一点一滴做

---

❶ 迈克尔·波特. 竞争优势。

起，摸着石头过河，实事求是，一切从实际出发，稳扎稳打，逐步前进。

绝妙的经营战略高手，能独具慧眼，谋求长远，使战略规划实施后能符合客观实际。因此，战略规划要符合所在国家或地区的要求、利益和发展，适应消费者的需求、意愿和兴趣，自身素质又能在竞争中取胜。战略规划要有一定的弹性，当客观情况发生变化时，能及时调整，以顺应潮流。调整需要手段，制定战略规划时要作考虑。调整是要付出代价的，局部调整的事经常发生。如果全局调整变化，则说明原来制定的战略规划不成功。当客观情况发生根本变化时，仍固守原定战略，也肯定要遭殃。客观情形发生非本质变化，就盲目大调整，也得不偿失。战略规划的全部奥妙都在这里。运用之妙，存乎于心，这句古训揭示了战略规划制定、执行的深刻道理。

1.2.2 全局与局部统筹的原则

公司战略是着眼于公司发展方向、目标的整体谋划，并由此产生一系列决策而形成的行动方案。公司战略必须立足全局，展望未来，抓住重点，赢得战略上的主动。可是，有人讲，我自己范围内的事都未理清，眼前也都还看不清、摸不透，还能说全局、讲未来？不必多此一举。我们说，不谋全局，不足谋一域；不谋万世，不足谋一时。由于公司战略涉及范围大，时间跨度长，不确定因素多，的确很难把握。选择方案多，选择不当，风险大；选择正确，就先人一等。面对风云变幻的国际市场，公司受到多方面因素制约。因此，战略管理要有全球意识，需要深入的调查研究、系统的思考运筹，然后做好总体设计，统筹全局的发展，谋求全局的成功。这是战略管理的精髓和灵魂。

公司战略要在统筹全局的基础上，确定未来的目标和方向。目标过高，则犹如蓝天涂鸦；目标过低，没有激励作用。因此，合理的目标，需要反复权衡、论证而确定。目标的选择问题，实际也就是回答公司发展方向和经营范围的问题，即想去哪？做什么？回答这些问题，穷根究底是通过市场上的竞争使利润最大化，以及如何最大化的问题。从长远看，这个目标比其他任何目标都重要。谋划好利润目标，经过战略实施并能实现这一目标，那么就完成了战略发展中的十分重要的任务。公司战略方向目标的选择会对未来产生重大的影响，因而在这一决策制定过程中需要非常慎重。

全局由局部组成。全局制约局部，局部又影响全局。为保证全局，要牢牢抓住对全局有决定意义的局部，通过保局部或舍局部来保全局。譬如，某公司在国外设了若干驻外机构，几年后，一部分赚了大钱，另一部分则形成了一些亏损。若把赚的钱全部调回，抵消亏损还有节余。这样赔钱的驻外机构日子好过一些，赚钱的驻外机构则无力扩大产出能力。在驻外机构利润上交问题上，产生了两种对立的观点：一种认为赚的钱应全部上交，以保护全局；另一种观点认为赚的钱应全部留下，加快产出，更好地保护全局。因此，在制定战略计划时，从全局出发，反复权衡利弊。考虑到如果赚钱全部上交，则失去了扩大赚钱的机会，如同杀鸡取卵，不可取。如果赚钱全部留下，保了下蛋的鸡，就可能死了整个公司这只大母鸡，到时候下蛋的鸡也保不住，也不可取；最后，决定采取部分上交，部分留下作为再投入的办法，选择一个合理的比例协调各方面的矛盾。之后，总部的资金缺口靠控制新投入、压缩开支、借新债还旧债解决。由于未把几个赚钱单位的利润全部调回，调动了赚钱单位的积极性，扩大并加快了产出能力。对亏损的驻外机构进行清理整顿，采取关、停、并、转的办法，壮士断臂、止住流血，总部采取过紧日子的办法，实际等于堵住了无效投入，从而支持了产出地区。几年下来渡过了难关，扭转了被动局面。这是在不损害全局的情况下保护局部，进而保护全局的例子。又譬如，美国商人吉列，曾兼营一段时间的计算机、电子表等电器产品。事实证明，在这方面不仅竞争不过对手，而且影响原有产品的经营。于是，吉列果断决策舍去自己不熟悉的业务，继续重点经营剃须刀和美容用品等，发展成为称雄世界的刀片大王。这是舍去对全局无关紧要的局部，更好地发展全局的例子。

在全局与局部的关系中，对我国的跨国公司来讲，处理好国内与国外的关系是非常重要的。也可以说国内与国外关系是全局与局部关系的一个特例。由于我国的跨国公司起步较晚，在强手如林的国际市场要站稳脚跟是很不容易的，要在国际市场打开局面没有国内工作的牢固基础是难以设想的。因此，重点在国外，基础在国内。譬如，以承包工程、劳务输出为主的跨国公司国内职工的选审、培训、出国手续、人员管理、后勤服务等若干工作环节如跟不上，跨国公司就很难获得发展。因此，千方百计做好国内工作，是促进国外业务发展的重要保证。在中国市场已经成为国际市场的一部分的时候尤其如此，因此，要抓好国内业务的开拓。

1.2.3 当前与长远兼顾的原则

当前与长远的关系如何处理，是战略管理的又一重大原则。处理不好，今天的成功有可能成为明天发展道路上的羁绊。现实是未来的基础，而未来是现实的发展。只有立足现实，着眼未来，才能适应公司内外环境的变化，不断开拓创新，从而长期保持主动，赢得未来。有市场销售前景的产品，要看得准，抓得住，并要有长期打算。经营某一行业，某种产品要在世界市场占有一席之地，通常要奋斗十年、二十年，甚至更长时间。日本日立公司的科技开发部门研究十年、二十年后的新产品，以使公司的产品始终处于技术领先地位。美国福特公司的产品大批量生产也是经过二十多年的努力才获得成功的。

正如美国战略学家阿尔弗莱德·钱德勒在20世纪中期所指出的那样，公司过去的历史是未来发展的关键，从过程、地位、路径三方面考虑公司的历史是必要的。公司创造了历史、资源和经验，未来战略高度依赖于公司的领导、文化和风格，尤其是高层领导。❶同时，我们也应看到，领导层的改变和环境的变迁对公司的影响深远，因此战略设计既要照顾历史，又要关注未来变化，公司方能赢得胜利，取得最佳绩效。对大多数公司来说，过去的战略常常被当成新的战略选择过程中的起点。这样，一个很自然的结果是，进入考虑范围的战略数量会受到公司过去战略的限制。由于公司管理者是过去战略的制定者和执行者，因此，他们常常不倾向于改动那些既定战略，这就要求公司在必要时撤换某些管理人员，以削弱目前失败的战略对公司未来战略的影响。

任何一个公司，都希望能够做成百年老店，并在规模与效益等方面得到持续增长。因此，在战略计划管理上就应做到"可持续发展"。通过瞻前顾后的方式，对每一阶段的战略规划与战略计划实施滚动管理，使战略规划和战略计划得以逐年落实和调整，始终朝着明确的发展方向前进。即适应市场与内外环境的变化，在既定战略计划期的基础上，向后滚动一定的年份，使战略计划在时间段上，总是符合规定的期限要求。如编制"十五"计划时，我们可以对2006年的指标进行初步测算，并列示在战略计划表上。当2001年结束时，根据2001年战略计划执行情况，调整2002~2006年这一五年期内的战略计划安排。同样，为了做好与战略计划指标的衔接，我们建议在制定年度预算时，可采取以三年为周期按年进行滚动方法编制。即预算期保持三年，每过一年立即在期末增加一年，逐期向后滚动。

1.2.4 投入与产出匹配的原则

投入与产出如何权衡是战略管理过程中要反复进行的。公司是以追求利润最大化作为发展的永恒旋律的，因此，一切活动都要围绕能否给公司带来效益这一标准去评判。新开辟一个国家或地区的业务，要积极慎重，从少量业务做起，实践全过程，取得经验后再决定下一步的行动。已经开拓业务的国家或地区，按照有了产出，才有再投入的原则，决定

---

❶ ［英］Richard Lynch. 公司战略，周寅，赵占波，张丽华，任润，译，张一弛，校，昆明：云南大学出版社，2001：76。

未来业务的发展，能取得事倍功半之效。这样的做法才是符合实践、认识再实践的客观规律的。也就是人们常说的滚雪球的方法。不管是否有无产出，靠银行贷款大量投入某一国家或地区，所谓前五年投入期，后五年产出期，这种搞法往往不成功。例如，一些公司到国外去搞承包工程，为了占领市场，低价中标，市场占了不少，包袱越背越重，结果赔了不少钱，占了的市场也不得不丢掉。某建筑公司20世纪80年代初到中东、北非搞承包工程，业务发展迅猛，两个地区的业务占了绝大部分。进入80年代中期，该承包市场急剧恶化，工程款严重拖欠，有投入无产出，公司领导预感该地区前途不佳，执行有收有放的方针，收缩了中东北非国家的业务，发展亚太地区的经营，获得了显著成功。在战略、计划中，力求投入最少，千方百计地节约资源，最大限度地少冒风险，用较短的时间，取得最好的经济效益，圆满实现发展目标。

营业规模的大小是由投入能力决定的。这里着重讲一下营业规模的制约因素。一个公司在正常情况下，营业规模搞多大，需要综合各方面的情况予以论证确定。主要制约因素：第一，市场容量。分国家或地区逐一落实，有无生意可做、做什么、做多大。第二，投入产出情况。就是以净资产收益率为导向，确定营业规模的大小，同行业其他公司的一般产出水平，自身的产出水平。如果投得多、产得少，投得快、产得慢，投自由外汇、产不可兑换的当地币，这样的经营活动毫无意义，营业额只有减少。第三，能有多大的投入量。一个国家或地区，资金投入多了无来源，投入少了形不成规模效益。盲目铺摊子，往往得不偿失。

1.2.5 积极可行与综合平衡结合的原则

在战略管理过程中，制订战略计划是十分重要的环节。在战略目标策略选定之后，就需要编制战略计划，也就是战略过程不仅仅源自理性分析，而且还是一个正式的过程。分解成几个步骤[1]，经过确定目标、预算和运作计划的分解制定，对目标进行综合平衡的投入产出分析，也等于对公司战略作了一次自我检验论证。

战略计划编制建立在对历史数据的分析和对未来一系列合理假设基础上。由于未来发展具有不确定性，因此，在指标的编制过程中既不能盲目冲动，导致资源的紧缺，也不能谨小慎微，导致资源的浪费，正确的态度是要积极可行、综合平衡，使公司战略建立在切

---

[1] 芝加哥大学商学院，欧洲管理学院，密歇根大学商学院，牛津大学赛德商学院. 把握战略——MBA战略精要. 王智慧，译. 北京，北京大学出版社，2003：10.

实可行的基础之上。

战略计划中指标的高低，与公司主要领导的思维和喜好分不开。比如，一个希望有所成就而不断进取的领导，他所中意的目标是有挑战性的，所谓"跳一跳够得着"；而一个安于现状的领导，他所看中的则是偏保守或偏稳妥的目标。从激励的角度看，一个很容易的目标不能充分挖掘员工的潜力，而一个难以达到的目标又可能挫伤管理者实现目标的积极性。从执行效果看，战略计划目标值与实际完成间的差异，年度一般在10%左右，中长期计划在20%左右。超出这一范围，战略计划的前瞻性和控制性效果就无从谈起了。

综合平衡是战略计划编制过程应遵循的基本思路。一个计划数字的确定，反映了与之相关联的要素、资源的关系，只有整体得到优化平衡的战略计划，才是可实施的。如果战略制定时绷得过紧，则在战略实施过程中则没有调剂的余地。例如，在财务资源的安排上，就应有足够的财务弹性，当市场比预期更好，又能持续一定的时间，则可以增加借贷，扩大投资，加快发展；当市场比预期更差时，则可以筹措资金，偿还债务，不至于出现债务危机。战略计划的综合平衡涉及领域广泛，几乎包括每一个环节，但其中关键的是投资需求与资金来源的平衡、资本增长与债务扩大的平衡、投入与产出的平衡。

在平衡投资需求与资金来源时，对于资金支出应按照先保证工程项目，再注意偿还历史欠账（包括银行贷款、公司对员工的各种负债）、剩余资金先在建、后新建的投资顺序进行安排。按照发展规划所确定的策略选择适宜的项目进行投资，并做好可行性论证和过程控制工作。年度计划投资额和年度投资支出要纳入预算体系进行总量管理。新增投资预算必须与现金流量预算相适应，避免无资金保障的投资活动。

公司投资决策的作出有赖于资金平衡，对于以工程承包为主业的建筑公司，在资金管理中要坚持长短期分开管理，严禁将短期借款等资金大量用于长期投资或固定资产；工程承包项目的预收款等流动资金不能搞长线投资；未经集团公司特别授权，不得从事期货、期权、证券、贵重金属买卖等高风险的投资活动。

又如，目前建筑市场垫资风气盛行，能否提供垫资是取得项目的一个主要条件。垫资就意味着经营风险由业主转嫁给了承包商。为了规避风险，我们应将垫资视同投资来看待，在垫资前要考察业主资金与资信，做好自身资金需求的预平衡，将垫资规模控制在可承受的范围内，不盲目垫资；在项目签约时，要通过业主反担保、垫资计息等措施，保护自身权益；在项目实施过程中，通过必要方式，将垫资风险适度转移或分散给材料供应商、劳务分包队伍，明确"业主付款后，再按比例付款"等合同条款；对于前景比较好的项目，可从发展多元化经营的角度，将垫资转为股份。通过上述措施，就可能将风险控制在最小范围内。

1.2.6 适时调控与平稳运营协调的原则

随着经济全球化、信息化的发展趋势，公司的环境是高度不确定的，因此，制定长期公司战略是不可能的。因为像互联网等重大技术变革，以及政府行为等外部环境的变化不可能事先将计划制定好。事实上，对于外部环境一部分可以预测，一部分是难以预测的。通常在军事上当有七成把握就下决心了，在商业上这个把握度应高一些。世界不可知论者认为，外部环境是完全不可预测的，我们认为世界是可知的。我们是在既定研究分析、预测判断基础上制定战略，在战略实施过程中，实际情况同制定战略的前提相比，只发生极小变化时，我们可以按照原战略推行；当发生较大变化时，又是制定战略时没有估计到的，则需要对原战略进行调整。当然，调整时，要对调整的代价和合算性进行评估。当外部环境发生重大变化时，只能重新审视，作出新的判断，制定新的战略。这就是人们对制定的公司战略可能需要不断精心修改，如通过实战的学习过程来寻求战略，以及通过战略实施的反馈调整，去寻找实现公司价值增值的正确途径。❶

在现实中，需要围绕实现中长期规划制定必要的政策，通过政策的贯彻落实，起到调动千军万马的作用。战略计划的制定过程不仅是数字的确定过程，而且也是方针、政策、措施的制定过程。方针、政策需要在一段时间内达到相对稳定的状态，但也不是一成不变的。世上唯一不变的是变化，只有通过计划的实施过程落实与完善政策，才能取得发展。

如果没有付诸执行的措施并未切实加以实施，十分完美无缺的规划也就是个蓝图。因此，战略执行是最为关键的环节。当今世界变化越来越快，这就要求对实施中的战略规划予以跟踪观察。出现异常情况，诸如事前估计不足或环节变化，则及时加以调整。让公司在可控的范围内运行，以获得持续、快速、稳定的发展，确保公司的安全。

总而言之，战略管理的正确原则应是主观与客观统一，全局与局部统筹，当前与长远兼顾，投入与产出匹配，积极可行与综合平衡结合，适时调控与平稳运营协调，全面贯彻这些原则就能妥善处理经营活动中各方面的关系，制定出与战略相一致的可行的计划。

---

❶ [英] Richard Lynch. 公司战略. 周寅，赵占波，张丽华，任润，译，张一驰，校. 昆明：云南大学出版社，2001：9。

1.3 战略管理的基本方法

战略管理发展到今天已经形成了一整套基本的分析流程和方法。具体到每一个战略环节的运行过程,本书将采用一些经典的战略分析模型进行研究,本书主要采用了PEST分析、五力分析、SWOT分析、价值链分析、平衡计分等方法。在此简要介绍一下各种方法的基本情况。

1.3.1 PEST方法

PEST方法是研究公司所处一般环境情况的工具。它主要通过分析环境的政治(Politics)、经济(Economy)、社会文化(Society)以及科学技术(Technology)等方面的特点,了解公司制定战略的背景。PEST是最常用的环境分析工具(图1-1)。但在具体分析的时候,根据具体公司的情况,常常会增加一些其他的因素,例如:法律、地理等。一般环境分析是制定战略的基础,由于战略要在一个相当的时期内实施(例如:3年、5年、10年),因此,对外部环境作分析的时候不仅仅是观察当前的状况,还要对战略期内的环境变化趋势进行预测,对未来环境的变化有一个基本的判断。

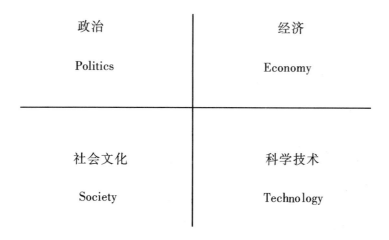

图1-1 宏观环境分析的PEST模型

1.3.2 五力分析法

五力分析模型是哈佛商学院终生教授迈克·波特在其1980年出版的《竞争优势》一书中提出的。多年来,这种分析方法已经成为战略分析中最常用的工具而被人们所了解。

波特的五力分析模型认为组织在行业中受到五种基本力量的影响，分别是现有竞争者的竞争能力、供应商的谈判能力、购买者的谈判能力、潜在新进入者的威胁力和替代品的威胁力（图1-2）。通过五力分析，可以很好地了解公司所处的产业竞争环境，从而发现自身的竞争优势，制定击败竞争对手的战略。尽管五力分析还存在一些不足，例如，它将行业中的这五种力定义为互相竞争的关系，而忽视了他们之间的合作性等，但五力分析法以其简洁、实用，成为我们分析行业竞争环境的基本手段。

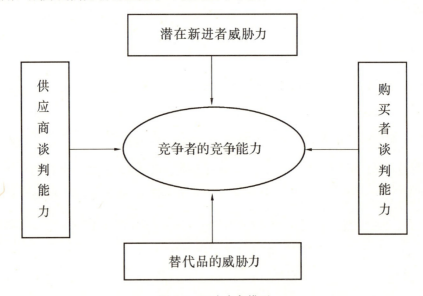

图1-2　五力竞争模型

1.3.3　SWOT分析法

SWOT分析方法是肯尼斯·安德鲁教授在研究组织能力的理性分析，明确战略发展规划的根据时提出的。[1] SWOT即英文strength（优势）、weakness（劣势）、opportunity（机会）、threaten（威胁）的首个字母。SWOT分析是分析归纳公司外部环境和内部情况特点的一种非常实用的方法。前面用到的PEST分析及五力分析与SWOT分析的不同之处在于，前两者关注的是整个宏观环境的特点和行业竞争的特点，而SWOT分析的关注点在于环境对公司的具体影响以及公司面对竞争对手的优势和劣势，是一种相对情况下的分析。通过这种分析有利于公司制定有针对性的战略措施。图1-3中列示了SWOT分析中需要重点考虑的一些主要因素。

---

[1]　[英] Richard Lynch. 公司战略. 周寅，赵占波，张丽华，任润，译，张一驰，校. 昆明：云南大学出版社，2001：537。

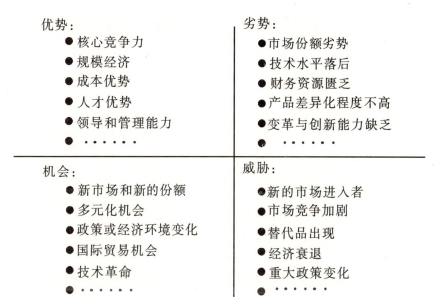

图 1-3　SWOT 分析中的一些可能因素

1.3.4　价值链分析

价值链分析同样是迈克·波特在《竞争优势》一书中提出的。这一理论作为公司战略管理的有效工具之一，迅速风靡全球。波特认为价值链是一系列由各种纽带连接起来的相互依存的价值活动的集合，各项活动构成一个系统，彼此相互联系，也就是某项活动进行的方式影响其他活动的成本与效率。波特建立的价值链分析模型如图 1-4 所示，他将公司的管理活动分为主要活动和支持活动，这些活动都能为公司带来价值，公司更可以通过协调或优化这些活动的方式和之间的联系来创建其整体成本优势。公司内存在价值链的内部

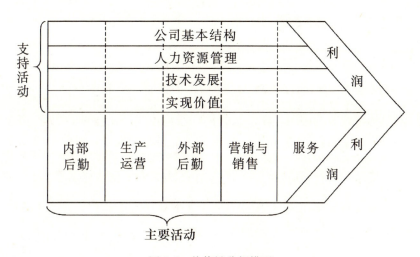

图 1-4　价值链分析模型

联系，公司价值链与供应商的价值链、客户的价值链等之间存在纵向联系（外部联系），这些价值链构成了公司生存的价值系统。有人进一步讲，现在公司的竞争是价值链的竞争，可见价值链管理意义极其重大。

1.3.5 平衡计分法

平衡计分法是哈佛商学院罗伯特.S.卡普兰和诺朗顿研究所所长戴维.P.诺朗顿发展出的一种全新的组织绩效管理方法。它被形象地称为"战略地图"，是企业为了取得竞争优势而对战略目标和测量工具之间那些因果相关因素都一一进行形象化和具体化的沟通，形成有形的目标和衡量指标。在一个以利润为中心的事业部门、子公司里，通过以客户为中心的顾客维度、为实施战略而构造的内部流程维度、解决企业成长机制的学习创新维度和最终体现企业运营效果的财务维度，将目标、战略、计划分解到各方面、各层次，并将目标、评估标准、执行结果，前因后果联系起来，为过程管理创造桥梁，最终实现企业的既定战略。本书第12.4节将详细论述平衡记分卡在公司战略绩效管理中的应用。

此外，本书还使用了EVA等管理方法、模型，这些方法都有专业书籍进行了详细讲解，相关书目已在参考文献中列出，这里就不一一介绍了。

1.4 战略管理调查研究方法

无论是参与市场竞争、经营管理公司、做生意赚钱，还是进行战略管理，调查研究都是十分重要的工作。掌握调查研究的方法，是进行战略管理的一项基础工作。

1.4.1 调查研究的重要作用

调查研究的重要性，可以从以下几个方面去理解：

1. 改革开放之前，我国的社会形态比较单一，那时弄清乃至处理一个问题相对现在要容易一些。但是，现在的中国，在一些方面，已经不是三十年前，二十年前，甚至七、八年前的中国了。改革开放30多年来，我国所有制结构、产业结构、城乡结构、居民收入结构、居民消费结构、社会阶层结构均已发生了深刻的变化。特别是近十年来这种变化在加速进行。于是一定要了解真实情况，要实事求是，才能提出恰当的目标、战略、策略，并当好参谋。现时中国的市场环境同七八年前相比已经有了许多的不同，一些国外的经验也不一定合适，所以不能偷懒。我们只有全面地而不是片面地，系统地而不是零碎地,深入地而不是肤浅地认识这些变化,才能了解中国社会的现实,经营管理好公司,做好我们的工作。

2. 国有企业很多是由政府机关演变而来,过去我们获取信息是靠上级文件的传达、内部参考资料等,早年还靠国家分配安排些任务;获取资金靠一些财政拨款、政策性贷款;现在则完全不同了,大量的信息、合同、资金、人才均来自于市场,来自于市场经济的主体,基层公司单位。市场态势瞬息万变,不掌握大量、准确的市场信息,就不可能制定出正确的目标、战略、策略,就不能解决我们面对的问题。

公司总部的工作是对全面的情况进行综合汇总,有利于我们从宏观的角度研究、分析问题,这是我们的优势。但是由于历史的原因、管理链条太长,总部人员往往远离市场、远离现场,通过深入基层,深入实际调查研究可以使我们有机会和第一线的人员接触,有利于丰富总部的思想。事实证明,很多新鲜的经验、创新的做法都来自于基层,要像呼吸新鲜空气一样从基层吸取营养,冲击不适合市场经济的观念,紧跟时代变革的步伐。

3. 国内外成功的公司都证明调查研究是十分重要的。管理大师德鲁克说过,不管信息发达到何种程度,什么也代替不了管理者亲临现场。美国公司把这个做法叫做"潜水"。如果仅在一望无垠的大海上面,好像可以乘风破浪,但当你潜到水底,下面可能充满了暗礁和暗流。去到基层和员工进行沟通,会发现许多意想不到的问题,会感到你着力推行的战略、策略犹如强弩之末,你也会找到员工创造的战胜市场的无穷无尽的智慧和力量。受他们的感染和激励,要解决公司的问题,解决他们的问题,他们的奉献应得到回报,国家的投资应该有所收获,从而增添使命感。

当前外部竞争日趋激烈,变化加快,内部观念、体制、机制不适应,问题很多,矛盾丛生。我们如不去调查研究,我们就不知道我们所面临的问题,并总结大家在市场经济竞争实践中创造的新鲜经验,为我们所用。即使从报章、杂志上看到一些,也是一些支离破碎的,甚至是一些道听途说的消息,无法开展工作。

1.4.2 调查研究工作的目的

1. 在调查研究的基础上,为公司决策管理当好参谋。点面结合,研究分析问题,找出问题的症结,提出解决方案是调研的首要任务。参加调查工作的人员要深入基层,甘当各级领导、群众的小学生,虚心求教,向各级领导、同事,公司内外的人员学习,听取意见,提出问题和各级领导共同研究,分析思考,寻找对策。要保持一种强烈的求知欲望,要把公司的兴旺、发达作为每个人自己的责任。

2.通过调研提高总部管理人员对基层的认识。总部的工作人员，绝大多数同事都积累了在总部从事管理活动的经验，一些同事的经验还很丰富。对基层公司的方针、政策的指导、决策，则需要丰富的基层工作经验。由于历史的原因，一些同事在基层工作的时间少些，经验欠缺些。只要有正确的思想方法，又善于深入实际调查研究，是一种弥补经验不足的有效途径。总部的所有管理人员，尤其是部门中层以上人员应该多进行调查研究，每年至少应该深入基层两次以上，这样有利于思考问题，研究政策，指导工作，提高公司的经济效益。

1.4.3 调查研究的工作方法

总结调查研究的一些经验、体会，作者认为以下的方法是可行的。

1. 调查研究的准备。

首先是对调查研究工作进行周密的安排布置。调研开始前依据已掌握的材料，分析将要调查的单位的财务状况、生产经营情况、人员情况、机构设置情况、存在的问题等，事先拟定题目，提出针对性的问题，列出详细的调研提纲，印送被调查单位进行准备，提供相应的材料，为做好调研工作打下基础。

2. 调查研究的范围

过去的调查多为本公司及人员，各自分管的业务即可，而现在搞市场经济仅此就远远不够了。市场是广阔的，因素是多方面的。例如，中外国民经济的增减变化，要进行调查研究。而建筑市场、房地产市场是我们的调研重点，仅此调研内容还不够，投资额决定建筑市场的容量，而由居民收入、消费结构决定房地产市场。还有竞争对手、供应商等的研究，这些涉及广泛的领域。此外，公司上市要从金融市场拿钱，就要向金融市场、银行做调查。这些调查研究工作就更要具体、细致。

另外，就是从全局上、整体上、系统上着眼去思考确定需要调研的问题，要从关键环节上、典型公司、典型项目、典型人物去着手调研。公司的经营活动是一个有机的整体，财务问题、资金问题、盈亏问题，就事论事往往找不到出路和方向。比如，不研究中国国有建筑公司的整体情况和跨国公司通常的管理办法，不大可能提出集中签约、集中分包（三堂会审）、集中采购、集中资金、集中人力资源、集中监督的原则，不大可能提出加强二三级公司总部和项目，减少中间管理层次，节约管理费用，提高效益等措施。

3. 调查研究的对象

应对集团领导班子、中层干部、普通员工以及下属公司等多个层次，多渠道、全方位的展开调查。对政府、各级领导机关的拜访，既拜访领导也拜访熟悉情况的专业人员。还有拜访同行的、不同行的公司，学习他们的好经验，好做法，更要研究竞争对手，了解他们的策略。

4. 调查研究的方式

要采取"听、看、问、想、议"等多种方式，听汇报、听方法；看工程项目、看材料、看账目；问问题、问经验、问重点、问难题；想出路、想对策；最后与各级单位、员工商议解决的办法。在当今的信息化时代，要充分利用互联网、报刊、杂志等多种渠道，获取信息。把这种获取快捷、信息量巨大的调研方式与深入基层的调查研究进行有机的结合，二者不可偏废。调研小组在出发之前，在网上能查到关于全国市场形势分析的一些资料，很短的时间内找到厚厚一摞的材料，比如关于国内"菱形"市场布局的情况分析。带着这些情况，也可以先开展一些讨论，再下去调研，与工程局、公司、项目的领导、经营管理人员探讨、交流、验证，研究我们的市场占位等问题。这两种方式的结合可以达到"多、快、广、精、准"的效果，"多、快、广"是互联网的优点，"精"和"准"还是需要对基层进行调查研究才能得到验证。

调研小组在听取各单位情况介绍的时候，要认真地做好纪录，要提出问题，同与会者讨论。交流的形式要采取大小会结合、个别交谈、工作餐等形式。交流的方式要采取交朋友的方式，要讲究方法。调查人员要事先熟悉一些情况，通过交流信息，别人能从你这里获得有用的信息，他才愿意把一些信息告诉你。

5. 调查研究报告的撰写

最后要形成一份内容翔实的调查研究报告。会后要进行分析、归纳、核实，小组成员之间要进行交流、讨论。调研报告的主要内容应就地写好，通过写作才能深入思考，研究问题、发现问题，当场再给有关人员核实、补充、完善。离开之前，应与内部的调研单位交换看法，提出要求、建议或进一步研究解决问题。调研组白天听汇报、看账目、看项目，晚上看材料、讨论、写作。调查报告要写得有理有据，形象、直观。调查研究小组通常由几个部门的人员组成，业务知识结构搭配要比较合理，有利于获取全面的情况。

群众中蕴藏着无穷的智慧和创造力，经过调研，再结合实际加以推而广之。总而言之，只要采取正确的调查研究方法，满腔热情地开展工作，深入地思考、分析问题，一定能够为制定好战略规划、当好公司的参谋，提供无法替代的帮助。

第二章 战略管理领导、组织与运营

一个好的战略规划的产生到执行，战略领导起着统帅作用，舍此无从谈起。仅有此还不够，一个科学合理的组织是战略管理成功的保障。以公司管理制度为基础，建立高效管理的运营系统是战略管理成功的基础。为了叙述问题方便，对战略管理的过程、战略规划组成、战略计划体系也加以叙述。这些内容是做好战略管理，实现公司持续、健康发展的条件。

2.1 战略管理领导

随着全球经济一体化的推进，公司管理面临许多严峻的挑战，一方面既要应付捉摸不定的环境变化，另一方面又要认真对待购买方对产品越来越苛刻的挑剔和科学技术浪潮的挑战。这时，公司若想在竞争中获取优势并保持之，必须制定与推行适宜的公司战略，可以说公司管理已经进入了十分依赖于战略管理的时代。而战略管理的实行必须要有其核心力量，这就是公司的领导。战略领导对战略管理而言是最为重要的环节，它向战略领导者提出了更高的要求，所以战略领导者必须具有诗人的想象力，数学家的逻辑推理能力，还要有政治家的控制和管理能力，这样战略就会搞得很好。战略领导者应该具备的素质，下面分小节予以叙述。

2.1.1 道德与社会责任

一个公司战略管理者的道德与社会责任感，是指他们对社会道德和社会责任的重视程度。因为公司的任何一个战略决策都会不可避免的牵涉到他人或社会集团的利益，因此，公司领导者的道德和社会责任感对这些战略决策的后果会产生十分重要的影响。公司的战略会影响以下团体利益：政府、消费者、投资者、供应商、内部员工和居民。而公司战略常常不能同时满足各个团体的利益，公司领导人对各个集团利益的重视程度也不同，这就决定了不同的领导人对不同的战略会持不同的看法。此时重要的原则是，公司领导人应该综合平衡各方面的利益。

道德与社会责任要求公司领导者敢于和善于承担风险。事实上，公司领导者对风险的态度影响着公司战略态势的选择。风险承担者一般采取一种进攻性的战略，以便在被迫对环境的变化作出反应前，作出主动的反应。风险回避者一般采取一种防御性战略，只有环境迫使他们作出反应，使他们才不得不这样做。风险回避者相对来说更注重过去的战略，而风险承担者则有着更为广泛的选择。为了大多数人的利益，公司领导者应敢于冒风险，勇于承担责任。

2.1.2　眼光超前的素养

随着科学技术的高速度更新和发展，消费者观念的快速更新，贸易全球化的进一步拓展，战略时代已经来临，新一代的企业家必须具有高瞻远瞩的战略眼光，他们更应该是一位战略家。公司的领导人不仅要着眼于公司的"今天"，更应该将目光紧紧盯着明天，按公司未来的发展要求来作出战略决策。领导人这种远见卓识取决于领导人广博的知识和丰富的经验，来自于对未来经济发展的正确判断，取自于公司全体员工的智慧。当领导人对未来有了科学的判断之后，还应该迅速转化到行动中去，即采取"领先一步"的做法，及早获取竞争优势。同时，作为一个领导人，应该时刻关注竞争格局，经常分析竞争对手进行的状况。逐项将自己与竞争对手进行比较。只有吃透了对手，才能谈得上"扬长避短"，国内许多公司的产品之所以能够胜人一筹，原因就在于能在研究别人的产品时突破一点，结果大获全胜。人们经常说的"手上拿一个，眼睛盯一个，脑中想一个"，讲的就是这个道理。

美国的政治、经济、科技、军事等在全球处于领导地位，超前的战略眼光是原因之一。美国大部分的高速公路是在20世纪30年代修建的，纽约的地铁是100年前建成的，华盛顿的规划是200多年前所作，这些基础设施到今天仍然能够良好的运转，美国在宇宙空间技术的开发，全球政治、军事、经济战略，跨国公司的成长都充分体现了美国人超前的战略规划能力。

战略领导者必须具有远见卓识的眼光，好像雄鹰翱翔在天，一切情况都尽收眼底。一旦发现机会则迅速扑下，抓住猎物。只有这样，公司战略才会在制定过程中不产生偏差，既不落伍也不脱离客观实际而超前，总是能符合环境和公司的实际情况。战略管理要求公司领导者超脱于一般管理，能站得高、看得远。

2.1.3　卓越的领导力

21世纪的公司已不再是一艘艘巡洋舰，而是一艘艘巨型航空母舰领航的战斗群。驾驭它的必须具有卓越的领导力，能够驾驭它作战于全球。由于公司的不断扩张，公司内部之间的关系，人事关系等不断出现问题，这需要公司领导者有非常好的领导力。公司领导者在具有上层领导正式赋予各种行政权力的同时，还应当具有令员工信服的统帅能力，激励员工的积极性和创造性。公司领导者的这种领导能力，主要表现在他们品质上的影响力和才能上的威望力。卓越的领导力是现代公司领导者良好品质和才华的集中表现。

随机应变的能力可以定义为接受、适应和利用变化的能力。这是领导力的又一重要表现。在今天和未来的世界中，恐怕唯一不变的东西就是变化。因此，公司的领导人必须能够迅速理解并接受变化，愿意主动积极的根据这些变化来调整自己的思想和公司战略，以及善于利用变化来调整自己的思想和公司战略，善于利用变化来转化不利因素为有利因素，以达到发展公司的目的，最终获得成功。

坚强意志是一切成功最基本的素质之一。它是战略管理者具有风险意识、竞争意识、创新意识的基础，战略领导者只有具备坚强的意志，才能正视公司在运营过程中可能出现的一切变故。成败乃兵家常事，战略领导者在管理公司运营的过程中，肯定会出现这样那样的问题。如何面对这些问题，是战略领导者所必须注意的事情。战略领导者将面对从四面八方而来的压力。成功与失败，前进与后退，战略领导者只有以坚强的意志，才能在激烈竞争的环境下站住脚跟。这是领导力中最为可贵的品质。

2.1.4 开拓进取的品格

一个公司要想发展壮大，公司领导人一定要拿出"敢"字当头的精神，敢于在市场上，敢于在未知领域中，敢于在与竞争对手的较量中，保持一种积极开拓，顽强不服输的,气概。韦尔奇为GE制定了"数一数二"的发展战略，一定程度上源于他本人永不服输、争当第一的进取性格。

勇于创新是开拓进取品格的重要体现。面对全球信息化、知识化、一体化的发展趋势，不断变化的客观环境带来了创新的意愿，爆炸性的知识与信息带来了创新的思维，争创一流的进取精神带来了创新的动力，眼睛向内的观察方式带来了创新的实践。现代管理之父彼得·杜拉克认为，"谁继续以往的做事方式，注定会带来灾难乃至灭亡"。领导者只有打破既有思维方式，掌握创新原理，注重创新技法，才能在观念、机制与体制、管理、科技、产品等方面实现创新，确保公司和自身价值的提升。对于中国现有建筑企业，尤其是国有建筑企业，在体制难以发生根本变革的情况下，通过不断的渐进式创新，也能够焕发新生。

丰富的想象力是勇于创新的前提。想象是从已知世界向未知世界的拓展，是在对现有事物的梦想之后创造出来的。具有丰富想象力的领导人可以帮助公司创造和利用更多的机会，可以协助公司进行自我改进和自我完善，并能帮助公司适应千变万化的环境。

2.1.5 依靠组织的力量

当前的市场竞争已经深入到公司经营运作的各个层面，我们要看到个人的作用，但是更重要的是，我们要依靠组织的力量，因为组织的力量才是无穷的。特别是对领导者而言，领导者肩负着领导整个组织前进的任务，但是如果组织内没有制约、约束领导者，使之在组织授权范围内活动的机制，那么将会出现独断专行的情况；反之，如果组织结构软弱涣散，领导者得不到支持，就不可能管理好公司。在这方面，中国共产党创造的民主集中制就很好地解决了这个问题。民主集中制是我们党的根本组织制度和领导制度。坚持和完善民主集中制的基本要求和目标，就是要努力在全党造成又有集中又有民主，又有纪律又有自由，又有统一意志又有心情舒畅、生动活泼的政治局面。❶ 所以说，只有建立了一个科学、有效的组织结构才能保证公司战略目标的实现，才能给公司执行力的提升创造坚实的平台。

总而言之，战略管理者必须善于运用自己的智慧、气魄、胆量，以及知识、经验、技能为公司制定出创新的战略，并能积极有效地去推行战略，依靠组织的力量，统领全局，领导和激励全体员工为实现公司战略而不懈努力，并完成自己的使命。

2.2 战略管理的组织

战略管理是一个庞大的系统工程，公司内部各要素都置身其内。由于各要素利益间的矛盾、冲突不可避免。要保证战略管理的正常运转，需要集团总部的各子公司、分公司、总部各部门有关人员的密切配合，实行公司法人或授权人员负责制，指定专门的机关负责日常事务工作，从组织领导、人员安排、分工协作等方面做到周密的部署，合理配备人员，共同推进战略管理工作的规范化进程。

2.2.1 战略管理组织机构

战略管理的组织结构示意图，如图 2-1 所示。

---

❶ 为什么贯彻"三个代表"要求必须坚持民主集中制. 人民日报. 2002 年 6 月 5 日。

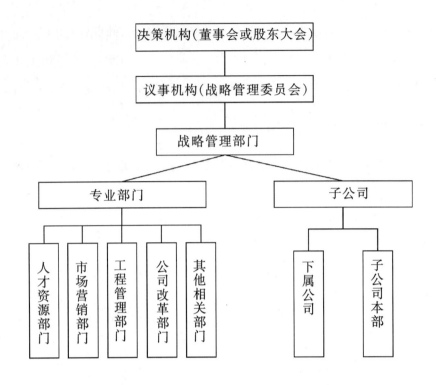

图 2-1 战略管理组织结构

1. 决策机构

董事会（或股东大会、总经理常务会等类似的最高权力机构）。决策机构的主要职能是批准战略规划草案，监督战略规划的执行，对影响战略管理的重大问题进行决策。

2. 议事机构

战略管理委员会或其他担负类似职能的机构，如资金管理委员会等。议事机构的主要职能是负责战略规划具体编制、实施与管理过程中的协调工作，审议有关战略规划草案，就重大问题提出审查意见。战略管理委员会成员原则上由公司主管领导、战略管理业务部门、相关辅助部门的负责人构成。

3. 战略管理业务部门

负责综合战略业务的日常组织与管理工作。通常会成立专门的规划部门承担此任务，也可由计划部门、预算部门、企划部门、财务资金部门等其他综合部门充当此角色。

4. 专业部门

承担某一专项战略资源管理职能的部门，如市场营销与合同管理部门、人力资源管理部门、工程技术管理部门等。他们的职能在于对公司及下属单位相关战略草案提出审查与指导意见，引导本专业资源为实现公司战略目标作出应有的努力。

2.2.2 人员素质要求

从事战略管理工作的人员的基本素质要求如下：

(1) 应当具有较高的素质和进取精神，思维敏锐，熟悉国家有关法律法规和本公司的经营业务、管理要求及工作程序。

(2) 具有本科以上学历，有较坚实的财务知识、公司管理经验。

(3) 具有相当专业的数学基础，能够熟练使用各种经济预测模型。

(4) 有较高的交际能力和文字表达能力。

(5) 通晓英语。

(6) 能熟练操作计算机。

2.2.3 战略管理团队建设

公司成立战略规划制定领导小组，由总经理任组长，分管战略的副总经理任副组长，总部各部门的主要领导为小组成员。战略管理部门设领导小组办公室，牵头组织战略发展规划的布置、协调和汇总工作。

各子公司也要成立由主要领导挂帅、有关部门参加的战略规划制定领导小组，从组织上保证这项工作的顺利开展并卓有成效，同时将领导小组组长、副组长名单、牵头部门、联系人等报公司战略管理部门备案。

各单位领导要对战略发展规划工作给予高度的重视，调动各方面力量，群策群力，按期完成。要紧密结合公司实际，在对内外部环境进行深入分析、研究的基础上，采用传统方法和现代方法相结合、定量分析和定性分析相结合，提出解决公司问题的有效措施。

各单位要采取召开座谈会、实地调研、走访学习等多种方式听取广大员工及其他人士的意见，力求制定的战略发展规划更符合公司实际。

无论是技术性较强的战略规划制定工作，还是高度统筹协调的战略规划实施工作，都离不开领导者的因素。但光有领导者，也无法使规划目标变成现实。只有将领导者、各级管理者与普通员工置身于组织之中，通过参与认知和实践，在组织的引导与规范下，形成合力，才能使战略管理工作取得应有的效果。

2.3 战略管理的过程

2.3.1 战略管理的阶段

一个完整的战略管理要经过战略规划的制定与审批、执行、监控与调整、评价与考核等环节来完成。这里，我们将战略管理的过程归纳为战略分析、战略选择和战略执行三个阶段，如图 2-2 所示。

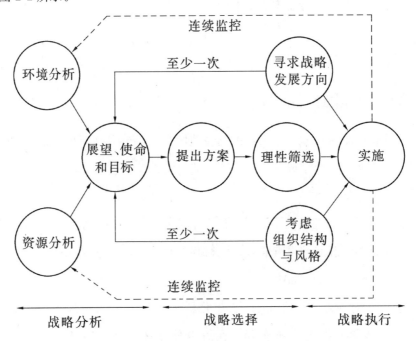

图 2-2 战略管理过程

1. 战略分析阶段

战略分析包括外部环境分析与公司内部条件分析。公司处于复杂的商业、经济、政治、技术、文化和社会环境之中，对其分析难度是很大的。迈克波特创造的五力竞争模式给我们提供了一个很好地分析框架。通过研究分析，可知外部环境的变化给公司带来什么机会，产生什么威胁。内部条件分析就是寻找公司的优势、劣势，探索竞争优势的来源。

战略计划编制过程必须以一种强有力的组织方式去做。公司在决定战略计划系统时，必须设计相应的流程，以便审核公司各部门之间，以及它们的活动和计划之间的相互关联、相互影响和相互依存性。

2. 战略选择阶段

战略选择是在外部机遇、威胁，内部优势、劣势之下，进行比较、组合的分析方法。通过 SWOT 分析等方法，充分发挥公司的优势，利用机会，对抗威胁，克服劣势，并能产生一系列战略方案。包括功能层级战略、事业部层级战略、全球化战略和公司层级战略。通过战略的选择制定的方案，能够达到在急速变动的全球竞争的产业环境中，确保公司的生存、发展、壮大的整套战略。

从公司发展战略出发，设定适度的经营目标、宏观发展目标，科学地测算预算期内将要发生的各项生产经营业务、投资业务、资产运作业务所需的资金和费用投入，综合平衡，形成战略计划。用战略计划指导与协调各级公司及各部门的年度生产经营、资产运作活动。

3. 战略执行阶段

战略执行包括战略的实施方案与管理。实施方案包括资源的分配，组织结构、制度、人员、文化的调整，建立方案。由谁执行，什么时候执行，以及执行中的变革问题，都要在实施方案中详加谋划，缜密安排。经批准后，认真管理，密切监控，如有战略分析、战略选择时未曾估计到的重要问题，则要加以调整。

通过对战略计划执行情况的监控，及时发现并妥善处理执行过程中的问题，实现对活动过程的有效控制。通过对实际执行结果和战略计划的比较，确认经营者、责任部门或人员的工作业绩，兑现考核，奖惩到位，激发其努力工作，争取更佳表现。

战略分析是为了了解公司现时的定位，而战略选择是提出各种可能的行动方案，经过评估选择出可行的战略方案，之后则是依据选定的战略方案，组织对战略的实施，也即战略执行。这三个阶段相互联系，不可分割，且有一定的交叉。没有战略分析，则无法提出各种战略，并加以评估比较，也就无所谓战略选择，没有选定的战略方案，就更谈不上战略的执行。

2.3.2 战略制定方式

一般来讲，由于每个公司的历史发展、决策习惯、领导人的思维模式等方面的不同，导致其在制订战略计划系统时的方式方法也不同。每个公司都会根据自己的实际情况去确定战略计划的制订程序。结合国内外不同公司，不同理论派别对这一问题的实践与研究，这里给出两种公司战略计划系统的制定过程。

（1）层层制定过程。首先，由集团的最高层制定总的战略与目标；然后，层层分解、层层保证；最后，将一个总目标分解为一个个具体容易达到的子目标，这种形式类似于目标管理模式，但由于其涉及的是公司总体战略的设计，因此，与目标管理还不尽相同。还必须明确的一点是，一旦公司战略计划系统被最终确定之后，就必须有一整套具体的程序来指导员工的日常行动作为匹配。只有这样，才会使公司的战略被落到实处。

（2）战略职能区分型的制定过程。公司根据战略计划系统的实质内容（也就是具体的职能）来逐项制定公司战略的整个过程。这个过程包括两大部分，即战略制定过程和具体规划实施过程。实际上，这两者是一个不可分割的整体，两者互相补充，互相呼应。战略制定过程是具体规划实施的前提，而具体规划实施则是战略制定过程的后续工作及补充。

2.3.3 战略制定程序

第 2.3.1 节从战略管理的内容出发对各阶段的工作要求作出了阐述。这一节则从战略制定的程序上介绍各自应完成的工作。

战略制定通常分为三个阶段，即编制的前期工作、编制过程、批准下达。在前期工作中，主要是通过调查研究，完成计划表格的修改与确定、印发编制通知，提出编制要求；在编制过程中，主要是按照既定的程序完成指标的平衡过程；在批准下达阶段，主要是批复文件的审批与印发。在具体的编制过程中，通常有"两下一上"、"两上两下"等方式可供选择。

（1）"两上两下"工作流程。"第一下"，公司战略管理部门依据公司选择的战略进行编制，在调查研究的基础上，提出战略计划编制基本要求，并向各战略计划编制单位下达计划或预算编制通知。"第一上"，各战略计划编制单位依据编制通知的要求，落实责任，开展相关工作，按照规定的流程，形成计划或预算草案上报公司。"第二下"，公司战略管理部门负责对上报的计划或预算草案进行审核、洽商，讨论通过或驳回重编后，汇总形成全公司计划或预算草案并报最高决策机构审批。获得批准后，可用便函形式广泛征求各战略计划编制单位对计划或预算建议指标的相关意见。"第二上"，各战略计划编制单位上报对计划或预算建议指标的反馈意见，由公司战略管理部门对意见进行再平衡，并将修订后的计划或预算草案以签报的形式，经主管副总复核并送公司战略管理委员会讨论后，报总经理审阅后提交公司董事会批准，获得批准后再正式下达。

（2）"两下一上"工作流程。"第一下"，实际是将"两上两下"流程中的"第一上"和"第一下"结合在一起，即公司经过酝酿后，提出各战略计划编制单位计划期控制性或建议性指标，并下发给各战略计划编制单位征求意见，进行落实。接下来的"一上"与"一下"的工作流程与"两上两下"流程中的"第二上和第二下"内容基本相同。

"两下一上"工作流程,便于公司上下目标的贯通,减少了工作中间环节,但对公司人员素质、工作方法提出了更高的要求,需要占有更多、更准确、更及时的下属公司运营信息。当公司的集中度尤其是财务资金的集中度和信息传递速度达到一定的水平时,这种方式的作用才会得以极致性发挥。

2.4 战略计划体系

在战略制定过程中,当战略分析、战略选择基本完成之后,则需要编制战略计划。通过战略计划的编制,将战略目标数量化,并将目标进行分解,也为战略执行创造条件。同时,通过战略计划的编制,对战略构想进行论证。因此,战略计划编制也是战略管理的一个重要环节之一。战略计划是战略规划的有机组成部分,是将高度概括的战略目标具体化和数量化的分解与实施过程。通过指标的编制与执行,从而将战略目标落到实处。

2.4.1 战略计划类别

计划可以按照时间与内容进行划分,往往是以时间序列为主线,分为中长期计划和预算,内容穿插于其中。即1年以上的统称为计划,如3～5年的中期计划、5～10年的长期计划,10年以上的计划称为远景规划。1年(包括一年)以内的统称为预算,包括年度预算、季度预算、月度预算等。

在实际工作中,将中长期计划作为战略管理的一部分,因为在制定和实施时,以研究考虑公司的重大问题为主,并且与公司发展纲要同时确定。在传统意义上,预算不纳入战略管理的范畴。其实,年度预算是公司战略实施的十分重要环节,应是战略管理的一部分。随着外部环境变化的加快,每一年的变化,甚至半年、一个季度的改变对公司战略都将产生重大影响,因此,作者也将年度预算纳入战略管理的范畴。事实上,美国GE公司也是将年度预算纳入战略管理范畴的,每年围绕战略制定、战略分析、战略部署等环节而召开的战略管理会议就举行四次之多。

中长期计划按内容可分为综合计划、专项计划和项目计划。

专项计划是公司对某一重大事项而制订的相对综合计划而言更详尽和充实的计划,如经营布局专项计划、产业调整专项计划、人力资源专项计划等。一般地,事项持续多长,计划期就安排多长。

项目计划是按特定对象而编制的,主要是指大中型投资项目。由于经营战略时间跨度比较长，项目投资计划不可能也没必要都确定下来。但上什么项目、下什么项目、缓什么项目的方针原则，必须在中长期计划中加以明确，并就可能实施的投资项目的资源配置进行事先的谋划。

在计划中，中长期计划集中体现了公司的战略，是全部计划管理的核心。它统帅着公司全局，起到了承上启下的作用。年度预算是在中长期计划的指导下，结合市场环境、公司状况的最新发展而制定的，是对中长期计划的具体落实与修正。中长期计划以确定战略方针、目标为主，人、财、物大体平衡即可，而年度预算则比中长期计划要精确，需要全面衡量人、财、物、产、供、销，做到不留缺口；否则，其他计划就没有调剂的余地了。

由于中长期计划的时间跨度大，不确定因素多，通常建筑公司及其下属单位一般多编制中期计划，如3年计划、5年计划，10年以上的远景规划主要由建筑公司总部来编制。

考虑到建筑公司的项目一般以两到三年为一个周期，所以，作者认为应以三年规划作为公司发展战略制定的时间长度。规划中确定公司发展的战略方针、目标和策略。与此相配套的三年计划指标，可多设计些详尽的表格，内容全面，重点突出，多个角度对公司未来三年运行进行模拟分析，看清趋势，寻找最佳资源组合方案，实现计划中的效益，避免公司在不必要的方向上去消耗资源，从而在整体上、全局上、根本上保持公司健康的发展。同样，公司应以三年规划为指导，结合市场的最新发展情况，从四季度开始安排编制年度预算，年度预算要往后再滚动两年预测，做到瞻前顾后、综合平衡、积极可行、留有余地。

2.4.2 战略计划编制内容

战略计划制订包括以下几方面的内容。

1. 总体目标。战略计划首先需要对反映公司计划期内（或末）经营管理活动主要成果（如经营规模、投入产出、经营布局、运营系统等）发展目标进行量化描述，使人们能够对公司整体方向的发展前景、发展速度有一个比较明了和直接的印象。战略计划制订的核心内容是确定总体目标。

2. 公司分阶段目标。一般需要对分目标进行尽可能具体与定量的阐述，它是保证总目标实现的依据。公司的分目标常常与具体的行动计划和项目捆在一起，它们都是达成公司总目标的具体工具。

3. 公司的行动计划和项目。行动计划是组织为实施其战略而进行的一系列重组资源活动的汇总。在计划阶段，这些行动计划常常是包括研究、开发及削减等方面的活动。各种行动计划往往通过具体的项目来实施。

4. 公司战略管理系统。不仅包括总体计划工作，而且包括千变万化的子计划工作，例如：市场计划、布局计划、技术计划、财务计划等。总体计划必须与各个子计划有着一种内在的逻辑联系，也体现了战略计划的系统结构，这种系统结构是统一协调的有效手段。

2.4.3 战略计划管理信息化

战略计划管理是实现管理数字化最有效的方法，是公司财务会计管理由事后的记录和核算，提升到事前的计划与控制的重要手段。其两个显著特征就是：一个是繁，即计划触角是公司方方面面活动的全面覆盖；另一个是难，即面对未知的市场进行谋划与实践，要确保战略计划目标的完成，难度不可想象。计算机不怕繁，就怕难；人脑反过来，不怕难，就怕繁。两者有机结合，才能产生倍增的效果。

战略计划管理信息化是指借助计算机快速完成预算编制、反馈、分析、调整等工作，为公司及时决策提供点到点和点到面的时间保障，同时在不违反公司秘密的情况下，将个人或部门分割而私有化的信息转化为顺畅的公司公众信息，充分发挥信息的时间价值，为推行全员目标管理打下基础。

战略计划主要靠数据来说话，战略计划管理部门应该是一个数据汇总、处理的中心，需要对公司的运行情况和效果有较清楚的了解。其电算化的强度越大，信息利用的程度越高，决策的水平将越高，越能保证客观、公平，防止个人行为。战略计划管理部门借助计算机就能够实现全系统各级次公司计划指标的编制与汇总作业，网络技术传输数据安全、可靠；战略计划编制软件应具有计划编审、计划指标管理、计划运行监测分析等不同的功能，易于与财务信息系统接驳和数据的读取，战略计划执行情况反馈渠道流畅、规范；战略计划基础管理所需数据库建设比较方便、快捷、实用，战略计划指标调整、分析和考核工作及时、透明、公正。

在实施战略计划管理信息化过程中，除了领导有力，机构落实、人员落实、经费落实、工作任务落实外，领导带头学、带头用，防止信息传输到决策环节发生"死机"现象，是信息系统发挥应有作用的关键所在。另外，计划管理信息化还要与公司管理规范化水平相适应，与财务信息化建设相同步。

2.5 战略规划的组成

战略规划由战略发展纲要和战略计划以及说明组成。现分述如下。

2.5.1 战略发展纲要

战略发展纲要是公司发展战略的纲领性文件,是用精练的文字对战略方针、战略目标、战略重点、实施步骤等内容的高度概括性表述。通常包括以下几部分:

1. 前言

简要分析面临的国内外形势与挑战,回顾取得的成效与问题,提出战略制定的基本原则。

2. 战略布置、战略方针、总体目标和工作部署。在总体目标中,主要是数字对比情况,一般先有总目标,再描述各专项目标的数字安排。

3. 建筑业务结构

就如何实现该专项计划进行细化与布置,按照确定的主业顺序提出分行业或分产业的落实措施。

4. 地区经营布局

按照地区所占份额的重要程度顺序,提出分区域、分国家的细化目标与落实措施。

5. 投资与融资

提出投资计划确定的总体要求、重点领域及其渐进式目标,指明融资手段和融资渠道的方向。

6. 体制改革

提出在机构整合、内部管理模式、法人治理结构、决策体系等方面的目标与对策。

7. 运营管理

明确事前、事中、事后等运营阶段的控制方式、手段和努力的方向,要达到的目的。

8. 人力资源

就用人机制、人才队伍结构、分配体系、激励机制、人才培养途径等方面的目标与措施提出工作目标要点。

9. 科技进步

围绕战略实施,提出科技创新、研发工作、信息化建设、网络管理、管理体系等方面应达到的配套性工作目标。

10. 内部控制

从制度建设、审计监督、纪检监察等保障性环节，提出基本目标与要求。

11. 企业文化

重点是企业文化建设、核心理念的阶段性目标与要求。

12. 结束部分

多采用一段鼓动性较强、能够振奋精神、唤起人们对未来产生憧憬的文字。

2.5.2　战略计划

计划数字是对所确定的战略计划目标数字的表格化体现，一般包括整体计划和各专项计划表式与数字安排。在同一份计划表中，除甲栏的指标分组外，通常包括计划期前一年指标完成情况、计划期目标总计、计划期末一年目标数字（或分年度初步安排）、平均增长速度等内容。第2.4节已经作了详细阐述，这里就不再赘述。

2.5.3　战略规划说明

战略规划说明包括对战略发展纲要内容与战略计划数字的形成所作的说明等部分。

（1）对公司总体战略的说明。包括三方面的内容：什么是公司总体经营战略，包括总体战略目标和实现总体战略的方针政策；为什么作这些选择；实现此战略将会给公司带来什么样的重大发展机遇。

（2）对计划数字的说明。是提交审议者和决策者审核和综合平衡公司计划草案的基础，也是战略计划方案不可或缺的组成部分。包括：报告期年度指标预计完成情况、市场环境分析、计划期指标测算方法和当今数字结果与安排、拟采取的确保指标实现的主要措施、需要向上一级计划主管单位反映的问题等内容。

对上述内容进行研究分析，写出专题报告，有时篇幅甚长，而战略发展纲要往往只使用结论性或判断性的语言，这时就将这类专题研究分析报告作为战略规划的附件或战略会议的参阅文件印发。如国际承包市场研究分析报告、房地产市场研究分析报告、国内建筑业市场研究分析报告、金融市场研究分析报告、组织结构重组研究分析报告等。

2.6　战略规划制定实例

下面，我们以Z公司"十五"规划（2001～2005年，以下同）编制轨迹来简要说明一下制定过程。

1. 在公司决策层作出制定"十五"规划的决定后，公司迅速召开了总部各部门负责人参加的规划动员会议，明确成立了由公司总经理挂帅，包括主管副总和各部门主要领导在内的规划编制领导小组；指定有关部门作为工作小组办公室，牵头组织"十五"发展规划的布置、协调和汇总工作。下属单位对"十五"规划的编制工作也给予了高度重视，纷纷成立了编制工作领导小组，组织专门力量研究和编制规划。

2. 公司工作小组在研究公司战略，搜集有关数据、资料的基础上，提交了规划制定实施方案，公司主管副总两次主持召开总部各部门负责人参加的总经理办公会议，作出了详细的工作指示。在公司决定制定"十五"规划的一个半月之后，总部正式印发了制定公司"十五"发展规划的通知，就下属公司如何制定"十五"进行了详细布置。

在该通知中，明确了规划制定的指导思想和应遵循的原则，规范了使用"五力竞争模式"分析市场竞争环境的内容，提出了从自身优劣势和资源配置状况等十个方面要研究与回答的课题，颁布了适用于功能层级、事业层级、公司层级等层面的策略选择方案筛选标准，指明了策略方案付诸实践的配套措施的研究方向，细化了"十五"规划方案的内容构成标准，设计了比较详尽的"十五"发展计划表式。另外，还就组织领导、业务分工、时间安排等提出了明确要求。为了确保工作的顺利开展，还自行编写了"十五"计划录入、汇总软件，提高了基层单位数据录入的效率和质量。

3. 开展深入的调查研究工作。结合规划所确定的课题，总部组织20多人次赴境内外下属企业，与系统内优秀公司、项目以及困难公司进行交流与调研。公司主管领导还亲自带队赴浙江、上海和江苏等地进行了8天的外部调研，走访了13个部门和公司，进行了多达160人次的学习和座谈。

4. 广泛地听取了公司各个层面的意见。为使"十五"规划体现全系统员工的共同愿景，本着公开、透明、开放和谨慎的原则，工作小组通过电子信箱、传真、信函等多种方式在全系统范围内广泛征求意见与建议。另外，还在公司主管副总的带领下，先后同所属公司所有总经理、总工程师、总会计师、总经济师等进行了座谈；组织了机关138人次的专题讨论，统一了对一些重大问题的认识；聘请10名专业人士集中进行了研讨；编发了有关11个方面的专题规划简报。

5. 在公司决定制定"十五"规划的半年后，工作小组拿出了规划初稿，在其后的时间里，数易其稿，对"十五"规划数据反复修订，仔细推敲，力求吻合、严谨。为使纲要更加符合经济全球化的发展趋势，还聘请国内顶尖大学经济管理学院的专家，进行审核把关，从国际、国内两个方面对总公司国际竞争力进行比较。

6. 完成规划报批的工作。经过半年多的辛勤工作，公司"十五"规划初步成形，在提交总经理主持召开的专题会议上进行三次研讨后，提交给公司总经理常务会进行了审议，并提交给由二级公司负责人参加的年度工作会议再次进行了研讨，之后正式报公司总经理常务会审批并印发执行。至此，历时一年的"十五"规划制定工作才圆满结束。

2.7 公司管理制度

2.7.1 制度的作用

公司管理制度是公司为求得最大效益，在生产管理实践活动中制定的各种带有强制性义务，并能保障一定权利的各项规定或条例，包括公司的人事制度、生产管理制度、民主管理制度等一切规章制度。公司管理制度是实现公司目标的有力措施和手段。它作为职工行为规范的模式，能使职工个人的活动得以合理进行，同时又成为维护职工共同利益的一种强制手段。因此，公司各项管理制度，是公司进行正常的生产经营管理所必需的，它是一种强有力的保证。优秀公司的管理制度必然是科学、完善、实用的管理方式的体现。

新制度经济学认为，制度包括了正式制度和非正式制度。正式制度是指人们有意识创造的一系列政策法规，包括了政治、经济制度及由这些规则构成的等级结构。具体到公司则指公司的产权制度、治理结构、组织结构及规章制度。非正式制度是指人们长期交往中形成的、世代相传的文化的一部分，对公司而言主要指公司文化。所以，规章制度不能解决公司的所有问题，希望通过建立一套完善的管理制度，从而解决管理中存在的全部问题是不现实的，结局往往会陷入制度的陷阱—教条主义当中。

因此，制度能否解决公司管理存在的问题，关键在于正式制度和非正式制度的融合，中国建筑公司当前更应该着重考虑非正式制度的有效性，即建立一种有效的公司文化。正如诺斯所说："看好的制度有效性有多长，关键是该制度的灵活性有多大。"这句话看似矛盾，实际它蕴含着这样的道理，人们对于制度的选择，是由人们的理念、道德、文化所决定的，因为人们在长期互动过程中，逐渐形成了对所有人都有利的行为规范或制度，制度就是人们集体的最佳决策。文化本身也是一种制度安排，它约束着人们的行为，如古人所说"善有善报，恶有恶报"。在公司管理中，如果只是通过建立许多规章制度来约束人们的行为，哪里有漏洞就增加那里的规章制度，这种思路很容易产生教条主义思想。我们知道，制度是要付费的，这样做的最终结果只能是使公司管理机制固滞，这种基于人性恶的假设必然会窒息公司的创新精神。美国是一个法治国家，人们的法律意识很强，而从20世纪90年代开始，家庭暴力、青少年犯罪率节节攀升，这才使人们意识到这种制度安排并不能全部代替家庭教育、社会道德的作用。所以我们应该知道，没有一种制度安排是包治百病的，只有对制度的内涵有正确的理解，才不会陷入制度的陷阱中。公司管理规章制度作为正式制度之一，是用"他律"来规范员工的行为，它的作用是显而易见的，是一种显性的制度；但是公司仅仅有规章管理制度还是不够，在正式制度之外有管理存在的空白，这就需要另一种制度—公司文化来配合，因为公司文化这种非正式制度是通过"自律"来激励和约束员工，在某些情况下员工内心对公司的责任感或是使命感才可能真正对员工行为发生作用。这就说明，公司制度能否对公司管理起作用，关键在于"自律"和"他律"的相结合，即公司管理制度和公司文化的相融合，才有可能达到公司的均衡发展。

战略、结构和制度被认为是公司成功的"硬件"要素，而风格、人员、技能和共同的价值观被认为是公司成功经营的"软件"要素。只有在软、硬两方面都能很好协调的情况下，才能有效保证公司战略的成功实施。

公司的发展和战略实施需要完善的制度作为保证，各项制度又是公司精神和战略思想的具体体现。这些制度也就是公司内部的行为规范，使员工的工作有所遵循。因此，在战略实施过程中应制定与战略思想相一致的制度体系，要防止制度的不配套、不协调，更要避免背离战略的制度出现。

良好的战略执行除需要必要的量化目标作引导外，良好的现代公司管理制度与平台则是公司战略执行中必不可少的软环境。

2.7.2 制度建设的重要方面

为了保证战略目标的实现和各项措施能够落到实处，现时管理者需要着重在以下几方面建立和完善公司管理制度。

1. 营销管理制度

由于面对的是垄断门槛较低的市场，身处其中的建筑公司得以生存的前提条件是要能够找到项目。在对接市场过程中，如果以牺牲利益来换取工程，长此以往，不仅与公司的逐利性相背离，公司也难以为继。建立营销管理制度的目的，就是结合公司发展战略和市场定位，懂得"扬弃"，提高推介自己、保护自己的能力，为企业的发展增添后劲。

对接市场只是公司营销工作的一个环节,在项目实施和工程决(结)算时的营销工作也十分重要,上述三个环节构成了公司完整的营销体系。围绕这一体系,服务于公司发展规划,规范公司营销工作行为,精干营销组织,构筑庞大的营销队伍,健全营销工作流程,讲求各环节的整体配合,建立必要的奖罚机制,则是营销管理制度的主要内容。

通常建筑公司总部层面在承揽任务、项目实施、工程决算等环节是由不同的公司领导来负责的,如承揽任务归总经领导、项目实施由总工负责、工程决算则是总会的工作。由于局部利益不同,难免出现不和谐现象,导致营销的三个环节处于"两头软、中间散"的状态。因此,公司更有必要通过制定内部游戏规则与制度来约束相关工作。

2. 财务管理制度

财务管理制度是财务工作的基础部分,如果没有一个严格的财务管理制度,其他财务基础工作都是空谈。母公司对子公司进行的财务管理是从出资人的角度进行的,着重于维护出资者的基本权益,激励经营者的积极性,而不应干预子公司的日常财务管理和生产经营活动。母公司对子公司的管理主要是建立激励和约束机制,而激励和约束机制的建立很大程度上必须通过财务管理来进行的。据此,母公司对子公司的财务管理内容包括以下方面:

(1) 过程控制制度。母公司对子公司的管理不能仅从结果来控制,还须强化过程控制,所以,必须对子公司进行日常的经济监督。这种监控是分层次的,包括三个层次:一是建立代表现实的股东或所有者的监督审计,对子公司的财务活动进行监督;二是建立代表法人所有权的公司内部审计,对公司所属分公司和职能部门的财务活动进行监督;三是聘请代表潜在所有者利益的民间审计,对子公司的财务状况和经营成果进行公证审计,从外部对监督对象的财务活动是否维护所有者权益进行监督。

(2) 资金管理制度。资金是公司的血液,资金管理制度包括融投资管理、担保管理、现金管理。

1) 对子公司要进行筹资约束:由于资本性筹资会直接改变出资者权益,负债性筹资则有可能使出资者丧失权益,所以,出资者财务管理必然涉及经营者的筹资行为。

2) 对子公司要进行现金约束:现金是公司的生命,为了节约现金使用,降低筹资成本,也为了使各子公司的业务活动在母公司的监测下进行,母公司必须对所属子公司的资金进行统一的调配。

(3) 资产管理制度。由于资产的使用涉及出资人的风险偏好,改变资产的使用主体、使用方向、使用规模都将引起风险的变化，从而改变出资人的风险偏好，所以必须经过母公司的批准。具体而言，子公司在使用资产的过程中，一方面，直接减少资产的行为会使出资者权益减少；另一方面，任意改变资产的原来使用用途，会使出资者原来设定的投资领域发生改变，这种改变必然会引起出资者原预期的出资风险和收益水平的变动，进而影响出资者权益。为此，必须对子公司的资产使用进行约束。

（4）成本管理制度。成本费用的增加会直接减少利润从而减少出资者权益，因而，它必然是出资者进行控制的重要对象。

（5）统一会计政策。由于会计政策涉及会计要素的确认和计量，而会计要素确认的范围不同、计量方法不同，对子公司的资产、负债与所有者权益尤其是利润都会有影响，进而影响出资者权益，特别会影响长期出资者与短期出资者的利益分配，所以，母公司应该对子公司的会计政策进行审批，确保资本的保值与增值。因此，建立整个集团的会计制度是很重要的。

3. 公司治理与决策制度

国有建筑公司很多成立于20世纪50年代初期，按照《企业法》登记注册，产权结构单一，没有形成科学合理的公司治理结构，因此，制定公司内部的治理制度和决策制度尤为重要。加强班子建设是目前搞好公司的最关键工作，一个好的班子可以救活一个公司，一个差的班子可以搞垮一个公司。班子建设不光是选人的问题，更重要的是要有一套科学合理的领导、决策体系，也就是治理结构的建设是基础。针对国有企业治理结构的现状，应分为改制公司和未改制公司两类进行制度设计。

根据公司实际，建立科学、合理的公司治理结构。改制公司应按照《公司法》的要求落实股东会、董事会、监事会和经理层、职代会（工会）等的职责，形成各负其责、协调运转、有效制衡的公司法人治理结构。未改制公司应建立与现代公司制度相类似的领导体制，强调体现出资人地位。作为国有企业，或国有控股公司，坚持发挥公司党组织政治核心作用，应按照"双向进入、交叉任职"的党政工作原则，积极参与公司重大问题决策。建立健全重大决策的规则和议事制度，注重维护股东利益，建立对经理层的激励和约束机制。完善公司对所属企业总经理、总会计师的委派制度和书记推荐制度。同时，加强基层领导班子建设也非常重要。

4. 人力资源管理制度

建筑公司是劳动密集型公司，人才的作用对公司的发展是第一位的。所以，为了实现公司的战略目标，必须拥有相应的人才资源，而好的人力资源管理制度是吸引人才、培养人才、留住人才的根本保证。所以，公司应建立和完善人力资源的招聘、培训、考核、任用等一系列的管理制度。

5. 运营及内控管理制度

通过统一通用和基本的内部管理制度，有助于保证母子公司、子公司之间以及子公司内部的协调运转。通过制定通用和基本的内部管理制度，有助于贯彻母公司的意图，有助于实现标准化。制度的不统一、不规范只会带来整个公司的运转混乱，其中很重要的一点就是必须建立健全公司内部控制制度。为了在公司内部建立一种确保资本安全和增值的自律机制，并使出资者对公司的约束是把结果约束和过程约束结合起来、外部监督与内部自律结合起来，出资者必然要求在公司内部建立内部控制制度。内部控制制度建立于公司内部，而实质是为了维护出资者的权益，故而它也是出资者对公司进行管理的一部分。

6. 业绩考核制度

美国心理学家斯金纳提出的强化理论认为：人的行为是对其所获刺激的一种反应。如果刺激对他有利，他的行为就有可能重复出现；若刺激对他不利，则他的行为就可能减弱，甚至消失。因此，管理人员要能够通过强化的手段营造一种有利于公司目标实现的环境和氛围，以使公司成员的行为符合公司的目标和要求。比如通过提薪、发奖金、晋升、表扬等正面强化手段以及减薪、扣发奖金、批评、处分等反面惩罚手段来激励员工将公司的意图或要求进行到底。如果只有高层管理者的说教，而缺乏这些强化手段的配合，那么执行力也就难以真正形成。

要建立科学合理的考核制度，首先，必须兼顾多方的利益。其次，是要建立一套科学合理的考核指标体系。这个体系既要能够真实反映公司的短期经营绩效，又要能够反映公司的长期发展状况；既要定量分析，又要定性分析。其三，要明确考核的主体。考核是确保所有者资产保值的关键，也是激励能否到位的重要依据。严格考核要解决的首要问题是由谁来进行考核，即必须明确考核的主体。最后，要在科学考核的基础上真正做到"能者奖、劣者罚"，建立经营者优胜劣汰的市场竞争机制。

业绩考核制度可以将出资者与公司经营者的关系看成一种委托-代理协议，出资者对经营者的激励和约束往往是以对经营者的经营业绩进行考核为基础的。因此，双方利益冲突的焦点在于经营者业绩评价问题。确定对子公司的考核办法，其目的是通过奖罚建立一种激励机制，使子公司主动实现其责任目标即资本保值、增值。目标表示最终结果，子公司责任目标的确定实际上为出资者进行财务管理提供了基本依据，是从结果进行的控制。所以，首先必须确定子公司的责任目标，即资本保全和增值责任。

上面所提到的管理制度仅是公司管理制度中比较主要的内容，还有一些如物资采购制度、项目管理制度、质量安全制度等也是公司管理制度的有机组成内容，限于篇幅的原因，这里就不一一讲述了。

2.8 公司营运管理系统

仅有正确的战略和完善的组织，还不能形成稳固发展的支点，还不能使公司在激烈的竞争中脱颖而出，必须加上有效的运营管理才能使公司创造出实质的价值，这是公司长久生存和成功的必要条件，也是公司可持续发展的必由之路。

2.8.1 建立高速运营系统

有这么一种说法，"高速的运营相当于增加了公司的寿命"。这是因为高速的运营能在增加收入的同时维持较低支出，从而提高了公司的效率和效益。例如，我干一年，你需要做三年，甚至十年，管理费我花10亿元，你就需要花30亿元或者100亿元。而且速度一慢，你就容易丧失很多机会，这个损失是无形的，也是巨大的。这样一对比，运营快速的公司能够长盛不衰就在情理之中了。

Z公司在地产业的旗舰-C子公司的发展历程也印证了这一点。C子公司是Z公司在完全控股的香港上市公司，多年来，C子公司战略规划一经Z公司确定，命令一下，立刻执行。在短短的时间里，C子公司在内地的地产取得了巨大的进展，内地成为其最主要的产出区。另外，C子公司无论是在香港从事承建，还是在内地的买地、规划、营销等工作，无一不是运转快速，效率惊人。决策一旦作出，一个月内推行，3个月就要见财务成果。这种扁平化的、快速反应的公司执行力，是在环境变化加快、竞争加剧的情况下，取胜的法宝。

2.8.2 打造执行力文化

良好的执行力文化能够永葆公司基业常青。公司文化是公司成员所共享的价值观念、信念和行为规范的总和。它体现在公司生产、管理、经营的每一个环节。因此，要想使公司达成和提升执行力，将公司塑造成一个执行力组织，就必须首先在公司内建立起一种执行力文化。

世界上基业长青的公司有一个共同特征,就是它们都有一套坚持不懈的核心价值观,都有其独特的、不断丰富和发展的优秀公司文化。21世纪,各公司之间的竞争,最重要的就是公司文化的竞争。谁拥有文化优势,谁就拥有竞争优势、效益优势和发展优势。执行力文化将成为公司的主流文化,也是公司得以经久不衰的力量保证。只有将执行力融入公司文化中,将其渗透到公司的回报系统和行为准则中,使其成为公司文化的有机组成部分时,才能使每一个公司成员都能深刻理解并认真实践公司提升执行力的要求。只有这样,执行力才会充分发挥作用。

公司打造和提升执行力,不仅是公司管理的一场变革,更是一场公司文化和人的观念的变革。因此,对公司文化进行改造和创新,构建公司的执行力文化体系,关键要告诉员工"执行"是一种文化,并获得公司全员认同。一旦战略定了,就要万马奔腾,说了就办,形成一种军队文化。

2.8.3 危机处理预案

公司战略和战术的实现都是有风险的。随着科技和整个经济快速而不平衡的动态发展,市场竞争加剧,公司业绩涨落幅度加大,可能突然引发金融、经济甚至政治危机,这都有可能影响公司的生存发展。这就需要公司有处理危机事件的机制和预案,对此要有所准备。对于不同的危机事件要区分情况和产生的后果,区分决定危机处理程序,决定危机到达的层级,从而最大限度地降低损失。

例如,1982年,一个精神异常的人在美国强生公司生产的"泰利诺"胶囊中掺入氯化钾,造成5个人死于非命,从而引发了"泰利诺危机",公司当即启动危机预案,发动全体员工将货架上产品全部收回。但第二天,加州又发现下毒的药,说明下毒的不在于已收回的那批产品。于是公司又启动另外一套危机预案:董事长每半小时举行一次记者会,随时保持和大众的联系;向全美所有销售网络回收产品;一周内重新设计新包装;一月内新包装开始生产,当时强生公司的损失以亿美元计算。

事后,据华尔街分析家认为,强生公司是塞翁失马,由于他们迅速反应,反而维持了顾客对其的忠诚,下毒事件曝光后已有半数顾客表示将不再买其产品,但到1985年,公司已收复近35%的市场。由此可以看到,本来对强生公司是一场灭顶之灾的打击,通过危机突发那一刻启动的整套危机预案,使强生渡过难关,重新获得大众的信任。

2.8.4 建筑公司运营管理系统案例

众所周知，GE是以所谓的四大战略：全球化战略，服务战略，六西格玛质量要求和电子商务战略来获得20年高速增长的，这样的增长成绩的取得，关键在于GE精心构造了以一年为一个循环，以一季度为一个小单元的"业务管理系统"，这一系统有两大功能：第一，它构造了一个严密而有效的实施系统，保证将总部制定的任何战略举措，都可以转化为实际行动；第二，它是一个开放的制度化平台，来自GE和各个业务集团的高层领导、执行经理和员工，都会在这样一个制度化平台上针对业务实施情况，对比差距，交流和分享成功的经验和措施。

借鉴GE的运营管理经验，中国的建筑公司也可以根据自身的特点，构建适应公司战略发展，推动业务高速运营的运营管理系统。

第一季度：全球运营经理会议（BOCA）：新举措和新战略的实施启动

1月份，召开由公司高层、所有子公司、分公司总经理、总部事业部总经理、职能部门总经理参加的全球运营经理会议，会议主要讨论并通过各个业务领导送交的业务清单，宣布启动新一年的战略实施计划。

2月份，公司上下全力实施新战略。

3月份，公司召开高级管理委员会（业务部门总经理和公司高层参加），这是每季度末都要召开的公司级业务质询会，一季度主要内容是检查业主和市场反应，并检查实施战略所需的资源是否足够。

第二季度：检查实施进度和效果

4月份，公司在互联网上对全体员工进行一次不具名的调查，询问他们是否感受到重大举措的实施，他们的客户对此有什么反应，实施过程的资源支持状况，内部沟通是否通畅。

5月份开始，对所有业务领导和员工上一季度绩效进行考核，主要内容包括：（1）业绩目标。(2)对人才使用是否做到人尽其才？员工对目标承诺的程度如何？(3)对所有员工进行表现打分，并根据表现对经理进行提升、奖励或撤职。

6月份的公司高级管理管理委员会会议，重点是总结战略实施中的优秀经验，质询实施过程的领导能力，并总结客户对新战略实施过程和影响。

第三季度：战略分析阶段，提出新举措

7月份，召开全球子公司、分公司，总部事业部总经理、财务总监、营销总监参加的第一次战略会议。这一会议的主题是分析上半年公司经营情况，宏观经济环境、市场竞争环境，讨论总体的财务回报状况，提出新举措或新战略，并对实施中所需要的资源作出分析。

8月份，公司在各个业务层面开始非正式的思想交流，提倡创造性的建议和有针对性的方案。

9月份，第三季度公司高级管理委员会会议，主要议题是三个：（1）提出优秀表现的标准；（2）学习其他公司的优秀经验；（3）总结重大实施措施中的优秀经验（所有业务范围内）并分析客户对实施过程的影响。

第四季度：运营计划阶段：制定次年战略计划

第四季度公司运营管理的主题是制订次年具体的业务运营计划。

10月份，召开由全球公司级经理会议，主要讨论三个问题：（1）下一年度运营计划的重点；（2）每个运营经理提出关键举措的成功之处；（3）所有业务部门的对话，我们在上一年的经验中得到哪些启示？

11月份，第二次战略规划会议，要求所有子公司、分公司、总部事业部提出次年详细运营计划，包括希望达到的目标，每个业务部门的业务计划。

12月份，公司高级管理人员会议，为一月份的全球运营经理会议作准备，主要议题是综合平衡各单位上报的发展计划和公司拥有的资源，制定公司次年工作要点，制定次年公司预算及各单位、各业务部门负责人业绩考核目标。

第二篇 战略分析

中国的建筑公司最早出现于20世纪30年代的上海，称为营造商，当时的营造商在上海、南京等沿海、沿江大城市建设了一批至今仍有影响的建筑❶。新中国成立以来，特别是改革开放以来，中国建筑业发生了巨大的变化。2009年，全社会建筑业实现增加值22,333亿元❷，建筑业对国内生产总值（GDP）的贡献率由20世纪50年代的3%增长到2009年的6.6%。建筑业从业人员从新中国建立之初的20万人增加到2009年底的3,673万人❸。

尽管取得了令人瞩目的成绩，但中国的建筑公司特别是国有建筑公司还存在管理水平不高、技术研发能力不强、机制不活、体制不顺等问题，面对我国加入WTO以及中国经济持续快速发展的机遇，分析外部环境和内部资源，制定公司发展战略，增强公司竞争力，对正在分化、重组、发展、壮大的中国建筑公司，具有特别重大的意义。

---

❶ 傅仁章.中国建筑业的兴起.北京：中国建筑工业出版社。
❷ 2009年建筑业发展统计分析.建筑时报，2010年5月31日。
❸ 2010中国统计年鉴·北京：中国统计出版社。

第三章 外部环境分析

公司外部环境是指那些给公司造成市场机会或环境威胁的主要力量,作为受宏观环境波动影响明显的产业,明晰建筑公司经营业务的外部环境的历史、现状和未来发展趋势,把握有利和不利因素,是进行战略管理的重要工作之一,更是制定战略规划的前提。

3.1 宏观环境分析

建筑公司在不同的国家或地区开展经营活动,必然受到所在国家或地区外部环境的影响。国家或地区不同,经营环境的差别很大,甚至截然相反。同一经营环境也是多方面多层次的,各环境之间既有区别,又有联系,这些环境主要包括政治法规环境、社会文化环境、经济环境、科学技术环境、自然环境、产业结构环境、总体经营环境等,它们都会直接或间接地影响公司战略管理活动。如果对外部环境状况若明若暗,盲目投资发展业务,则将给公司带来损失,投入越多损失越大,乃至形成灾难性后果。所以在这种情况下,引入 PEST 方法对公司所处的政治、经济、社会文化以及科学技术环境情况进行分析,才能对战略期内的环境变化趋势进行较为准确的预测,基本把握未来环境的变化。

3.1.1 政治环境分析

从宏观上讲,一个国家或地区的政治局势及未来趋势,民心向背,有无潜在的战争危险,是公司业务所地国家或地区经营能否获得成功的基本条件。研究公司业务所在国家或地区的内外政策,并密切注意其发展变化,是一项长期的任务。对所奉行的内外政策的透彻研究是公司的国别方针和经营领域选择的重要依据。1991 年第一次海湾战争以及近期利比亚局势的动荡使许多公司蒙受巨额损失,就是很好的例证。

从国际形势分析,和平与发展仍将是当今世界的主题。总体上看,人类目前所处的时代是全球化的时代。全球化由来已久,但于今尤甚。时至今日,特别是伴随着冷战的结束,全球化具有了一些新的特征。其中最主要的变化是,尽管贸易和资本扩张的动机依然如故,但扩张的方式已大为改观了。当今主要由发达国家主导的全球化,其基本内容和实现方式已经变成为在保障所谓"普遍人权"和"自由民主"的价值观念和政治框架下,按照市场规则,也就是通过清晰界定和严格保障财产权、自由竞争、利润最大化等原则在世界各个角落都得以实施和贯彻,在全球范围内配置资源谋取利益。但是我们也要看到,以信息技术为主导的科技进步和技术扩散;关乎全人类福利的全球问题的日益紧迫;跨国公司等非国家行动体在治理结构、目标函数和行为方式上的变化,至少使部分发展中国家与发达国家在发展上实现共赢的可能性增大;加至社会主义中国已经积极参与到全球化进程中来,等等,都在相当程度上影响着当今全球化的性质。为了协调发达国家之间、发达国家与发展中国家之间在政治、经济等方面的关系,相继出现了八国首脑高峰会议(G8峰会)和二十国集团峰会(G20)等新的国际协调机制,在一定程度上避免了发达国家之间、发达国家与发展中国家之间矛盾的激化。G20峰会是世界上第一次利用最高领导人的峰会来应对全球的经济困难,是一个崭新的开端。随着国际经济格局的变迁,二十国集团开始走到前台,世界经济新秩序开始萌芽。世界的全面协调可持续发展需要新兴发展中国家参与国际经济政策,更要求它们在其中发挥更大的作用,取得更大的代表权和发言权,同时也需要发达国家积极调整,接受和正视新兴发展中国家不断崛起的现实,大家协调一致行动。由全球化导致的各国相互依存度的加深引发了另外一个后果,即军事影响力对多数国际问题的解决往往只有有限的功效。

由发达国家主导的经济全球化催生了世界范围内新的国际分工格局。经济全球化主要体现为国际贸易、直接投资和技术扩散在深度、广度和数量上的变化。发展中国家得益于发达国家的技术扩散和市场开放,而新技术的应用和扩散也总是伴随着大规模的贸易和投资的增长。在这一过程中,许多发展中国家的人力资本也得以积累。经验显示,一国经济开放度的提高与其人均国民收入增长之间存在正相关关系。应当承认,发达国家和部分发展中国家的经历支持了"共赢"的观点。然而,全球化在为世界提供"共赢"机遇的同时,也使发展中国家面临着掉入"国际分工陷阱"的挑战。在整个国际分工链条中,发达国家凭借其资本、科技、人才、营销和消费方式上的优势或先机,占据了高附加值、高技术含量的产品和服务市场,而大多数发展中国家则处于国际分工链条的末端,成为全球市场上劳动密集型、低附加值、低技术含量产品与服务的提供者。伴随着信息和通信技术迅猛进步,不同国家或经济体之间,在获得接入信息和通信技术的机会以及利用因特网进行各种业务活动方面,出现了明显的"数字鸿沟",发达国家与发展中国家在知识产权方面的纠纷也日益增加。换言之,全球化收益的绝大部分由发达国家获得,发展中国家只能够获得其中的一小部分。而且就是这一小部分收益，发展中国家之间还展开了激烈的争夺，它们竞相开出各种优惠条件，如税收优惠，允诺最大限度地开放国内市场，承诺遵守发达国家制定的严厉的经济规则，甚至作出政治上的让步。

尽管持续时间长短尚不清楚，但发达国家利益集团中的霸权国家美国，其实力已开始进入"顶峰平台期"，并显露出了颓势。欧元的出现已开始威胁到美元霸权，并必将减弱美国向全世界融资的能力。经济政治社会一体化势头甚猛的欧盟，在塑造未来世界秩序的过程中开始与美国分道扬镳。"9·11"恐怖主义打击，粉碎了美国是世界安全堡垒和投资天堂的神话。充满不确定性的恐怖主义威胁就像一把悬在头上的达摩克利斯之剑，将会长时间地搅动着美国决策者的神经。2008～2009年，始于美国房地产次级抵押贷款市场的次贷危机转变成了全球金融风暴，使全球金融系统经历了自1929年以来的最大危机，世界经济受到重创，至今仍未恢复元气。美国不批准《京都议定书》和关于保护生物多样性的《里约公约》，退出《反弹道导弹条约》，抛开联合国而发动对伊战争，这种单边主义政策既表明它是一个名副其实的大国，亦说明其势必在"失道寡助"的路上越走越远。伊拉克战争久拖不决，迫使美军不得不撤离伊拉克，在阿拉伯世界建立"民主样板"的尝试步履艰难，将会对美国内部凝聚力带来严重的后遗症。美国的军费开支占世界一半、为欧盟的三倍，长期来看，如此规模的军费开支无疑会恶化美国财政状况并损害其金融市场的稳定性。当然，我们也要看到美国的长项，比如科技水平和创新能力，巨大的市场规模，强大的媒体垄断地位，军事打击力量等，在中短期内还不会像其"软力量"那样迅速减弱。同时，我们更不能无视作为一个整体的美国的优势。毕竟和结盟而成的欧洲不同，美国是一个统一的国家，而一般而言，整体大于部分之和。

全球问题与全球治理问题空前严峻和紧迫，需要而且必须通过尽可能多国家间的协调与合作方能解决，亦即进行全球治理。全球问题主要是指那些涉及整个人类福利的长期和普遍问题，大致可概括为以下六大类：贸易与投资规则的确立与执行；全球金融体系稳定；以恐怖主义、腐败、洗钱和非法移民等方式表现的跨国犯罪；人类健康，其中特别涉及艾滋病等传染病的防治和对转基因有机体的管理；环境与资源，包括气候、污染、生物多样性和热带雨林保护等；安全，包括防止地区冲突、多边维和，以及对核武器和生化武器等大规模杀伤性武器的控制。这里特别值得提及的是影响全球格局的两个长期因素：全球治理和与此有关的移民政策以及人口问题，需要各国共同为全球公共产品的提供作出贡献。但找到有效地实现这个目标的途径却困难重重。当今的超强国家美国在享有霸主收益的同时，没有能够尽到公正地和充足地提供全球公共产品的义务，几乎所有的全球治理机构又都面临着合法性不足、透明度不够、责任心不强的困扰。今天，资本、技术及管理知识等生产要素都可以跨国界自由流动，但劳动力的自由流动例外。许多狂热的自由市场原则的信奉者，也都回避了允许劳动力在这个星球上自由流动的主张。劳动力自由流动受阻，在更深的层次上暗示了经济全球化的限度。与此同时，欧洲和日本等发达国家开始步入老龄化社会，预计到本世纪中叶，欧洲六十五岁以上的老人将占到劳动人口的五分之三，美国的非欧洲裔人口将要超过一半。俄罗斯竟然出现了人口连续十年净减的现象。鉴于此，大量吸收移民已成为这些国家面临的非常现实的问题。大量移民进入发达国家后带来的社会、政治和经济影响，势必会波及这些国家的对外政策乃至国际格局。

从长期看，中国的和平崛起将是推动国际秩序朝着公正合理方向演进的重要因素。在过去四分之一世纪中，拥有十多亿人口的中国经济高速稳定增长，这本身就是对人类作出的巨大贡献。2010年，中国取代日本成为世界第二大经济体。中国的迅猛发展自然会引起世人种种看法，归纳起来大体上有三类：一是这种经济成就能否持久？二是中国的政治结构能够在多大程度上控制这一进程？三是中国在更加广泛的国际舞台上将发挥何种作用？中国和平崛起的理论实际上就是对上述问题的回答。所谓"崛起"，就是确保持续稳定健康地发展，就是增进中国人民的福利水平，就是使世界体系在今后的发展和运作中离不开中国的积极参与，就是让中国的实际利益和权利在现行或未来的国际政治经济秩序中得到应有的尊重，就是给中国以机会对全人类作出更大的贡献。所谓"和平"，无非是说中国实现崛起的目标是为了世界和平，采取的手段也是和平的，亦即要通过参与国际分工，通过遵守现行国际规则，通过以建设性的态度对待积累起来的和新出现的种种问题，来实现崛起，而不是做现行国际制度的挑战者或破坏者。

3.1.2 经济环境分析

一个国家或地区社会经济发展目标、产业等级、资源开发、国际贸易、金融行情、财政收支等状况构成了经济环境。公司与经济环境的关系尤为密切。对于经济环境的透彻认识，更能促进对其他环境的研究。从根本上讲，政治的稳定是经济发展的前提，而只有经济的繁荣，才能带来投资的增长，投资的增长才能带来建筑业的兴旺。因此，对经济环境的准确把握，是建筑公司发展成功与否的关键环节。

一般地，需要研究分析的要点简述如下。

1. 国民经济

国民经济是国民生产总值、财政收支、投资、金融、居民生活水平、物价指数、国际贸易等方面的统计预测情况。通过这些方面的研究分析,反映一个国家或地区经济实力、居民福利发展水平、市场潜力及投资环境。

(1) 国民生产总值。它是按市场价格计算的国民生产总值的简称,是一个国家所有常住单位在一定时期内收入初次分配的最终成果。一国常住单位从事生产活动所创造的增加值在初次分配过程中主要分配给该国的常住单位,但也有一部分以劳动者报酬和财产收入等形式分配给该国的非常住单位,同时,国外生产所创造的增加值也有一部分以劳动者报酬和财产收入等形式分配给该国的常住单位。从而产生了国民生产总值概念,它等于国内生产总值加上来自国外的劳动者报酬和财产收入减去付给国外的劳动者报酬和财产收入。

国民生产总值是表示国民经济最终成果的重要综合指标。在生产方面表现为整个国民经济新增加的产品和劳务的价值总和;在分配方面表现为生产要素所有者得到的各种收入总和;在使用方面,表现为个人、公司和政府,为了消费和积累,购买产品和劳务的支出总和。通过对国民生产总值多角度的研究,可以反映一个国家或地区的经济实力和人们福利水平,经济平均发展速度,国民经济中的主要比例关系,宏观经济政策效果等。一般需要了解国民生产总值、当年增长率,人均国民生产总值,在世界上的地位、当年增长率;国民生产总的构成:分别从生产、分配、使用方面,以及第一产业、第二产业、第三产业等方面进行分析。

(2) 财政收支。它是财政收入、财政支出的简称。财政收入指一国政府在一年内从各种财政收入来源所获得的全部货币收入的金额;财政支出指一国政府在一年内对各个方面所付出的一切货币支出的金额。财政收支统计是研究一国宏观经济极为重要的资料。它记载了财政资金的来源和去向,而且集中反映了国情、国力情况。一国的财政收支状况对居民生活、社会保障有重要影响。一般需要了解财政收入、财政支出,收支差额,国债、财政收支结构等。

(3) 投资。它是指一个国家或地区在一年内用于建造和购置固定资产的全部费用。投资对社会经济的发展具有特殊意义。投资会直接增加对某些商品的需求,如钢材、水泥、木材等建筑材料;投资也会间接增加对机器设备和家庭用具的需求;投资能扩大就业面,增加对建筑工人和其他工人的需求;投资工厂建成后将影响以至改变现有生产部门的结构。一般地,在市场经济条件下,如果投资增加,对整个经济增长产生有利影响,反之,如果投资减少,则暗示对经济的增长不利。投资增长超过一定的限度,将引起通货膨胀。

为抑制通货膨胀,政府将会采取提高利率、上调贴现率、减少货币流通量等措施。从这些相互关系可以看出,研究分析投资对公司经营意义重大。此外,投资法、投资税、海关税、所得税等对公司投资的影响应结合可行性研究做定量分析。一般需要了解国内投资额、增长率、主要行业的投资情况、地区分布情况;国际投资,包括本国对外国的投资、外国对本国的投资;私人投资和政府投资等。

(4) 金融。是指与货币流通和银行信用有关的一切活动。主要包括:国际金融市场,所在国家或地区金融市场的态势;国际资本流动的规模,地区、行业分布;筹资的条件及难易程度,由此测算筹资成本,估计利润水平。主要需了解金融市场利率,包括贷款利率、存款利率、贴现率;不同借贷期限的利率等。

货币汇率:美元兑主要自由外汇的汇率,升降趋势预测;美元兑建筑公司驻外机构常用货币的汇价等。特别是欧元、英镑、日元、人民币的走势尤需关注。

证券市场:债券价格、股票价格指数升降变化趋势。通过证券市场的研究,可以敏锐地察觉经济的发展变化趋势,为公司战略选择、制定对策提供参考。如在某一个国家或地区的上市公司或海外上市挂牌的公司,则可以到国际资本市场融资,选择融资条件、时机,提供信息,研究主要竞争对手的股票价格变动趋势。

此外,还要结合国际贸易状况,分析所在国家或地区的国际收支状况、黄金储备、自由外汇储备、国际收支结构、国际收支与国民生产总值的比例关系等。

(5) 物价指数。物价指数是量度所购买的消费商品及服务的价格水平随时间而变动的情况。它是目前世界各国衡量通货膨胀的主要指标之一,表明商品的价格从一个时期到下一时期变动程度的指数。由于统计的口径、方法、选择对象不同,反映物价水平变化的物价指数有多种,其中最主要和常用的有三种。

1) 消费物价指数:又称为零售物价指数或生活费用指数,它是衡量各个时期居民个人消费的商品和劳务价格变化的指标。它既可作为通货膨胀率的测定指标,又可作为工资、津贴调整的依据,具体的计算公式为:

$$通货膨胀率 = \frac{本期消费物价指数 - 基期消费物价指数}{基期消费物价指数} \times 100\%$$

许多国家均采用消费物价指数来衡量通货膨胀率,但是,这一指数只是局限于统计居民家庭消费的商品和劳务,而把国家消费和集团消费排除在指数之外,这是它的主要缺陷。

2) 批发物价指数:它是反映不同时期商品批发价格水平变动情况的指数,它通过对比基期计算出价格变动的百分比。由于这种指数与产品出厂价格紧密相关，而且既有消费资料又有生产资料（但不包括劳务价格），所以，持成本推进通货膨胀观点的经济学家认为批发物价指数最适合于衡量通货膨胀率。

3）国民生产总值折算数：它是按当年价格计算的国民生产总值对按固定价格或不变价格计算的国民生产总值的比率。其计算公式为：

$$国民生产总值折算数 = \frac{按报告期价格计算的报告期产值}{按基期价格计算的报告期产值} \times 100\%$$

由于这一指数统计范围包括一切商品和劳务，也包括进出口商品，所以能全面反映社会总物价水平的变动趋势。但由于编制这一指数资料统计较困难，多数国家每年只统计计算一次，故不能迅速反映通货膨胀的情况。

物价指数是市场经济的晴雨表。通过了解、研究物价指数，可以预测社会经济的发展趋势，公司的生产成本升降等。一般要了解用以衡量在市场上初次出售的商品价格的变化和生产者价格指数；反映人们为了日常生活而购买的食品、服装、住房、燃料、交通、医疗以及其他商品和劳务的价格变化的消费物价指数，进而了解通货膨胀率；国民生产总值紧缩系数等。

（6）对外贸易和国际贸易。对外贸易是指一国或地区与另一国或地区之间各种商品和劳务的交易。世界各国之间的商品和服务的交易则为国际贸易。对外贸易、国际贸易对研究分析国际收支状况、国际资金流向意义重大。主要了解进口总额、出口总额及增减变化、进出口主要品种、主要贸易伙伴、对外贸易的国家或地区构成等。

2. 地区经济

全球化加速了资金、技术、商品、服务和人才在国际间流动，也在一定范围中加强了国际间的交流与合作，可以改善国家和地区间的劳动分工，提高市场机制的效率，改善经济增长的质量。但同时也要看到，建筑业是一种和地区关联度很强的产业，其产品是土地附着物。因此，研究地区经济发展水平的差别是建筑公司进行PEST战略研究的必然要件。所以本书对当前各地区经济概况进行分析，以期提供一个实用参考。

2007年夏发端于美国的次贷危机在2008年继续发展，并引发全球主要金融市场动荡并终于演变成全球的金融危机。在金融危机冲击下，世界经济增长速度明显放慢。美国、欧元区和日本经济陷入衰退，发展中国家在贸易、投资等方面也受到影响。2008年世界经济增速仅为2.5%，明显低于2007年的5.0%和2006年的5.1%。2009年，虽然许多国家都通过实施宏观经济政策来力图减轻危机，但除中国外，危机还是波及了实体经济层面,2009年世界经济增长率仅为1%,其中中国对全球经济增长的贡献率达到50%。2010年,全球经济呈现缓慢复苏的态势,GDP增速达4.5%左右,但各经济体的复苏进程出现了明显的分化。2011年,世界经济的增长速度估计在4%左右,债务危机、失业率高企、贸易失衡、汇率纷争等一系列复杂问题,将是经济持续复苏所面临的主要困难,而破解困难的关键在于各国经济政策的相互协调❶。

(1)亚洲:亚洲经济在世界经济的整体地位将得到新的提升,将成为推动世界经济增长更为重要的一极。中国、印度和印尼的经济将保持增长和活跃;日本经济复苏前景仍不乐观。

根据国际知名机构的预计,亚洲2011年经济增速将有所放缓,预计将由2010年的6.4%下降至5.1%。2011年较为温和的经济增速将在一定程度上减轻亚洲经济体的通胀压力,逐步收紧的货币政策则有利于亚洲货币供需环境正常化。另外,亚洲地区外汇储备规模较大,对于可能出现的国际金融危机,可起到很好的缓冲作用,欧元区外围国家的债务风险蔓延到亚洲的可能性很小。

尽管印度仍面临严重的通胀压力,但该国经济增速在2011年仍能达到8.0%至9.0%。此外,印度尼西亚2011年经济也将持续增长,印尼是除中国、印度之外的亚洲最大新兴经济市场。受到出口复苏、库存重建、私营部门消费增长以及赌场经济的提振,新加坡经济在2010年实现了两位数的迅猛增长,预计该国经济增速将在2011年减缓,并趋于平稳。

在经历了长达10年的低迷后,2010年日本经济依然见不到复苏迹象。尽管日本政府提出了经济增长新战略,出台了一系列的经济刺激措施,为日本经济的回暖作出了许多努力,但困扰日本经济的通货紧缩及内需不振问题依然没有从根本上予以解决,加之2011年3月发生9.0级大地震,并由此引发了核电站泄漏事故,使日本经济雪上加霜。受此影响,2011年的日本经济形势依然不容乐观。

(2)欧洲:2011年欧元区经济在德法等主要国家推动下,GDP增长率将接近2%,比2010年略有改善。东欧经济有可能继续快速增长。

在2011年,欧元区各国经济增速仍将分化,主要经济体与边缘国家呈现"冰火两重天"的经济形势。主要国家方面,德国和法国经济增长势头向好,两国制造业复苏步伐较快,PMI指标总体呈稳步上扬的趋势。然而,对于受债务危机困扰的几个国家而言,欧

---

❶ 沙虎居. 2011全球经济机遇风险交织. 浙江日报。

元区第四大经济体西班牙的经济状况较好,而葡萄牙和希腊的经济内生增长动力不足,加上财政紧缩,这些国家经济在2011年仍将萎靡不振,经济增速将在零以下[1]。

东欧及前苏联地区经济复苏面临的威胁近来有所加剧,并可能导致外商直接投资流中断,进而导致本币大幅贬值,企业和政府等机构面临融资问题。若上述威胁未能成为现实,那么其中许多经济体2011年经济将继续快速增长,预计2011年东欧经济增幅为4.2%。

(3) 中东:2011年经济将继续强劲增长。

国际货币基金组织关于中东地区经济形势的最新报告指出,2010年的地区经济将呈现强劲增长,GDP增长率达到4.2%,高于2009年的2.3%,2011年的地区经济将增长4.8%。随着全球需求的增长,2010年中东地区国家原油日产量达到2500万桶,2011年将增加至2600万桶。国际货币基金组织强调,中东地区石油国家的经济比其他国家的经济更为活跃。

(4) 非洲:经济将持续看好。

联合国在《世界经济形势和前景》报告中预测,2011年非洲经济将增长5%,2012年将增长5.1%。但是,非洲国家的经济表现并不平衡,埃塞俄比亚、埃及、乌干达、坦桑尼亚、卢旺达和赞比亚等国的制造业和服务业发展迅速,是快速成长型经济体,而乍得、尼日尔和阿尔及利亚等国由于政局不稳等原因,预计2011年经济增长乏力,前景并不乐观。撒哈拉以南非洲地区2011年的经济增速将从上2010年的4.7%增至5.3%,2012年将增至5.5%。该地区最大经济体南非的经济增速低于南非以外其他国家的平均水平。

(5) 北美:美国经济复苏前景相对向好,但仍是复苏力度较低的年份。

对于美国政府而言,2011年可能是财政赤字和公共债务水平再创新高的年份。家庭部门方面,由于就业困难和资产价格(特别是房地产)没有复苏,家庭将会继续降低负债水平,2011年消费信贷可能难以迅速扭转负增长的局面。2011年的美国经济将面临内外三大挑战:一是宏观政策面临缩放两难。金融危机之后,美国政府持续实行扩张性的财政政策和宽松的货币政策,但并没有取得预期效果。更重要的是,政策的负面作用开始显现,可能引发美国主权信用风险。二是美联储成为最大"地主",政策退出或引发实质性冲击。当二次量化宽松完成之时,近3万亿美元的资产将使美联储成为美国金融行业的

---

[1] 2011欧洲经济前景与债务危机. 证券时报,2011年1月12日。

"地主"，同时也将分散的金融风险集于一身，在政策退出之时，由于其可能的资产变现造成对金融市场的巨大冲击，引发金融风险。三是美国面临的国际博弈将深化。❶ 从美国目前的失衡状况以及再平衡的路径看，持续宽松以及弱势美元是美国一个非常重要的政策选择。但是，美国经常项目逆差和低水平的储蓄率可能难以有效改善，美国仍然是全球经济失衡的主要责任方。

(6) 拉美：拉美国家将迎来发展的"黄金十年"。

2010年，拉美经济的复苏速度之快出乎预料。许多国际金融机构和经济学家都预测2010年拉美地区经济增速在2.5%至3%之间，而实际增长率在6%左右，远超全球平均水平。拉美经济快速复苏的原因很多，其既得益于自身经济结构的调整，同时也和世界经济格局的变化有关。此次金融危机虽然对拉美经济造成严重冲击，但没有引发系统性金融风险。在此次金融危机的冲击中，拉美国家社会基本保持稳定，国内市场消费在经历了短暂萧条后也立刻回暖，为经济强劲复苏创造了良好条件。

拉美经济在2010年实现强劲复苏的另一个重要原因是国际大宗商品价格持续走高，而这些产品在拉美国家的出口中占比很高，使拉美国家的出口收入大幅增加。目前拉美地区同时具备了政治社会稳定、宏观经济健康和资源储备丰富等诸多发展优势，有望进入新一轮长增长周期❷。

(7) 澳洲：2011年经济将继续走强。

2010年，澳洲经济表现优于其他发达国家，从全球金融危机的挫伤中快速反弹。澳元逼平了美元而且还继续处于上升区间，失业率不断下降，通货膨胀保持稳定。2011年，澳元汇率可能继续高于美元，但具体情况可能要由其他经济体的表现来定夺。中国经济增长十分强劲，强劲的资源需求将推动澳大利亚的矿业发展，拉动澳大利亚GDP的增长❸。

总体上看，未来3~5年内世界经济将逐步从全球金融风暴的影响下缓慢恢复，其中亚洲、非洲和拉美的新兴经济体将取得快速的发展，在世界经济中占有越来越重要的地位，美国经济继续发挥领头羊作用，中国经济迅猛发展则将成为重要的新生力量。

3. 外汇市场

健全的全球货币和汇率体系是世界经济繁荣的前提条件。当前的国际货币体系是以纯

---

❶ 美国经济面临三大挑战. 浙江统计信息网，2011年1月12日。
❷ 拉美经济复苏　长期增长可期. 新华网，2010年12月26日。
❸ 2011澳经济关键字：债务和加息. 澳洲日报，2011年1月13日。

粹信用本位制为基础的货币体系，其最重要缺陷是具有内在的不稳定性，而且这种不稳定性越来越明显：全球化带来了对国际储备货币需求的不断扩大，欧元虽然具有一定的实力，对美元造成了一定的挑战，但目前欧元区经济和债务问题较多，中短期内很难取代美元的地位，其他货币更无法对美元构成威胁。由于国际货币体系存在对一国主权货币美元的过度依赖，美元的过度扩张特别是美国如果继续实行量化宽松政策，将促使美元长期走弱，这将对世界金融市场的稳定造成威胁。

从不同国家对待外汇管理的态度来看，经济发达的国家或地区，以及中东几个石油输出国家原则上不直接对外汇进行管制，有些国家只对资本项目的外汇收支适当加以限制，有些国家则通过关税壁垒、贸易保护主义等加以间接限制。一个国家或地区为了发展本国经济，保持在一定时期与其他国家或地区的贸易往来、资本往来处于合理水平，防止外汇逃避，增加黄金外汇储备，提高本国货币的信用，对外汇买卖、国际结算、资金流动、外汇汇率所采取的限制性措施，叫做外汇管制。全世界执行直接严格外汇管理的国家或地区比较多，这些国家或地区主要是发展中国家。而中国同发展中国家在经济上有互补性，工程承包、劳务合作、资源性开发投资往往在这些国家开展，又由于各国外汇管制内容复杂，变化频繁，不易把握，外汇管制的变化导致公司严重损失的事时有发生，对此，必须予高度重视。

由于贸易外汇的收支在国际收支中所占比重较大，是决定一个国家或地区外汇收支顺差或逆差的关键。凡是执行外汇管制的国家或地区都设法从鼓励出口、限制进口入手，以求改善国际收支状况。一般地，出口商品收入外汇必须在一定的时间内按官方汇率结汇出售给中央银行或指定银行，具体操作采取发放出口许可证的办法予以管理；而进口商品需用外汇则要申请进口许可证，获得批准之后，才能获得外汇买进商品。

除贸易外汇以外，对于国际资本的输入输出，以及与资本项目有关的利息、股息、红利等，还有专利费、许可证费、特许权费、技术咨询费、劳务费等项外汇收支也执行管制。这些外汇都必须售给国家，支出外汇必须向外汇管理机关申请批准。

各个国家或地区由于所处政治经济地位不同，外汇管制的宽严尺度迥异。制定外汇管制法规的依据是外交政策中的国别政策、经济技术政策、双边关系和国际收支状况。例如，一些国家对外籍劳工的工资收入外汇执行严格管理，对来自不同国家或地区的劳工还有区别，需要将工资收入的一部分汇出时，还要逐笔审批。各国都十分重视汇率政策和汇率管制，将汇率作为外汇管制中的主要杠杆。公司对业务所在国家或地区的外汇管制历史要有所了解,娴熟掌握现行做法。对其中的细微变化将产生的损益,公司应及时作出分析判断。对影响一个国家或地区外汇管制政策法规变化的因素要深入剖析,信息要畅通,做到了如指掌,见微知著,预测外汇管制变化的走向,超前做好应急措施,为计划赢得主动权。

从主要货币的汇率走势来看,美元是世界上最重要的结算货币,未来美元汇率走势要看未来美国以及世界经济的情况。尽管美国经济前景和就业市场继续存在改善迹象,但美联储短期内很难改变低利率政策。在此背景下,国际外汇市场投资者普遍认为,美国将长时间保持货币宽松政策,美元指数也因此进一步走低。此外,由于目前美国通胀率较低,而欧洲正受到高通胀的折磨,因此市场普遍预期欧元区将先于美国加息,部分套息资金离开美元也是造成美元指数走软的另一个重要原因。此外,政治因素,或者说美国自身利益因素不能不在考虑之列。对于储备货币国家,用通货膨胀减轻或摆脱债务负担则无疑是理性选择,这不是以人的意志为转移的。美国国债中,外国投资者持有的比例越高,通过通货膨胀摆脱债务负担的诱惑就越大。弱势美元另一个好处就是能够增加美国制造业的竞争力,缩减经常项目赤字。在美联储继续强调延续定量宽松政策的背景下,美元的弱势有望在未来较长时期内延续。预计2011年美元指数先抑后扬,波动区间介于75~88。

预计2011年受主权债务危机救助而采取的财政紧缩制约,欧元区经济增速将趋缓,欧元由于欧洲债务问题的长期存在,也将呈现震荡调整态势,欧元兑美元汇率将在1∶1.35~1∶1.2间波动。目前,日元汇率已处于1995年以来的历史高位,政府干预、公共债务规模增大、长期的零利率货币政策都使得日元未来的下行风险加大。如果日元继续保持升势,日本央行很可能采取新一轮的干预措施。此外,日本经济增长乏力,其基本面并不支持强势日元,这也增大了日元未来下行的风险[1]。

改革开放以来,人民币汇率改革经历了四个大的阶段:(1)1979~1984年:人民币经历了从单一汇率到复汇率再到单一汇率的变迁。(2)1985~1993年:官方牌价与外汇调剂价格并存,向复汇率回归。(3)1994年:实行有管理的浮动汇率制。(4)2005年:自2005年7月21日起,我国开始实行以市场供求为基础,参考一篮子货币进行调节,有管理的浮动汇率制度,不再盯住单一美元,形成更富弹性的人民币汇率机制。从人民币汇率走势看,国际金融风暴期间,美国提出世界经济"再平衡"主张,力求减少欧美贸易逆差和新兴经济体贸易顺差。但危机后,欧美贸易逆差继续扩大,而中国贸易顺差有所回

---

[1] 滕泰、郝大明、张磊. 2011年汇率预测:美元欧元危机交替出现. 民生证券研究所,2011年1月13日。

升。危机后贸易"不平衡"问题更加突出，人民币面临着很大的升值压力。根据相关汇率模型计算的结果，目前人民币低估12.9%左右，人民币升值7.8%将缓解未来一年人民币升值压力，2011年人民币兑美元将升至1∶6.16。

从总体来看，新的经济形势总体对中国有利，但与此同时，中国也将面临来自其他国家要求中国改变汇率管理体制，促使人民币升值的巨大压力，中国商品的出口也将面临更多的贸易保护措施。

3.1.3 社会文化环境分析

社会文化环境是一个国家或地区的人们知识、信仰、艺术、伦理、法律、风俗、习惯和行为的总和。如果建筑公司在不同的国度开展生产经营活动，所处的社会文化环境差异较大。对此，必须善于识别，使自己的公司文化、产品与异国社会文化环境相融合，方能获得成功。社会文化环境涉及广泛的内容，本节着重介绍人口及劳动力、居民生活水平、信仰与观念、风俗习惯和教育。

1. 人口及劳动力

人口、劳动力及其相关状况的统计预测信息的研究分析是社会文化环境分析的基础，对于经济环境分析是十分重要的。

(1) 人口。人口统计资料是反映一个国家或地区国情、国力的重要指标。它是国家制定生产、消费、文化教育、医疗卫生、公共福利、社会保险、劳动就业和失业等决策计划的依据。通过人口状况的研究、预测，可了解社会经济的动向。因此，人口现状和预测资料是分析其他社会经济状况的基础。一般要了解人口总数、人口自然增长率、人口总数增长率、人口地区分布、人口密度、人口的年龄构成、人口的社会（民族、教育程度、职业）构成等。

(2) 劳动力。劳动力是指全国达到一定年龄的人口中已经参加或要求参加工作的人数。了解劳动力的数量和构成，劳动时间的利用效果，工人的就业、失业、罢工，以及劳动生产率的水平、劳动力价格及其变动程度，据以测算成本，估计利润等。研究未来的劳动需求，了解各行业所需的劳动力的特性、数量、劳动力余缺，对于我国的劳务输出意义尤为突出。这是我国公司对人员进行选审、培训的重要依据。此外，劳动力预测、人口预测也是预测一国产品的需要量、市场升降趋势、经济发展的依据。

2. 居民生活水平

它包括居民的收支和居民的消费两个方面。家庭收入、各产业平均工资及其变化趋势；消费支出、消费结构、社会福利等与公司的产品销售密切相联，必须调查清楚。一个国家或地区全面的情况需要掌握，一个城市，甚至某一街区也需要弄清楚。

3. 信仰与观念

每一种社会文化都伴生着与之相适应的信仰与观念，它支配着所哺育人群的行为方式，它是社会秩序得以维系的基本因素。公司的经营管理人员如不深入了解当地人的信仰与观念，甚至格格不入，以致遭到所在国家或地区人们的抵制和反对，那是十分危险的。

人们的信仰与观念往往是由宗教支配的。世界上大多数人都信奉着不同的宗教。不同的宗教产生不同的教义。如信奉佛教的信徒往往崇尚超凡脱俗，抛弃一切欲望，与世无争。中东、北非一些国家或地区信奉伊斯兰教的人认为真主万能，主宰着未来的一切，并有许多戒律、制度、道德规范。比如，每天要向真主祈祷五次，在斋月，信徒们的生活格外特殊，必须等到日落后才开始进食。一个建筑承包工程安排施工进度计划时，如未考虑这些因素，则无法按合同工期完成，弄不好业主罚款，还没法打索赔的官司。

在经营过程中，人们的思想观念也发挥着重要作用。在海外做生意，如不下苦功夫掌握这方面的情况，将会遇到成百上千的陷阱。如果一个公司的经营管理者懂得业务所在国的人们是如何想的，成功的机会就要大得多。在公司领导与工人之间、同事之间，在中国发生矛盾时，多采取下来单独做思想工作，一般不正面冲突，婉转解释。而德国人争论时则直言不讳，乃至敲桌子，变脸色，可是，事后大家还是朋友。亚洲人做生意首先应建立信任，作出发展长期关系的许诺，然后才考虑合作交易的具体内容。而美国人一接触就要单刀直入谈生意。解决问题时不同国度的人思维方式也不一样。例如美国人往往是看某一行动方针是否有效，法国人则考虑这个行动方针是否符合逻辑，而阿拉伯人则可能回想自己的祖辈是用什么法则去处理的。在一些阿拉伯国家承包工程，承包商按合同如质如期地完成了，一些业主却迟迟不给工程款。去催收时，得到的答复总是"明天就给"，明日复明日，明日何其多，有的成为了"命儿长就给"，实际形成了坏账，致使一些承包商蒙受了巨大损失。

4. 风俗习惯

风俗习惯是历史形成的，根植于人们心里，在特定的社会群体内反复出现的一种行为方式。例如，通行的劳动方式和手段，社会政治生活方式，婚姻家庭生活方式，日常生活中人们相互关系的方式，以及宗教礼义等。公司要尊重所在国家或地区人们的风俗习惯，满足顾客心理需求，提高服务质量。

由于风俗习惯产生的偏爱和忌讳，要注意趋利避害。欧洲人、美国人认为"13"这个数字不祥，谈判、交往中楼层号、房间号的安排选择都要注意避开。风俗习惯不同，对于同一种色彩图案的审美标准差异很大。同样是中国的陶瓷，不同国家的人们选择标准都截然相反。美国人喜欢印有小房子、小娃、小马等活泼图案的器皿，而中东地区的阿拉伯人受伊斯兰文化的影响，拒绝动物人物图案的商品，由于气候炎热，印有冷色调花木图案的口杯更受欢迎。一些国家将绿色象征生命，而日本人在生活中以绿色为不祥，内心忌讳。更有甚者，在热带雨林国家将绿色表示死亡。华人将大红色、金黄色视为吉祥富贵，以此为基调做包装的物品倍受青睐，成为送礼之佳品。

学习每个民族的语言文字是熟悉思想、文化、风俗习惯的重要途径。用所在国家或地区的语言交谈，是了解情况的可靠方式。商务谈判时，用对方的语言致意、交谈，可以增加理解，获得更好的谈判效果。公司的广告、产品目录、技术说明书等书面文字材料，要符合产品销售国家或地区的习惯，为产品易于接受打下基础。美国饮料"Coca-cola"销往中国市场译为"可口可乐"何等亲切、传神。

一个国家或地区的具有民族特色的绘画、音乐、戏剧、舞蹈、电影、电视是该民族审美情趣、风俗习惯的集中体现。公司在产品的品种、规格、款式、包装上注意吸纳这些优秀文化，对于扩大销售是非常有益的。在科技日新月异，世界已经变小的今天，各国对外来文化的接受十分迅速，因此，在尊重当地民族文化的同时，注意审美标准的细微变化，大胆传播优秀的母国文化，不失为公司拓展业务的重要途径。

（1）亚洲：思想更活跃开放，家庭趋于小型化，收入增加，妇女地位提高，双收入家庭增多，购买力增强，教育水平提高。宗教种族冲突引发社会不安定，影响经济健康发展，社会富裕的程度相对较低，过于重视储蓄，贫富悬殊大。

（2）中东：中东国家以信奉伊斯兰教为主，信徒十分虔诚。中东国家节假日多，生活节奏较慢。盛产石油使一些人暴富，战争与争端使一些人无助，贫富悬殊很大。但是现阶段看，中东国家从政府到商界都比以前任何时候更欢迎中国的介入和中国公司的介入。可以理解为这是阿拉伯国家自下而上的要求抵制欧美势力的呼声的一种市场反应，也是中国经济的快速发展和国际形象的改善，使得中东国家/公司越来越关注与中国公司的合作。

（3）非洲：种族众多，文化多元，受阿拉伯文化和欧洲文化影响比较大，传统习俗、禁忌比较多，教育落后，医疗卫生条件差。

（4）美洲：北美洲国家宗教自由，种族多元化，思想自由开放，消费意识超前，女性社会地位较高,可自由支配收入较高,人口呈老化趋势,人口出生率呈负增长,教育水平较高,仍有种族歧视和冲突,单亲家庭增多,贫富差距增大。南美商人性格开朗,言语豪爽,受教育水平不太高。

(5) 欧洲:教育水平高,生活格调高,讲究时尚和潮流,思想相对保守,多民族国家,生活习惯多元化。

(6) 澳洲:澳大利亚是一个多元文化的社会,但澳大利亚人的生活方式反映出他们的祖先源于西方。澳大利亚的生活方式同西欧和北美比较,相似之处多于差异。约75%的澳大利亚人信仰基督教,12%左右的人不信仰宗教。澳大利亚有许多种宗教,包括犹太教、伊斯兰教和佛教。

由以上叙述可知,世界各国家或地区的社会文化环境差异是巨大的,如果建筑公司在不同国家或地区开展经营生产活动。对此必须善于识别,使自己的公司文化与异国社会文化环境相融合,克服文化巨大差异的障碍,不失为公司拓展业务,确保成功的重要途径。

3.1.4 技术环境分析

20世纪是科学技术取得突破性发展的世纪,信息技术、航天科技、生命科学、管理科学等都印证且推动了人类社会的进步。21世纪科技仍将突飞猛进地发展,技术创新活动将体现以下一些特点。

1. 信息技术在科学交叉、融合的基础上将不断取得新的重大进展,信息技术将以日新月异的发展速度与空前的影响力、渗透力,改变人类经济发展形态、生活方式、社会结构、学习和认知形式、政府与公司管理以及文化传播与交融的形式。

2. 生命科学与生物技术正酝酿着新的突破,基因工程、生物芯片、生物计算机、生物能源、生物与仿生材料、生态环境的保护与治理等将形成未来技术创新的热点与全新的产业。

3. 物质科学将跨越生命与非生命的界限,产生新的高科技前沿,纳米技术、核能技术等将取得进一步发展。

4. 多领域的技术创新带来先进制造业时代,由于材料、工艺、计算机以及宽带网的迅速发展,制造业将进一步采用虚拟现实设计、全球并行设计,向计算机集成制造和全球虚拟制造系统方向发展。

5. 为实现人类社会的可持续发展,21世纪人们将更加关注自身的健康、居住、自然生态环境和有关远程诊断监护、治疗、手术、康复、保健方面的技术;综合智能大厦、智

能家庭办公系统技术，以及生态环境与治理技术等，将得到长足发展。❶

和平与发展仍是当今时代的主题。世界多极化和经济全球化趋势在曲折中发展，世界经济进入了复苏轨道，但一些地区经济的不确定性仍然存在。科学技术的迅猛发展，跨国公司的主导力量以及全球范围新一轮结构调整和产业转移已成为经济全球化的显著特征。

3.2 建筑市场形势分析

3.2.1 中国内地建筑市场分析

1. 总体趋势分析

从1997年开始，中国建筑业总产值进入一个稳定增长期，增速小幅增加，直至2004年。从2005年开始，增速降低到20%以下。究其原因，是因为国家针对我国建筑业的情况进行了适度的宏观调控，与此同时，央行的信贷政策从2005年起一直维持着"有保有压"的基调，使我国建筑业进入了一个调整期。2009年，是我国进入新世纪以来经济发展最困难的一年。为应对世界金融危机，中央政府实行了积极的财政政策和适度宽松的货币政策，以及一揽子经济刺激计划，尤其是从2008年年底开始，陆续投资40000亿元加快基础设施、民生工程建设等举措，促进了建筑业的高速发展。2010年全社会固定资产投资27.8万亿元，比上年增长23.8%，扣除价格因素，实际增长19.5%。预计"十二五"全社会固定资产投资增速可能将由"十一五"的24.7%下降到16.2%左右，但考虑到固定资产投资基数的不断增大，特别是"十二五"期间国家将加快市政公用基础设施建设（投资总额在7万亿元左右），固定资产投资的总量仍然巨大。而建筑安装工程投资额占全社会固定资产投资比例约为60%，固定资产投资的持续增长为建筑市场的发展提供了良好的外部环境。

中国在超越日本成为全球第二大经济体的同时摘得全球建筑业桂冠，突显一个长达十年的趋势，即建筑业重心从美国、日本和西欧等成熟市场转向中国、印度以及一批较小的新兴经济体。中国领先的幅度势必加大。2009年，我国建筑业总产值达到7.6万亿元，同年美国建筑业总产值为6.4万亿元（按照2009年末1美元兑人民币6.8282元的汇率换算），日本建筑业总产值3.4万亿元（按照2009年末100日元兑人民币为7.3782元的汇

---

❶ 21世纪技术创新的发展趋势. http://www.sina.com，中国科技产业2004年07月27日。

率换算），中国已经成为全球第一大建筑市场。全球建筑观察发表的报告预测，中国建筑市场的规模到2020年将增至2.5万亿美元，并在全球建筑业中占据21%的份额，高于目前的14%。❶

2. 未来建筑市场发展特点分析

（1）在中国城市化进程中，城市圈"聚焦"效应日趋凸现。

我国的城市化进程将持续推动建筑、基建等市场增长。随着我国的经济和投资的增长，城市化"聚焦"效应逐步凸现，22个主要城市圈的GDP在2015年将占全国总额的90%以上。在城市圈的迅速发展中，建筑、基建投资相对集中。在城市圈的基础上，巨型城市加快涌现，中国在2025年将形成8～10个巨型城市。建筑市场正在向城市圈和巨型城市"汇聚"。其中，二线城市包括天津、石家庄、太原、沈阳、长春、哈尔滨、南京、杭州、合肥、福州、南昌、济南、郑州、武汉、长沙、重庆、成都、昆明、西安、大连、青岛、宁波和厦门等具有较大发展潜力。

（2）城市化发展对城镇综合规划、开发和运营提出了更高要求。

未来城市化发展涉及综合土地开发、专业化市政基础设施建设和大规模的复杂的资本运作。综合土地开发方面，由于土地规划、开发利益相关方众多，因此需要全方位考虑居民、商业、工业以及政府需求。市政基础设施方面，水、电、管、路等城市基础设施设计、施工、管理难度将进一步增大，需要专业性强的企业参与。资本运作方面，由于城市化须适应经济高速发展的形势而作适当超前的建设，中前期所需资金巨大。综上分析，未来的城市化发展与传统的政府主导模式不同，政府将寻求高度专业的大规模企业一起合作主导。建筑企业应适应这一趋势，积极参与城镇综合建设，以新的业务模式替代传统的单纯施工模式。

（3）节能减排潜力巨大。

在节能减排的大背景下，全球就大量减排温室气体的议题达成共识，确保在2020年将全球升温幅度控制在2℃以下。当前，具有战略意义的节能减排已成为全球重要议题。包括中国政府在内的各国政府的压力与日俱增。据估测，建筑行业的节能减排潜力占节能减排总量的50%，是全球环保行动中的重要行动参与者。而目前中国建筑能源利用效率相对较低，离国际水平差距巨大，对此中国建筑企业大有可为。中国建筑企业应积极培育孵化绿色环保新技术，推动行业绿色进程。

---

❶ Global Construction Perspectives 和 Oxford Economics. Global Construction 2020（2020年全球建筑业）.

3. 未来建筑市场面临的挑战

(1) 劳动力供给日益紧缺。

未来，建筑行业劳动力将逐渐呈现供不应求的情况，劳动力成本不断上升，过去五年里农民工工资平均每年以10%的速度增长，从而对建筑企业造成较大成本压力。

(2) 行业竞争激烈度增强。

1) 国内中低端建筑市场同质化的竞争严重：中低端建筑业市场进入壁垒较低，企业替代性较强，一些大型基建企业也纷纷进入房建市场参与竞争，导致的结果是行业利润空间受到挤压。

2) 国外企业相继入驻中国市场：诸多国外领先建筑企业与设计机构已相继进入中国市场参与竞争。如在房建领域，许多国际领先设计机构（KPF、SOM等）在大型项目的概念及方案设计阶段已体现出强大的竞争力，中国企业在高附加值业务领域受到挑战。

(3) 政策风险依然存在。

1) 政策导向不确定：在房建领域，未来国家产业政策与标准制定尚未到位，如建筑工业化等，这为企业战略决策带来不确定性。

2) 宏观政策波动性较大：宏观经济方面，国家调控政策波动性较大，特别是对房地产市场的调控，对建筑企业的发展带来了一定的影响。

4. 区域建筑市场分析

中国东部沿海地区是综合经济实力最强的地区之一，中国固定资产投资的60%投向了东部地区，长江三角洲、珠江三角洲、环渤海经济区域及华中三角地区将形成一个菱形四角的互动架构，成为拉动中国经济发展的重要区域，其中三个角在东部沿海地区。包括广东、山东、浙江及江苏在内的工业省区固定资产投资势头尤其旺盛。

中部地区作为内陆的经济和运输中心，既承接沿海发达地区向内陆的辐射，也引领大西部东向出海，地位十分重要，因此中部地区也应继续作为重要的开发区域。

国家多次强调要积极推进西部大开发，促进区域经济协调发展，国家将在投资项目、税收政策和财政转移支付等方面加大对西部地区的支持，引导外资和国内资本参与西部开发。由此可以判断，西部大开发战略将促使未来西部的建筑市场有更大的发展，建筑公司应积极抓住西部大开发机遇，对西部市场进行战略开发，大力承接重庆、成都、西安等地国家重点骨干工程和跨世纪工程，树立公司形象。近年来，西部地区基础薄弱，资金缺乏等状况正在逐步得到改善，对西部地区市场可本着积极审慎的态度，进一步扩大经营规模，培育新的利润产出区。

因此，国内建筑公司在 2010～2015 年期间仍应把承包工程的重点放在东、中部地区，但要逐步加大西部市场的开拓力度，力争在西部地区发展取得战略上的突破。

3.2.2 投资分析

建筑公司的经营与宏观经济尤其是投资增长密切相关。研究表明，GDP 的增长率与投资增长率之间存在正相关的关系，而投资的增长对建筑业的增长起着关键作用。在我国，投资统称为固定资产投资。从统计的角度来看，改革开放以来，我国固定资产投资增长率与 GDP 增长率之比也基本呈现同步的波动（见图 3-1），并且多数情况下固定资产投资的增长速度都高于 GDP 的增长速度。所以，如果中国的 GDP 继续以不低于 7% 的速度增长的话，则大体上可以认为固定资产投资将以 10% 以上的速度增长。

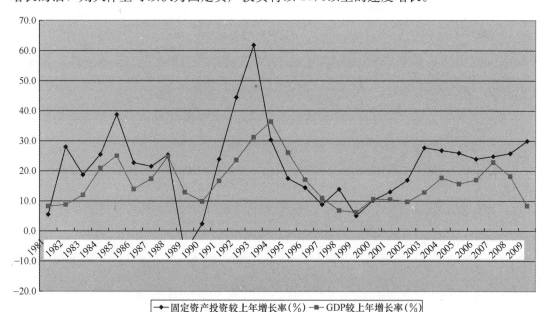

图 3-1 1981～2009 年固定资产投资增长率与 GDP 增长率变化情况❶

从图 3-2 可以看出，固定资产投资中建筑安装工程投资比重最大，占 61%，其中绝大部分将转化为建筑业产值，因此固定资产投资的增长将为建筑业提供广阔的发展空间。

从图 3-3 中我们可以看出，"制造业"、"房地产业"和"交通运输、仓储及邮政业"的投资在国民经济各行业固定资产投资中的比重是最大的，从数量上，"交通运输、仓储及邮政业"、"电力、煤气、水的生产供应业"以及"水利、环境和公共设施管理业"的投

---

❶ 中华人民共和国国家统计局. 2010 中国统计年鉴. 北京：中国统计出版社.

资占到了国民经济各行业固定资产投资的 26%。由此可以看出，目前全国的固定资产投资中基础设施方面的投资比重还是比较高的。

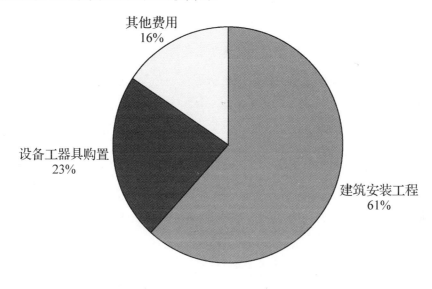

图 3-2　2009 年全社会固定资产投资构成❶

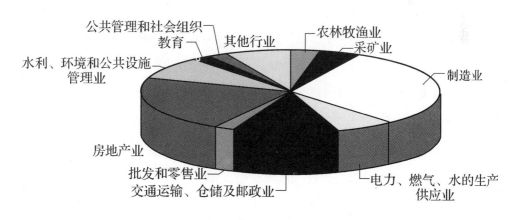

图 3-3　2009 年国民经济各行业固定资产投资❷

3.2.3　国际工程承包市场分析

经济全球化的发展使作为服务贸易、货物贸易和技术贸易载体的国际工程承包市场规

---

❶　中华人民共和国国家统计局. 2010 中国统计年鉴. 北京：中国统计出版社.
❷　中华人民共和国国家统计局. 2010 中国统计年鉴. 北京：中国统计出版社.

模不断扩大，竞争也越来越激烈。随着世界经济从全球金融风暴的冲击下缓慢复苏，作为世界经济重要组成部分的国际工程承包市场前景乐观。Global Construction Perspectives 和 Oxford Economics 发布的一项新报告预测，全球建筑业的增长速度将在未来十年中超越全球 GDP（国内生产总值）的增幅。全球建筑业将在未来十年中花费总计 97.7 万亿美元的资金。到 2020 年，全球建筑业的产值将从现在的 7.2 万亿美元增至 12 万亿美元，增幅达到 67%，而中国、印度和美国的增长将在其中占据超过一半的份额。中国建筑市场将在未来十年中增长超过一倍，并在全球建筑业中占据 21% 的份额，印度将取代日本，到 2018 年成为全球第三大建筑市场。美国将出现明显的周期性反弹，住宅和非住宅建筑细分行业都将在短期内实现两位数的增长。到 2020 年，中国、美国、印度、印度尼西亚、加拿大、澳大利亚和俄罗斯这七个国家将在全球建筑业增长中占据三分之二的份额。

1. 行业市场

从国际工程市场的行业结构看，自 2005 年开始，房屋建筑业所占份额逐步有所下降，从 27.8% 下降到 22.4%；工业及石油化工的比重则由 23.1% 增加到 29.2%；交通运输业多数年份维持在 26% 的水平，但 2009 年上升为 29.3%；电力行业相对较少，大多年份为 6% 左右，2009 年则上升到 9.3%。从国际建筑市场行业结构的变动趋势看，基础设施占较大比重的格局还将持续下去。未来房屋建筑业的增长速度可能有小范围的提高；交通运输和电力行业工程需求将保持平稳增长态势；供水、环保和污水处理项目将有进一步增长的趋势；各国政府充分认识到 21 世纪是信息世纪，纷纷增加了对信息工程的投资，这将成为新的经济增长点。

2. 地区市场

今后几年国际工程承包市场规模总体将会稳步增长，但是世界各地区发展将很不平衡，国际工程承包市场冷热不均。

（1）亚洲市场。未来亚洲市场仍将保持强劲的经济增长，其平均经济增长率仍远远超过世界其他各地区，未来十年，亚洲仍将是世界上经济发展最活跃的地区。东南亚地区经济发展较快，建筑业市场出现兴旺势头，其中中国（包括香港和台湾）、越南、马来西亚、新加坡、菲律宾、泰国国际工程承包市场将快速递增；南亚承包市场中印度经济发展比较强劲，建筑需求增长的前景看好，但印度和巴基斯坦的紧张局势会造成该地区市场的波动；日本和韩国的承包工程市场的封闭程度很高，而且其本身就是国际建筑承包业的大国，实力很强，所以其他国家很难在日韩获得大的工程承包合同。

(2) 中东市场。中东国家凭借地下蕴藏着丰富的石油和天然气资源，赚取了巨额的"石油美元"，然后又不断地将这些"石油美元"投资于扩大炼油和化工生产加工能力与一些基础设施项目，每年都有逾千亿美元的项目投资，将海湾地区打造成了国际工程承包热点地区。但局部政治形势不稳和迪拜金融危机都对其市场吸引力造成了一定的负面影响。不过总体来讲，阿联酋、沙特、卡塔尔等国由于具有经济发展、外汇充足等优势，仍是较为是理想的目标市场。

(3) 非洲市场。非洲是目前全球比较落后的地区，但正因其落后，才有大量的道路、桥梁、房屋、市政设施以及产业项目需要建设。近几年，非洲大多数国家实现民族和解，政局趋于稳定，外国直接投资和官方发展援助增加，包括中国在内的不少国家对非洲外债负担实行减免，非洲经济发展前景比较乐观，其工程承包市场的吸引力也大为增加。但非洲的局部政治风险仍然较高（如近期利比亚和埃及等国的局势动荡），加之多数非洲国家法制环境较差，影响了国际承包商对非洲市场的信心。

(4) 欧洲市场。欧洲市场历来是最大的承包市场之一，尽管欧洲经济目前增长缓慢，但随着经济一体化和区域经济集团化浪潮的推动，以及欧盟统一大市场的建成和东欧新成员国的加入，未来欧洲建筑承包市场仍然具有较好的发展前景。但由于欧洲国际承包商众多，市场与美国相比更为封闭，中国公司开拓欧洲市场的难度较大。

(5) 北美市场。北美市场主要是由美国和加拿大两个发达国家组成，多年以来美国一直是建筑市场容量最大的国家，工程项目的技术含量较高。虽然目前美国经济增长乏力，但其仍是重要的国际工程承包市场之一，是各大国际承包商角逐的主要市场。预计未来美国建筑市场将出现较快的恢复性增长，美国市场仍然是全球最具吸引力的市场之一。美国市场历来被美、英、法、澳、日等发达国家的大型工程承包公司所垄断。就中国公司目前的技术和资金实力而言，短期内很难在美国市场与西方发达国家的建筑公司相抗衡。但努力在美国市场占有一席之地，对于提升中国建筑企业的国际竞争力具有重要意义。

(6) 拉美市场。随着中国与拉美国家多双边经贸关系及政治关系的发展，拉美地区将成为我对外承包工程新的增长点。目前，巴西、阿根廷、智利等国家经济复苏带来的基础设施建设需求增大。委内瑞拉的石油资源非常丰富，项目非常多，但是缺乏建设者，这对于中国建筑企业来说也是很好的机会。但一些拉美国家通胀率较高，中国建筑公司在进入拉美市场时要高度关注这一问题。

(7) 澳大利亚市场。澳大利亚由于当地的入境和工程公司注册限制，外国承包商很难进入,对中国建筑公司而言,不是一个特别具有吸引力的市场。

3.3 竞争对手分析

"十一五"期间,中国的建筑公司在国内外的市场经营中取得了显著的业绩,创造了良好的信誉,大大缩短了和国际知名公司的差距,并在某些方面开始有所超越。通过和国内大承包商的对比,和世界500强建筑公司的对比,以及和国际著名建筑承包商的对比,有利于我们更好地确定努力方向和目标。

3.3.1 国内大型承包商比较

经过三十多年的改革发展,中国的建筑业获得长足的进步,一些建筑公司已经拥有了很强的竞争能力,已经初步具备了成为国际顶级承包商的条件和实力。同时,这些承包商在国内的竞争也很激烈。因此,对这些大型承包商进行比较具有很强的现实意义。本书以进入ENR国际承包商排名的中国建筑公司前10强为样本进行比较❶,见表3-1。

ENR国际承包商之中国前10强海外营业额比较表　　　表3-1

排名	2009年度	
	公司	海外营业额(亿美元)
17	中交集团	58.59
25	中国建筑	35.23
28	中国机械工业集团	30.81
51	中国铁建	19.57
56	中国水利水电集团	18.04
59	中信建设公司	16.21
61	中冶集团	13.73
62	中国中铁	13.39
72	中国土木	10.83
80	四川东方电力设备	9.02

---

❶ ENR.COM。

续表

排 名	2010 年度	
	公司	海外营业额（亿美元）
13	中交集团	74.77
22	中国建筑	41.85
25	中国铁建	35.42
26	中国机械工业集团	34.22
31	中冶集团	29.65
32	中信建设公司	29.42
41	中国水利水电集团	22.33
48	中石油建设公司	20.93
53	中国中铁	17.81
69	中石化建设公司	12.71

从海外营业额来看，中国公司前 10 名的情况基本稳定，排名先后无太大变化，其中，中交集团、中国建筑、中国铁建和中国机械工业集团和其他公司比较具有一定的优势，营业额也比后几名的公司高出很多，是中国公司未来冲击国际承包商前 10 强的主要力量。

3.3.2 与世界 500 强建筑企业比较

2005 年前，中国建筑公司没有一家进入世界 500 强，但到了 2010 年，中国建筑公司已有中国铁建、中国中铁、中国建筑、中交集团和中冶集团 5 家企业名列世界 500 强，并且中国铁建、中国中铁、中国建筑三家企业都进入了前 200 位，两相对比，进步之快，不言而喻。

世界 500 强中不乏建筑行业的公司，本书以 2010 年度的排名为基础，对 500 强中的建筑公司进行简单的比较，见表 3-2。❶

---

❶ 北方网 http://economy.enorth.com.cn。

2010年度年进入全球500强的建筑公司　　　　　表3-2

500强排名	公司名称	营业收入（亿美元）
133	中国铁建，中国	52.04
137	中国中铁，中国	50.70
162	万喜，法国	44.38
168	布依格，法国	43.58
187	中国建筑，中国	38.12
224	中交集团，中国	33.47
315	中冶集团，中国	25.87
322	豪赫蒂夫，德国	25.56
346	ACS，西班牙	24.25
393	福陆，美国	21.99
456	埃法日，法国	18.96
476	斯堪斯卡，瑞典	17.89
480	营建集团，西班牙	17.65
481	鹿岛建设，日本	17.64
489	大和房建，日本	17.34
497	清水建设，日本	17.12

从表3-2可以看出，入围2010年度世界500强的建筑公司为16家，其中中国公司就有5家，并且排名都很靠前，超过了许多欧美和日本的老牌建筑公司，这说明中国公司近年来在经营规模上进步很快。

3.3.3 与国际大型承包商比较

美国《工程新闻记录》（ENR）每年均组织对世界最大国际承包商进行排名，在业界具有很强的权威性和影响力。ENR的排名依据是各公司的全球营业额和海外营业额，分别反映其综合竞争力和国际竞争力。现对2009年和2010年ENR全球承包商前10强全球营业额进行比较，见表3-3。

ENR 全球承包商前 10 强全球营业额比较　　　　　　　　　　表 3-3

排名	2009 年度	
	公司	全球营业额（亿美元）
1	万喜 VINCI，法国	49.90
2	中国中铁，中国	34.55
3	布依格 BOUYGUES，法国	34.41
4	中国铁建，中国	32.42
5	豪赫蒂夫 HOCHTIEF，德国	29.28
6	中国建筑，中国	27.66
7	中交集团，中国	25.97
8	ACS，西班牙	24.02
9	中冶集团，中国	23.31
10	柏克德 BECHTEL，美国	21.66

排名	2010 年度	
	公司	全球营业额（亿美元）
1	中国铁建，中国	53.99
2	中国中铁，中国	52.87
3	万喜 VINCI，法国	45.25
4	布依格 BOUYGUES，法国	34.27
5	中交集团，中国	33.46
6	中国建筑，中国	33.20
7	豪赫蒂夫 HOCHTIEF，德国	26.07
8	中冶集团，中国	25.53
9	柏克德公司，美国	22.64
10	ACS，西班牙	22.50

注：ENR 2010 年度排名采用的是 2009 年数据；2009 年度排名采用的是 2008 年数据，下同。

从排名资料可知，进入国际承包商 2009 年度和 2010 年度前 10 强的公司基本相同，其中大部分公司的营业额都有所增加。在 2010 年度 ENR 全球承包商排名中，中国铁建、中国中铁、中国建筑、中交集团和中冶集团 5 家企业都进入了前 10 名，并且中国铁建和中国中铁分别位列第一和第二，这在 ENR 全球承包商排名中还是第一次，说明中国建筑公司得益于中国经济的高速发展，其经营规模获得了跨越式的增长。

再来分析国际承包商海外营业额前10强的情况,详见表3-4。从表中可以看出,像瑞典斯堪斯卡(SKANSKA)、德国豪赫蒂夫(HOCHTIEF)、法国万喜(VINCI)、美国柏克德(BECHTEL)等著名公司均排名在全球最大承包商的前10名之列,而中国公司至今仍未能进入国际承包商前10名,说明中国公司的国际竞争力还需要进一步提升。

对比中交集团、中国建筑与德国豪赫蒂夫、法国万喜、法国布依格、瑞典斯堪斯卡的海外建筑业务所占公司总体建筑业务的份额可以看出,中国业界公司的海外业务开拓能力和国际著名公司存在较大的差距,就连中交集团和中国建筑这样海外业务在国内公司中具有绝对优势的公司,和国际顶级同业公司相比也相去甚远(详见表3-5)。因此,中国建筑公司要想取得长足的发展必须加强海外市场开拓。

ENR国际承包商海外营业额前10强比较表　　　　　　　　　　　　表3-4

排名	2009年度	
	公司	海外营业额(亿美元)
1	豪赫蒂夫HOCHTIEF,德国	26.18
2	万喜VINCI,法国	18.49
3	施特拉巴格STRABAG,奥地利	15.95
4	斯堪斯卡SKANSKA,瑞典	15.05
5	柏克德BECHTEL,美国	13.98
6	布依格BOUYGUES,法国	13.57
7	Saipem,意大利	11.67
8	B+B,德国	10.76
9	特盖尼普TECHNIP,法国	10.70
10	鲍维斯BOVIS,澳大利亚	9.24
17	中交集团,中国	5.86
25	中国建筑,中国	3.52
排名	2010年度	
	公司	海外营业额(亿美元)
1	豪赫蒂夫HOCHTIEF,德国	23.77
2	万喜VINCI,法国	17.24
3	施特拉巴格STRABAG,奥地利	15.86

续表

排名	2010 年度	
	公司	海外营业额（亿美元）
4	柏克德 BECHTEL，美国	14.85
5	布依格 BOUYGUES，法国	13.51
6	斯堪斯卡 SKANSKA，瑞典	12.88
7	Saipem，意大利	10.89
8	B+B，德国	9.86
9	福陆 Flour，美国	9.63
10	特盖尼普 TECHNIP，法国	8.87
13	中交集团，中国	7.48
22	中国建筑，中国	4.19

ENR 国际承包商典型公司海外业务比重比较表　　　表 3-5

序号	公司	2009 年度海外业务比重	2010 年度海外业务比重
1	豪赫蒂夫 HOCHTIEF，德国	89%	91%
2	万喜 VINCI，法国	37%	38%
4	布依格 BOUYGUES，法国	39%	39%
5	斯堪斯卡 SKANSKA，瑞典	74%	79%
6	中交集团，中国	23%	22%
7	中国建筑，中国	13%	13%

3.4　竞争环境分析

根据迈克·波特的五力分析模型，我们对某建筑公司承包业务所在国家或地区的竞争环境作出了分析，为节省篇幅起见，本书列示对中国内地、中国香港、阿尔及利亚、美国的建筑产业结构进行分析，其他一些国家或地区的五力分析，则只列示分析结果。

3.4.1 中国香港建筑业竞争力分析

按照迈克·波特分析产业结构的五种竞争力模式，经过研究分析，中国香港建筑业竞争力如图 3-4 所示，现对各种竞争力的强、中、弱分述如下。

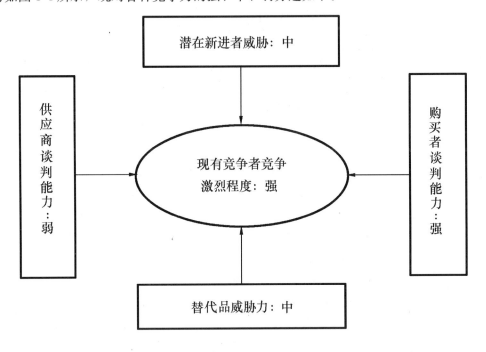

图 3-4 中国香港建筑业竞争力分析

1. 潜在新进入者威胁：中

中国香港建筑业集中程度不高，各总包商提供的产品差异化不明显（而总包商与分包商之间提供的产品差异化是很明显的），顾客品牌忠诚度不高，从事建筑业需要的资本量不大，所以进入门槛不高。由于建筑业竞争激烈，建筑商采取低价格的投标策略，收窄了边际利润，令一般新进入者难于生存，此外，需要政府颁发牌照等因素，综合考虑新进入者的威胁为中。

2. 现有竞争者竞争激烈程度：强

现有竞争者（承包商）数量众多，总包商之间或分包商之间提供的产品或服务差异小，由于设备投入、专业资格累积、各类人才聚集需一定量的投入，因此退出成本高。中国香港建筑市场面对全世界开放，世界各主要承包商都来参与竞争，因此，现有竞争者竞争激烈程度属强。

3. 购买者议价能力：强

由于竞争激烈，购买者（建筑业叫做业主）有绝对的议价优势；政府工程，只能以低标的策略争取；承包商提供的服务或产品差异不大，价格很透明，购买者付出的转换成本很低，因此购买者议价能力很强。

4. 供应商谈判能力：弱

供应商数量众多，令其对建筑商依赖性增加，且供应商提供的产品和服务差别不大，导致议价能力减低；因为某些大代理商的垄断，及特殊材料、设备的独特性，所以某些供应商具有一定的议价能力，例如，混凝土的供应就形成了垄断。由于现有供应商对建材市场的垄断、分割，承包商向一体化的可能性不大。总体而言，供应商谈判能力为弱。

5. 替代品威胁力：中

建筑业产品、技术、服务改进发展缓慢，短期内不会出现产品、技术被淘汰的危险，但管理手段的改进一直在不断发展，高、尖建筑技术也在不断研究、应用，所以替代产品——技术的威胁力为中。

3.4.2 中国内地建筑业竞争力分析

按照迈克·波特分析产业结构的五种竞争力模式，经过研究分析，中国内地建筑业竞争力如图3-5所示，现对各种竞争力的强、中、弱分述如下。

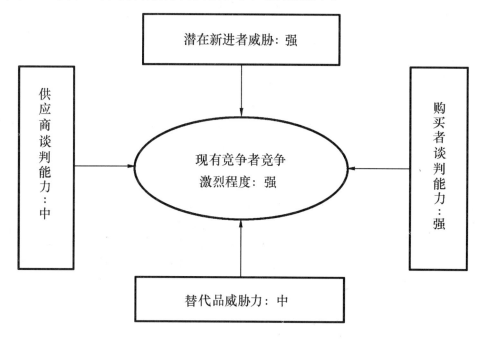

图3-5 中国内地建筑业竞争力分析

1. 潜在新进者威胁：强

内地建筑市场属完全竞争市场，分散度高，产品差异化不明显，业主对承包商的品牌忠诚度不高。中国农村拥有大量的剩余劳动力，进入城市后首选的行业往往就是建筑业。政府主管部门对建筑公司资质虽有严格要求，但借牌、挂靠等各种方式进入者甚多。股份制及集体所有制建筑公司凭借劳工费用廉价，管理费用低，机制灵活的优势，在中、低档楼宇上国有建筑公司难以与之竞争。加入WTO后，世界各国承包商可以直接进入中国的建筑市场，在高、大、新、重、特、外工程上，对现有总包商形成直接竞争，综合考虑潜在新进者的威胁为强。

2. 现有竞争者竞争激烈程度：强

行业现有竞争者数量众多，提供的产品或服务差异小，退出成本高。江浙一带的股份制及集体所有制建筑公司经过多年的发展，已经形成了很强的竞争力。在中低档楼宇上，已经由过去做分包转为做总包，竞争已经白热化。国际承包商通过变通方式，一部分已经进入中国，在高端建筑市场已经展开竞争；中央、地方国有企业纷纷改革改制，竞争能力提高。因此，现有竞争者竞争激烈程度很强。

3. 购买者议价能力：强

由于竞争激烈，购买者业主有绝对的议价优势；政府工程只能以低标的策略争取；承包商提供的服务或产品差异不大，价格很透明，购买者付出的转换成本很低，因此购买者议价能力很强。

4. 供应商谈判能力：中

由于业主拿走大部分材料、设备采购，尤其是高档材料、设备采购，因此，由承包方供应材料、设备减少，对供货商的议价能力大为降低；分包商数量多，提供的服务差异性不大，竞争激烈，总包对分包商的议价能力较强。但是，随着资质、财富的积累，分包商向一体化的趋势明显。综合考虑供应商的谈判能力为中。

5. 替代品威胁力：中

建筑业产品、技术、服务、组织改进发展缓慢，短期内不会出现产品、技术被淘汰的危险，但是高、尖建筑技术的研究、应用不断取得进展，对业主的服务方式也由过去单一的承包施工向交钥匙工程、定制建造、BT、BOT等方式转变；承包商内部的组织形式、管理手段的改进也一直在不断探索、发展。尤其是总承包商与股份制及集体所有制分包商的联合，与国际承包商组成战略联盟，各种形式推陈出新，所以替代产品—技术的威胁力为中。

3.4.3 阿尔及利亚建筑业竞争力分析

按照迈克·波特分析产业结构的五种竞争力模式，经过研究分析，阿尔及利亚建筑业竞争力如图 3-6 所示，现对各种竞争力的强、中、弱分述如下。

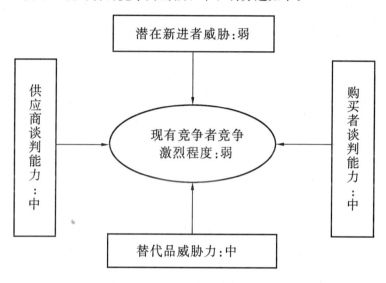

图 3-6 阿尔及利亚建筑业竞争力分析

1. 潜在新进者威胁：弱

20 世纪 90 年代，由于政局不稳和恐怖活动的影响，西方公司大多退出了阿尔及利亚市场，至今也没有大规模地重返阿国市场；当地公司技术、管理手段落后，劳动效率低下，尽管有一定的政府支持，但很难对中国在阿尔及利亚业务构成重大威胁。阿尔及利亚市场对于中国建筑等中国公司来讲可以说是全球最好的建筑市场之一，首先，是阿国和阿国人民对中国和中国人民十分友好，这是十分难得的；其次，阿国有较强的经济实力且基础设施很差，既有需求又有能力解决，而政府的风气、习惯属于中央政府主导的计划经济，同时当地劳动力缺乏；第三，业主不是非常专业，技术水平落后于欧洲和中国，中国的技术优势可以让当地人服气。技术和建筑材料，中国和阿尔及利亚具有互补性。把市场做深做透，阿尔及利亚是最佳选择地之一。

综合来看，潜在新进者威胁近期（3～5 年）为弱。随着政局进一步稳定，恐怖活动的有效遏止，市场经济改革进程的加快，当地承包商的水平将逐步提高，西方公司也将陆续重返，竞争会有所增加。远期（5 年以上）为中。

2. 现有竞争者竞争激烈程度：弱

在阿尔及利亚房屋建筑市场上，西方公司没有进来，本地公司技术力量、管理力量不强，中国其他公司没有形成品牌。所以中国建筑凭借在阿尔及利亚二十多年积累下来的经验、政府资源、品牌，具有很强的对抗行业竞争者的能力。从 2000 年到 2009 年，中建在阿尔及利亚保持了新签合同额年平均增长 47.5% 的快速发展，在阿国树立了"中国建筑"的品牌。同时，依托使馆，与阿国重要政府部门建立了比较密切的联系，做一批项目，交一批朋友，形成了稳定的业主群体，为中国建筑拓展公共工程市场创造了很好的条件。到目前为止，阿国政府先后将首都新机场项目等国家重大项目以议标方式授予中建实施。因此，综合来看，阿国房建市场现有竞争者竞争激烈程度属弱。

3. 购买者谈判能力：中

公司主要顾客（业主）-政府对中建的工程质量、工期、价格十分满意，同时，在阿尔及利亚政局动荡期间，欧美等国的公司纷纷撤离，但是中建一直坚持在阿尔及利亚经营，而且中建的工程工期短、质量好，松树俱乐部喜来登饭店项目更是在阿尔及利亚树立了良好的信誉，该工程总建筑面积 8.3 万 m^2，总造价 1.2 亿美元，18 个月工期，为 1999 年召开的第 35 届非洲统一组织国家首脑会议的召开创造了条件。为 2011 年初世界伊斯兰宗教长大会而建造的特莱姆森万豪酒店工期只有 16 个月，被称为第二个"松树喜来登酒店"，由阿国政府选定中建实施。由于政府非常愿意把工程给中国公司来实施，使中国公司在当地建筑市场已经形成了较大的竞争优势；当地承包商、工会组织、反对党对中国公司的地位已经产生严重不满，政府为了避免矛盾激化，有意引入埃及等中东地区、韩国等远东地区的承包商以平息责难。同时，政府也要扶持本地的建筑商，因此购买者的谈判的力属于中。

4. 供应商谈判能力：中

21 世纪初期，阿尔及利亚进行了第一个三年（2001～2003 年）的经济振兴计划，这是该国 1962 年独立以来规模最大的一项经济建设战略部署。其中基础设施建设涉及面广、规模大。因此，建筑材料供不应求，钢材需从俄罗斯、乌克兰、土耳其等国进口，木材需从瑞典、芬兰进口。供应商奇货可居，谈判能力强。近年来，随着中国供应商实力的增强，这种状况逐步得到改观。以中建实施的某商务中心的幕墙工程为例，为了迅速完成幕墙工程，部分深化设计和相关材料选择了欧洲分包商，但在合同谈判时依然引入中国公司，形成竞争态势，通过心理战，欧洲分包商数次调整其报价，最终签订的分包合同价与最初报价相比,降幅达 31.32%。从这个项目看来,以前总承包类似项目的 1/3 利润都被欧洲供应商拿走了,而现在我们可以跟欧美的承包商站在同一平台上竞争了。因此从目前的状况看,供应商的谈判能力为中。

5. 替代品威胁力:中

建筑业产品、技术、服务、组织改进发展缓慢,短期内不会出现产品、技术被淘汰的危险,但是高、尖建筑技术的研究、应用不断取得进展,对业主的服务方式也由过去单一的承包施工向交钥匙工程、定制建造、BT、BOT 等方式转变;承包商内部的组织形式、管理手段的改进也一直在不断探索、发展。尤其总承包商与分包商的联合,与国际承包商组成战略联盟,各种形式推陈出新,所以替代产品—技术的威胁力为中。

3.4.4 美国建筑业竞争力分析

按照迈克·波特分析产业结构的五种竞争力模式,经过研究分析,美国建筑业竞争力如图 3-7 所示,现对各种竞争力的强、中、弱分述如下。

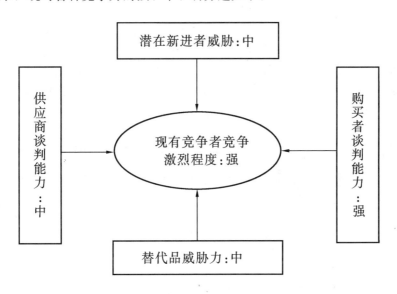

图 3-7 美国建筑业竞争力分析

1. 潜在新进者威胁:中

美国同香港、新加坡不同,经营承包业务几乎没有牌照要求,而对工程保函要求极高,业主接受的保函必须由联邦政府财政部批准的保险机构开出,且保函额是 100%,分包商也要向总包商提供保函。因此对于新进入者来说,保函提高了建筑业的进入门槛。对中国的跨国公司来说,由于语言、文化、商业习惯等各方面的差异,进入的难度更大。但是美国的市场环境已经非常成熟，商业运作也很规范，法制体系健全，一旦熟悉了美国的环境，拓展美国建筑承包业务也同样大有可为，因此潜在新进者威胁为中。

2. 现有竞争者竞争激烈程度：强

美国建筑市场容量巨大，其中更新改造的项目较多。美国建筑业的组织呈现出大、中型公司数量很少，小型公司很多的金字塔结构。大型的建筑承包商，例如特纳建筑公司（Turner Construction），有近百年历史，在全球30多个国家经营建筑承包业务，这类的公司占据了美国本土的高端市场。二是小型的家族式承包商，经营规模小，主要靠家族的人脉关系拿工程或做分包商，占领了地区市场。这两类公司在美国的市场上已经形成均衡的竞争态势，各自在不同的细分市场上经营。

外国公司在美国大约占5%的建筑市场份额，主要是欧洲公司。而其他国家，印度、东南亚、中、南美洲国家的建筑公司在美国没有取得成功的。早年日本的建筑公司如竹中、熊谷组等在美国取得了一定的市场份额，主要是通过日本投资带动的工程承包业务，现在他们也基本退出了美国市场，仅有鹿岛公司一家仍然维持在美国的经营。政府项目利润均比较低，而私人项目竞争激烈，没有资金投入很难成功。综合而言，现有竞争激烈程度为强。

3. 购买者议价能力：强

美国的政府工程项目一定要通过公开招标来确定承包或承办单位。各工程项目的立项单位逐项进行。业主（政府机构）在招标前委托咨询公司准备有完善的招标文件与预算。越是金额大且重要的项目，招标的要求也越严格。通常要求有：首先资格审查，包括公司实力、公司所拥有的设备情况、公司人员情况、财务情况（银行的资信证明）、业绩及在手项目。特殊的大型工程业主会视不同情况采取不同承包方式，如BOT、合伙、交钥匙等。

私营和民间投资项目占美国建筑市场总量的70%。对此类项目，政府对承包商的选择没有特别的规定和限制，不必公开招标。业主有权挑选设计者和承包商。大多数工程项目设计和施工是分开的，大型重点工程项目实行独立的第三方工程监理制度。军事和保密、安全等因素较大的工程，政府对外国承包商有较严格限制。总体来说，美国的建筑市场竞争比较激烈。

此外，美国是法制十分健全的国家，崇尚公平竞争，但美国社会也有潜规则，东部有犹太人圈子、法国人圈子、意大利人圈子，西部有西班牙人圈子。美国的大学很多都有一二百年的历史,哈佛、耶鲁、MIT 等名校的校友圈子势力非常大。做工程承包,不进入这些圈子,信息、资源都很难取得。总之,购买者议价能力属强。

4. 供应商谈判能力:中

美国的人工成本高,工会组织力量强,所以在美国的建筑工程项目中,人工成本所占比例较高,而且不允许使用外籍劳工,所以相对而言劳务分包商的谈判能力较强。美国大型的建筑承包公司一般都进行集中、大规模的采购,随着全球化进程的加快,全球采购使得承包商具有更强的议价能力。所以综合起来,供应商的谈判力为中等。

5. 替代品威胁力:中

建筑业产品的替代性不强,在美国主要是新建项目向更新改造、加固、装修等业务的转移,以及商务运作模式的转变,为业主提供更全面的服务所带来的挑战,因此替代品的威胁为中。

3.4.5 其他地区建筑业竞争力分析

应用以上迈克·波特的五力分析模型,应由总部进行小部分分析,由业务所在子公司进行大部分分析,这样划分的原因是由于建筑产品的固定性所决定的,分析的结论见表 3-6。

主要国家或地区建筑业五种竞争力情况表　　表 3-6

	潜在进入者威胁			现有竞争者竞争激烈程度			购买者谈判能力			供应商谈判能力			替代品威胁力		
	强	中	弱	强	中	弱	强	中	弱	强	中	弱	强	中	弱
中国内地	√			√			√			√				√	
中国香港		√			√		√				√			√	
中国澳门		√			√		√				√			√	
新加坡		√			√		√				√			√	
泰国		√			√		√				√			√	
菲律宾	√				√		√				√			√	
美国		√			√		√				√			√	
中东	√				√		√			√				√	
阿尔及利亚			√		√		√				√			√	
博茨瓦纳			√		√		√				√			√	

整体上看，各国或地区的建筑业竞争都比较激烈，尤其是中国内地、新加坡等Z公司主要业务发展地区，而阿尔及利亚、博茨瓦纳等国家的竞争相对比较弱，有利于中国公司发挥自身的优势，进一步扩大市场份额。由于建筑业本身的特点，造成购买者（业主）的议价能力很强，这一点在各个国家都是如此，因此需要公司尤其重视业主关系的研究与管理。而处于建筑公司供应链上游的供应商的议价能力相对较弱，大的建筑承包商应采取大规模集中采购的模式进一步提高议价能力。由于建筑业是低利润行业，因此潜在进入者的威胁并不大。

3.5 市场营销分析

公司是营利性的经济组织，公司只有把生产的产品或服务销售出去，才能实现公司的目的。但是，在市场经济条件下，公司要想把生产的产品或服务顺利销售出去，并不是一件容易的事。马克思曾经把商品在市场上销售出去比作是"惊险的一跳"，如果不能完成这"惊险的一跳"，公司产品或服务的价值就无法实现，公司的再生产就无法扩大，甚至连简单的再生产也无法维持。而市场营销的作用正是帮助公司顺利地完成这"惊险的一跳"。因此，市场营销对于公司的生存和发展具有举足轻重的意义。一些高度重视市场营销的公司管理人员甚至提出：没有顾客也就意味着公司的消亡，所以市场营销应是公司的主要职能。由于建筑公司是按订单进行生产，"有项目则生，无项目则死"，所以市场营销对于建筑公司就显得尤为重要。

但是，需要明确的是：营销并不等于销售。营销是一种战略策略，一种规划，而销售仅仅是这种规划之下的一种实战。著名管理学家彼得·德鲁克曾经指出，"营销的目的就是要使推销成为多余，营销的目的在于深刻地认识和了解顾客，从而使产品或服务完全地适合它的需要而形成产品自我销售"。目前国内的建筑公司在营销工作方面已形成了基本雏形，但还不成体系。因此，我们在这里对建筑公司的市场营销工作作一简单的讨论。

市场营销分析是开展营销工作的首要步骤。营销分析包括市场营销环境的分析，市场营销组合分析和客户（对建筑公司而言，就是业主）分析等。市场环境分析包括市场营销微观和宏观环境分析，这部分分析与前面所作的外部环境分析的方法和内容基本相同，在这里就不再重复了。建筑公司市场营销组合分析包括对产品或服务、价格、布局以及推介方式的分析。业主关系和营销队伍建设是建筑公司营销中极为重要的两个内容，因此对这两部分内容的分析也就成为市场营销分析的重中之重。以下五个部分共同构成了市场营销分析的主要内容。

3.5.1 产品分析

建筑业是一个历史悠久的行业，建筑公司通过为业主提供建造服务并最终交付建筑产品来获取利润。按照国家公布的《国民经济行业分类与代码》，建筑业包括的内容如表3-7所示。

从表3-7中可以看出，建筑业涉及的范围非常广泛。受资源和能力的限制，很难有哪家公司能同时提供表3-7所涉及的全部或大部分建造服务，如果一家建筑公司的业务确定得过于宽泛，反而会削弱竞争能力。因此，作为一家建筑公司，有必要对建筑产品进行细分。比如，可以按产品的属性和业主的不同要求，将产品划分为住宅项目、机场项目、教育项目、医疗卫生项目、电厂项目、市政工程等，然后从中寻找本公司拥有优势的产品类别，集中资源重点突破，以便在若干有限的产品类别上形成公司的核心竞争力。

国民经济行业代码表（建筑业部分） 表3-7

代码				类别名称	说明
门类	大类	中类	小类		
E				建筑业	本类包括　大类
	47			房屋和土木工程建筑业	指建筑工程从破土动工到工程主体结构竣工（或封顶）的活动过程。不包括工程内部安装和装饰活动
		471	4710	房屋工程建筑	指房屋主体工程的施工活动。不包括主体工程施工前的工程准备活动
		472		土木工程建筑	
			4721	铁路、道路、隧道和桥梁工程建筑	指土木工程主体的施工活动。不包括施工前的工程准备活动
			4722	水利和港口工程建筑	
			4723	工矿工程建筑	
			4724	架线和管道工程建筑	指建筑物外的架线、管道和设备的施工
			4729	其他土木工程建筑	

续表

代码				类别名称	说明
门类	大类	中类	小类		
	48			建筑安装业	
		480	4800	建筑安装业	指建筑物主体工程竣工后，建筑物内各种设备的安装活动，以及施工中的线路铺设和管道安装。不包括工程收尾的装饰，如对墙面、地板、天花板、门窗等处理活动
	49			建筑装饰业	
		490	4900	建筑装饰业	指对建筑工程后期的装饰、装修和清理活动，以及对居室的装修活动
	50			其他建筑业	
		501	5010	工程准备	指房屋、土木工程建筑施工的准备活动
		502	5020	提供设备施工服务	指为建筑工程提供配有操作人员的施工设备的服务
		509	5090	其他未列明的建筑活动	指上述未列明的其他工程建筑活动

与业务过于宽泛相反，目前国内一些建筑公司还存在另外一种问题，那就是业务过于单一，产品系列形成不够。我们认为这种情况对于公司的发展也同样是不利的，因为这样会减弱公司的抗风险能力，并且也难以实现不同业务之间的资源共享。

3.5.2 价格分析

建筑公司主要是通过招标投标方式来获取工程项目订单。招标分为公开招标、邀请招标和议标三种方式。公开招标是指招标人以招标公告的方式邀请不特定的法人或其他组织投标，并从中择优选定承包商的行为。邀请招标是指招标人以投标邀请书的方式邀请特定的法人或其他组织投标，并从中择优选定承包商的行为。议标是指招标人与两家以上（含两家）投标单位就工程承发包条件进行协商，择优选定中标单位的一种招标方式。在招标投标方式下，建筑产品的定价基础不是主观的成本加成定价，而是通过竞争性的投标来确定建筑产品的价格，这是建筑产品定价区别于一般商品的一个重要特点。每个承包商虽然都会事先测算出自身完成拟建工程项目的成本,但由于事先并不知道其他承包商将会提出怎样的报价,因此在确定投标价格时不仅仅要考虑自身的成本,更要考虑各个竞争对手可能提出的报价水平,并在此基础上确定一个最有可能使自己获得项目订单的报价水平。

因此,在建筑公司的竞标过程中,价格因素在很大程度上决定着能否中标。对于公司或机构客户而言,要求以合理价中标;对于政府项目而言,基本上都是最低价中标。不管怎样,具有价格上的竞争力对于建筑公司来讲都是非常重要的。为此,建筑公司应采取低成本竞争,高品质管理的策略参与竞争。要做到低成本,就需要建筑公司采取加强项目现场管理、材料物资集中采购、使用固定分包等一系列措施。建筑公司只有有效地控制了项目成本,才能在确定投标报价时拥有更大的选择空间。

3.5.3 布局分析

建筑公司的生产和销售不同于工业公司。工业公司的生产场所是固定的,而产品是流动的。但对于建筑公司而言,建筑产品与大地紧密相连,具有不可移动性的特点,同时,建筑产品是按订单进行生产的。建筑产品的不可移动性和按订单生产的特点,使得建筑产品没有生产完成后的分销和配送的问题,因此建筑公司不存在一般工业产品的分销渠道问题。但正是由于建筑产品具有固定性的特点,因此建筑施工队伍必须随着产品所在地点的变化而到处流动,这种特点决定了建筑公司的布局一定要与生产方式的特点相适应。我们认为,建筑公司在布局方面比较合理的做法是实现区域化经营,以避免各子公司跨区域互相竞争,并且每个经营机构要有合理的经营半径,以免大范围转移施工力量造成成本的上升。

3.5.4 推介分析

建筑公司仅有好的产品是不够的,还必须要采取有效的手段向业主传递公司实力、特色以及能够给业主带来的利益等方面的内容,也就是向业主进行推介。推介可以采用各种灵活的方式,比如,建筑公司既可以通过规范的现场管理和鲜明的 CI 形象向业主推介,也可以对所完成的各类工程的工程图片及时进行拍摄,对工程资料及时进行整理和积累,并通过别具特色的方式向业主进行介绍,以获得业主的认同和青睐。建筑公司在推介过程中要注重动员公司各方面的力量,同时要注重树立整个集团的形象,而不是过分强调某个子、分公司的能力。

建筑公司的推介对象不仅仅是业主。在运作 BT 和 BOT 项目时,建筑公司往往需要大量的资金支持,需要公司有良好的财务状况和很强的筹资能力。建筑公司必须通过成功地向银行推介,获得银行的资金支持,然后还要努力向业主推介,获得业主对其融资和管理运营能力的认同。

3.5.5 业主分析

业主的需求是建筑公司生存和发展的基础,能够赢得业主青睐,也就赢得了市场。因此,建筑公司必须根据不同业主的关注重点,有针对性地与业主进行沟通。建筑公司面对的是组织市场,其产品的需求者主要是公司、机构和政府。由于建筑产品一次性投资量大,因而业主一次性发包量大,亦即购买量大,潜在业主难以预测。同时,建筑市场上的业主数量相对于消费品市场上的消费者数量要少得多,业主单位内部作出购买决策的决策单位(decision-making unit,DMU)比较复杂,参与决策的人员比较多,决策的时间也比较长,且同行业内业主之间的相互影响也比较大。

建筑公司的业主大体上可分以下几类:

(1) 中央或地方政府及其行政部门。其类型为重实力型。政府部门最注重的是施工单位的实力、管理、质量等,对价格的考虑放在次要的地位。

(2) 公司。其类型为重实效型。公司一般注重施工单位的产品质量和价位、服务等方面。

(3) 事业单位。其类型为重实在型。事业单位往往考虑只要能按要求完成任务即可,在选择施工单位时很注重与公司关系的疏密程度。

(4) 房地产开发商。多为重实惠型,一般把价格放在首位。

(5) 海外工程业主。其类型为重实绩型,非常注重公司的业绩和品牌。

另外,业主往往会邀请来自内部和外部受过良好专业训练并且十分了解市场行情的专业人员组成评审委员会帮助业主对承包商的投标方案进行评判。所以对业主进行广泛深入的研究,是开展经营工作的先决条件。通过对业主的分析,在不同工程的投标活动中,采取不同的经营手段,灵活机动,为业主服务,撑能显示出与其他建筑公司的不同之处。

第四章 内部资源分析

同外部环境分析一样，内部资源的分析，也是多方面、多层次的，既有历史、现状的分析、预测，也有原因的剖析。看清自己发展的阶段，找准自己在市场中所处的位置。将外部环境分析与内部资源分析结合起来，就能发现优势与劣势，机遇与挑战。

4.1 品牌资源分析

在竞争激烈的市场中，品牌是产品的灵魂、公司的生命、进入市场的通行证、占领市场的王牌，从某种意义上讲，品牌不但是一个公司生产形象和经济实力的象征，也是一个国家和民族工商业品位高低的标志。我国加入世贸组织，令市场之门向众多公司敞开，国内国际市场接轨，使市场成为品牌产品瓜分的天下。

4.1.1 建筑公司品牌特征

1. 品牌种类的单一性

建筑公司仅有公司品牌，没有产品品牌。这是由建筑产品先签约后生产（即定做）、建筑公司不具有产品所有权的性质所决定的。根据这一特点，建筑公司要认识到品牌塑造空间的局限性，集全力打造公司品牌。

2. 品牌形成的复杂性

建筑公司的品牌形成是多因素共同作用的结果，其中包括公司的生产经营能力、建筑产品的质量和商业道德等。目前国内实行建筑公司资质管理所反映出的结果，即建筑公司所拥有的专业资质的情况从一个层面体现了该公司的品牌价值。

3. 品牌保持的长期性

品牌是每一个公司通过长期的、持续的市场竞争活动而形成的。建筑公司要取得良好的社会评价，形成良好的品牌，就必须经过大量的、长时间的和有效的市场营销、施工管理、技术创新、CI宣传和优质服务等一系列智力投入才能形成。而一旦形成，品牌也具有惯性特征，即可以在相当长的时间内保持稳定，并能进一步促进公司的市场开拓，却不会因为产出的增加而耗减。

4.公司品牌对名牌工程的强依赖性

首先需要说明的是,"名牌工程"并非"著名品牌工程",因为建筑公司是没有产品品牌的,之所以称为名牌工程,是一种习惯性称呼,指的是名气大、质量优、通常还获过重大奖项的工程。建筑公司品牌的形成,对名牌工程有很强的依赖性。一个不容忽视的事实是,社会公众往往只知工程,不知公司,更不知品牌,往往以工程介绍公司。产生这种现象的根源在于建筑产品优越的展示性能给公众留下对工程的深刻印象,而建筑公司自身长期以来品牌意识淡薄,不重视品牌的确立和推广,公众很难形成对品牌的印象。因此,建筑公司必须将品牌塑造始终置于创建名牌工程的坚实基础之上。

4.1.2 建筑公司品牌塑造现状

(1) 形成了公众认可品牌的公司寥寥可数。目前已成为知名品牌的国内建筑公司有中国建筑、上海建工、北京城建、北京建工、浙江广厦等为数不多的几家,其公司上市对品牌的形成起到了重要作用。

(2) 品牌名称极易混淆。由于历史的局限性,建筑公司的名称以行政区划、行业、数字命名极为普遍,以行业为例,冠以"中建"、"中铁"、"中港"、"中油"、"中煤"等字头、称谓十分近似的公司随处可见;以行政区划为例,几乎千篇一律称为"某某建工集团"、"某某建工几公司"。面对建筑公司以公司简称代替品牌名称、公司简称又如此雷同的现状,公众要认准公司品牌难度可想而知。

(3) 品牌名称使用极为随意。很多建筑公司都具有若干个简称,不仅容易混淆,而且使用简称极为随意,公众很难形成准确的品牌概念;更有甚者,由于名称的不一致,对品牌本身起的是负面影响。

(4) 不重视商标注册。建筑公司大多只进行了公司名称的工商登记,而未对商标进行注册,或者根本就没有商标,这是建筑行业有别于其他行业的一个显著特点,反映出建筑公司品牌意识相当滞后。

(5) 注册商标时重图形标志,轻品牌名称。这个问题在中国建筑公司较常出现,可称为"标志情结"。商标能图文并茂固然好,但必须明确,商标系统不可缺省的是品牌名称,图形商标则非商标所必需。直接采用品牌名称的文字性商标已被越来越多的公司所采用,如微软的"Microsoft",海尔的"海尔 Haier"。甚至还有公司在商标上标注一个与品牌名称完全不相干的"商标名",实属画蛇添足,并对品牌领地形成了侵犯。

4.1.3 品牌整合与延伸

1. 借助品牌忠诚，减少新品"入市"成本

据研究，消费者往往具有某种品牌忠诚心理，即在购买商品时，多次表现出对某一品牌的偏向性行为反应。这种忠诚心理，为该品牌产品提供了稳定的不易转移的消费者群体，从而保证了该品牌的基础市场占有率。因此，当该公司开发的新产品以同一品牌投放市场时，就可以利用消费者对其品牌的忠诚心理，以较少的投入成本迅速进入市场，提高新产品开发的成功度。海尔集团在空调、冰箱行业具有相对的竞争优势，近几年来又开发出彩电，借助"海尔"的知名度和美誉度，迅速得到了消费者的认可，成为彩电行业不可忽视的后起之秀。而长虹、海信集团"反其道而行之"，把空调行业作为品牌延伸的新领域。TCL、康佳等则把品牌延伸到手机领域，逐步打破了国内手机由境外品牌一统天下的格局。

2. 扩大产销能力，提高市场占有率

一个著名的、被消费者所熟知的品牌，很容易得到市场的认同，而一个在市场上已有良好信誉和知名度的品牌，又为产品的进一步开拓市场、提高市场占有率起到了重要的作用。小天鹅集团是波轮式洗衣机的国内"老大"，为了进一步占领国内洗衣机市场，该集团一方面与武汉荷花洗衣机厂实行强弱合作，输出商标、管理和市场营销网络，定牌生产双缸洗衣机；另一方面，选择西门子、惠而浦、梅洛尼3家国际公司，定牌生产滚筒式洗衣机。此举一出，使"小天鹅"自由翱翔于各种型号的洗衣机领域，多年来市场综合占有率一直名列国内同行前茅。

3. 发展规模经济，实现收益最大化

规模经济效益是第一个公司所追求的目标。因为发展规模经济，在理想的"规模度"内，可以使公司降低成本，扩大生产能力，提高整体竞争能力，实现低成本扩张。品牌延伸在某种程度上就是发挥核心产品的品牌形象价值，提高品牌的整体投资效益，使得公司产销达到理想的规模，实现收益的最大化。上海恒源祥公司利用"老字号"品牌的无形资产，几年来先后与30多家绒线生产公司结成"战略联盟"，"联盟"内部实行专业分工生产，统一品牌销售，从而使得资产配置得到最大程度的优化，公司收益也相应达到最大化。公司由此被国际羊毛局认定为"全世界最大生产和经销全羊毛和混纺手编毛线的公司"。

4.2 技术资源分析

4.2.1 技术创新能力

建筑业公司应成为技术创新的主体。即要成为创新决策的主体，成为技术创新投资的主体，成为技术开发、研究应用的主体，成为技术创新风险承担和利益享有的主体。

建筑公司的技术创新能力主要体现在先进适用技术的开发和应用；对科技开发的投入，与科研院所、高等院校的合作研究与开发；拥有知识产权如专利、工法等的数量和质量；先进的工程技术、施工工艺和机械设备、手工机具等。

近些年来，国有大型建筑公司在研发关键技术方面取得了可喜的成果，有力地促进了传统建筑业的升级，形成了公司核心竞争技术。如高层建筑与空间结构技术的开发应用，地下、水下工程施工技术与地下空间环境技术的开发应用等项目，使部分建筑公司在市场竞争中形成了强大的竞争能力。

Z公司一贯重视科技创新对提高公司竞争力的重要性，已经在全系统建立起以公司技术中心为主体的科技创新体系。目前已有所属工程局相继建立了技术中心，并在机构功能、资金投入来源、技术开发方向、人才发展战略等方面进行了大量探索，积累了宝贵的经验。

在工程管理领域，Z公司积极推行和完善工程总承包管理模式，强调通过发展信息技术提高公司管理水平，在工程成本控制、质量进度、施工组织等领域加强计算机应用技术的开发和应用。特别是在工程投标中采用计算机技术编制技术方案、进行施工过程模拟等方面，目前已达到了国内领先水平。在公司管理中积极应用现代信息技术与互联网技术建立公司管理信息系统，已开始实现跨地区、跨经营层次的信息共享与交流。

Z公司在市场竞争中依靠科技进步开拓经营，通过科技创新和成果推广，构筑和发展对高性能混凝土、新型模板与脚手架体系、信息化施工技术等专业技术的研究与开发；完善和发展了在机场建设、电厂建设、大跨度和巨型构筑物等工程领域的整体优势，确立了超高层钢结构设计、安装，以及信息化施工技术等方面新的国内领先地位。

尽管科技工作取得了很大的成绩，但是，整体技术优势趋于弱化并与当前市场错位的问题必须引起关注。首先，随着中国加入WTO，大批外国建筑公司、设计公司进入中国，技术优势不再明显。近年来，由于国家重点投资方向已由民用商业建筑转向住宅和基础设施建设，中央政府、地方政府加大在道路、桥梁、市政、环保、能源、地下结构等基础设施建设领域的投资，在这方面已无明显优势可言。特别是国家西部开发战略的实施，国内建筑市场结构已发生重大变化。

国内公司与海外机构的科技发展不相协调，缺乏国内外的互动能力，国内成熟、经济的科技成果在国外的推广力度不够，同时也未能将国外优秀科技成果和先进管理经验及时有效地引进国内。设计、施工之间缺乏技术上的相互了解与沟通，滞缓了设计施工一体化经营格局的形成。

4.2.2 设计能力

加快建筑设计公司设计技术和手段的更新，提高设计水平质量和为市场服务的能力。如大型工程设计公司通过 CAD 技术、网络技术、信息管理和存储技术的应用实现了设计技术（无图纸设计）和管理方式（工程实施网格管理系统）的时代变化，开创了设计管理新模式。

4.2.3 总承包一体化管理能力

通过技术创新推进了建筑公司的结构性调整。目前被行业纵向分割局限在施工环节，被横向分割局限在不同行业的各类建筑施工公司，将根据未来金字塔形的服务需求分化重组为：工程总承包公司、施工总承包公司、施工公司和各类专业工程公司。不同类型的公司，应各有自行的核心竞争力，核心竞争力的形成关键依靠技术创新。施工总承包公司或项目管理公司要求具有较高的技术支持能力、大型设备施工能力和合同管理能力，以及施工图深化设计和专业施工图协调能力。

大型建筑公司集团一般都拥有勘察设计的能力，勘察设计公司是推动建筑公司科技进步的重要力量，是发挥设计施工一体化优势的关键环节。要注意抓好以下方面：

（1）发展建筑创作的重点是突出建筑方案的创新。要根据各设计公司的优势和特点，积极推行"名人＋品牌"战略，树立公司的"精品意识"，强化建筑方案的评审力度，积极保持和发展在体育建筑、医疗建筑、博览建筑、文教建筑、商业建筑、生态建筑、住宅小区等领域的设计优势；在大力倡导建筑形式多元化、建筑设计创新、充分体现时代精神的同时，重视传统文化和地方色彩的继承和发扬。

（2）设计单位是推动设计施工一体化的龙头。施工公司要将系统内设计单位的技术优势、特长贯彻到项目的设计方案和招标文献中，为施工公司创造中标的有利条件；在设计中大胆采用新技术、新材料、新设备、新工艺，有效推进各种科技成果在工程中的应用。为此，建筑公司集团应鼓励各大设计院与先进的工程承包公司进行各种形式的联合，增强公司集团的工程总承包能力。

（3）进一步强化基础技术和质量管理，围绕标准管理、TQC管理、知识产权管理等基本内容，不断提高科技管理水平。要根据国家建筑业有关政策调整所提出的新要求，积极制定和颁布公司标准、内部技术规程和专业工法，逐步形成具有特色的、以技术标准为主体，包括技术标准和管理标准在内的公司专业标准的完整体系；加强公司的技术安全管理，提高防范意识。

4.3 人力资源分析

人力资源是公司生存发展的动力之源。了解掌握公司人力资源情况对制定公司战略起着关键作用。人力资源的分析是做好这些工作的基础。本节从人力资源内外环境入手，讨论人力资源的现状分析，介绍人力资源的预测方法，在此基础上讨论人力资源培训与开发，最后研究建筑劳务人员分析。

4.3.1 人力资源规划的内外环境分析

弄清公司的战略决策，是人力资源管理的前提。不同的产品组合、生产技术、生产规模、经营区域对人员会提出不同的要求。未来人力资源的需要是由组织的目标和战略决定的。人力资源需求是组织的产品或服务需求状况的一种反映。基于对总营业额的估计，管理当局要为达到这一营业规模配备相应需要数量和知识结构的人力资源。在某些情况下，这种关系也可能相反，当一些特殊的技能为必不可少而又供应紧张时，现有的符合要求的人力资源状况就会限定营业规模的增长。不过，大多数情况之下是以组织总目标和基于目标规定的营业规模预测作为主要依据，来确定组织的人力资源需要状况。而诸如人口、交通、文化教育、法律、人力竞争、择业期望则构成外部人力供给的多种制约因素。

人力资源规划就是要使组织内部和外部人员的供应与特定时期组织内部预计可能空缺或者富裕的职位相吻合，其定性和定量的考虑均要来自于公司的战略规划。现代公司人力资源部门最重要的职能之一就是进行公司的人力资源规划。所谓人力资源规划是指根据公司的发展规划，通过诊断公司现有人力资源状况，结合公司经营发展战略，并考虑未来的人力资源的需要和供给状况的分析及估计、对职务编制、人员配置、教育培训、人力资源管理政策、招聘和选择等内容进行的人力资源部门的职能性规划。自20世纪70年代起，人力资源规划已成为人力资源管理的重要职能，并且与公司的人事政策融为一体。人力资源规划的过程如图4-1所示。

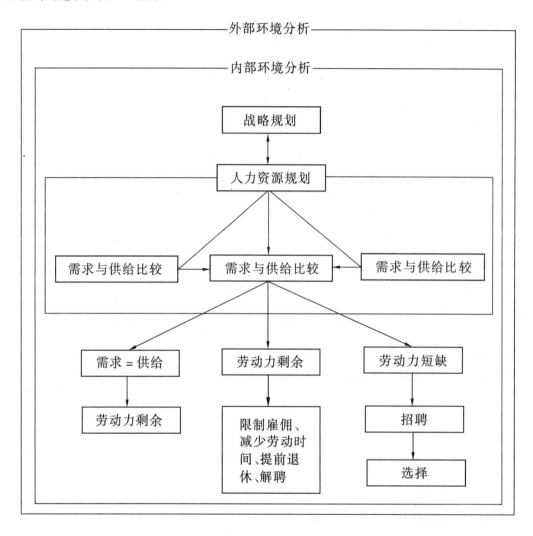

图4-1 人力资源内外环境分析

对公司人力资源需求与供给进行分析，是人力资源规划中技术性较强的关键工作，全部人力资源开发、管理的计划都必须根据分析来考虑。分析的要求是指出计划期内各类人力的余缺状况。制定面向未来的行动方案。在对现有能力和未来需要作出全面评估以后，管理当局可以测算出人力资源的短缺程度（在数量和结构两方面），并指出组织中将会出现超员配置的领域。然后，将这些预计与未来人力资源的供应推测结合起来，就可以拟订出行动方案。可见，人力资源规划不仅为指导现时的人力配备需要提供了指南，同时也预测到未来的人力资源需要和可能。

4.3.2 人力资源状况分析

弄清公司现有人力资源的状况,是制定人力规划的基础工作。实现公司战略,首先要立足于开发现有的人力资源,因此必须采用科学的评价分析方法。人力资源主管要对本公司各类人力数量、分布、利用及潜力状况、流动比率进行统计。这类分析通常以开展人力资源调查的方式进行。在信息系统高度发达的年代,对于绝大多数组织来说,要形成一份人力资源调查报告,并不是一项困难的任务。这份报告的数据来源于员工填写的调查表。调查表可能开列姓名、最高学历、所受培训、以前就业、所说语种、能力和专长等栏目,发给组织中的每一个员工。此项调查能帮助管理当局评价组织中现有的人才与技能。

内部人力资源分析另一重要内容是职务分析。人力资源调查主要告诉管理当局各个员工能做些什么,职务分析则具有更根本的意义,它确定了组织中的职务以及履行职务所需的行为。例如,在一个公司中工作的第三级采购专业人员,其职责是什么?若其工作取得绩效,最少需要具备什么样的知识、技术与能力?对第三级采购专业人员与对第二级采购专业人员或者采购分析员的要求,有些什么异同之处?这些是职务分析能明确问题之所在,职务分析将决定各项职务适合的人选,并最终形成职务说明书说明职务规范。

内部人力资源状况分析包括以下几方面内容:

(1) 现有人员状况分析。对现有人员进行分析是人力资源供给预测的基础。分析现有人员状况时可以根据人力资源信息系统或人员档案所收集的信息,按不同要求,从不同的角度进行分析。例如,分析员工的年龄结构可以发现组织是否存在着年龄老化或短期内会出现退休高峰等问题;对员工的工龄结构进行分析有助于了解员工的流失状况和留存状况;对现有人员的技能和工作业绩进行分析便于了解哪些员工具有发展潜力?具有何种发展潜力?是否可能成为管理梯队的成员?未来可能晋升的位置是什么?除此之外,还可以根据需要对组织的管理人员与非管理人员的比例、技术工人与非技术工人的比例、直接生产人员与间接生产人员的比例、生产人员与行政人员的比例等进行分析,以便了解组织的专业结构、不同人员的比例结构等。技能清单是分析现有人员状况的有效方法。

(2) 员工流失分析。员工流失是造成组织人员供给不足的重要原因,因此在对人力资源供给进行预测时员工流失分析是不容忽视的因素。员工流失分析可以借助员工流动率、员工服务年限、员工留存率等一系列指标来进行。

员工流失率分析的目的在于掌握员工流失的数量,分析员工流失的原因,以便及时采用措施。

员工流失率＝一定时期内(通常为一年)离开组织的员工人数
÷同一时期平均的员工人数×100％

该指标计算方便且便于理解,所以被广泛使用。但这一指标有时也容易产生误导。假定某公司有100人,该公司一年的员工流失率为3％,根据员工流失率计算公式预测第二年将有3人可能会离开公司,这意味着公司可能会出现了3个工作空位。但如果仔细分析后发现3％的员工流失率是由公司一小部分人员的频繁流失造成的,比如说,程序员这一岗位一年中3人离开公司。虽然流失率仍然是3％,但实际的工作空位只有一个。

所以在利用员工流失率进行分析时,既要从公司角度计算总的员工流失率,又要按部门、专业、职务、岗位级别等分别计算流失率,这样才有助于了解员工流失的真正情况,分析员工流失原因。

(3) 员工服务年限分析。可以发现,在离开公司的员工中,他们服务年限的分布是不均衡的。通常而言,员工流失的高峰发生在两个阶段,第一阶段发生在员工加入组织的初期。员工在加入组织前对组织有一个期望或一个理想模式,进入组织以后可能会感到现实的组织与他的期望是不一样的,或者他对组织文化或工作不适应,在这种情况下,员工会很快离开组织。此后会出现一段相对稳定阶段。第二个离职高峰期通常会发生在服务年限4年左右。经过几年的工作,员工积累了一定的工作经验,同时他们对原有工作产生厌烦情绪。如果这个阶段组织不能激发起员工新的工作热情,或者员工看不到职业发展机会,他们会很快离开。员工服务年限分析既可以为员工流失分析提供补充信息,又可以为员工发展提供有益信息。

(4) 员工留存率分析。也是员工流失分析的一个重要指标。它是计算经过一定时期后仍然留在公司的员工人数占期初员工人数的比率。比如公司期初有10名程序员,两年后留在公司的有7名,则两年留存率为70％。五年后仍留在公司的有4人,五年留存率为40％。通过留存率计算,可以了解若干年后有多少员工仍留在公司,有多少员工已离开公司。

(5) 人力资源供给渠道分析。人力资源供给分析的任务,一是了解组织能获得多少所需的人力资源,二是了解从何渠道获得这些人员。供给渠道分析提供了第二方面的信息。

人力资源供给主要有两个途径:组织的内部供给和组织的外部供给。当组织出现工作岗位空缺时可以首先考虑是否能够通过岗位轮换、晋升等方式从组织内部填补岗位空缺。

当组织内部无法满足或无法全部满足岗位空缺所产生的人力资源需求时，就必须通过外部供给渠道来解决。

组织内部的岗位轮换、晋升或降级是管理工作的需要，也是员工发展的需要。因岗位轮换、晋升或降级而导致的组织内部人员的变动往往会产生一系列连锁反应。如公司财务总监退休，财务部的财务经理被提升到财务总监的位置，一位会计师提升为财务经理，等等。由于财务总监一人退休，产生了一系列的岗位空缺：财务总监、财务经理、会计师……组织内部员工的流动既是组织人力资源供给的内部来源，又会产生新的岗位空缺。很多公司通过管理人员梯队计划、退休计划和岗位轮换计划了解掌握组织内部员工的流动情况，发现工作空缺，为人力资源需求预测提供信息。

4.3.3 人力资源需求的预测方法

预测是指对未来环境的分析。人力资源预测是指在公司的评估和预测的基础上，对未来一定时期内人力资源状况的假设。因此，人力资源的需求预测应该以组织的目标为基础，既要考虑现行的组织结构，生产率水平等因素，又要预见到未来由于组织目标调整而导致的一系列变化，如组织结构的调整，产品结构的改变，生产工艺的改进，新技术的采用等，以及由此而产生的人力资源需求在数量和技能两方面的变化。人力资源预测可分为人力资源需求预测和人力资源供给预测。需求预测是指公司为实现既定目标而对未来所需员工数量和种类的估算；供给预测是确定公司是否能够保证员工具有必要能力以及员工来自何处的过程。

人力资源预测是建立在公司人力资源现状、市场人力资源环境等基础之上的，所以在公司进行人力资源预测时，一定要注意分析以下问题。

①公司人力资源政策在稳定员工上所发挥的作用；②市场上人力资源的供求状况和发展趋势；③本行业其他公司的人力资源政策；④本行业其他公司的人力资源状况；⑤本行业的发展趋势和人力资源需求趋势；⑥本行业的人力资源供给趋势；⑦公司的人员流动率及原因；⑧公司员工的职业发展规划状况；⑨公司员工的工作满意状况。

人力资源需求预测方法，常用的有经验预测法、现状规划法、模型法、专家讨论法和定员法五种。现分述如下：

（1）经验预测法。经验预测法是人力资源预测中最简单的方法，它适合于较稳定的小型公司。经验预测法，顾名思义就是用以往的经验来推测未来的人员需求。不同的管理者的预测可能有所偏差。可以通过多人综合预测或查阅历史记录等方法提高预测的准确度。

要注意的是，经验预测法只适合于一定时期内公司的发展状况没有发生方向性变化的情况，对于新的职务，或者工作的方式发生了大的变化的职务，不适合使用经验预测法。

（2）现状规划法。现状规划法假定当前的职务设置和人员配置是恰当的，并且没有职务空缺，所以不存在人员总数的扩充。人员的需求完全取决于人员的退休、离职等情况的发生。所以，人力资源预测就相当于对人员退休、离职等情况的预测。人员的退休是可以准确预测的；人员的离职包括人员的辞职、辞退、重病（无法工作）等情况，所以离职是无法准确预测的。通过对历史资料的统计和比例分析，可以更为准确地预测离职的人数。现状规划法适合于中、短期的人力资源预测。

（3）模型法。模型法是通过数学模型对真实情况进行实验的一种方法。模拟法首先要根据公司自身和同行业其他公司的相关历史数据，通过数据分析建立起数学模型，根据模型去确定营销额增长率和人员数量增长率之间的关系，这样就可以通过公司未来的计划营销增长率来预测人员数量增长。模型法适合于大、中型公司的长期或中期人力资源预测。

（4）专家讨论法。专家讨论法适合于技术型公司的长期人力资源预测。现代社会技术更新非常迅速，用传统的人力资源预测方法很难准确的预计未来的技术人员的需求。相关领域的技术专家由于把握技术发展的趋势，所以能更加容易对该领域的技术人员状况作出预测。为了增加预测的可信度，可以采取二次讨论法。在第一次讨论中，各专家独立拿出自己对技术发展的预测方案，管理人员将这些方案进行整理，编写成公司的技术发展方案。第二次讨论主要是根据公司的技术发展方案来进行人力资源预测。

（5）定员法。定员法适用于大型公司和历史久远的传统公司。由于公司的技术更新比较缓慢，公司发展思路非常稳定，所以每个职务和人员编制也相对确定。这类公司的人力资源预测可以根据公司人力资源现状来推比出未来的人力资源状况。在实际应用中，有设备定员法、岗位定员法、比例定员法和效率定员法等几种方式。

4.3.4 人力资源培训与开发

人力资源培训开发是指组织通过学习和训导来提高员工的工作能力和知识水平，最大限度地使员工的个人素质与工作需求相匹配，以提高员工现在和将来的工作绩效。这是一个系统化的行为改变过程，也是现代组织人力资源管理的重要组成部分。现代组织的管理，注重人力资源的合理使用和培养。要提高组织的应变能力就需要不断地提高人员素质，使组织及其成员能够适应外界的变化并为新的发展创造条件。

1. 培训与开发活动的目的

以提高员工工作能力为主旨的培训与开发活动,有两大基本目的:

(1) 使公司拥有更合格的工作人员,提高各方面工作的效率和效果。

(2) 促使员工不断得到成长,为其取得个人职业的成功铺平道路。

(3) 在将组织目标同个人成长目标相结合方面,培训与开发的目的和方向是一样的。两者稍有不同的地方是,培训着眼于提高员工应对现时工作的能力,主要以工作为中心;开发则主要着眼于提高员工适应未来工作的能力,以个体为中心。尽管在培训与开发之间存在着差异,但他们通常是互换的。

培训与开发作为公司有计划地为员工提供学习机会的实践,无疑需要公司投入大量的时间和资金。相应地,公司也希望能从这投入中取得回报。通常情况下,培训与开发方面的投资回报是长期的,而不是在短期内就迅速见效的,这就要求管理者要树立起"百年树人"的观念。

2. 培训与开发的作用

培训与开发的作用表现在:

(1) 通过给新员工传授完成工作所必须具备的基本技能,使其很快适应新岗位的要求,这是上岗培训的主要功用。

(2) 通过给在岗员工提供学习新知识、新技能或更广泛技能的机会,塑造和强化员工的献身精神。

(3) 成功的培训在促使员工掌握完成本职工作所需技能的同时,还通过锻炼和提高其解决问题的技能、沟通技能和团队合作技能等,使其能对木断变化的工作环境形成更强的适应力,减少不必要的工作流动和工作转换。

3. 培训和开发的工作步骤

培训与开发的过程通常由四个步骤构成:

(1) 确定培训对象和培训需求,即这个人或这项工作需要在哪些方面加以提高和改进。

(2) 为培训工作建立明确的、可度量的目标。

(3) 选择合适的培训技术和培训方案进行培训。

(4) 对学员的反应、所学习到的知识和技能、学习后工作行为的改变以及工作绩效的改善情况等作出评价,以便改进和完善培训与开发工作的效益。

培训与开发计划可由本公司负责实施,也可交由社会上的力量来组织实施。像员工年培训费用投入高达年工资总额5%~10%以上的美国许多公司,就普遍设立有自己的专门培训机构,例如摩托罗拉公司设立了摩托罗拉大学,负责本公司人员的在职短期培训。有时,从有效利用社会力量的角度出发,公司可以将培训工作外委出去,从而使公司培训成为不少大学和咨询机构的一项收入丰厚的业务。

4.3.5 建筑劳务人员分析

建筑业作为劳动密集型产业,工程项目上大量使用建筑劳务人员,这些人员直接同公司签订一定期限的合同或公司与劳务公司签总分包合同,合同期限从几天到一年,也有长达两年的。建筑工人不但数量上是建筑业比重最大的群体,从对建筑业的影响来看也是最重要的因素之一。中国的劳动力资源丰富,价格低廉,在世界上是名列前茅的,其来源主要是在农村的剩余劳动力。据估计,中国农村现有剩余劳动力1.5亿人,由于加入WTO后农产品开放,进口将增加5%,所以预计将减少种植面积5%,估计又要逐年减少劳动力需求共3000万~4000万人,这样就有将近2亿人剩余劳动力。建筑业进入门槛比较低,所以这些劳动力将大量成为建筑企业的劳务资源。

据有关部门统计,我国建筑业从业人员约有3600多万人,其中农民工占了绝大部分。其主要构成除了少数的正规登记的乡镇劳务企业外,大多数都是成建制的队伍(即由包工头组织的劳务)和散工。这类劳务队伍流动性大,缺乏必要的训练且管理很不规范。由此而产生的质量、安全问题,拖欠工资问题都会损害建筑企业及业主的利益。建筑企业价值活动中的生产作业、质量控制、客户服务等环节都离不开建筑工人的直接操作,但建筑企业对在自己工地上干活的工人没有直接的控制力,而是通过很长的链条进行间接管理。

据调查,一般一个民工从家乡走向城市的建筑公司,至少要经过四个环节,劳工→包工队→劳务分包商→总承包商,总包商支付的劳务费被各个环节层层截留,各个环节还要向省、地、市(县)、乡(镇)、村各级地方管理部门交纳各种管理税费,价值就在这里流失了,而劳务费真正到了劳工手上的可能都不到50%,且容易造成拖欠,最后损害的是劳工和总包商的利益,最终损害业主利益。至于现在很多国有建筑企业采取的大分包的管理方式,更是使企业利润率和竞争能力大大下降。

此外,由于没有稳定的劳务供应,很多劳务都是在家乡放下锄头,就跑到城市里拿起瓦刀,缺乏必要的训练,所以学习、培训的成本也大大增加,而且劳动效率也不高。

4.4 财务资源分析

财务资源是建筑公司确立战略竞争优势的关键因素之一。在这里，财务资源是指建筑公司的财务资源和战略能力，既包括公司有形资产及资产运营能力，也包括公司盈利能力和举债（偿债）能力。"有多大本事办多大事"，通过分析财务资源情况，了解公司自身以及潜在和现有竞争对手的盈利能力、运营能力和举债（偿债）能力，充分挖掘自身优势，发现存在问题，从而为制定战略做好前期准备。

财务资源分析的方法有很多，有历史业绩比较法、竞争对手比较法等。这些在其他教科书上都有较为详细的阐述，本书只是试图通过介绍 RONA 图为读者提供一种分析财务资源的方法。

RONA 即净资产收益率（return on net asset），RONA 图也就是基于净资产收益率基础上的公司经济结构图（图 4-2）。它充分考虑了影响净资产收益率的三个方面因素：一是生产经营活动的盈利能力；二是管理当局对公司资产的利用或运营能力；三是公司有效利用财务杠杆，降低财务风险的能力（包括偿债能力）。❶

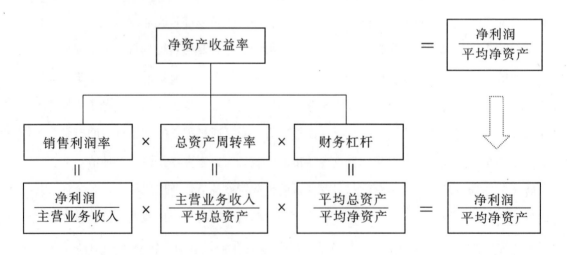

图 4-2 RONA 图

下面以 Z 公司 2003 年的财务报表指标为例，同时对比其他两个竞争对手（A、B 公司）财务资源，简要介绍财务资源分析的过程。

---

❶ ［美］加布里埃尔·哈瓦维尼、克劳德·维埃里. 高级经理财务管理——创造价值过程. 王全喜、张晓农、王荣誉，译. 北京：机械工业出版社，2003 年 9 月。

4.4.1 财务比率分析

分析公司财务状况的最为广泛使用的方法就是财务比率分析。同时，公司财务比率分析也可以帮助我们了解公司在管理、市场营销、生产、研究和发展等其他方面的长处和短处。

公司财务比率分析是根据公司主要财务报表所提供的财务数据进行的。单纯计算公司的财务比率只能反映公司在某一个时点上的情况，只有把计算出来的财务比率与以前的、与其他公司的、和整个行业的财务比率进行比较，财务比率分析才有意义。

财务比率可以分为五大类：第一，清偿类比率，它们测定公司偿还短期债务的能力；第二，债务与资产比率，它们测定公司资产中有多少债务；第三，活动比率，它们测定公司资源的有效使用程度；第四，利润比率，它们通过测定销售和投资所产生的收益来判定公司管理的有效性；第五，增长比率，它们测定公司在经济和行业中是否有能力保持或增强其经济实力。下面介绍主要的财务比率及其测定内容，见表4-1。

主要财务比率简介表　　　　　表4-1

比　　率	公　　式	测　定　内　容
(1) 清偿比率 1) 流动比率 2) 速动比率	流动资金/短期债务 流动资金—库存/短期债务	企业可以在多大程度上清偿长期短期债务 在不用出售库存产品和材料的情况下，企业可以在多大程度上清偿其短期债务
(2) 债务与资产比率 1) 债务与资产比率 2) 债务与自有资本的比率 3) 长期债务与自有资本比率 4) 收益与利息比率	总债务/总资产 总债务/股东的总资本 长期债务/股东的总资本 税前利润/总年利息支出	债务在总资产中所占的百分比 在总资产中，股东与债权人各自所占的比重 在企业的长期资本结构中，债务与自有资本的比例关系 需要多少税前利润才能支付每年的利息
(3) 活动比率 1) 库存周转率 2) 固定资产周转率 3) 总资产周转率 4) 应收账款周转率 5) 平均回收期	销售总额/库存成品总值 销售总额/固定资产总值 销售总额/总资产 年赊销总额/应收款 应收款/(总销售/360天)	企业的库存是否过多，或者在行业中是否周转太慢 厂房、设备的利用率 企业是否用其资产产生了足够的销售 企业需要多长时间才能回收赊销货款（百分比） 企业回收赊销货款的平均天数

续表

比　　率	公　　式	测 定 内 容
（4）利润比率 1）毛利率 2）经营利润率 3）纯利润率 4）投资收益率 5）自有资本收益率 6）每股盈利	销售额—总生产成本/销售额 利税前收入/销售额 纯利润/销售总额 纯利润/总资本 纯利润/股东的总资本 纯利润/企业售出普通股总额	可供支付经营管理费用和作为利润收入的毛利润是多少？ 企业在不考虑税收和利息情况下的盈利能力每元销售的税后利润 每元资本的税后利润，又称为总资本收益率股东每元资本的税后利润 股东从每一普通股票上可以得到的盈利
（5）增长比率 1）销售 2）利润 3）每股盈利率 4）每股分红 5）市盈率	总销售金额的年增长率 利润的年增长率 每股盈利的年增长率 每股市场价格 每股市价/每股盈余	企业的销售增长率 企业的利润增长率 企业每股盈利的年增长率 企业股息增长率

公司的财务比率分析也存在着局限性。首先，财务比率的计算是以会计报表提供的数据为基础的，但是各个公司对折旧、库存、科研和开发费用支出、成本、合并、税收等的处理可能是有差异的。其次，一些大型多样化公司可能难以与各行业的平均值进行有意义的比较。第三，由于通货膨胀的因素，可能会给公司的折旧、库存、成本和利润产生很大的影响，进行公司的财务比率分析一定要十分谨慎。第四，行业经营周期以及季节性因素也会给财务比率的趋势比较分析产生一定的影响。第五，一般很难说一个具体的比率是好还是不好。比如说，现金比率很高，一方面可以说明公司的短期清偿能力很高，但从另一方面来说，也说明现金管理不恰当。

4.4.2　净资产收益率分析

净资产收益率可以全面反映公司的经营状况（表 4-2、表 4-3），也反映了公司管理者为实现股东价值最大化取得的成果。❶

---

❶　［美］Shapiro 博士．国际财务管理．张碧霜译，中国台湾西书出版社，1998 年 6 月。

净资产收益率表　　　　　　　　　　　表 4-2

	Z公司			A公司 2003年	B公司 2003年
	2001年	2002年	2003年		
净利润（亿元）	0.37	0.43	1.63	1.57	0.87
平均净资产（亿元）	32.20	32.57	32.93	41.73	31.30
净资产收益率（%）	1.09	1.29	4.97	3.78	2.76

净资产收益率分解表　　　　　　　　　　表 4-3

	Z公司			A公司 2003年	B公司 2003年
	2001年	2002年	2003年		
销售净利率（%）	0.20	0.20	0.69	0.73	0.38
×总资产周转率（次）	0.77	0.92	0.96	0.97	1.22
×财务杠杆	6.92	7.13	7.50	5.33	5.93
=净资产收益率（%）	1.09	1.29	4.97	3.78	2.76

从三年的数据看，Z公司的盈利能力、资产运营能力和财务杠杆作用在逐年提高。但是随财务杠杆的提高，Z公司的财务风险也在逐年加大，而且同A公司、B公司相比，财务风险要大一些。

4.4.3 经营盈利能力分析

盈利能力的提高为Z公司带来了越来越多的经济效益，通过同口径损益表来分析公司的盈利能力。同口径损益表通常是以主营业务收入作为基数，其他损益表项目均按"同口径损益表项目=原损益表项目/损益表主营业务收入×100"公式计算的数据填列，这样做可以清晰地看到公司自身发展势头以及与竞争对手存在的差距（表-4）。

损益构成比较表　　　　　　　　　　　表 4-4

指 标	行 次	Z公司			A公司 2003级	B公司 2003年
		2001年	2002年	2003年		
主营业务收入	1	100.00	100.00	100.00	100.00	100.00
主营业务成本	2	92.55	92.41	92.75	88.91	92.18
主营业务毛利润	3=1-2	7.45	7.59	7.25	11.09	7.82
其他业务利润	4	0.26	0.29	0.29	0.52	0.21

续表

指　标	行　次	Z公司 2001年	Z公司 2002年	Z公司 2003年	A公司 2003级	B公司 2003年
营业费用	5	0.35	0.32	0.42	0.67	0.41
管理费用	6	5.46	4.90	4.73	9.40	6.45
经营活动利润	7=3+4-5-6	1.90	2.67	2.39	1.54	1.17
财务费用	8	1.46	0.91	0.76	0.33	0.13
营业利润	9=7-8	0.44	1.76	1.63	1.20	1.04
投资收益	10	0.13	-0.95	0.06	0.13	-0.02
营业外收支	11	0.50	-0.21	-0.04	-0.12	0.02
利润总额	12=9+10+11	1.06	0.60	1.65	1.21	1.04
所得税	13	0.38	0.32	0.38	0.25	0.20
少数股东损益	14	0.48	0.09	0.57	0.24	0.46
净利润	15=12-13-14	0.20	0.20	0.69	0.73	0.38

从表4-4可以看出，三年来，Z公司的收入和利润均呈高速发展的态势。从对比指标看，2003年Z公司的不论是主营业务收入还是利润总额均处领先地位，经营活动利润率也高于A、B公司，其中：主要因素是Z公司的营业费用和管理费用比A、B公司，每100元收入营业费用和管理费用分别低4.9元和1.7元。但是毛利率和财务费用指标均不如两个竞争对手。分析原因有以下几方面：一是Z公司所从事的房屋建筑业属于完全竞争性行业，而A、B公司所从事的铁路、桥梁、隧道和涵洞施工仍处于垄断和半垄断行业，利润率较高。二是在当前不规范的建筑市场中，业主不断使用垫资、压价、拖欠等手段蚕食施工公司的利润，达到降低他们自身成本的目的。三是由于垫资和拖欠，致使施工公司的生产资金需要自筹，大大增加了公司财务费用。

4.4.4　资产运营能力分析

如何有效利用资产是公司获利的关键，提高公司资产的运营效率是体现公司资产管理水平的标志之一。[1] 从三年总资产周转率来看，Z公司的资产运营效率在逐年提高（表4-5）。

---

[1] 余绪缨，等．管理会计学．北京：中国人民大学出版社，1999年8月。

资产运营指标比率表　　　　　　　　　　　　　　　　　　表 4-5

	Z公司			A公司 2003年	B公司 2003年
	2001年	2002年	2003年		
总资产周转率（次）	0.77	0.92	0.96	0.97	1.22
流动资产周转率（次）	0.98	1.14	1.19	1.35	1.63
应收账款周转率（次）	3.00	3.38	3.43	4.40	5.97
存货周转率（次）	3.16	4.17	3.93	5.78	8.78
应付账款周转率（次）	2.93	3.13	3.39	2.97	4.48
应收账款回收期（天）	120	106	105	82	60
应付账款付账期（天）	123	115	106	121	80

尽管 Z 公司资产营运效率在逐年提高，但是同 A、B 公司相比仍然存在差距。其原因：一是资产结构不合理。流动资产占绝大比重，而长期资产比重小。而且流动资产中应收款项、存货和预付账款的比重又占了总资产的主要部分，风险非常大。二是应收账款高，拖欠款严重。三是不良资产居高不下，而且分布不均衡，绝大部分分布在传统的国有老公司中，严重影响了 Z 公司整体的发展。四是公司技术装备能力不足，设备老化问题还比较突出，大大削弱了 Z 公司在市场上的竞争力。五是应付款项很高。巨额的银行贷款、大量拖欠材料商、分包商款项，拖欠国家的税金随时都有可能给一些公司带来债务危机。

4.4.5 偿债能力分析

财务杠杆是公司拥有大于产权资产的基础。通过银行借款和应付账款等债务增加公司资产，但同时也带来了财务风险（表 4-6）❶。

偿债能力比率表　　　　　　　　　　　　　　　　　　表 4-6

	Z公司			A公司 2003年	B公司 2003年
	2001年	2002年	2003年		
流动比率（%）	121.5	117.8	116.6	101.5	105.0
借贷资本率（%）	89.2	81.5	77.9	48.6	29.8
资产负债率（%）	78.0	78.9	80.3	76.4	76.4
已获利息倍数（次）	1.7	1.6	3.1	3.5	3.9

---

❶ 夏冬林．会计学．北京：清华大学出版社．

首先，从短期偿债能力指标看，流动比率超过100％，说明Z公司的短期偿债能力应该没有问题，但是对于建筑公司来说，流动资产中超过80％的是应收款项和存货，其变现能力比较差，而流动负债中的应付款项、短期贷款等却是刚性负债，因此短期偿债风险始终存在。其次，从长期偿债能力指标看，Z公司的借贷资本率在逐年下降，说明公司总体的借贷趋于合理，但是一些公司仍然值得关注。第三，从偿付利息指标看，Z公司由于利润逐年提高，加上借款利率的下调，已获利息倍数逐年上升，超过了建筑行业的优秀水平。

4.4.6 现金流量分析

2003年Z公司现金流量结构分析见表4-7。

2003年现金流量结构分析表（单位：亿元） 表4-7

项 目	现金流入	现金流出	净流量	流入占百分比	流出占百分比
经营活动现金流量	248.05	237.93	10.13	88.8％	86.3％
投资活动现金流量	3.10	7.96	−4.86	1.1％	2.9％
筹资活动现金流量	28.07	29.88	−1.81	10.0％	10.8％
汇率变动影响	0.14	0.00	0.14	0.0％	
总现金流量	279.36	275.77	3.59	100.0％	100.0％

比表4-7看出，经营活动的现金流入占主导地位，且经营活动现金流入明显大于经营活动现金流出。由此可以看出，Z公司财务资金集中管理的工作要求已经在系统内得到了有效的落实，取得显著成效（表4-8）。

2001～2003年现金流量情况表（亿元） 表4-8

项 目	2001年	2002年	2003年	合 计
经营活动现金流量	10.03	9.18	10.13	29.34
投资活动现金流量	−3.42	2.20	−4.86	−6.08
筹资活动现金流量	−3.20	−6.62	−1.81	−11.63
汇率变动影响	−0.01	−0.05	0.14	0.08
现金净流量	3.39	4.72	3.59	11.70
净利润	0.21	0.25	1.64	2.10
现金净流量与净利润的比率	16.2倍	18.6倍	2.2倍	5.6倍

三年的累计现金净流量 11.7 亿元超过了累积净利润 2.1 亿元达 9.6 亿元，超过 4.6 倍，表明公司在占用其他债权人资金。

2003 年现金回收率情况表 表 4-9

项　　目	Z公司	A公司	B公司
主营业务现金流入	231.3	225.3	219.8
主营业务收入	236.3	225.5	216.9
现金回收率	97.9%	99.9%	101.3%

通过对比分析，Z 公司的现金回收率小于 A、B 公司（表 4-9），这就要求 Z 公司必须加强工程款的回收力度。同时把好合同签订和履约关，避免出现大量的拖欠款和坏账。

从前面对 Z 公司的财务资源分析来看，该公司尽管各方面的能力都在增强，同竞争对手相比管理水平略占上风，表现为对成本费用的控制和对举债风险的把握，但是已经毫无优势可言。在现今建筑行业所处的微利竞争时代，建筑公司在努力拓展市场的前提下，加强成本控制、加大工程款回收、合理举债以及控制合同风险将是所有工作的重中之重。

4.4.7 成本分析

成本分析应该是前面经营盈利能力分析的内容，但是作为建筑公司核心能力之一的成本控制来讲，成本分析显得至关重要，因此将其作为一节单独进行介绍是十分必要的。

建筑公司的成本广义上包括工程项目成本、公司的管理费用和财务费用。而这里要分析的是狭义的成本，即项目成本。项目成本由材料费、人工费、机械使用费、临时设施费和项目现场管理费组成。分析项目成本就是要分析组成项目成本的各项费用，分析各项费用需要从各自的供应链入手，从中找出降低费用，提高边际利润的突破口。

某建筑公司成本分析案例：

下面是地处北京的从事房屋建筑总承包的 Y 公司项目成本中各项费用占工程总造价的比重（设定中标后的合同总价为 100%），（表 4-10）。

Y 公司项目成本构成表 表 4-10

费用项目	行次	总价的比例 （%）	单项费用利润率 （%）	单项利润占总收入的比重 （%）
甲	乙	1	2	3=1×2
材料费	1	63.2	3～5	1.9～3.2

续表

费用项目	行次	总价的比例（%）	单项费用利润率（%）	单项利润占总收入的比重（%）
人工费	2	16.4	4～6	0.7～1.0
机械费	3	4.1	5～7	0.2～0.3
临建费	4	2.8	—	—
现场管理费	5	4.1	—	—
税金	6	3.3	—	—
总包毛利率	7	6.1	100	6.1
累计收益	8=1+…+7	100.0	—	9～11

因为Y公司对工程项目实行总承包管理，材料采购通过材料供应商，施工人员来自成建制的劳务分包队伍，施工用机械全部从社会的租赁公司租赁。通过组合社会资源，由公司进行项目管理，该公司取得的平均项目毛利率为6.1%。而经过调查大约3%～5%的材料利润被材料供应商所得；人工费的4%～6%被管理农民工的管理机构所得；机械使用费的5%～7%被租赁公司所得。通过调查分析，可以看到Y公司由于采用现有的项目管理方式丧失了3%～5%的边际利润。

1. 据了解材料供应商从厂家直接进货获利情况：土建材料相对比较透明，有3%～5%的利润空间；安装材料空间就很大，甚至有些材料大的到50%，小的也将近30%。按照Y公司在施面积190万m^2测算，如果全部实行集中招标采购，按材料费降低5%计算，将降低成本约4200万元。其中：成本测算见表4-11。

成本降低测算表　　　　　　　　表4-11

材料名称	100万m^2用量	单位降低额	190万m^2成本降低额
钢筋	85000t	60元/t	969万元
商品混凝土	50万m^3	30元/m^3	2850万元
防水	10万m^2	20元/m^2	380万元
合计			4199万元

再来分析一下劳务成本。目前人工费占到工程总价的15%～20%，一个县级建筑公司管理的成建制劳务分包队伍，他们要交一定的费用：

税金：3.43%；

外地施工队进城管理费：2%；

劳务派出县政府驻外地管理费：3%；

劳务所在乡镇政府管理费：1.5%～3%；

总计：10%～12%。

如果 Y 公司成立自己的劳务公司，建立自己的劳务基地，除了交纳 3.43% 的营业税和再给施工队留下 2%～3% 的利润空间，项目的人工费可以节约 4%～6%，效益相当可观。

2. 主要设备的拥有方式，租赁或自有，也对项目毛利率有重大影响。

经过测算比较见表 4-12。

由表 4-12 可知，自有设备比租赁设备降低成本 11%～22%。

3. 模板和架料自有和租赁方式对毛利率影响见表 4-13。

塔式起重机自有与租赁费用比较表（单位：万元） 表 4-12

			单部塔吊一年费用情况				
	购置单价	购置总价	折旧年限	年折旧额	其他费用	年费用合计	总费用
自有	120	3600	10	12	18～20	30～32	900～960
租赁						36～38	1080～1140
降低成本							120～240
降低率							11%～22%

注：按 Y 公司近 3 年生产规模需塔吊 30 部/年。

模板和架料自有或租赁费用比较表（单位：万元） 表 4-13

| 材料 | 平均用量 | 使用天数(d) | 自行购置 | | | | 租赁 | |
			单价	总价	摊销年限(%)	年摊销额	单价	总价
钢模板	3 万 m²	210	540 元/m²	1620	5	227	1.2 元/(天·m²)	756
钢管	1.5 万 t	210	2800 元/t	4200	10	294	3.12 元/(天·t)	983
合计				5820		521		1739

注：考虑 30% 左右的残值率，自行购置常用周转材料 2～3 年收回投资。

归纳起来，如果能做到以下几项，Y 公司的利润水平就可以大幅度提高：

（1）现在毛利率平均 6%～7%，通过内部挖潜，如节约现场管理费，减少资金占用，加强二次经营等措施，提高至 10% 左右是可以办到的。

(2) 扣除业主自供和业主指定的 30%～40%，项目采购 3%（价格公司还要控制），余者集中采购，毛利率可增加 1%～2%。

(3) 劳务减少支出 1%，即毛利率增加 1%。

(4) 机械设备支出减少 0.3%。

综合起来毛利率可达 12.3%～13.3%。

4.5 组织结构分析

4.5.1 企业组织依据

对组织体系，西方经济有一个"科思假说"：既然公司内部组织是为完成一定目标，通过一系列规则确定的人与人之间的关系，那么，公司组织必须具有某种优势，否则就不会存在。公司本质上是作为市场的替代而存在，因为公司这种组织形式比独立的个人通过市场交易更有效率。公司内部实行等级制，由命令代替谈判，从而节约交易费用。在选择不同的组织形式时，公司会自动选择交易成本最低的控制结构。❶ 以一句话总结之，公司存在的原因，是通过把市场交易转移到公司内部，以减少市场的交易成本。当公司内部的交易成本等于该交易在市场上交易的成本时，公司的扩展将会停止。❷

虽然公司交易成本理论并不是一个完美的经济理论，但是我们可以把它作为一个基础来讨论战略组织问题。领导者制定了正确的战略，盯住重大的事项，但是没有一个有效的组织结构，组织的目标肯定不能得到实现，公司也不会在竞争中取得成功。组织是公司一切经营管理活动的基础，它是公司的责任和权力的分配对象，也是运行流程的承载主体，主要是指公司内部各种组织机构的组合程序，就其内容来讲，主要包括公司应该设置什么样的组织机构，而各组织机构之间应该是一种什么关系，以及各种组织机构的设置和组合怎样才能实现最高的运作效率。没有了组织或组织体系不健全，将会导致整个公司执行力分崩离析，削弱公司在市场中的竞争力。

1. 重视组织、依靠组织

当前的市场竞争已经深入到公司经营运作的各个层面，我们要看到个人的作用，但是更重要的是，我们要依靠组织的力量，因为组织的力量才是无穷的。特别是对领导者而

---

❶ 罗纳德. 科思. 社会成本问题.

❷ 杨蕙馨. 从技术角度对公司内部组织演进的考察.

言，领导者肩负着领导整个组织前进的任务，但是如果组织内没有制约、约束领导者，使之在组织授权范围内活动的机制，那么将会出现独断专行的情况；反之，如果组织结构软弱涣散，领导者得不到支持，就不可能管理好公司。在这方面，民主集中制就很好地解决了这个问题。民主集中制是组织制度和领导制度。坚持和完善民主集中制的基本要求和目标，就是要努力在公司中形成既有集中又有民主，既有纪律又有自由，既有统一意志又有心情舒畅、生动活泼的局面。❶

所以说，只有建立了一个科学有效的组织结构才能保证公司战略目标的实现，才能给公司执行力的提升创造坚实的平台。

2. 组织结构要及时调整，积极对外部环境的变化作出反应

在环境发生变化时，公司的组织结构不能一成不变，而应该适应环境变化，顺势而动。海尔实施的以市场链为纽带的业务流程再造是一个最好的范例。为了打造市场链，海尔推倒了原有的金字塔结构，把过去的直线式职能的组织结构改造成为扁平式的网络结构。海尔率先把原来各事业部的财务、采购、销售业务全部分离处理，整合成商流推进本部、物流推进本部、资金流推进本部，整合成独立经营的商流、物流、资金流等推进本部，实行全集团统一营销、采购、结算，形成海尔市场链的主流程；把原来集团的职能管理部门，如人力资源开发、技术计量管理、信息管理、设备管理等从各个事业本部分离出来，以集团的职能中心为主体，统一负责；把这些专业化的流程体系通过"市场链"连接起来，形成海尔市场链的支持流程。❷ 其最大的特点是以订单信息流为中心，变革组织结构和业务流程，以此来带动物流和资金流。所以，我们可以看出，公司的业务流程并不是一成不变的，它必须随着市场的需求进行变革，从而带来组织结构的动态调整。如果公司经营者疏于调整，或者为了担心既得利益的损失不能及时改革，公司的组织架构就会影响业务流程的改造，影响公司效率和效益。

4.5.2 建筑公司组织结构现状分析

企业组织内部交易成本的降低，来自于合理的组织架构。但是从目前国有建筑企业的发展来看，虽然在经济建设的过程中创造过许多辉煌，为国家和人民作出过巨大的贡献。但是也留下了很多教训，最突出的就是不加节制的发展子公司、孙公司，甚至重孙公司。

---

❶ 为什么贯彻"三个代表"要求必须坚持民主集中制. 人民日报，2002 年 6 月 05 日。
❷ 迈克尔. D. 波顿. 大话管理百年. 北京：中国纺织出版社，2003 年。

从当时的历史阶段看，这种划小核算单位做法对刺激当时的生产力是有好处的。但是现在看来，这些林立的法人机构，不仅使有限的资源分散固化，而且导致管理链条冗长，直接影响了公司经济效益。从国有企业的现实情况看，可以这么说，凡是经营效益差的公司，都和这种情况有关。

（1）公司结构松散，资产链条长，根本无法集中统一。中国的大公司产生于计划经济时代，除银行系统以外，大部分都是多级法人林立，资产分布在一个个独立法人公司或分公司之中，加起来很庞大，单个看都十分弱小。一些公司产品有关联，上、中、下游产品融为一体，母公司还有所控制，而一些公司产品还不关联，同一母公司所属子公司互相争夺同一业主或客户的情况屡见不鲜。例如，一些大型建筑公司同属一母公司，同时投一个工程，互相压价，导致渔翁得利，已不是新闻。

（2）集团内部山头林立，无法形成统一的管理。传统国企大公司往往是先有子后有母，又经过改革开放三十多年的发展，因多种原因，同一母公司的不同子公司彼此差别极大，优秀者可与世界一流跨国公司竞争；低劣者奄奄一息，既欠银行本金又欠利息，在国外已经死了几次了，在国内还带着沉疴痼疾为生存而日夜呻吟。势力相当的子公司往往不顾整体利益，同公司总部争夺资源，导致公司资源非理性分配，甚至滋生腐败。资产状况优良的子公司往往自立山头，人、财、物内部循环，总部难以控制。而经营困难的子公司，往往固定职工多，离退休人员多，吊住母公司不放，通过担保建立的债务责任，母公司想甩也甩不掉。母公司总部与子公司之间、子公司与子公司之间价值观念、公司文化、分配水平差距巨大。现代化的管理思想、制度、政策无法统一推行。尤其严重的是困难子公司资产负债表内潜亏挂账难以消化，账外包袱沉重，步履维艰。

（3）现在国有企业的另一个很大的问题就是链条太长。总部下面有工程局，工程局有工程公司，工程公司又分公司，还有许多区域公司，统计到六级～七级就有上千家。资产这么少，分布又这么广，犹如沙漠滴水，根本形不成资金的聚集效应。所以，过去强调"法人无上级"、"法人无穷大"的观念，这是错误的。只有出资者（股东）才是最终决策者，现在公司法就把这一点明确了。比如，在香港的某中资公司有几百个法人，市场经济条件下，法人公司都是独立的，出问题、打官司，一撤销就可以了。但是集团内的管理层次绝不是十几层，研究公司的组织结构的时候，一方面要从政府、股东的角度来看；另一方面要从管理关系来看。有的集团内法人层次有十几个，但是管理的层次最多只有两层，投资决策实际只有一层。每买一块地、总裁前期考察，中期论证，最后董事会确定；建筑承包项目上只有5万元的备用金,所有的钱都进本部财务部。管理最多也就是两层,项目上只管质量、进度、安全,备用金用完了到财务部报销。国内在这个问题上产生的误区导致资源分散、漏洞多、管理混乱,甚至腐败丛生,成了诸侯经济、部落经济,裙带关系一大堆,不解决这个问题,中国的集团公司成长不起来。

再以Z公司机构整合为例,能更加清楚地看到组织结构调整的重要性。截止到2001年,Z公司6级的国内法人及分支机构众多,管理链条太长,资源严重分散,经营效率和效益低下,不便形成整体优势。针对这种不利情况,Z公司当即启动了结合机构整合工作,进行公司的组织再造和流程再造,彻底打破等级观念、官本位思想和官僚主义,效益可观,取得了明显的效果。通过整合机构,再加上从严管理等措施,百元收入占用管理费从2001年的5.35%,降为2003年的4.55%,即每取得100元的收入节约管理费用0.80元,从这个角度计算,2003年比2001年节约管理费5.30亿元。

实践证明,中国国有企业一定要走组织结构变革之路。加强机构整合的力度,是造就现代公司组织的一个必要手段,国有企业一定要走组织结构调整之路。

4.5.3 GE公司组织结构调整的成功范例

公司应设计科学、严密的组织结构,在设计优化组织结构方面,GE公司堪称典范。

在1980年时,通用电气看起来正是美国最强大的公司之一。当时,公司有雇员41.2万人,销售额250亿美元,盈利15亿美元,市场价值在全美上市公司中排名第十名。可是,这个公司机构臃肿庞大,每一个业务部门拥有12个管理层级,29个工资级别,600个盈亏计算单位。组织结构如图4-3所示。

如图4-3可知,公司层次为五层,每个层

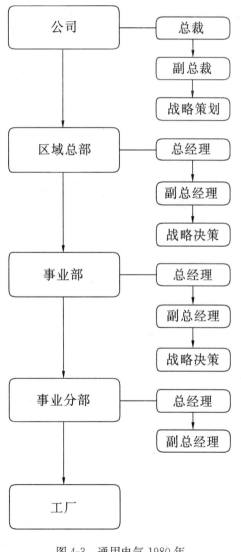

图4-3 通用电气1980年管理机构示意图

次又有几级不等。并且在实际运作过程中，逐级逐层上报，参谋部门和副总均搞了一个层次，所以官僚气十足，运转缓慢。这样的战略策划再周密，环境改变了难以适应，越精确，封面越漂亮，无用功做得越多。

杰克·韦尔奇1981年4月接管通用电气公司后，他敏锐地察觉到通用公事面临的是一个不确定的未来，竞争者可能因此而变得强大起来。通用公司的等级制度已经成为累赘，它浪费了通用无数的财富。为此，韦尔奇进行了果断的改革，十年之后，形成了公司→产业集团→工厂这样的三级管理体系，如图4-4所示。

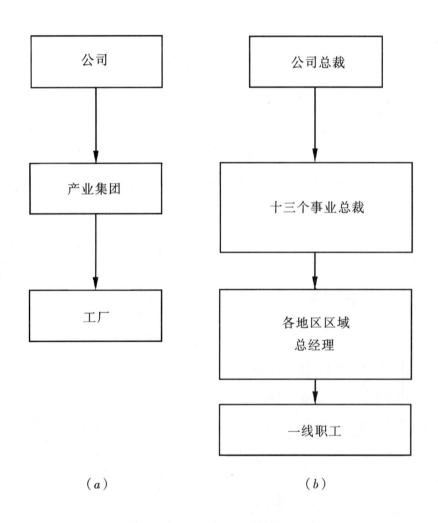

图 4-4 通用电气现在的管理机构示意图

各层次的管理权限和责任都很明确，分别是投资中心、利润中心和成本中心。大规模的重组使数以千计的通用公司雇员离开了他们的工作岗位，当时裁掉了近35％的员工，减至27万人。通用电气建立了扁平化的组织结构。副总裁、事业总裁、职能部门只是参谋，绝不是一个层级，尤其决策时更是如此。这从韦尔奇建立的通用电气运营系统就可知其奥妙。所谓业务运营管理系统就是把公司所有业务流程用1~12月时间来编排，每个月做些什么，到哪个月应该达到什么效果，取得多少成绩，这就是业务管理系统。机构设置已经十分扁平，实际运作时，韦尔奇还经常深入公司各个角落。因此，有人总结说：通用电气成功的真正原因：一是管理，二是组织体制。两者结合，通用电气可以做到所有的重大战略举措一经提出，在一个月内就能够完全进入操作状态，且可以在第一个循环就能在财务上获得很好的效果。当年在财务指标上就要见成效，韦尔奇推倒了部门之间的墙，既是无边界管理的创立者，也是实践者。

在压缩管理层次的同时，通用电气要求整个公司任何地方从一线职工到总裁本人之间不得超过五个层次。原来那种高耸的宝塔形结构变成了低平，且坚实的金字塔结构，如图4-4（b）所示。包括总裁在内与一线员工之间为四个层次，即公司总裁→十三个事业总裁（各职能总经理）→各地区（区域）总经理→一线职工，从而在很大程度上消除了官僚主义，管理效率大大提高。所以，在过去20年里，通用电气的股票市值涨到了4,500亿美元，涨了30多倍，排名上升到第二位，利润达到127亿美元。

4.5.4 组织结构的国际比较

以中国的大型建筑集团公司为例，与发达国家同类企业组织框架比较。我们可选用美国Fluor公司作为比较对象。美国Fluor公司是以集团总部或大型企业为核心，不设多级企业法人，外延连接着若干小型子公司和关联公司的企业集团。工程主要由核心企业的母公司来承包，而那些关联公司和小公司很多业务都是服务于集团内的施工企业（图4-5）。

而中国的大型建筑集团公司则是由若干个多级独立法人的子公司横向联合组成的企业集团，其中包括独立注册的若干二级集团公司。在二级集团中的传统国有建筑公司中，又下设数个独立注册的工程公司，工程公司也都是法人，各有一套建筑施工的人马装备。这样，二级集团之间和工程公司之间由于业务雷同，都集中于同一市场，彼此常常成为市场的竞争对手。

发达国家的建筑企业集团与中国的大型建筑集团组织结构差异直接导致了两者竞争模式的差异。前者通常采用纵向联合的企业集团形式，以一个大型企业为核心的企业集团形式，核心企业在集团中对于决策、营销、施工与管理等起着绝对主导的、不可替代的作

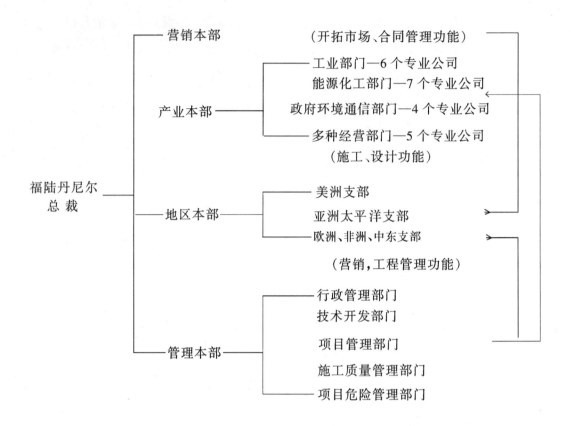

图 4-5 美国 Fluor 公司组织框架图

用,它利用规模巨大的优势集约了小企业不可能具备的资金能力、技术开发能力和承包能力,形成具有长期发展潜力和实力的现代化大型企业。后者采用的是多级法人的横行联合形式,甚至多个工程公司集中在一个城市,造成了公司之间目标市场、竞争手段、业务模式严重雷同,导致兄弟公司间激烈竞争,整体利润率偏低。因此,这类集团公司虽然从统计上看,资产、人员规模很大,但工程承包的基本单位分散在工程公司下的项目组,根本无法达到规模集约的效应,在技术开发及管理能力上也无法与发达国家的大型企业媲美。

4.6 价值链分析

本节对建筑公司的价值链管理的各个环节进行分析,为制定战略措施提供依据。

4.6.1 价值链的基本环节

公司建立和维持竞争优势,实施价值链管理时,由公司基础结构、生产、营销、物料管理、研究与发展、人力资源等方面组成的功能层级起到基础作用。功能层级策略选择得当，将取得最佳的效率、品质、创新、顾客回应等预期效果，也就是在作业层级所应采取的措施，并为公司进行价值创造。

1. 公司基础结构

包括组织结构、控制系统、公司文化等方面，它起着关键作用。基础结构必须与公司策略相适应，领导能带领团队，提高生产效率，品质优良，不断创新，对客户有广泛承诺，从而实现公司价值最大化。

2. 生产效率是产业竞争的基础

生产效率往往是由规模经济确定的。随着规模的增加，每个单位产品分摊的固定成本将减少，公司大量生产，可以进行专业化分工，增加员工从事专业工作的技能。规模经济也有一定的极限，即达到有效规模最小产出量之后，单位产品成本就不再下降。另外，随着经验的积累，学习效果产生，员工劳动生产率和管理效率将提高。

3. 营销

营销确定公司的发展方向。顾客作为公司活动的中心，则顾客的合理要求涉及公司各功能部门。了解顾客的需求及其变化趋势，在细分市场的基础之上，确定好公司的市场定位，生产适销对路的产品。顾客需求的信息及时准确地反馈给有关部门，并及时进行顾客回应，不断创新，满足顾客日益变化的需求，让顾客永远跟着你。以上述为出发点，制定产品价格、功能、促销的策略及行销策略。

4. 物料管理

物料管理包括材料采购、运输、库存等，在成本中比重大，环节多，潜力也大。物料管理必须集中采购，以取得相对低廉的成本，统一验收，确保质量。产品成本的库存与运输，应以顾客需求为依托，及时回应，让顾客满意。

5. 研究与发展

研究与发展是竞争优势的重要来源。公司要分析国内外科技发展水平，确定采用一般技术、先进技术或最新技术。为适应社会需求，研究产品服务开发的方向，预测产品的寿命周期，规划产品换代时间、次数。与此相适应，安排设备更新改造的期限，从而推算投资回收期，合理选择技术来源。譬如，自行研制改造，或买进专利、合作开发、引进技术等。

公司通过科学研究，技术引进，把科技成果尽快投入生产是公司发展的重要因素。利用跨国公司联系广，信息多的优势，把国内好的技术带出去，国外先进适用的技术引进来，内外结合，提高公司的竞争能力。

科技开发的重点应是发展更具竞争力的新型产品、特种产品，探寻新工艺、新技术的可能性。同时，加强传统产品的研究，完善生产工艺，改进和提高产品的品质，维护它们在市场上的地位与声誉。在现有产品畅销时，研究设计新的系列产品，以便不断推出价廉物美的新产品。

6. 人力资源

主要内容包括招聘、使用、训练、解雇、报酬等。人力资源管理在功能层级策略上尤其重要。一是为了提高效率，员工应该专业化，在专业化的基础上，有条件的员工应一专多能，以利于降低成本，为顾客提高服务质量。二是薪金和奖励制度是人力资源管理的又一重要方面。作业员工按劳动定额，计件取酬，超额加奖。管理员工按照社会薪金的平均水平，再考虑公司在环境中的地位、竞争能力，确定薪金水平。奖金则与公司经营业绩挂钩，以鼓励员工不断改进绩效，提高效率、品质、创新，顾客回应无时无刻不反映出来。三是各级各类管理人员必须建立健全管理制度，培训员工，提高技能，条件具备建立自我管理团队。四是人员配置必须精干高效。

4.6.2 价值链内部联系

波特认为，每一个公司的价值链都是由以独特方式连接在一起的九种基本活动构成，这些价值活动之间的联系成为价值链的内部联系。❶ 通过优化或协调这些联系，可以为公司带来竞争优势。例如，实际采购影响外购投入的质量及生产成本、检查成本和产品质量。我们可以用图 4-6 的建筑公司内部价值链具体分析这种联系。

---

❶ [美] 迈克尔·波特. 竞争优势上下册. 李明轩、邱如美译.（台湾）天下远见出版股份有限公司，1999 年 1 月.

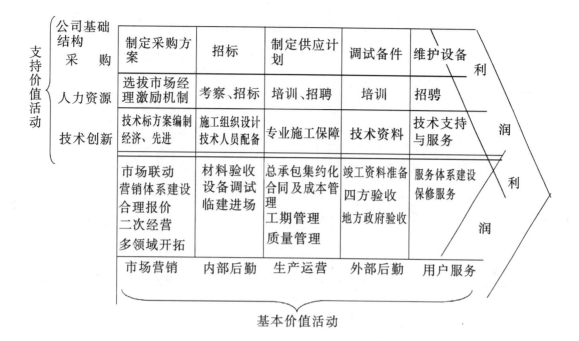

图 4-6　建筑公司内部价值链[1]

根据价值链的基本原理，以典型的房屋建筑为主的总承包管理公司为例，我们将公司价值链的支持活动主要分为公司基础结构、采购、人力资源开发与管理，技术开发与创新。将基本价值活动分为市场营销、内部后勤、生产运营、外部后勤及用户服务，其中基本价值活动在价值链中起着最基本的维系公司生存和发展的核心作用，支持价值活动在公司生产经营管理的价值活动中间接创造价值，对竞争优势发挥着辅助性的作用。

4.6.3　价值链纵向联系

公司价值链与供应商价值链、客户价值链等价值链之间的联系成为价值链的纵向联系（外部联系），通过纵向联系构成了一个完整的价值系统（Value System）。[2]

价值链的纵向联系（外部联系）存在于同一行业内部为消费者（建筑业则为业主）提供某种最终产品或服务的相关公司之间。上、下游与渠道公司的产品或服务特点，及其与公司价值链的其他连接点能够十分显著地影响公司的成本。改善价值链的纵向联系将使得

---

[1] 曾肇河．建筑公司价值链研究．建筑经济，2004 年第 6 期。
[2] ［英］Richard Lynch．公司战略．周寅、赵占波、张丽华、任润，译，张一驰审校．昆明：云南大学出版社，2001 年 9 月。

公司与其上、下游及渠道公司共同降低成本，提高这些相关公司的整体竞争优势。找出和追求这种机会将需要对供应商、买方及购销渠道的价值链进行仔细的研究。

建筑公司通过工程项目形成建筑公司与供应商、业主的价值链纵向联系。如图 4-7 所示，建筑公司通过工程承包服务向业主提供建筑产品，业主为这种服务向承包商支付费用。同样，位于承包商下游的设计分包商、材料设备供应商、工程专业分包商等各相关环节分别向承包商提供产品或服务，获取承包商支付的费用，形成一个围绕建筑工程项目相互连接的价值系统。如能围绕业主价值增加，提供优质服务，则建筑公司将可能获得直接价值增加，从材料设备供应商处获得质优价廉的材料设备，工程专业分包商处寻求较高施工质量和较低的成本支持，有利于培育低成本竞争优势，则建筑公司间接增加价值。由此可见，建筑公司的经营活动主要在建筑业内，同时，涉及多个产业，亦可为相关产业提供服务，创造价值。

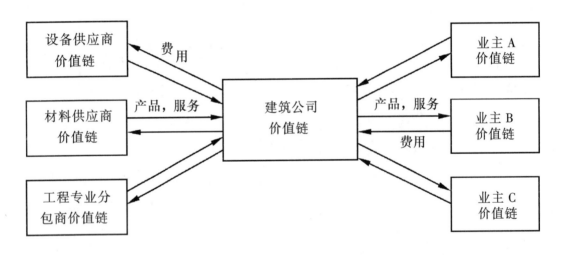

图 4-7　工程总承包公司价值系统

我们以建筑公司的供应链为一个对象进行讨论。众所周知，制造业的供应链管理涉及四个主要领域，即供应、生产计划、物流和需求。供应链是为满足需求来实施管理，其目的在于提高用户服务水平和降低交易成本，达到核心公司的网链结构，强调供需方长期合作伙伴关系的建立。供应链一般有一个核心公司，各节点公司在利益驱动下，以物流、信息流和资金流控制，从采购原料开始，制成中间产品以及最终产品，最后由销售网络把产品送到供应商、制造商、分销商、零售商直到最终用户手中，连成一个整体的功能网链，实现整个供应链的不断增值。

而建筑业的供应链可以是围绕着总承包公司，通过对信息流、物流、资金流的控制，从采购原材料开始到运输、仓储、现场使用、竣工交付直至售后服务，将物资供应商、工程总承包商、分包商、设备租赁公司连成一个网络。

通过实施供应链管理的优化和重组，可以快速准确地掌握信息资源，对供应商、分包商进行协调、优化管理。优化公司库存，通过集中采购，减少交易环节，降低交易成本。根据典型调查，材料集中采购可以大大降低材料费，而且直接通过厂家供货可以确保钢材的质量。土建主材的价格比较透明，单位价格下降空间虽然并不大，但是集中以后，由于批量大，规模经济发挥作用，总体效益非常可观。同时，一些采购量不大的安装材料，则价格水分比较大，通过严格的招标管理，节约费用仍然很可观。如果资金情况好，以现金结算材料款，成本还会降低。如果交一部分预付款的话价格还会降低，而且可以在钢材淡季价格低时订货，在旺季价格高时进货使用，进一步降低成本。

在我国，由于建国初期学习前苏联的做法，将建筑业系统的价值链人为的按设计、施工、采购等条块分割，业主往往习惯于分别同设计、施工公司直接签订合同，业主组成相应机构直接行使对项目的管理，直接采购主要材料。这种方式自20世纪50年代开始执行，一直延续到今天。习惯于成立"指挥部"管理项目，机构是临时的，人员多是拼凑的，专业又不配套、水平参差不齐、管理更谈不上规范和科学，致使建设项目管理水平低。随着投资主体多元化，如中央政府投资、地方政府投资、国有企业投资、股份制公司投资和私人投资、外商投资等，对投资建设项目管理的科学化、市场化、专业化要求越来越高。原来方式已经受到严重冲击。我国加入WTO之后，投资建设项目管理必须与国际惯例接轨。其结果是，我国建筑公司的功能单一，业务领域狭窄，利润率不高；建筑公司集团机构庞杂，运营效率低下；材料设备采购分散，规模优势难以发挥；劳动力资源丰富，但技术水平不适应总承包公司要求，处于无序竞争之中；再加上建筑公司资金管理普遍不集中，债务负担沉重，融资能力差，无法为业主提供工程建设全过程的承包和项目服务等问题，难以同国际惯例接轨。❶

面对我国加入WTO后建筑业外来压力增加，以及国内建筑市场日益剧烈的竞争，建筑公司如何培育竞争能力，求得生存和发展，已经为建筑业经营管理者广泛关注。

---

❶ 马红、金香梅．世界建筑业管理惯例与中国建筑业应对WTO的对策．北京：中国建筑工业出版社，2002年2月．

4.6.4 未来建筑公司的运营模式

根据以上所述的价值链理论，可以发现，根据价值链的构成和公司自身的能力，优化、整合、管理、协调各种价值链的内部及外部联系，是公司取得竞争优势的有效手段。按照"投资、建设、监督、使用"分开，以及专业化管理的原则，进行建设领域价值链整合已是必然趋势，它给建筑公司带来无限商机，也将使固守于传统模式的公司加速消亡。❶

借鉴国外的管理模式，国家建设部 2003 年已经发文要求培育发展工程总承包和工程项目管理公司，主要的运营方式有以下几种形式：

1. 设计、采购、施工工程总承包（Engineering，Procurement and Construction，简称 EPC）

工程总承包公司按照与业主的合同约定，承担工程项目的设计、采购、施工、试运行服务等工作，并对承包工程的质量、安全、工期、造价全面负责。

2. 交钥匙工程总承包（TurnKey）

工程总承包公司按照与业主的合同约定，向业主最终提交一个满足使用功能、具备使用条件的工程项目。

3. 设计—施工总承包（Design—Build，简称 D—B）

工程总承包公司按照与业主的合同约定，承担工程项目设计和施工，并对承包工程的质量、安全、工期、造价全面负责。

4. 施工总承包（General Construction，简称 GC）

以上是几种主要的总承包方式。根据工程项目的不同规模、类型和业主要求，工程总承包还可以采用设计—采购总承包（Engineering procurement，简称 E—P）、采购—施工总承包（Procurement Construction，简称 P—C）等方式。

5. 具备条件的建设项目，采用工程总承包、工程项目管理方式组织建设

有投融资能力的工程总承包公司，对具备条件的工程项目，根据业主的要求，按照建设—转让（BT）、建设—经营—转让（BOT）、建设—拥有—经营（BOO）、建设—拥有—经营—转让（BOOT）等方式组织实施❷。

---

❶ 王宁．美国、加拿大工程公司开展工程总承包项目管理的考察报告（上、下）．建筑经济，2003年第4期、同年第5期。

❷ 建设部文件．关于培育发展工程总承包和工程项目管理公司的指导意见．建筑经济，2003年第3期。

根据合同关系、承包范围、风险划分、计价方式的不同，还存在多种工程总承包的变型。

总之，根据所处产业竞争环境的变化，在对建筑公司价值链各环节的联系进行深入分析的基础上，通过改变产品组合、工艺流程、服务方式与服务范围、重新选择价值链的上游、下游与购销渠道或调整他们之间的联系等方式来进行价值链的剪裁与适应性重新构建，从根本上提高竞争优势。

4.7 建筑公司文化分析

什么是公司文化？目前公司界及学术界还没有一致的认识。综合国内外研究情况，对公司文化大致有两种看法。

4.7.1 公司文化的范畴

第一种是狭义的定义，认为公司文化仅包括公司的思想、意识、习惯及感情领域。例如，美国《公司文化》一书的作者迪尔和肯尼迪就认为，公司的文化应该有别于公司的制度，公司文化有它自己的一套要素、结构和运行方式，他们认为公司文化包括四个要素，即价值观、英雄人物、典礼及仪式、文化网络，这四个要素的地位及作用分别是：价值观是公司文化的核心；英雄人物是公司文化的具体体现者；典礼及仪式是传输和强化公司文化的重要形式；文化网络是传播公司文化的通道。

第二种是广义的定义，认为公司文化是指公司在建设和发展中所形成的物质文明和精神文明的总和，包括公司管理中硬件与软件、外显文化与隐形文化（或表层文化和深层文化）两部分。这种看法的理由是相当一部分公司文化是同物质生产过程和物质成果联系在一起的，即公司文化不仅包括非物质文化，而且还包括物质文化。他们认为，诸如公司人员的构成、公司干部及职工队伍状况、公司生产资料的状况、公司的物质生产过程和物质成果特色、工厂的厂容厂貌等都是公司文化的重要表现。

综合两种看法，公司文化用简单的语言来表达，是指公司全体职工在长期的生产经营活动中培育形成并共同遵循的最高目标、价值标准、基本信念及行为规范，公司文化是一种管理文化、经济文化及微观组织文化。

从根本上说，有了组织才有了相应的组织文化，而公司文化应当随公司组织原则、组织结构、组织过程及组织环境的变化而变化。

公司是国民经济的基本细胞，因此公司文化是一种微观文化，它不能脱离我国社会文化及民族文化的影响和制约而独立存在。当然，微观文化也会反作用于我国宏观文化，随着我国公司文化的健康发展，可以想象，如果我国 40 多万个县以上工业公司都具有较优秀的公司文化，那对我国社会文化也会起到良好的推动作用。

综上所述，公司文化包括四个方面的内容：

1. 公司的最高目标或宗旨

公司是一个经济实体，必须获取利润。

2. 共同的价值观

所谓价值观就是人们评价事物重要性和优先次序的一套标准。公司文化中所讲的价值观是指公司中人们共同的。共同的价值观是公司文化的核心和基石，它为公司全体职工提供了共同的思想意识、信仰和日常行为准则，这是公司取得成功的必要条件。因此，一般优秀的公司都十分注意塑造和调整其价值观，使之适应不断变化的经营环境。

3. 作风及传统习惯

作风和传统习惯是为达到公司最高目标和价值观念服务的。公司文化从本质上讲是职工在共同的联合劳动中产生的一种共识和群体意识，这种群体意识与公司长期形成的传统和作风关系很大。

4. 行为规范和行为制度

如果说公司文化中的最高目标和宗旨、共同的价值观、作风和传统习惯是软件的话，那么行为规范和规章制度就是公司文化中硬件部分，在公司文化中硬件要配合软件，使公司文化得以在公司内部贯彻。

公司文化是公司领导和员工共同遵循的价值观。公司文化应该是全体员工思想观念的提升概括，而不完全是一种从上到下的灌输。经营变革、管理创新的过程，就是公司经营理念的实践和传播过程。经营变革、管理创新一方面要对公司过去成功的经营思想、观念、方法、体制等进行回顾和总结，使之更广泛地为公司员工理解和接受；另一方面则应根据公司的发展目标和发展战略，积极主动地改善不足之处，提高经营管理水平，更新经营观念，建立更有效率的组织结构，以获得更大的成功。同时，全体员工在向公司发展目标共同努力的过程中，逐步达成对共同的价值观和共同的行为准则的共识，从而形成能保障公司实现战略目标的公司文化体系。大凡成功的公司，其必然形成了体现领导和员工共同价值观的公司文化。公司文化与公司战略相适应的关系有四种形式，如图 4-8 所示。

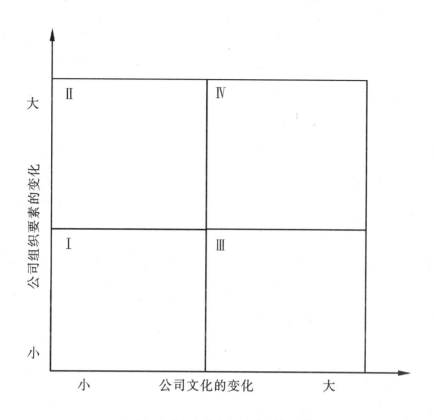

图 4-8 公司文化与公司战略的关系

图 4-8 中第Ⅰ象限是指公司实施一个新战略，公司的组织要素变化不大，而且这些变化与公司原有的文化相一致；图 4-8 中第Ⅱ象限是指公司实施一个新战略，公司的组织要素会发生很大的变化，但这些变化与公司原有文化有潜在的一致性；图 4-8 中第Ⅲ象限是指公司实施一个新战略，公司的组织要素变化不太大，但这些要素的变化却与公司原有文化不很协调。图 4-8 中第Ⅳ象限是指公司实施一个新战略，公司的组织要素发生了很大的变化，而这些变化与公司原有文化又很不一致。

惠普文化常常被人称为"HP Way"（惠普之道）。HP Way 有五个核心价值观：相信、尊重个人，尊重员工；追求最高的成就，追求最好；做事情一定要非常正直，不可以欺骗用户，也不可以欺骗员工，不能做不道德的事；公司的成功是靠大家的力量来完成，并不是靠某个人的力量来完成；相信不断的创新，做事情要有一定的灵活性。

摩托罗拉文化的核心是：为用户提供品质超群、价格公道的产品和服务，满足社会的需要；公司也在这个过程中获得收益，不断发展壮大，从而为员工和股东提供实现各自合理目标的机会。精诚公正、以人为本、跨文化管理中的本土化，这是摩托罗拉三位一体的核心理念。

GE公司前CEO韦尔奇通过推行扁平化、无边界管理、六西格玛等管理方式，塑造了GE特有的关注人的情感、发挥员工潜能、憎恨官僚主义、追求卓越等特点的公司文化，正是这样的文化使GE的市值在20年间增长30多倍，达到4,000多亿美元。

公司文化也并不是一成不变的，从联想集团的公司文化发展历程就可以看出这一点。1994~1995年，生存阶段，"只讲功劳不讲苦劳"，"把5%的希望变成100%的现实"，这一阶段的特点是做事大于做人；1996~1998年，发展阶段，强调内部管理的规范性，对目标负责，强调"严格"文化；1999~2000年，公司规模更大了，需要沟通协调，需要理解信任，需要增强公司亲和力、向心力和凝聚力，此时，员工个人的追求开始转向更深层次的人生价值、社会尊重和满足精神层面上来，于是联想提出了"亲情"文化-平等、信任、欣赏、亲情。此时，联想对做人的要求显然已经超过任何时期。

从以上这些公司文化特征来看，他们共有的特征就是对人的价值的认可与尊重，可以说，优秀公司在对核心价值观的理解上是趋同的，有区别的只是在经营理念、管理理念上的不同，这是所有成功公司文化发展的必然方向。

4.7.2 建筑公司文化的现状分析

与民营建筑公司相比，国有建筑公司在企业文化方面的问题更为突出。国有建筑公司大都为中央部委、省市建设主管部门下属的建筑施工部门改组而成，很多公司成立时间几乎与共和国同岁，这类公司组织不可避免地带有行政管理和政府机构的色彩，国有企业的一些毛病在国有建筑公司身上也同样存在。以某国有建筑公司Z公司为例，其公司文化存在如下问题：

1. 政府机关色彩的残留

由于Z公司是从国家机关直接转变而来，不可避免的留有一些政府色彩，相当一些员工尤其是总部员工、下属某些单位的管理者没有把自己放在一个打工者、一个职业经理人的位置，从过去的各种局长、处长的称谓就可以明显地感受到这一点。

2. 创新不足，学习意识不强

建筑公司不同于高科技公司，技术水平相对不高，而且发展缓慢，导致整个公司满足于重复劳动，通过简单扩大规模，创造效益，维持公司生存，公司内部还没有形成不断思考、追求自我超越的氛围。其实，创新不仅仅指技术的创新，也不仅仅局限于施工技术的创新，管理的任何方面都有很大的创新余地。建筑业受国家宏观经济形势的影响极大，没有创新精神的公司，在宏观经济形势向好的市场环境中，尚可维持其生存发展，一旦宏观经济形势发生变化或公司遭遇危机，将一泻千里。没有创新精神的公司，只能是沿着惯性的趋势走下去，不清楚现状，发现不了问题，就像韦尔奇提出"煮青蛙"理论，等到烫得受不了的时候，已经跳不出来了。

创新是建立在学习的基础上的。在当今的知识经济潮流中，技术的更新和管理水平的提高日新月异，不但个人需要不断学习，提高自身素质，一个公司也需要加强学习，建立"学习型"组织，才能在竞争中立于不败之地。Z公司目前在这方面做得还不够，没有形成浓厚的学习氛围和组织学习的体系。

3. 公司的凝聚力不足

很多多年在公司服务的员工对Z公司有着很强的归属感，一方面是由于国有公司给人带来的稳定感，另一方面则是缺乏面对外部竞争的能力。而对于很多在公司服务时间不长的年轻人来说，Z公司既没有稳定感也没有吸引力，这一点可以从近几年人员流失的统计分析中看出。

4. 没有统一的文化

Z公司所属子公司众多，有相当一些甚至早于Z公司成立，通过行政划拨归入Z公司管理，同时建筑施工、建筑设计、房地产开发等行业有着各自的行业特点，加之公司分布地域广阔，所以，集团内部不同公司又有着各自不同的文化。即使同一个公司内部也存在不同的文化，比如所属某子公司的沿海地区的分公司和西部地区的分公司，就是两种截然不同的文化。同是海外的分公司，由于经营上有赚钱的也有赔本的，久而久之，表现在文化上的差别也非常大。

4.7.3 公司的文化建设成功案例

尽管中国建筑公司在企业文化方面存在这样或那样的问题，但一些行业领先的公司还是在企业文化建设方面取得了显著的成果。以Z公司为例，经历了改革开放三十多年来的市场竞争洗礼，尤其是长期处于建筑行业的激烈竞争中，形成了Z公司独特的优秀文化。总的来说，Z公司的公司文化有以下几个特点。

1. 强烈的市场意识和竞争意识

由于长期处于建筑业这一完全竞争性的行业，在没有地方保护、行业保护的情况下，完全依靠自身的努力，不断发展壮大，打造出了中国建筑业的第一品牌，几十年内一直保持着国内建筑业龙头公司的地位。不仅如此，Z公司还最早走出国门，1958年援蒙、1982年进入香港，多年的奋斗使Z公司在国际建筑承包市场上占有了一席之地。应该说，某些直营公司和某些工程局这些处于市场第一线的单位有着强烈的竞争意识、开拓精神，是Z公司文化中最优秀的品质。

2．社会责任感

Z公司作为国有企业，同时肩负着维护社会稳定和国有资产保值增值的双重使命，很多公司的员工及领导干部在长期处于报酬低、待遇差的情况下，面对外部世界的巨大诱惑，坚持和公司共命运，同甘共苦，共同奋斗，这些"特殊材料铸造的人"，也是Z公司文化的具体表现。

3．注重人才实绩

Z公司的干部来自于五湖四海，很多人都是都是独自一人出来闯天下，他们没有深厚的背景，凭的只是所学的本领和一腔热血，Z公司给了他们舞台，让他们充分的施展才华，在选拔干部、提升职务的时候，首先考虑的就是业绩，从Z公司各级领导班子的人员来源充分体现出了这一点。

4.8 SWOT 分析案例

SWOT分析方法是通常用于分析公司战略与公司自身资源（自身的优势和劣势）和外部环境（公司面临的机会和威胁）是否协调。其中：

（1）优势：是指那些可以使公司自身比竞争对手更有竞争力的因素。它是公司自身资源和能力的组合，能够使公司有效地完成战略目标。

（2）劣势：是指公司中的缺陷、失误、约束等因素以及低于竞争对手的资源和能力，使公司的战略目标难以实现。

（3）机会：包括外部环境中任何对公司有利或未来对公司有利的状况，这种状况能够提高公司的竞争力。

（4）威胁：包括外部环境中任何不利因素，它将削弱公司的竞争能力。威胁可以是壁垒、约束以及可以对公司产生伤害、破坏的因素。

根据以上对Z公司所处的外部环境和拥有的内部资源分析，我们按照SWOT分析法，针对Z公司的优势与劣势，面临的机会与威胁，总结出Z公司SWOT战略分析。

1．优势（STRENGTHS）

（1）在中国港澳、东南亚、非洲等地区，由于地缘原因，或者是历史上和中国具有传统友好关系的原因，有一定的经营优势。

(2) 国际化程度较其他发展中国家的建筑公司高,管理理念较新。

(3) 境内外工程业绩突出。

(4) 系统资源优势。

(5) 经营布局优势。在中国内地,由于发展速度快,投资比重大等原因,中国的东部、中部大城市在建住宅及大型公用建筑业务、基础设施领域项目多,因此对中国的建筑公司而言,具有相对的经营布局优势。

(6) 管理优势,具有先进的管理模式和组合社会资源能力较强。

(7) 人力资源优势,中国的工程技术人员综合素质较高和价格低廉的人力资源优势。

(8) 与国外大承包商的合作经验优势。

2. 劣势（WEAKNESS）

(1) 在国际市场上占有一定份额,但与总量相比,极其有限,品牌知名度受地区局限。主要目标市场相对集中在亚太地区、非洲（北非）和中东等欠发达地区。

(2) 融资能力有限,而融资带动工程承包逐渐成为重要的建造服务模式。

(3) 建筑技术含量要求越来越高,而公司的现有技术能力,特别是专项工程技术能力较弱,技术发展能力不足。

(4) 部分资产质量不高,债务负担和资金压力较大。

(5) 专业人员数量不足且人才结构不合理,人才机制与先进公司相比,吸引力不够、开放性不强、国际化程度不及其他国际承包商。

(6) 经营领域过于集中在房建,公司形象与工程业绩受局限。

(7) 国内基础设施业务的装备水平有了很大进步,但仍需进一步提升;境外基础设施业务做得很好,但宣传不够。

(8) 基础管理工作,如区域管理和项目管理等方面内部公司之间差别很大,相对优秀公司仍较薄弱。

(9) 经营机制和用人机制不够灵活。

(10) 组织结构不合理,管理层次过多。

3. 机会（OPPORTUNITIES）

(1) 中国经济持续快速增长,固定资产投资增长迅速,带动国内建筑市场将稳步增长。

(2) 随着我国加入WTO,必将加快我国建筑业市场化、规范化和国际化化进程。

(3) 建筑市场投资主体呈现多元化发展趋势，顾客需求也日趋多样化。

(4) 近期投资主要向国家基础设施、城市基础设施建设方面倾斜，继北京成功举办奥运会、上海成功举办世博会、广州成功举办亚运会后，其他城市又陆续承办了一些大型活动（如深圳举办大运会等），将为国内承建业务的发展提供了较大的发展空间。

(5) 中国经济进一步融入经济全球化的发展潮流中，能够更为直接地引进、借鉴和学习国际先进的经营理念和管理方法。

(6) Z公司在亚太、北非、南部非洲、美洲、加勒比海地区也有一定的基础，该地区地域辽阔，回旋余地大，进一步发展机会甚多。

(7) 享受最惠国待遇促进公平竞争，获得更多的市场准入机会；享受关税的最惠国待遇和出口关税的降低，降低承包国际工程的成本，带动更多的机械、设备、材料及机电产品的出口。

4. 威胁（THREATS）

(1) 加入WTO后，随着外商投资公司的介入，必将加大国内建筑市场上竞争的激烈程度。

(2) 股份制及集体建筑公司崛起，在中低档楼宇建设上优势明显。

(3) 行业、地方国有建筑公司受到一定程度的保护。

(4) 部分亚洲国家的经济带有一定的脆弱性，当地建筑市场波动较大。

(5) 非洲地区政局不稳，严重威胁建筑市场的发展，局部市场比较突出。

(6) 发达国家市场不接受来自发展中国家的建造服务，技术壁垒仍然存在，当前进入壁垒较高，不能充分发挥劳动力的比较优势。

(7) 随着对外经营权的逐步放开，中国同行纷纷进入Z公司的传统海外市场。

第三篇 战略选择

第五章 战略目标选择

依据对公司外部环境、内部条件的研究分析预测，并经 SWOT 分析加以整合，产生战略目标及策略。公司必须对每一战略目标及策略可能的组合加以评估论证，作出选择，以便能够在快速变动的全球化竞争的环境中，选择出一整套确保组织生存、发展、壮大的战略方案。

5.1 战略目标体系

战略目标体系不只是单一目标，而是由若干子目标组成的一个战略目标体系。从纵向上看，公司的战略目标体系可以分解成一个金字塔结构，如图 5-1 所示。

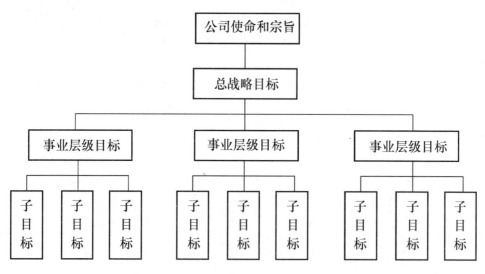

图 5-1 公司战略目标体系分解图

从图 5-1 中可以看出，在公司使命和公司宗旨的基础上，才能制定出公司的总战略，而为了保证总目标的实现，必须将其层层分解，确定出规定保证性的事业层级战略目标；也就是说，总战略目标是公司主体目标，事业层级目标是保证性的目标。在事业层级之下，将其分解为若干子目标。

本书下文将以某大型跨国建筑公司 Z 公司的战略体系为例，对其战略选择进行实证分析。

5.1.1 战略目标

Z公司的战略目标是：成为在中国的完全竞争性行业中最优秀、最富有竞争力的国有建筑行业重要骨干公司的领导者；力争在2015年前实现"一最两跨"战略目标，即"把公司建设成最具国际竞争力的大企业集团；全球经营跨入世界500强前100强，海外经营跨入国际著名承包商前15位"。

5.1.2 事业层级目标

在国内国际市场一体化的背景下，形成房屋建筑、基础设施建设与投资、房地产开发以及设计勘察并举的格局。其中项目投资运营，如港口、码头的运营、市政设施的运营、桥梁隧道的运营、公路的运营等，可能成为未来公司最长期稳定的经济来源。公司将力争在从目前到2015年的期间内，努力改善工程建设业务的结构，提高工程建设业务的经营质量，同时大力发展房地产业务、项目投资运营业务和勘察设计业务。力争到2015年，使公司业务结构由2008年的房屋建筑占80%以上优化为房屋建筑、基础设施建设与投资、房地产开发及设计勘察业务的收入比例达到5:3:2。

5.1.3 子目标

1. 在产业结构调整方面的子目标

大力投资房地产和基础设施领域，积极培育可带动经济效益持续增长的新兴投资领域，构筑投融资平台，形成投资商与承建商为一体的核心竞争力。推行低成本扩张、高品位营销的竞争策略，提升地产领域的品牌价值。以专业化经营方式加大房地产业务的投资与开发，积极选择有发展前景的经营地域和有盈利能力的投资项目。

2. 在产品结构调整方面的子目标

装饰、市政、交通基础设施建设市场的前景广阔，属于公司可能优先发展的业务方向。房建市场仍然具有较强的发展空间，核心市场定位为房建市场，紧密市场为装饰、市政、交通市场，松散市场为石化、电力市场（如图5-2所示）。从长期发展来看，目前房建为基础，集中优势以不同的方式进入装饰、市政及交通市场，大力发展这些市场的核心业务，并最终使自己在整个建筑领域中处于核心地位，成为整个建筑行业的领导者。

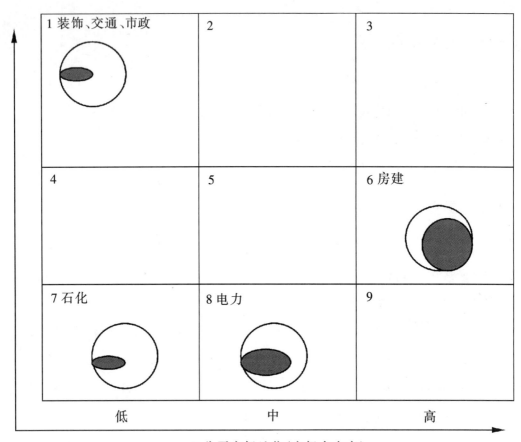

图 5-2 行业地位矩阵图

大力推行低成本竞争、高品质管理的竞争策略,继续巩固房屋建筑主业,大力拓展基础设施承包业务,积极培育建筑装饰业务,适机向与主营业务相关的、有发展前景的其他领域拓展业务,全力打造国际品牌,最终实现公司工程承包主业集团化、区域化、专业化的一体化经营。

未来公司将努力将产品结构重点转向以下领域:一是包括路桥、环保等在内的基础设施项目;二是高、大、新、尖、特在内的大型和特大型项目;三是外资项目和专业领域项目,努力使以上项目占全部合同额的 50% 以上。

公司将充分运用工程建设领域各大公司之间高层次的资产重组和资本运营,来推进建筑集团的扩张。

3. 投融资计划

公司将对投融资实行集中统一管理,发挥银行资信优势,探索新的项目融资方式,构筑资本密集型投融资平台。对内加快改善资本结构和财务状况，对外密切与世界大银行、大投资商的联系，积极争取银团贷款，建立多渠道的融资体系，充分发挥公司整体上市的有利条件，通过资本市场筹措更多的发展资金。

4. 技术创新与科研开发计划

遵循"科学技术是第一生产力"的指导思想，大力推进科技兴企和技术创新，培育和发展公司核心技术，加速向智力密集性、技术密集性和学习型公司转变。公司将按照"大科技"的发展思路，结合科技工作的特点，以形成新的核心竞争能力为目标，实施科技发展战略。

5. 国际化经营计划

鉴于中国国内市场的良好成长性，公司今后在继续重点关注国内市场的同时将更加努力地拓展国际市场。公司国际化经营的指导方针是：继续巩固发展港澳，重点开拓亚非，适度恢复中东，力争突破欧美。

公司将继续推进"大市场、大业主、大项目"的经营策略，积极开拓海外市场，主要目标市场将重点放在港澳地区、北部非洲地区（阿尔及利亚等）、东南亚地区（新加坡、越南等）、美洲地区（美国、巴巴多斯等）、中东地区（阿联酋等）、南部非洲地区（博茨瓦纳、南非和纳米比亚）。具体将采取以下措施进一步推进公司的国际化经营：

（1）服务高端市场-大市场、大业主、大项目。高端市场就是"大市场、大业主、大项目"。"服务高端市场"就是整合有效资源，全力开拓优质市场，诚信服务优秀客户，积极承接高精尖项目。

（2）致力建设长期合作关系，稳定公司市场占有率。通过与国内外有实力的公司建立战略联盟，可以实现合作各方的互利共赢，促进公司的可持续发展。

（3）全球化视野，本地化行动。全球化的视野，包括国际化的品质与服务、全球化市场、国际化的人才以及对国际规则的理解和遵守。本地化主要是管理人员、劳务队伍以及材料设备等生产要素的本地化，要有服务当地为社区作贡献的意识和行动，与当地经济和社会的发展融为一体，以谋取到当地政府和社会的认同。

（4）推进设计-采购-施工一体化（EPC）商业模式。设计研发（Engineering）方面，充分利用现有的设计力量，结合施工过程将公司施工工艺融入设计，提升综合竞争能力。公司对内主要是依托所属单位的研发中心；对外与科研院所联合，借助他们的专业优势，提升研发能力。

(5) 实施国内外一体化经营。进一步拓展海外经营,需要寻找跨越式发展的道路,也就必须坚持搞好国内外一体化经营,"搞好国内"主要是为"持续发展海外"服务。国内外一体化经营也是世界各国主要承包商共同的发展规律。因此,在重点发展海外的同时,也必须牢牢抓住国内市场。

(6) 瞄准特大型项目,以融投资带动工程承包。受国际经济、政治环境变化的影响,近年来国际工程承包市场呈现出新的发展趋势:发包工程规模趋于特大型化,开发商特别希望承包商具有较强的融资能力,以缓解资金压力和分担项目风险。公司将充分利用多年来建立的高端客户群体,特别是金融界客户,谋求银企合作,加强自身的融投资能力,瞄准特大型项目,以融投资带动工程承包。

5.2 综合指标案例

下面以Z公司2008~2015年期间的规划指标为例,来说明规划指标安排的方法。2008~2015年战略期内的各项指标是在综合考虑Z公司拥有的各项资源、所处的宏观环境和市场环境等条件下,按照积极稳健、留有余地的原则,经过反复平衡制定出的,为战略的实现提供了一套量化的综合指标体系(表5-1)。

战略规划指标表　　　　　　　表5-1

指标名称	计算单位	2008~2015年合计	2015年计划	年均增长(以2007年为基期)
1. 合同额	亿元	10300	1500	9.2
国内部分	亿元	7300	950	6.7
对外经营	亿元	3000	550	15.1
2. 营业额	亿元	8500	1320	9.9
国内部分	亿元	5900	860	8.6
对外经营	亿元	2500	460	12.9
3. 主营业务收入	亿元	7800	1200	8.2
4. 利润总额	亿元	175	26.5	14.6
5. 净利润	亿元	63	11	30.6
6. 资产总额	亿元		1139	6.1

续表

指标名称	计算单位	2008~2015年合计	2015年计划	年均增长（以2007年为基期）
7. 负债总额	亿元		899	6.1
银行贷款	亿元		190	5.9
8. 股东权益	亿元		240	6.1
国有权益	亿元		150	5.3
9. 年度投资支出	亿元	800	100	4.7
房地产	亿元	492	50	−0.7
基础设施	亿元	100	20	58.6
固定资产	亿元	152	22	5.2
其他	亿元	56	8	29.7
10. 年末从业人员	万人		36	6.0
其中：自有在岗员工	万人		8.2	−1.6
11. 净资产收益率	％		7.6	0.7个点
12. 总资产报酬率	％		3.0	0.2个点
13. 资产负债率	％		78.9	−0.1个点
14. 借贷资本率	％		80	0个点
15. 科技投入率	％		0.2	0.02个点

1. 合同额指标

2008~2015年新签合同额计划为10,300亿元，2015年为1,500亿元，比2007年增长102％，年均增长9.2％。

为了贯彻执行国家"走出去"的战略，发挥Z公司竞争优势，在规划期间，Z公司将适当加快对外经营承揽项目的步伐，以实现在2015年前进入225家国际承包商前列的目标。对外经营年均15.1％的增幅，比2005~2007年平均发展速度增长了4个百分点。考虑到经营结构调整的需要，加上公司改革重组、主辅分离的影响，初步安排的国内经营增幅仅为6.7％，尽管略低于预期的7％的国民经济发展速度，但对于实现Z公司的整体战略目标是比较恰当的。

2. 营业额指标

2008~2015年计划完成营业额8,500亿元,2015年为1,320亿元,比2007年增长113%,年均增长9.9%。

其中,2015年国内经营计划实现860亿元,占总公司全部营业额的比重由2007年的72%下降到2015年的65%;国外经营计划实现460亿元,占总公司全部营业额的比重由2007年的28%上升到2015年的35%。

3. 主营业务收入指标

2008~2015年计划实现主营业务收入7,800亿元,其中2008~2010年主营收入近2,400亿元,2011~2013超过3,000亿元,2014~2015年超过2,300亿元,2015年为1,200亿元,年均增长8.2%。

主营业务收入的安排主要以合同额、营业额计划为基础,根据多年来营业额与主营业务收入的配比关系,推算出2008~2015年可能实现的主营业务收入目标。考虑到新会计制度的实施对收入确认将更加严格,加上公司将处于平稳发展阶段,这期间的发展速度将比2005~2007年年均20%的增幅放缓不少。

4. 利润总额指标

2008~2015年计划实现利润总额175亿元,2015年达到26.5亿元,比2007年增长198%,年均增长14.6%。

在安排利润指标时,初步考虑了公司面临的形势与任务,随着全社会生产和生活资料价格上涨、改制重组成本支出等不确定因素的增加,成本费用占收入比重的发展趋势将会有所增长,系统内公司盈利格局难以在短期内得到转化。

5. 股东权益指标

2015年股东权益将达到240亿元,比2007年增长了60%。其中,国有权益将达到150亿元,比2007年增长了50%,年均增长5.3%。

对于期末权益的变化,主要是在2007年(期初)权益数量150亿元的基础上,规划期间净增加90亿元。其中,留存收益增加70亿元,综合考虑了税后利润、计划派息;总公司所属已经上市和即将上市的企业计划从资本市场融资20亿元。

6. 投资支出指标

2008~2015年计划实现投资810亿元,年均100亿元,其中,2015年达到110亿元,年均增长6.0%。在拟完成的投资中,用于房地产的投资为500亿元,占全部投资计划的

61.7%，比 2005~2007 年度所占比重减少了 11.5 个百分点。用于基础设施的投资 100 亿元，占全部投资计划的 12.3%，比 2005~2007 年增长了 13 倍。用于固定资产的投资 150 亿元，占全部投资计划的 18.5%，略低于 2005~2007 年 20% 左右的水平。

7. 融资总额指标

随着规划目标的制定，要实现 2015 年营业额计划的 1320 亿元，投资支出计划的 110 亿元，应具备相应的资金支持，包括股东权益、银行贷款等。

2007 年末公司的资产负债率为 78.9%，略好于同期的全国建筑行业平均水平；年末银行贷款 120 亿元，占负债总额的 21.4%。❶

受行业特点和自身发展规划等因素影响，到 2015 年，公司的资产负债率基本不会发生显著变化，还将保持 78.9% 左右的水平，同期银行贷款将控制在 190 亿元，比 2007 年净增加 70 亿元，年均增幅为 5.9%。

当然在运营管理中，中建公司要加强资金集中管理，千方百计提高工程款回收率和直接从资本市场融资规模，将贷款规模控制在计划目标之内。

8. 年末从业人员数指标

公司的从业人员包括自有职工、成建制的外联队伍、返聘人员。计划到 2015 年达到 36 万人，比 2007 年增加 13.2 万人，年均增幅近 6.0%。

2015 年年末自有在岗员工为 8.2 万人，比 2007 年减少了 1.1 万人，其中，管理及技术人员达到 6.6 万人，所占比重由 2007 年的 62.3% 上升到 2015 年的 80.5%。根据规划安排，企业将在 2008~2011 年通过主辅分离安排一部分自有富余职工另谋职业，加上自然减员，预计 2008~2009 年企业将处于人员的净流出状态，每年将达到 2,000~3,000 人。借此机会，企业将通过提高吸纳大中专毕业生数量来完成人员结构调整的步伐。

计划到 2015 年底，公司从事海外经营的企业员工将达到 4.6 万人，比 2007 年增加 3.0 万人。其中，内派 2.8 万人，比 2007 年增加 1.7 万人；当地雇员 1.8 万人，比 2007 年增加 1.3 万人。

在内派的 2.8 万人中，从事承包工程、劳务合作、房地产等行业的管理人员达到 3,000 人，比 2007 年增加 2,000 人；从事承包工程、劳务合作的工人达到 2.5 万人，比 2007 年增加 1.5 万人。

9. 净资产收益率指标

---

❶ 财政部统计评价司编. 2003 年企业绩效评价标准值. 北京：经济科学出版社，2003。

2015年净资产收益率为7.6%，比2007年增长了6.3个百分点，超过了财政部颁布的2009年建筑公司绩效评价7.4%的优秀值标准。

10. 资产负债率指标

2015年资产负债率为78.9%，略低于2007年79.8%的水平，但比2008年的81%降低了2.1个百分点。

11. 科技进步效益率指标

2010年建筑承包公司年科技投入占年营业额比例达到2‰～3‰；勘察设计类公司年科技投入占年营业额比例达到3%～5%；其他公司比照行业领先水平。2010年科技进步效益率达到1.8%以上，居于行业领先水平。

5.3 阶段目标

1. 第一阶段（2008～2010）

本阶段计划安排合同额超过3,300亿元，相当于前三年（2005～2007年）的170%；完成营业额近2,580亿元，比前三年增长57%；实现利润（含消化潜亏）57亿元，比前三年增长了2.2倍；年度投资303亿元，比前三年增长84.2%；2010年净资产收益率达到6.6%，比2007年增长了5.3个百分点。

（1）业务发展：保持房屋建筑、大型公建领域施工承包领域优势，整合资源，逐步加大基础设施、土木工程项目承包的比例，加大房地产业务投资。将目前公司旗下分散在各下属公司中的房地产业务整合起来，提升公司在房地产领域的竞争力。

（2）体制改革：建立董事会、监事会、总经理层的治理结构，建立科学合理的公司管理体制。

（3）组织机构：以整合"瘦身"为主要目标，将管理链条缩短为三级，使资源在公司总部→工程局→工程公司三个层次上集中。

（4）人力资源：骨干人员，优势公司薪酬与市场接轨，出台特殊政策留住关键人才。

（5）科技开发：集中系统内建筑施工技术研究资源。

2. 第二阶段（2011～2013）

第二阶段计划安排合同额超过4,000亿元，比2005～2007年增长1倍，相当于第一阶段的120%；完成营业额超过3,300亿元，比2005～2007年增长了1倍，相当于第一阶段的128.5%；实现利润（含消化潜亏）66亿元，比2005～2007年增长了2.7倍，相当于第一阶段的 116％；年度投资 300 亿元，比 2005~2007 年增长了 1 倍，与第一阶段持平；2013 年净资产收益率达到 7.2％，比 2007 年增长了近 6 个百分点。

（1）业务发展：继续调整优化产业结构，向土木工程、基础设施领域转移，加大房地产业务份额，初步形成比较合理的产业布局和地区业务布局。进入世界 500 强和国际承包商前列。

（2）体制改革：进一步调整和完善公司的治理结构。

（3）组织机构：建立公司总部→二级子、分公司→项目经理部组织结构雏形。一些长期亏损，无法拯救、自救的公司破产、歇业。

（4）人力资源：逐步建立全系统统一薪酬制度，逐步与市场水平接轨。

（5）科技开发：建立科技开发体系和科技研发中心。

3. 第三阶段（2014~2015）

第三阶段计划安排合同额近 3,000 亿元，完成营业额近 2,570 亿元，实现利润（含消化潜亏）51 亿元，年度投资 200 亿元，2015 年净资产收益率达到 7.6％。

（1）业务发展：巩固和提高在世界 500 强和国际承包商中的地位，形成产业结构合理、地区布局合理的建筑地产集团。

（2）治理结构：形成符合国际化建筑地产企业集团要求的治理结构。

（3）组织机构：进一步发展壮大专业公司，提升公司的专业化发展水平，同时积极探索区域化发展的有效模式。

（4）人力资源：薪酬待遇高于市场平均水平，采用多种形式的激励方式。海外业务经营人员本地化，驻外机构中外籍人员的比例达到 80％以上。

（5）科技开发：建立财务资金管理、工程项目管理、供应管理等涵盖全部管理业务的信息网络系统。

第六章 策略选择

策略选择是实现公司发展目标的前进方向或具体途径。它是围绕战略目标要完成的任务、解决的问题而确定的。可是在战略制定过程中，战略目标的选择与策略的选择两者是不能截然分开的，有时先有战略目标构想，再去找前进的策略路径。有时先产生策略构想，再看可能达到的战略目标。两者相互依存，不可分割。如此才能将资源充分利用，潜力充分挖掘，又能安全运行，以收持续发展之效。因此，可以说，策略选择是战略目标的论证。

6.1 策略发展方向

6.1.1 策略发展组合

策略选择一般包括以下主要内容：

1. 规划经营的主要行业、兼营行业，选择经营的产品类别、产品的档次及其发展方向等。公司经营一个或几个产品获得成功之后，随着交往的增多，经验的积累，势力的增强，往往向多品种、多行业开拓。其方式有在同一类型产品的基础上，增加更多的新产品；也有以某一行业为主的公司，兼营与主行业密切相关的行业。如以建筑业为主的公司，兼营房地产业、建材工业就有联合成本最低等许多优势。为充分发挥自身优势，要按照国际惯例进行经营活动，向前向后一体化发展。从事国际工程承包的公司，若能获得项目的咨询、设计合同，将为争取拿到工程的承建合同创造有利条件，同时在设计中尽可能争取选用我国的材料设备，为带动出口提供机会。如此，则可以增强竞争能力，提高创汇盈利水平。需要注意的是，要坚持一业为主，跨行业兼营的方针，不然门门生意都做，项项不出色，搞得太杂了，影响兼营决策者的精力，隔行如隔山，往往管不好，搞不出名堂来。

2. 根据世界政治经济形势、国别市场特点、自身优势，从满足城市、乡村、国内、国外、集团或个人，以及各阶层的消费需求出发，确定开拓经营的国家或地区。经过市场分析，竞争对手优劣势比较，选择实施目标的最佳策略。从全局出发，对行业经营结构，国家或地区经营的比重,速度的快慢作出策略选择,就是总体经营的方针。

3. 确定发展速度。在全面分析市场形势,自身条件的基础上,确定达到目标需要的全部时间。既要有只争朝夕的工作热情,又要有稳扎稳打,步步为营的科学态度。不能拖拖沓沓,优柔寡断,贻误战机。更不能超越客观条件的许可,将五年、十年后要办的事,提前到今天来完成。若操之过急,急躁冒进,资金、人才、管理跟不上,没有不出乱子的。

4. 扩大销售量的发展策略。在市场不变、产品不变的情况下,通过广告宣传、改进包装、降价优待、分期付款、售后服务等方式方法,提高在原有市场的占有率。相反的途径是寻找新市场,改进老产品,发展新产品,满足顾客的需要,扩大销售量。

5. 优势联合发展策略。通过在资金、技术、人才、销售渠道等方面与国内外的公司联合,发挥各自的特点、优势,化竞争对手为商业伙伴,谋求共同的发展。具体途径可采用合资、合作、参股、控股等实现优势联合,同时结合收购公司、或直接投资等方式的选择,达到多元化发展的目的。

由于策略涉及范围广泛,时间跨度长,发展什么,限制、淘汰什么,必须要有选择,什么都要发展,平分财力、人力、物力,不是经营战略。要抓主要矛盾,突出重点经营的国家或地区,重点经营的行业,并制定与之相配套的政策措施。

6.1.2 地区布局

经营布局分为地区布局和行业布局两个方面进行规划。地区经营布局中有行业、品种,行业、品种经营布局深植于各个国家或地区之中,两者相互依存,不可分割,通过发展速度的快慢有机地结合起来。经营布局是公司策略的具体化,也就是将经营的行业、品种、发展速度分解安排到每个国家或地区,体现和形成国别经营策略。经营布局要以投资回报率为导向,从低产出向高产出的国家或地区转移,从低效益向高效益的行业转移,从低利润向高利润的子公司、分公司转移。

经营布局是公司策略的落脚点,其选择的成败决定着公司的生死存亡,因此,不可掉以轻心。中外公司失败的教训使我们懂得,盲目进入某一国家或地区,比不进入这个国家或地区的损失要惨重得多。譬如,某日本公司进入美国的房地产之前,对美国的政治法律、房地产市场、城市、街区等并未作深入地调查研究。一进入美国,以为遍地是黄金,在几个州大量投入,结果带来了严重的后果,损失很大。分析现有国家或地区、子公司、分公司的经营状况是经营布局的着眼点。在一个国家或地区获得的经济效益好坏是多方面的综合反映。盈利者，表明该国市场有利可图，或经营决策准确、管理得法；亏损者，表明该国市场环境不好，或经营决策不当，管理失控；进入一个国家或地区数年，无所作为者，表明对该国市场认识不清，或子公司、分公司经营者无能。某公司在全球几十多个国家或地区发展业务，由于多种原因有一些国家或地区经营状况不佳。在一段时间里未引起公司总部决策层的注意。一些国家或地区的子公司、分公司手忙脚乱，却在做无用功。一些子公司、分公司整天无所事事，却吃着总部的"皇粮"，悠闲自在。经过经营布局的分析，发现了这一问题，总部决策者在制定中长期战略中，区别不同情况，采取了撤、并、留的果断措施，甩掉了这些包袱，把资金、人员转移到市场前景好的国家或地区，经过几年的艰苦努力扭转了这种局面。总结中外公司经营布局正反方面的经验，与资金投放、回收结合起来研究，按以下原则、方法形成的国别经营策略，能保证获得成功，避免大的失误。

①新开拓业务从小项目开始，摸清路数，赚到了钱，取得了经验，再逐步扩大营业规模。人们对于一个国家或地区的环境没有深刻认识，要想赚钱几乎是不可能的。存在猫抓死老鼠的侥幸心理是注定要失败的。而认识一个国家或地区要有一个过程，反复循环比较，不可能一蹴而就。刚进入一个国家或地区，子公司、分公司经营管理能力尚未得到验证的情况下，就由总部大量投入资金，往往难以成功。同一国家或地区，由一行业向另一行业转移，也要坚持由小到大去发展。这是因为认识了某一行业，并不等于就熟悉了另一行业。当然，因为处于同一外部环境，行业转移时，由小到大所需的时间可以缩短，但这个过程却不能不走。这样做初看起来慢一点，但步子稳，不来回折腾，其实并不慢。

②大量盈利的国家或地区，市场又继续看好，发展前景广阔，则应迅速扩大投入。投入能产出的国家或地区，表明该市场有钱可挣，过去的决策正确，经营的行业、品种选得好，选得准，能赚钱，也说明这类子公司、分公司有经营管理的能力，投入资金让其经营管理，作为公司总部的决策者来说就更为放心。挣来的钱留下一部分用于再投入，知道钱来之不易，选择项目也就更谨慎。当然，过去的产出，是对历史的证明，过去赚了钱，未来不一定也就保证赚钱，特别当影响赚钱的几个重要因素发生变化时尤其如此。我们相信，过去是未来的起点，未来是过去的延续，因此，要分析研究市场发展趋势，已经有高产出能力，预测未来仍具有发展潜力，则人才、资金应往这些国家或地区集中。投入的主要方式是盈利留下用于发展，多赚多留，通过留成比例的大小体现总部对不同国家或地区

经营方针的差别。同时，增加现汇、担保贷款额度、机械设备实物等投入。集中人、财、物加速发展，形成规模效益。

③几年盈利很少、或亏损的、潜亏的国家或地区，视具体情况予以区别对待。无发展前途的忍痛割爱，果断撤退；非再投入资金收摊不可的，严格控制投入量，同时逐步抽回担保贷款额度；对有可能发展前景的留点守摊。采取这种态度和做法，人们惋惜可能会丧失一些机遇，我们说也许有这种可能，但世界之大，门类之多，这儿失去了，可以到别处去寻找，世界上做生意的机会总是有的。如果对一国市场没有准确的判断，就不能增加投入。这些原则，既是正确反映了认识国别市场、经验积累的过程，也是对总部策略决策、子公司、分公司盈利能力的检验。用这些原则作为公司总部进行经营布局决策的准绳，就能够为有能力的子公司、分公司扩大盈利创造宽松的环境。

④要从每个国家或地区的市场分析预测入手，依据自身已有的经营状况，弄清已有的结构比例，逐个国家或地区予以规划安排。一般要确定主要子公司、分公司的销售额、利润额、资产额（包括追加投资额部分）、投资回报率等方面的一些目标，以及其他重要目标。在此基础上协调平衡，确定今后的行业经营调整方向和目标，形成经营布局方案。通过这项工作，可以验证发展目标的可靠性，公司战略也更加具体化了。

总之，经营布局要适应市场格局变化，及时进行结构调整，突出重点，有收有放，灵活调度，合理布局，既要高屋建瓴，看清发展方向，乘势前进，又要瞻前顾后，从已有的格局出发，避免一切推倒重来。既不因循守旧，也不盲目冒进。以下以Z公司的地区布局规划为例，来进一步说明确定地区布局的方法。

1. 国内：大力开拓长江三角洲、珠江三角洲和京津地区，巩固可持续发展的经营地域

我国长江三角洲、珠江三角洲和京津地区是综合经济实力强、固定资产投资和外商投资的重点地区，一直是Z公司的传统市场，尤其是东部地区合同额占国内合同额的比重高达70％左右，要继续作为Z公司国内经营的重点区域，加大开拓力度。将上海市场作为重中之重，实施战略开拓，力争形成公司新的、稳定的利润产出区。

中部地区作为内陆经济和运输中心，应继续成为公司的重要开发区域，力争大幅度增加利润产出。应积极抓住西部大开发机遇，进行战略开发。

2. 国外：巩固传统市场，重点拓展亚非市场，形成海外区域经营的稳定格局

（1）巩固传统市场，强化区域公司。

1) 进一步巩固北非、中东、美洲等区域公司。

①进一步规范管理，提高项目效益，走当地化发展的道路；

②利用Z公司比较优势（如在非洲市场的设计优势、技术优势、管理优势、劳动力优势），加强与当地其他领域的开发与合作；

③根据形势变化，实施"走出去"长远战略，研究当地市场、当地资源、当地项目的深度开发，以工程项目、劳务换资源。尤其是国际承包项目的新方式：BOT、BOOT、EPC项目等，实施多元化战略，力争在房建业务以外的基础设施项目上的突破。

2) 亚洲市场是世界经济发展最活跃的地区和全球最大的工程承包市场。香港作为中国大陆与世界经济交流的重要窗口，经济复苏的动力正在不断聚积。Z公司将继续巩固和发展港澳市场。

3) 非洲地区一些政局较稳、经济形势较好国家的工程承包市场仍有一定容量，作为重点开拓的市场。对已具规模的阿尔及利亚、博茨瓦纳等国的分支机构应强化管理，提高效益，积极带动国内材料和设备出口，走当地化发展的道路，并向周边国家市场拓展。

4) 在北美市场，美国仍是建筑市场容量最大的国家。对美国市场将加强力量、重点突破。继续坚持咨询服务带动总承包经营模式，积极争取美国本土的美资项目，探索直接收购美国中大型承包商的可行性，力争成为公司新的效益产出区。

（2）开拓新兴市场，发挥布局优势。在2003～2010年期间，Z公司将大力开拓海外新兴市场，如阿联酋、卡塔尔和印度等市场。①以投标项目（中标项目）为进入市场的契机，成立代表处或经理部；②建立当地各方关系，收集和跟踪信息，实施符合当地管理模式的项目管理；③利用成功的项目在当地扩大Z公司影响，继续稳妥的开拓市场。

（3）欧洲市场是继亚洲之后的第二大市场。尤其是爱尔兰和俄罗斯两个新兴市场，以及中欧国家市场，应是中国建筑公司拓展经营业务，探索进入欧洲其他国家市场的基础。

6.1.3 产业布局

中国有很多公司或集团公司，表面规模很大，内在实力虚弱。在中国加入WTO的全球竞争时代中，都面临着生存、发展和壮大的问题。

首先，普遍缺乏核心竞争能力。一些规模庞大的大型公司，少则经营两三个行业，多则经营七八个行业，十几、甚至几十个行业。资本主义发展三百多年，大公司发展一百多年，绝大多数超级跨国公司的经验证明，几乎都有一句话就能说得清楚的主业。沃尔玛如此，微软也如此。美国"财富100强"的前十名，石油、汽车、电信、零售、金融、IT

等共九家都是只经营一个主业,唯一例外的是通用电气,从事多元化经营。而一些中国公司却宣称要发展六大、八大支柱产业云云。但中国公司资源普遍偏小,集中全力同国外跨国公司在一个行业竞争,都还显得力不从心,如何谈得上六大、八大支柱产业。现在的管理学理论已经告诉我们,不相关的多元化公司很少获得成功。事实上,绝大多数中国公司还没有能够给公司带来长期竞争优势和不断取得超额利润的专长,也就是公司的核心竞争能力,这种能力是需要十年、十几年甚至几十年才能培养出来的。在一个行业成为第一,要比在六个、八个行业成为第一容易得多,现实得多,价值大得多。

一个公司在自己经营的行业中已经绝对领先或相对领先,而且市场已经出现饱和状态,竞争加剧,利润率下降,可以考虑多角化经营。而多角化经营首要原则是新拓展行业与现时主业关联程度高,有其未来可与现时行业合而为一的行业,这些可以收到利用相关资源、客户资源,从而收到联合成本最低的效果。例如,建筑业进入房地产业,计算机服务器进入IT服务业,商业银行进入投资银行业等。另一项多角化经营的原则便是与主业具有协同效益,如洗衣机、冰箱、电视机均有各自不同的产品生产线,但均属于家电产品,其品牌、物流配送、原材料采购有许多共享资源,尤其有同样的或近似的消费品市场。这两项原则的出发点都是基于公司的核心竞争力的发挥,资源的综合利用,从而拓展与现有主业关联的或能发挥协同效应的行业,创造新的核心竞争能力,占领新的市场。如果从这两条原则出发,无法有所作为,那就只有依据市场前景,寻找增长空间大,没有绝对的垄断者,进入壁垒较高,替代也不容易的行业,进去拼搏。需要提醒的是,这样远离现时主要产业,没有关联,又没有协同,尤其是市场环境不同,技术陌生,经营管理驾驭力重新培养,风险是要大得多。只有早分析,少量投资早介入,取得点滴成功之后,扩大投入。也就是在现时主业兴旺之时,寻找一个或两个替代行业,应在战略管理者的视野之中。

以Z建筑公司为例,在当前,Z公司将大力投资房地产和基础设施领域,积极培育可带动经济效益持续增长的新兴投资领域,构筑投融资平台,形成投资商与承建商为一体的核心竞争力。

面对全国固定资产投资重点向基础设施方面倾斜的形势,Z公司必须要加大业务整合和拓展力度,努力扩大公路建设方面的市场份额;由于地铁、轻轨建设的进入壁垒相对铁路建设要小一些,因此Z公司正密切关注这一领域,集中资源,寻找进入这一领域的机会;在水务等方面,Z公司将抓住有利时机,加大承揽这方面工程的力度,努力开拓出新的业务领域。

1. 住宅与公用建筑业务

健全营销体系，实施大市场、大业主、大项目战略，继续巩固房屋建筑主业市场份额。积极拓展资本实力雄厚、信誉良好的大客户市场。大力承接政府项目、大型国企项目、外资项目和民间投资项目。向技术难度大、管理跨度大的项目转型，积极建造高层、超高层建筑、大型工业厂房等国际品牌项目。除继续在国内外市场发展施工总承包（General construction）的服务模式之外，还要适应世界各地各类客户差异化的需求，发展新的工程建造服务模式，给客户提供多样化的建造服务，如设计—建造（Design-Build）、工程管理（CM）和项目管理（PM）等，这些新模式只是建造服务商为业主服务的不同表现形式。加快与国际接轨，完善质量、环境和职业健康安全管理体系认证。加强与跨国公司、国有大公司和民营公司建立联盟与合资合作，努力进入银行、保险、粮食等特定行业建筑市场。

2. 大力拓展国内外基础设施业务

大力拓展路桥、市政、机场和环保等基础设施业务，积极向地下基础工程领域延伸，以承揽重点、大型项目为主，构筑高起点、高层次、高品质的基础设施业务竞争平台。

积极承揽海外基础设施项目，提升对外工程承包业务的传统优势。遵循规模化、本地化、科学化经营方针，树立大项目、高起点、高水平的经营理念，实现对外工程承包业务从追求经营规模向追求经济效益、从广种薄收向集约经营的根本转变。继续保持房屋建筑业务规模和优势，大力拓展当地基础设施和电信工程项目。承揽世行、亚行及政府采购项目。从投资源头入手，积极跟踪经援项目、中国政府在海外建设项目、进出口银行优惠贷款项目、优势公司海外投资建厂项目。积极寻求与世界500强公司、国际大公司建立强强联合、合作和服务机会。实施带领工程局、设计院"走出去"战略，本着顾全大局、同舟共济、共担风险、共享利益的原则，规范运作，优势互补，协调发展。

3. 积极发展装饰业务

整合并合理配置系统内资源，强化专业管理。以设计为先导，以承揽公共建筑装饰和改造项目为主，加大项目直营力度。兼顾装饰业务小型、分散的特点，采取"特许加盟"方式，开展品牌运营，实现规模化经营。

4. 发展设计咨询业务

形成建筑设计和工程技术设计各自专业化发展的格局。设计主营业务逐步向策划、咨询、研发方向转型。提倡设计单位与建筑、地产公司业务互动、相互渗透，探索设计、施工、交钥匙工程。

Z公司将深入挖掘和积极利用自身资源，细分市场，找准定位，形成比较优势，培育和提升公司的市场竞争能力。

5. 加快做大房地产业务

实现规模经营、效益领先。推行低成本扩张、高品位营销的竞争策略，提升Z公司地产业务的品牌价值。按照积极先行、审慎紧跟的经营方针，以专业化经营方式加大房地产业务的投资与开发，积极选择内地有发展前景的经营地域和有盈利能力的投资项目，积极捕捉和创造获取优质地块和开发项目的机遇。树立多元化发展概念，实现经营地域、项目领域和经营手段的多元化，巩固中高档住宅市场，进军内地需求量大的中低档楼宇市场。对出租物业适度进行长期投资，获取稳定收益。积极探索联营联建项目和房地产发展一揽子合作项目。树立规模化发展、专业化管理概念，抓好投资、设计和营销的各个环节。

6. 培育和发展与主业相关的其他业务，增加新的利润产出点

积极做好对外承包工程带动物资出口业务，大力拓展钢结构加工和模板业务，积极探索物流领域。加快收缩与主业不相关联的进出口贸易业务，减少风险较大的代理业务，剥离传统子公司的三产项目和多种经营业务。

6.1.4 建立现代公司制度

顺应国有资产管理体制改革的要求，以解放和发展生产力、实现共同富裕。结合建筑行业特点，大胆探索公有制多种有效实现形式，积极推行股份制，实现投资主体多元化，完善法人治理结构，建立健全科学的运行机制，在确保稳定中促进公司的改革与发展。

许多国有建筑公司虽然产权清晰，但由产权结构单一所引发的问题始终困扰着这些公司，在公司发展壮大过程中积淀下来很多的困难难于处理。对外，不能充分利用社会资源及接受社会监督；对内，很难完善良好的公司治理机制及营造公平竞争的氛围。虽然体制不能决定一切，但体制的作用必须高度重视。我们一定要充分利用公司制和代理制这两大人类社会的发明创造，为国有企业的改革和发展服务。

坚持改革促发展、发展保稳定的方针，实行规范的公司制改革，主动与外资公司或内地先进公司实行并购，大力推进公司彻底的产权结构改革。贯彻自下而上、主辅分离、辅业改制、主业强化的改革思路，坚定不移地推进工程公司、专业公司、劳务公司的股份制

改造，积极鼓励劳务公司进行私有私营的改造。把改革力度、发展速度和职工可承受程度统一起来，把不断改善人民生活作为处理改革发展稳定关系的重要结合点。从实际出发，整体推进，重点突破，循序渐进，注重制度建设和创新。对于子公司改制，原则上母公司应绝对控股或相对控股；三级公司改制国有法人股原则上相对控股或参股；三级以下公司改制，国有法人股原则上全部退出。加快非主业单位的剥离和改制进程，对技术落后、管理混乱、资不抵债、扭亏无望的公司大力推进脱困、歇业、撤并、出售及破产工作。积极鼓励和引导员工在结构优化调整中自主创业、共同致富。坚持稳定压倒一切的方针，做好分流安置和再就业工作。

改制公司应按照《公司法》的要求落实股东会、董事会、监事会和经理层的职责，形成各负其责、协调运转、有效制衡的公司法人治理结构。注重维护股东利益。建立对经理层的激励和约束机制，通过砥砺和促进，造就符合市场需要的职业经理人。未改制公司应按照"双向进入、交叉任职"的党政工作原则，完善与现代公司制度相适应的领导体制，毫不放松地发挥公司党组织政治核心作用，积极参与公司重大问题决策。建立健全重大决策的规则和议事制度，完善对所属公司总经理、总会计师的委派制度和党委书记的推荐制度。

按照公司法的要求，已变为公司制的公司，治理结构就是股东会、董事会、监事会、总经理，为了决策的科学还可以设立若干的委员会（资金管理委员、薪酬委员会、技术委员会等）；现在还没有改制为股份制的公司，应该在现有的公司领导体制上，按照公司制的治理结构来参照设计。《企业法》是参照工厂的生产经营模式来制定的，就是厂长说了算，选择了一个好厂长可以带好一个公司，选不好就没有约束，没有监督，这是一个严重的问题。要按照民主集中制的原则，形成领导集体。如设立管理委员会，或采取党政联席会议制过渡。既不能个人说了算，也不能无人说了算。

现在许多建筑公司领导班子人数太多，一开会，十几个人，很难决策。应该说一个班子5～7个人比较合理。一把手既负责经营决策，又是国家资产的授权代表，类似美国的CEO。从另外一个角度，公司之间的人才无法流动也是一个问题。现在国家经常进行干部交流，比如县与县之间都进行干部交流，还有跨省、市交流，可以带来一些新的观念，而现在国有企业却交流不了，因为利益差别太大，好的地方不愿意走，贵州、内蒙古这些地方又不愿意去。干部能不能3～5年轮换一次。Z公司现在正在试行这样的制度，公司一把手、财务总监这两个人直接由总公司委派，待遇归总部管理，来解决这个问题。

6.2 策略竞争模式

根据迈克·波特的竞争理论，公司在市场竞争中采取的策略主要有低成本策略、差异化策略和集中焦点策略等。❶

策略竞争模式是一个公司在一种事业或产业中，经过比较选择，形成超越竞争对手的优势，而获得最大化利润的一般性策略。也就是迈克·波特所阐述的一般化策略，包括低成本、差异化、集中化三种基本策略。最新研究表明，对于每一种一般性策略，在产品差异化、市场区隔化、特异能力上，公司需要作一致性选择，如表 6-1 所示。

产品、市场、特异能力与一般性竞争策略　　　　　　　　　表 6-1

项目	成本领导	差异化	集中化
产品差异化	低	高	低到高
市场互隔化	低	高	高
特异能力	制造及物料管理	研究与发展销售与行销	任何种类的特异能力

6.2.1 低成本策略

低成本策略就是以比竞争者更低的成本生产出产品或服务。因为成本较低，出售价格可以比竞争者更低，市场占有率扩大，销售量增加，获得规模经济效益。即便出售价格与竞争者差不多，由于成本较低也可以获得比竞争者更多的边际利润。❷

低成本策略对于产品差异化要求低，设计一些产品，并维护一系列相关产品，分摊成本，即使没有顾客完全满意的产品，都可以较竞争者更低的价格吸引购买者。对于市场区隔化的要求也低，产品定位在于吸引一般的顾客，服务所有的大客户，借以巩固市场销售量。在特异能力发展上，只要是集中物料采购管理，由于进货量大，对供应商的议价能力就强，相同品质的物料较竞争者具有更低的进货成本，同时要设计一些产品，方便制造，进而提高效率。

由于建筑业的竞争状况决定了建筑业的低利润经营，因此低成本策略成为了绝大多数

---

❶ 郭全益. 策略管理. 高雄复文图书出版社，1995 年 5 月.
❷ [美] Charles W. L. Hill、Gareth R. Jones. 策略管理. 黄营杉，译. 华泰文化事业公司，1999 年 5 月第四版.

中国建筑公司的必然选择，Z 公司也不例外。尽管利润率较低，但通过扩大经营规模，Z 公司的承建业务同样可以获得较高的利润。Z 公司的竞争策略首选就是成本领先，能够做到同样的品质，甚至更好的品质，而成本低于竞争对手，是 Z 公司在中国乃至国际建筑业中立于不败之地的关键手段。由于采取了低成本的策略，因此在未来的战略发展期内，必须做好项目成本管理、新技术开发、项目投标预算管理等一系列环节。

低成本策略的主要威胁在于竞争者容易模仿竞争策略，以更低成本生产同类产品，以更低的售价向市场倾销，从而拉走顾客。还有推行成本领导的公司可能不能敏锐体察顾客消费倾向的变化，按惯性继续在降低成本和售价上下工夫，而失去的顾客往往一去不回头。

总之，以较低成本战胜竞争对手是低成本策略的关键，但对于品质、服务等也要关注，才能保持和发展既有的竞争地位。

6.2.2 差异化策略

差异化策略是形成产品或服务独特的优势，满足顾客需要，以此获得比产业平均水平高出许多的利润率。采用差异化策略的公司，可以凭借差异化的优势获得比竞争对手高的超额利润。❶

由于差异化策略追求与众不同，产品差异化程度要求高，供应商以及顾客均缺乏其他代替品的选择。差异化对市场区隔化要求高，要选择几个市场区隔，提供顾客需要的产品，靠名牌声望培养顾客的忠诚，抵御竞争对手、替代品的侵入。在特异能力上，差异化着重研究与发展，广泛的资料研究，不断创新，设计出新颖款式的产品，通过强化产品品牌的营销，提供及时快捷的服务。

采用差异化策略的公司，由于售价过高，与采取较低成本策略的竞争对手相比，很难仅靠差异性保持顾客的忠诚。顾客为了节省成本，牺牲特色、服务或形象需求，转向竞争者也屡见不鲜。再就是当产业成熟后，互相模仿能力提高，必然缩小差异化的距离。

Z 公司的建筑设计业务就是运用差异化策略的典型，由于几个设计院均拥有国内第一流的设计能力，因此在国内设计市场占有一席之地，利润率也比较高。在战略规划期内，Z 公司将大力发展设计施工总承包的新型管理模式，这种经营模式是国际建筑项目管理的未来发展方向，在这方面，Z 公司可以充分发挥自身的规划、设计、采购、施工、装饰等

---

❶ [美] Charles W. L. Hill、Gareth R. Jones. 策略管理. 黄营杉，译. 华泰文化事业公司，1999 年 5 月第四版。

各方面的优势，把这些优势组装起来，形成区别于一般建筑公司的竞争能力，将建筑产业的价值链环节整合运作，为业主和Z公司自身实现价值增值。Z公司将支持设计勘察单位以市场为导向，以资产为纽带，实行强强联合，优势互补，组建成跨行业、跨地区的国际工程咨询公司运行模式的大型集团公司，取得综合资质，与国外咨询公司合资、合作，发挥比较优势，占领国内外市场；也可通过与施工公司的联合，组建具有施工能力的工程公司，促进设计与施工能力的融合，管理水平和服务水平的提高，打造以设计为龙头的工程总承包集团公司。

采用差异化策略的公司是可以做到与众不同的，只有品牌形象独特，才能长久维持下去。而采取低成本策略的公司，若因科技变革或忽视顾客需求的改变，导致成本地位远远落后于竞争者，则成本较低的公司就会乘虚而入。

6.2.3　集中化策略

集中化策略与上述两种针对整个行业的策略不同，他只满足某一种类型顾客、或者某一部分产品线，某一个地区市场的需要，由于范围相对狭小，很容易在其专攻领域内取得竞争优势，可以赚取较产业平均水平更高的利润率。[1] 针对本身的策略目标，面对细小的目标市场，采取集中化低成本策略，或者集中化差异化策略，取得竞争优势。

采取集中化策略的公司，可以追求不同程度的低成本或差异化，产品差异化可高可低。在市场区隔化方面，选择特定的客户群作为服务对象，不像成本领导者寻求整个市场，或者差异化者满足诸多目标市场客户群的需求。在特异能力方面，集中化策略公司追求任何形式的差异化或低成本，形成竞争优势。在任何产业中，小公司林立，且能生存，其重要原因就在于这些小公司采取了集中化策略，利用市场机会，专门拓展某一细小的目标市场，创造出自己的优势，同比较大型的低成本策略公司进行竞争。零散产业是适合采取集中化策略的。如餐馆业、房屋、中介、录影带出租、健康俱乐部、洗衣店等服务业。

集中化策略公司遇到大型公司扩大目标市场，两者的成本差距拉大，集中化创造的差异效果消失殆尽，小范围的客户群被竞争者吸引是主要威胁。其次，竞争者在策略目标范围之内，发现更小的目标市场，采取比集中化策略公司更为集中的策略，也是一种威胁。此外，在策略目标与市场之间，某些产品或服务差异整体上缩小了，集中化策略变得毫无意义。

---

[1]　[美] Charles W. L. Hill、Gareth R. Jones. 策略管理，黄营杉. 华泰文化事业公司，1999年5月。

由上述可知，在事业层级公司可采用成本领导、差异化或集中化三种策略，而每一种的资源配置方式很多，且互不相容。如果策略目标不明确，或者选定了三者之一，而资源分配又错位，就可能形成迈克·波特要急于防止出现的卡在中间的尴尬局面。三种策略之间如要转移，难度是很大的，时间很长，成本代价较大。可是，我们也应看到，由于互联网的广泛应用，生产技术创新，弹性制造技术应运而生，营销策略也在发生着深刻变化，一些公司已将低成本策略与差异化策略结合运用。相应的资源配置，尤其对人才素质的要求是不同的，这些必须精心研究，妥善处理，以收综合效益最好之效。

6.2.4 采购供应链重组

对建筑总承包公司而言，采购供应链是建筑业价值链中的最重要的环节之一，研究其运营规律，组合和控制材料设备采购资源，是实现低成本竞争，提高公司竞争力的重要举措。公司应用信息技术，采用供应链计划系统来实施集成化计划及控制，包括需求预测、库存计划、资源配置、设备管理、路径优化、基于能力约束的生产和作业计划、物料和能力计划、采购计划等。核心任务是解决内部集成化采购供应链管理的效率问题，主要考虑在优化资源、能力的基础上，以最低的成本和最快的速度完成生产任务，形成内部集成化供应链。下面将对此予以论述。

建筑公司材料费一般占项目总成本的60%，通常由于自供或指定供应商业主要拿走30%～40%，再扣除零星采购的辅料3%～5%，那么可集中采购的材料为55%～65%，如果一个公司的规模超过百亿元，那么集中采购量就是几十亿元，按照通过集中采购价格下降3%计算，能够降低的成本相当可观。

建筑业的供应链可以是围绕着总承包公司，通过对信息流、物流、现金流的集成、优化和控制，从采购原材料开始到运输、仓储、现场使用、竣工交付直至售后服务将物资供应商、工程总承包商、分包商、设备租赁公司连成一个网络❶，如图6-1所示。对其进行协调，优化公司库存，通过集中采购，减少交易环节，降低交易成本，提高市场竞争能力，必将产生神奇的效果，让供应链上的公司共同实现增加价值。公司必须设立材料部门，并确实履行集中采购的职能，在此基础上实施以业务重点城市为中心的区域集中采购，构建区域采购中心，逐步向全国及全球统一采购过渡。实行区域材料集中采购不仅可以降低成本，而且可以防范甚至杜绝腐败行为。

---

❶ 江伟. 我国建筑业物流供应链管理探究. 建筑经济，2003年第5期。

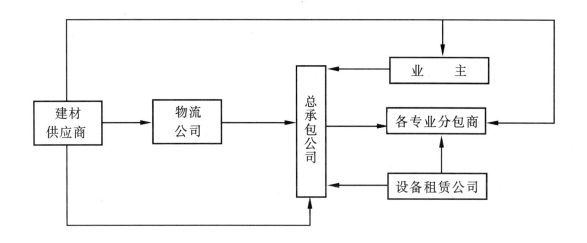

图 6-1 建筑业建材供应示意图❶

Z 公司考虑将材料设备划分为若干等级,同时建立不同等级的采购中心。拟在北京、纽约、法兰克福等地设立全球采购中心,机电设备、高档装饰材料等由这些采购中心采购。另外,目前 Z 公司阿尔及利亚经理部从芬兰进口木材,从乌克兰进口钢材,今后也可以由这类中心采购。在国内,Z 公司将逐步在北京、上海、广州、武汉、大连等地建立区域采购中心,国外按业务所在国及周边地区设立,负责钢材、木材、水泥、玻璃等材料的集中采购。

6.2.5 劳务供应链重组

如第 4.4 节对建筑项目成本分析中所述,在建筑公司的成本中,人工费约占 15%～20%,而目前国内建筑行业的劳务管理环节多,取费乱,造成建筑公司在劳务费支出方面效益流失较大,而且劳务缺乏有效的培训,无法满足大型建筑公司的劳务需求,因此必须对劳务供应链进行重建。

对建筑公司的劳务供应链进行重建,必须缩短这个链条,把劳务层与总包方更紧密地连接起来,减少价值的流失。但是这样做,并不是要恢复过去的建筑公司自己养队伍的方式,而是要通过择优使用劳务分包商、建设劳务基地、组建专业的劳务公司等方式,改善劳务供应价值链的组成方式。在现有的基础上进行创新劳务供应链管理,归纳起来有以下三种方式:

---

❶ 曾肇河. 建筑公司价值链研究. 建筑经济,2004 年第 7 期。

1. 用招投标方式选择劳务分包商，并与其建立战略联盟

目前国有建筑公司普遍采取的劳务管理办法是直接组装社会资源，进行劳务分包招标投标，择优选定劳务队伍。某种程度上来说这种管理方式就是我们前面所说的大分包的管理方式，符合传统的建筑业劳务供应的组织方式。随着法制的健全，专业技术水平的提高，供应价格的合理，这种劳务供应的方式将继续下去。需要注意的是，在公司项目管理人员不足，缺乏直接组织施工生产能力的情况下，采取这种方式是可行的，但同时必然造成成本升高，利润下降。再就是公司不掌握劳务分包资源，其核心竞争力将受到削弱。因此，采取这种方式必须与劳务分包建立战略联盟，发挥各自的优势，在为业主增加价值的同时，实现各自价值的增加。

2. 建立劳务基地

20世纪80年代，一些大型国有建筑公司曾经在江苏、河南、河北、四川、湖北等地搞过劳务基地，主要是为国外工程培训、选拔劳务人员。后来，因多种原因，放弃了这种做法。总结过去的经验教训，结合当前市场形势，应重新建立劳务基地。建议着重做好以下几个方面的工作：(1) 直接与县一级政府对接，签订协议，不要再往乡（镇）、村延伸。中国的县政府有健全的公、检、法机构，便于建筑公司对劳务的管理。同时，由政府组织在冬季农闲季节对劳务进行培训，培训教材采用建设部统一标准。一般至少培训至中级工水平。农忙时节由政府组织力量帮助外出务工人员进行收作，以稳定劳务队伍。(2) 要在项目施工现场加强监督、检查，将检查考核的结果与分工队伍的收益挂钩。自有员工中的高级技师派到项目上，指导、培训劳务人员。(3) 建立定期进行回访、互访的制度，与劳务供应方结成战略合作伙伴关系。重大安全事故由地方政府协助处理。(4) 要由相关部门（人力资源部）牵头拟定相关制度，进行制度的执行、检查、抽查，制定标准的包清工合同。这样做可以获得大量稳定、廉价的劳动力资源，而且便于管理。

3. 成立建筑公司控股的劳务公司

据测算，如果建筑公司成立劳务公司，建立自己的劳务基地，除了交纳3.43%的营业税和再给施工队留下2%～3%的利润空间，自己的劳务费用可以节约4%～6%，约为工程总价的1%左右，效益相当可观。大型建筑公司在业务集中的地区劳务需求量很大，成立自己的劳务公司，这样做成本可以比用包工队低，劳务的质量、管理也有保障。既可以获得相应的收益，也可以获得稳定的劳务供应。具体做法可以在大城市的郊区建设劳务基地，一部分劳务住在施工现场，一部分住在公司基地。劳务人员一部分来自转业军人，

一部分来自乡村。管理干部一部分来自军队干部,一部分来自分包队伍中的管工,一部分来自我们自己职工。进行半军事化管理,加强劳务人员的组织纪律性。请高级技工来讲课,搞培训,提高工人的业务素质,优秀的工人提供进一步培养的机会。采用这种方式,还可以解决一部分公司分流下来职工的再就业问题。但采取这种方式要注意对可能产生的法律问题进行深入的研究,应先搞试点,然后推行。

与劳工签订正式、完备的劳动合同,是劳务管理中的重要环节。例如,某建筑公司的海外劳务管理,就是从签订好三份合同着手,即国内劳务基地公司(劳务派出公司)与工人本人及担保人签订合同、建筑公司与国内劳务基地公司签订合同、建筑公司与工人本人在新加坡签订合同,三份合同由建筑公司统一设计,相互衔接,明确责任。其次,挑选工作了8~9年有施工经验的工人,或中专生毕业三年左右担任工长,一个工长管理30名左右的工人。另外,在工人出国前搞好培训,不光是技术上的,还有思想政治上的。

按照以上的几种模式进行劳务供应链的重建,既可以增强公司的竞争能力,也可以实现价值增值。

6.2.6 蓝海战略

欧洲工商管理学院的 W·钱·金教授和勒尼·莫博涅教授认为传统的竞争理论是在现有市场中竞争的红海战略理论,对于现代企业来说,更重要的是必须开拓充满机会,但尚未开拓的蓝海领域。在他们2005年合著的《蓝海战略》一书中,提出了蓝海战略的模型和寻找蓝海的方法,研究了大量产业的蓝海战略的制定问题。

笔者认为,红海战略是公司战略管理的基础,而蓝海战略是对红海战略的发展,公司寻找到蓝海之后,还是要通过传统手段提高公司竞争力,否则也会在新开辟的蓝海中被后来者击败。但是,蓝海战略确实是对公司战略管理理论的发展和创新,启发了建筑公司如何在行业中发现蓝海,并制定出更加科学的战略。

根据蓝海战略的理论,公司管理者必须跳出现有的产业范畴,寻找新的战略发展路径。所以,首先还是要分析市场的机会,客户关注的重大因素,自身具备的条件,在这些工作的基础上绘制成战略布局图(图6-2)。

建筑公司的传统市场主要有公用建筑、写字楼、住宅、基础设施等,其中住宅建设市场的份额相当大,但是这些市场上的竞争已经白热化,属于不折不扣的红海。而建筑公司向上游延伸进入房地产开发行业,也受到自身资金实力、管理水平、开发经验的限制,鲜有成功的例子。所以,如何开拓新的市场,成为摆在公司管理者面前的重大课题。

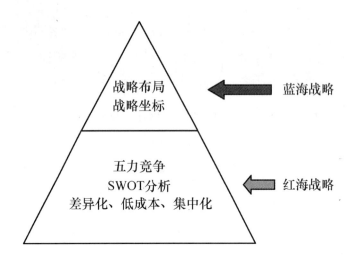

图 6-2　公司战略管理的发展

近年来，随着国家一系列房地产调控措施的出台，国内的房地产市场将面临着巨大的变革，意味着政府对居民住房政策发生了重大的转变。限地价、限房价、限户型的"三限"住宅产品可能会在未来的市场上占据相当大的份额。政府可能采取招标而不是拍卖的方式选择发展商开发"三限"住宅产品，所以控制成本成为在这一市场中竞争的关键，而这正是建筑公司的强项。由于这些住房将由政府定向销售或廉价出租给特定人群，所以政府成为了这个市场上的采购者，也就是业主。土地由政府提供，不需要开发商有自己的土地储备，而规划、设计、施工由发展商完成，发展商将政府回购协议作为担保，向银行获取贷款担保，作为项目资金的来源，政府用售楼收入支付发展商垫付的资金以及合理的利润。这样，政府最终采购的是指定价格的房子，而大型的建筑公司大都有自己的建筑设计单位，可以将规划、设计、施工力量整合起来，降低综合成本，满足政府交钥匙工程的要求。如果这一政策能够得到坚决的贯彻执行，在未来的几年时间内，将会创造出一个新的细分市场，这个新的市场利润不会高，但是规模足够庞大，而且避开了专业房地产开发商的激烈竞争，是我国大型建筑公司未来需要重点开发的市场。可以说，这就是我国建筑公司的一片蓝海。

所以，随着国家住房政策的调整，未来可能出现建筑公司与房地产开发商的结合的商业模式，我们称为住房制造商。下图是我们根据建筑业和房地产业的特点，绘制的新的住房制造业务的战略布局图（图 6-3）。

从图 6-3 可以看出，无论过去还是将来，住宅的购买者对价格的关心首先是第一位的，所以，新的住宅制造商，要继续保持建筑公司的成本控制能力。其次，对于营销的关

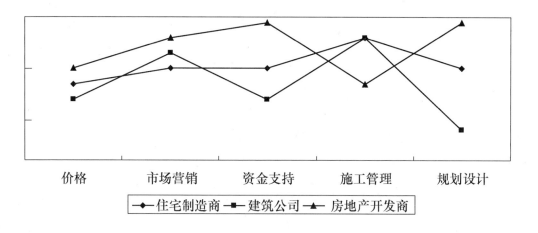

图 6-3 战略布局图

注点，建筑公司着眼于大业主，房地产开发商着眼于小业主，而住房制造商则必须两者兼顾。第三，房地产开发商需要有很强的资金运作能力，建筑公司则对此要求较低，但是开展住宅制造，就需要有一定的融资能力。第四，住宅制造商必须保持建筑公司很强的施工管理能力，而房地产开发商则对此要求不高。第五，住宅制造商必须具备房地产开发商的整合规划设计资源的能力，建筑公司不需要考虑这一问题，仅需要做一些施工组织设计。所以，在这个新的市场上，必须结合房地产开发商和建筑公司两种商业形态的优势，打造新的商业模式[1]。

6.3 策略发展方式

对于建筑业而言，比较成熟的模式有总承包、特许经营、并购和战略联盟等形式。

6.3.1 总承包商模式

在过去的几十年里，国际建筑市场最流行的竞争方式是以各种"交钥匙"工程为代表的总承包商模式。这种经营方式将公司的利润源泉从简单的工程承包环节扩展到从设计、施工，到工程的总体设置的全部过程，使快速建立这种能力的公司获得了竞争的有利地位。其中一个典型的方式就是"设计-建造"模式，即 DB 模式。DB 为 Design & Build 的缩写。DB 项目指在建筑工程领域的设计加建造项目，国内也称为工程总承包项目。在 DB 模式下，承包商均承担全部或大部分设计任务和全部建造任务，以总价合同模式和交

---

[1] 曾肇河. 探寻开创建筑公司的蓝海战略. 建筑，2006 年第 23 期。

钥匙方式向业主交付工程。作为阿尔及利亚建筑市场最大的承包商之一，Z公司的阿尔及利亚分公司与来自法国、意大利、西班牙和土耳其等欧洲承包商同台竞技，实施了一大批DB项目。自2001年以来，DB项目合同总额达30亿美元。在DB项目管理方面，Z公司阿尔及利亚分公司经历了痛苦的成长过程：最初项目多面临设计被动、采购失控和工期延误局面，经过多个项目实践，目前该分公司已经培养出多个能胜任DB项目的管理团队，也拥有多家合作紧密的设计合作伙伴和采购资源，项目履约满意度和项目效益明显提高。

Z公司将大力培育和加强总承包管理能力，提升在国际国内的竞争地位，以适应未来的项目管理要求。

6.3.2 BOT模式（Build-Operate-Transfer）

随着越来越多的公司在国际市场形成总承包能力，总承包能力不再是唯一的核心的竞争力，全方位价值链创新，正成为新条件下的竞争力的核心基础。Z公司将根据这种全方位的价值链创新模式，将公司置于一个远超出竞争对手范围的大环境，将公司的客户、供应商、金融机构，以至于客户的客户都纳入公司一个框架，通过公司自身价值链与这些密切关联的外部群体的价值链更有效的耦合，创造新的价值。国际工程承包中广泛流行的BOT模式，就是这种价值链创新的一个重要成果。

6.3.3 BT模式（Build-Transfer）

BT模式是由BOT模式演变而来的一个业务模式，它取消了运营（Operate）环节，直接实现了建造-移交。与BOT模式在国际上广泛流行不同，BT模式主要在中国取得了较快的发展，其主要原因是BT模式契合了当地政府的需求，既推动了地方的基础设施建设，也给企业带来了较好的经济效益。Z公司某下属工程局努力做深做透、精耕细作重点省份，利用在当地长期开展房建业务形成的政府资源，通过融资建造模式打造了一个双方接触的平台和载体，以投资商的身份与政府对接，为打开市场打下良好的基础。由于BT项目是高端介入，营销方面的精力投入、人员投入、费用投入、时间投入都比较低，而项目规模和利润又高于传统施工项目，对比效果非常明显。由于该工程局通过BT模式获得了大量公建项目和基础设施项目订单，借此积累了不少公建及基础设施项目的业绩和经验，为优化公司业务结构、提升公司的市场竞争力打下了良好的基础。同时，BT模式解决了地方政府短期内资金紧缺与发展地方建设的矛盾，带来了较好的社会效益。目前，该工程局各投资项目实施进展顺利，已有6个项目顺利交付政府，为当地的经济发展作出了贡献。

6.3.4 特许经营

McDonald's通过特许加盟的公司策略,达到低成本及差异化策略的实现。特许者允许被特许者使用名称、商誉以及商业技巧,控制并确保品质、标准的统一,满足顾客的需求。还解决了扩充时的财务负担,并获得了广告优势。

建筑公司也可以探索在不违反法律法规的前提下,通过特许加盟的公司策略,达到低成本及差异化策略的实现。采用特许经营的策略可以大大提高建筑公司的市场占有率和品牌知名度,但是同时也必须制定严格的特许加盟制度,防范风险。

6.3.5 收购与合并

在国内通过购并专业工程公司获得专门技术、专业人员,提升公司在专业工程施工方面的能力,占领专业工程市场,包括地下工程、环境工程等领域。购并方式包括发行股票、现金、资产置换和国有资产划拨等。

在境外通过购并进入特定的国际市场,将购并作为开拓新市场的重要方式。鉴于进入特定国家或地区的市场,需要一定的资格或牌照、信誉和本地化的经验,购并可以迅速弥补上述条件的不足,加快国际化和属地化的进程;而且购并可以实现规模的快速增长,为公司赢得时间。

6.3.6 战略联盟

与重要客户(业主)结成战略联盟,这些客户的投资规模大、后续工程多,与他们结盟有利于降低市场开发的前期成本和谈判成本,弥补自身人力、技术、设备和市场资源条件的不足。

能够与建筑公司合作共同发展的联盟者主要有:

1. 投资开发商

国外财团或基金等资金背景的投资商和开发商(如汉斯、和黄、新鸿基等)、国内资信等级高开发经验丰富的开发商(如金地、融科置地、新华远、华润等)、外资超级市场连锁公司(如麦德龙、家乐福、沃尔玛等)、跨国公司(科技园、工业园、工业厂房等)、政府或准政府机构(如学校、国家部委等)。项目类型包括房地产项目和基础设施项目。

2. 连续建设需求的业主

通过为具有连续建设需求的业主(军队、科研院所、院校、政府机关)提供多方位的服务，与其建立长期合作关系，为日后总承包业务开展开拓广阔空间。

3. 大型承包商

与国际承包商联合为跨国公司和国际组织提供工程建造服务，树立品牌形象，如霍克蒂夫（Hochtief）、柏克德（Bechtel Group Inc.）、斯堪斯卡（Skanska AB）、宝维士（Bovis Lend Lease）等；与土木工程承包商联盟开拓基础设施市场，如中交集团、中国水电建设集团等。

4. 设计公司

与设计公司联合开拓设计建造市场，为业主提供工程建造整体解决方案。例如，Z公司通过行政的、经济的手段，让各工程局与设计院联合，为业主提供全方位服务，同时利用设计公司信息与客户资源开拓建筑服务市场等。

5. 专业机构

以特定市场开发为先导，有针对性地与科研院所、高等院校和科研机构建立合作关系，如清华大学、中国建筑科学研究院、北京建筑工程学院等其他有相关利益的公司或机构，如专业的工程管理公司（澧信等）、物业咨询公司（仲量联行、戴德梁行等），充分利用其信息资源、客户资源和公共关系资源。

6. 重要供应商

建筑公司应建立稳定合作并满足经营规模所需的成建制的劳务分包、扩大劳务分包资源和专业施工合作单位，细化分包管理，强化对分包的规范化管理，提高公司在市场上的价格竞争能力。

例如，Z公司近年来积极通过战略联盟推动公司发展，其中一个典型的案例就是巴哈马海岛度假村项目。该项目是大型综合旅游开发项目，位于全球度假胜地巴哈马首都拿骚，总投资约36亿美元，占地1000英亩（400万 m^2），总建筑面积32万 m^2。该项目拥有包括喜达屋旗下的圣瑞吉斯酒店、威斯汀酒店、喜来登酒店等在内的六家豪华品牌酒店，以及部分酒店式公寓，分时度假村，拉斯维加斯式娱乐中心，$5000m^2$ 的世界顶级品牌商店以及各种辅助的商务会议、餐饮、健康中心（SPa）、娱乐设施等。项目初步计划2010年下半年动工，2014年下半年对外营业。Z公司在获悉该项目的设想后，积极协助业主策划项目，并通过自身投资入股和促成中国进出口银行共同参与。Z公司在该项目中既是投资人又是总承包商，该项目由中国进出口银行提供融资，实现了金融资本与产业资本相结合，创造了中国银企携手、共同开拓国际市场的典范。

第七章 中长期计划编制

编制中长期计划，就是将已经定性的总体目标和各专项目标数量化。一个完整的中长期计划包括由一系列指标组成的计划表和编制说明两部分。中长期计划表的设计是一个复杂的问题，它是计划内容的重要表现形式。计划表的设计要能观察分析公司的历史、未来的发展趋势，以利于反映和确定目标、策略、步骤、落实重大措施，形成完整的指标体系。同时，计划表及其指标体系的设计要与现行财务会计、统计、核算制度相吻合，尽可能选用现有财务会计、统计制度所能提供的指标，以便日后从会计、统计报表中取得资料，获得数据，对计划执行结果进行有效地检查。计划的说明要求已在第 2.5 节讨论过，这里就不再赘述了。

7.1 综合计划

综合计划是由反映公司战略全局的关键性主要数量指标以及发展速度组成，且集中反映了各主要指标间的综合平衡关系。这些指标来自各专项计划，也可以说综合计划与专项计划保持着对应相等的钩稽关系。它是计划编制的出发点，也是计划编制的精髓和灵魂。往往要经反复权衡后才能最终敲定。综合计划通常由一张表组成，设计编制得好，的确能达到一表在手，全局在胸，也可以形象地说这是战略管理的总体目标图。

7.1.1 基本内容

综合计划指标通常包括反映经营效益、投资规模、资产规模、债务规模、员工数量等方面的指标构成。反映经营规模和效益的指标可选择合同额、营业额、利润总额（或净利润），反映投资规模的指标可选择年度投资总额，反映债务规模的指标可选择银行借款余额、担保贷款和保函额度等。如在本书附表中所列示的计划 01 表的内容就可以说是一个综合计划，它是其他专项计划的集中体现，需要以其他专项计划为基础，并保持数据的一致性。如该表的国内建筑公司综合计划中的合同额指标要与计划 11 表的总额相衔接；营业额计划要落实到计划 10 表的各项行业构成中；纳入综合计划中的年度投资总额要与计划 02 表中投资活动中的对应资金安排相衔接，不要安排无资金来源的投资支出；计划 02 表中期末现金结余数字要与计划 01 表中年末现金余额相等等。

为便于对比和说明计划期发展的状态，计划表式还包括计划期合计数、分年度安排数、平均增长速度、计划期前一个基期指标完成情况等内容。

在编制计划时，要根据时间、地点、现实条件，作出合理的假设，并进行多方面的论证，检验方案的合理性、可行性和合算性，匡算推行若干备选的策略方案各自需要投入的费用，或付出的代价，可能获得的效益，从投入产出的关系上去判别风险的程度，再把内外条件，有利的、不利的因素加进去综合思考，经过反复权衡利弊，作出最佳选择。

在第二章里，我们已经探讨了战略管理的原则，这些原则也完全适用于中长期计划的编制，这里就不再重复了。

7.1.2 发展速度

发展速度是某个时期内某项指标发展变化对比分析的结果，说明了这一事物在特定阶段发展变化的方向和程度，用以揭示事物发展变化的规律。

按现行价格计算的发展速度称为名义发展速度，按固定价格计算的发展速度称为实际增长速度。公司计算发展速度时，通常是按照现行价格计算的。

平均发展速度：反映的是公司在计划期匀速发展状态。通常在编制三年或五年以上的计划中，说明某一指标未来发展的快慢趋势。以五年计划平均发展速度为例，其计算公式为

$$r = \left(\sqrt[5]{\frac{A_5}{A_0}} - 1 \right) \times 100\%$$

这里，r 是五年平均增长速度，A_0 是基期数据；A_5 是期末数据。以"十五"（2001~2005 年）规划为例：A_5 是 2005 年数据，A_0 是 2000 年数据。

环比发展速度：反映的是同类指标本年情况与上一年情况相比的现实速度。表现为一种波浪形变化，就像大家都知道的价格围绕价值上下波动反映供求关系影响下的一种必然规律的道理是一样的。计算公式为

$$r_n = (A_{n+1}/A_n - 1) \times 100\%$$

这里，r_n 代表报告期后一年环比发展速度，A_{n+1} 代表报告期后一年数据，A_n 代表报告期数据。

在计算上述两种速度时，要注意以下几点：

1. 同口径比较问题。不同口径间的数字最好按照一定标准进行换算，统计上是按期末口径对期初数字进行追溯调整，计划上则是按照期初口径对期末数进行测算。

2. 开方问题。发展速度反映的是以时间为变量的趋势状况。发展速度的基期数字应该是计划期上一年的数字，这样，在计算发展速度就可以按照计划期的长短来确定开方的根次。如果不用计划期上一年的数字，而是以计划期第一年的数字为基期，则在计算发展速度时所开的方根 N 的取值为 $N-1$。

3. 快慢的判断。通常，我们将与国民经济发展速度相同的速度称为同步增长速度；将低于国民经济发展速度的速度称为低速增长；将高于国民经济发展速度 10 个百分点以上的速度称为高速增长。

当发展速度低于物价增幅时，也就形成了负增长的概念，说明公司在某一指标方面的市场份额或既有优势的丧失，需要引起公司的警觉。

7.1.3 常用预测模型

在提出本节内容之前，作者认为有必要先谈一下计划与预测的关系：预测是对未来不可知因素、变量以及结果的不确定性的主观判断，而计划是根据预测结果提出的对策性方案，是对预测结果采用的一种预先的风险补救及防御系统。预测是计划的前提，没有预测就没有计划；预测缘于风险，企业所面临的风险主要来自于市场风险，包括经营风险和金融风险，通过预测并进行有效的计划是防范风险的一种非常重要的措施。

只有掌握了科学的预测方法，经过完整测算后得到的结论，才会更能发挥计划的指导性和前瞻性。这里，简要介绍一下预测的步骤：

第一步，确定预测目标，搞清预测的目的、对象、产品名称、用途、特点，地区范围的大小，时间的长短等基本问题。

第二步，分析调查获得的情报资料。要对收集到的资料进行加工、整理，判断资料的真实程度和可用程度，尽量做到去伪存真，客观全面，对于预测过程中尚缺的必要资料，也应设法去收集。

第三步，选择一种或数种预测方法，确定变量间的数学关系，建立预测模型进行预测。常用的模型包括指数平滑法、移动平均法、线性回归法、景气循环分析法等。这几种方法在介绍经济统计学或预测模型的有关书籍中有大量的介绍，这里就不再重复了。

第四步，对预测结果的可信性、可靠性和准确性进行评价，特别要注意检查评价建立数学模型时的若干假定条件是否科学合理，并根据常识和经验，检查、判断预测结果是否合理。如果有偏差，应尽快进行修正。

预测水平的高低，取决于预测模型的选择，还取决于预测时期的长短、基础数据的收集与加工等因素，是一项技术性较强的工作。

7.2 经营布局专项计划

经营布局是总体经营战略方针的落脚点，其选择的成败决定着建筑公司的生死存亡。经营布局专项计划主要研究公司资源运用到哪些国家或地区、城市，能够起到占领市场，获取尽可能多的收益的功效。

在安排经营布局计划时，要以投资回报率为导向，适应市场格局的变化，及时进行结构调整。要突出重点，有收有放，灵活调度，合理布局，既要高屋建瓴，看清发展方向，乘势前进；又要瞻前顾后，从已有的格局出发，避免一切推倒重来。既不因循守旧，也不盲目冒进。要引导公司的资源从低产出向高产出地区转移，从低效益向高效益的行业转移，从低利润向高利润的子公司（或分公司）转移。

由于经营布局专项计划主要通过对计划期新签合同额分地区的安排来体现。因此，我们在编制过程中要树立一个参照物，即公司在某一地区当年新承揽的合同额占该地区建筑市场发包总量的比例。要通过观察这一比例的变化，总结公司在营销工作中的经验与教训，并结合规划中所明确的扩张、维持、撤点等不同决策，提出计划期内要达到的具体量化目标及分步（年度）实施方案。如我们在本书中提到的 Z 公司在分析长三角、珠三角市场环境的基础上，提出了努力扩大上述市场份额，力争增加 5 个以上百分点的计划目标。

在编制具体地区的指标时，安排的先后顺序是首先要研究公司总部或地区公司（或分公司）总部所在地的市场份额能否得到巩固，是否存在提高或减少的可能性。其次再去考虑其他重点地区，如占公司总规模 10% 以上的市场份额变化和开拓情况。最后是新拓展的地区或城市发展的可能性。

对于新开拓地区，要从小项目开始，摸清路数，赚到了钱，取得了经验后，再逐步通过项目滚动发展，扩大规模。这时的市场所占份额应该体现"从无到有"这样一个发展过程。

对于大量盈利的地区，市场又继续看好，发展前景广阔，则应迅速扩大投入，扩大市场份额。这时的市场所占份额应该体现为持续上升或跨越上升，并在整体计划中占有较大比例。

对于不盈利或亏损与潜亏严重的地区，可视具体情况予以区别对待：无发展前途的必须忍痛割爱，果断撤退，这时的市场所占份额应迅速萎缩到零；对于可能有发展前景的或留点守摊的，这时的市场所占份额应维持或略低于以往年份的水平，不能再增长了；对于无实质业务，但必须作为窗口和沟通桥梁的地区，不应安排合同承揽计划。

在编制经营布局专项计划时，要注意收集地区或城市发展规划、投资安排等方面的信息，研究竞争对手和公司自身存在的优势与劣势，尤其是不要忽略自身企业文化与当地社会的融合程度、语言条件、商业模式等情况，做好资金信贷、采购供应、人员保障等方面资源的选择与平衡。

7.3 产业调整专项计划

产业调整专项计划是根据公司的发展定位、投资、市场环境情况的变化所作出的经营结构调整计划。

为了满足国内外市场一体化要求，便于同口径比较，我们建议比照美国工程新闻周刊（简称ENR）等权威机构对建筑企业经营结构的分类标准，将产业划分为商用住宅、道路桥梁、工业厂房、能源化工、机场建设、其他工程等类别。

产业调整专项计划主要通过对营业额的产业构成安排来体现的，它是用公司在某一产业所完成的营业额占公司同期完成的全部营业额的比重来衡量的。通过该比例，我们可以观察、调整公司经营结构是否朝着有利于增强竞争力、有利于创造更大效益的方向发展。

建筑公司产业结构调整源自行业市场投资总额的变化，正所谓经营跟着投资走。随着市场开放程度的加大，原先利润相对比较优厚、付款比较有保证的国家投资项目，如道路、桥梁、市政等基础设施，正在成为大多数建筑公司青睐的对象。但在转轨过程中，要根据自身实力尤其是资金实力，选择适宜的项目作为突破口，图谋长线发展。要想立竿见影，迅速取得有一定影响力的市场份额，去抗衡处于原有垄断地位的竞争对手，则必须从资本运作的角度出发，通过适当的兼并重组方式来完成。

新市场虽然诱人，但老市场未必就一定要放弃。对于具有传统优势的产业，公司要在分析市场环境变化的基础上，提出更快的发展方案，有勇气去争做行业前三甲，从而确保既得利益不丢失；对于优势不明显的行业，要在分析其市场容量和发展前景的基础上，提出进或退的目标；对于拟新进入的陌生行业，也要本着从小到大、滚动发展的轨迹前进，不要操之过急。如从事一般工业与民用建筑产品的公司，要想进入城市基础设施建设领域，除了要考虑行业准入条件外，还要判断市场的生命周期处于何种阶段，自身资金实力能否满足对购买机械设备的巨额需求。上述几种情况，我们都可以通过调整计划期各年度不同行业市场完成营业额所占比例的目标值大小，进而调节资源配置政策来体现。

在编制产业调整专项计划时，要注意妥善处理做强与做大的关系。对于现阶段的中国建筑公司而言，由于管理模式、市场环境的制约还难以从根本上做到"大而强"，要注意从舆论导向和行动上避免盲目扩大规模的现象发生。

当然，建筑公司并不是单纯从事建筑施工，还可能有多种经营领域。在本书的计划附表中，给出了Z公司所从事的除建筑施工之外的某一行业市场细化分组情况，如房地产行业又分为写字楼、住宅、其他项目三类，而住宅又细成高、中、低三档，这些也都可以视同产业调整专项计划的范畴，有关编制内容就不再展开描述了。

7.4　人力资源专项计划

公司的发展中，人是第一位的因素。公司时刻面临市场、资金、技术、信息等方面的竞争，归根到底是人才的竞争。没有先进设备可以购买，没有资金可以筹集，但没有人才就什么事情也干不成。一个立志成为基业长青的公司，必须培养和造就各类人才，才能在竞争中立于不败之地。

人力资源专项计划主要分析现有从业人员的数量、结构、质量是否能够满足公司中长期发展规划的需要，以及如何采取必要的措施与政策，来满足这一发展的需要。

在附表计划07表中，我们将在职人员按岗位状态分在岗人员和非在岗人员，按工作性质可分为管理人员、专业技术人员、技术工人等，按学历划分为研究生、本科生、大中专生、其他等，按专业技术职务可划分为工程技术人员、行政管理人员、合约报价管理人员、财务管理人员、政工人员、其他人员等，按年龄可划分为35岁以下、36～45岁、46～54岁、55岁以上等不同阶段。

之所以进行了各层次的类举，就是要强调人力资源的平衡与安排是一项非常复杂和细致的工作，只有人尽其才，才能为规划目标的实施打下坚实的基础。

在编制人力资源专项计划时，要注意有针对性地选择好项目组织管理模式，并根据不同地区不同项目管理方式，寻找各级各类人员的最佳配比关系，如中国外派到境外从事承包业务的管理人员与工人的比例，在阿尔及利亚可以达到1：10，而在管理人员中，翻译占了20%，不然管理人员与工人的比例还可以大一些。

在编制人力资源专项计划时，要根据公司经营布局、经营结构专项计划的调整，结合计划期项目承揽方式可能发生的变化，提前做好人力资源的统筹。如，我国建筑公司多习惯于施工总承包模式下的项目管理，对于能够获得较大发展空间的设计＋建造、EPC等模式所需要的同时具有综合计划和协调能力、施工设计能力和方案优化能力的项目管理人才是比较缺乏的。公司在安排人力资源计划时，就应注意引进此类人才，提出相应的政策。

在编制人力资源专项计划时，要注意搞好新进入公司人员来源的平衡。公司往往愿意招聘有工作经验的人员，直接上手就能够开展工作，这样从某种程度上也减少了一些成本开支。但对于刚刚进入社会人员或跨行业转移人员，公司也要本着服从和服务于国家的需要，为增加就业机会作出贡献。这样做，也是为公司的长远发展培养骨干人才队伍创造了条件。

在编制人力资源计划时，依据生产组织方式的不同，编制劳务作业层人员计划，以及作业层管理人员计划是十分必要的。尤其现阶段，劳务分包队伍不健全，建筑公司建立自己的劳务基地，对劳务作业层人员的操作技术加以培训，并考试录用。项目组通过工长直接管到劳务作业层的班长以及具体的劳务人员。建筑公司能直接控制劳务资源，这对于增加中国建筑公司在境内外的竞争力都是十分有利的。通常一个工长可以管理30名左右的作业层人员，按现实的全国国有建筑公司以建筑业总产值计算的劳动生产率10万元/(人·年)计算，完成1000亿元，需使用100万劳务人员，需要工长3.3万人。一个高中毕业生在建筑工地经过7～8年的培养，才可能胜任工长岗位。如此，一系列的培训计划就可以作出来了。

另外，随着客观环境的变化，企业现有人员要不断调整知识结构，才能适应竞争的需要。因此，编制人员培训计划是人力资源专项计划的一个重要内容。在编制人员培训计划时，要考虑人力资源培养周期和职业生涯设计方案，针对领导层、项目经理层、专业技术层、新进员工层以及劳务作业层、工长层等不同层次的需要，按照岗位履职要求安排不同的知识与技能培训，多层次、多形式、多渠道地开展职业资质认证培训、职业技能鉴定培训，确保必要的经费投入、时间投入，确保获得实实在在的收效。

作为具有对外经营权的跨国性质的建筑公司，更应采取有效措施，加强对内派人员与当地员工的培训，对于内派人员，要加强语言、思维方式等方面的培训；对于当地员工要加强企业文化、工作技能等方面的培养，造就对公司高度忠诚、具有较高素质的员工队伍，组成强而有力、优势互补的管理团队，使人员本地化战略真正成为其他竞争对手所无法模仿、无法移植的人力资源优势。

在编制人力资源计划时，需要对人工成本进行必要的测算。人工成本包括劳动报酬、各类社会保险费用（如养老保险、失业保险、医疗保险、工伤保险、生育保险等）、福利费用、教育经费、劳动保护费、住房补贴、经济补偿金等。这是一项政策性极强的工作，需要编制人员熟悉行业与公司的历史情况、国家或地区有关方针政策、公司发展目标，把握公司领导与职工平均收入水平差异情况，与公司营业规模与实现效益相协调。这里要提醒的是，作为一间负责任的公司，所给予的员工报酬还应与全社会零售物价上涨水平相适应，防止人员因收入水平低而导致的流失现象发生。

7.5　科技开发专项计划

科技开发专项计划包括公司对科技的投入总量、人均拥有电脑数量、科技研发机构数量、专利与发明、科技进步创造效益等方面的安排。

科技水平的高低，是公司具有良好的中长期发展实力和竞争力的体现。而忽视科技方面的投入，则是我国建筑企业一个通病。目前，国内其他工业企业的科技投入一般都在企业产值的1%以上，部分大、中城市和行业的科技投入平均达到了产值的3%以上，国内最好的建筑公司在科技方面的投入不超过3‰。加上资金使用分散，未能形成高水平的开发力量，导致开发成果应用面窄，科技含量不高，使我们在与国际承包商的竞争中处于劣势。

衡量我国建筑公司科技开发实力的指标通常有技术投入率、技术装备率、科技进步效益率等指标，其中：

$$技术投入率 = 科技支出总额/主营业务收入 \times 100\%$$

$$技术装备率 = 技术装备净值/在岗员工 \times 100\%$$

$$科技进步效益 = 由科技进步产生的效益/当年主营业务收入 \times 100\%$$

在编制科技开发专项计划时，要围绕企业经营和发展需要，以工程项目为载体，以服务经营，构筑新的核心技术为宗旨，不断健全企业科技创新体系，要结合公司经营结构的调整采取必要的倾斜政策，积极组织科技开发和项目技术攻关，逐项落实中长期科研课题，对自行研究，或买进专利、合作开发、引进技术等方式进行可行性研究，投资费用比较，作出战略选择。

如何适应信息时代的变化是摆在建筑公司面前十分紧迫的问题。公司信息化程度的高低是公司科技开发水平的主要标志之一，因此，作者认为可以将信息化纳入科技开发专项计划来编制。面对瞬息万变的环境和全球的经营布局，信息化建设无疑将有助于企业取得集中管理的优势。建筑公司信息化建设应以对工程的动态管理为主线，以 ERP 系统为核心，整合公司管理理念、业务流程、基础资料、人财物、客户或供应商于一体，构筑连通供应链，打破软件与软件间、公司与公司间壁垒的企业资源管理系统。

随着信息化时代的到来，集中管理成为公司发展的必然。对于建筑公司而言，加强法人对项目的调控能力是发展的方向。信息化建设是建筑公司变革管理模式、抵御市场风险的必要手段。由于信息化建设是一项投入较大的工作，对于本身处于微利状态且项目地点不断变化的建筑公司来讲，实施信息化建设的难度要大于一般的工业企业。因此，编制信息化计划，要结合公司自身状况，做好应用技术与组织人员、资金投入等方面的平衡，在总体规划、分步实施、务求实效的方针指引下，逐步建设实用高效的信息系统，实现数据和管理的实时大集中，为公司集中管理创造基础。

7.6 投资专项计划

投资计划是公司战略规划中十分重要的内容。如果说地区和行业经营布局是定性选择的话，那么投资计划则是定量决策了。投资的地域去向最终确定国别策略，投资的行业结构直接确定了营业结构。投资安排的过程，也就是分析矛盾、深化认识、完善经营策略的过程，通过投资安排，论证合理的营业规模，配置与地区经营布局、行业经营结构相适应的资金，保证经营策略的实施。

在安排投资计划之前，需要公司根据经营策略所确定的重点发展地区、重点发展行业、重点经营的产品，积极寻找合作投资的机会。积极收集相关国家或地区的各方面信息，如社会制度、法规、股权限制、融资环境、外汇控制、价格管理、折旧要求、税收规定、财务会计制度、收（付）款条件等内容要逐一摸清。

在编制投资计划时，应以投资回报率为导向，实现利润最大化的目标。公司的优越性，最根本的一条，就是能在全球范围内，以投资回报率的高低为转移，安排调动资金，寻找理想的投资场所。

在编制投资计划过程中，要严格控制投资规模，做好总量平衡。在一定外部环境下，公司总资源是可计算的，遵循积极可行、留有余地的原则，做好资金的借、用、还安排。只要全局把握好了，就不会出大问题。投资控制过严，公司资源（包括可利用的贷款资源）未能充分利用。投资放得过开，投资规模膨胀，又靠贷款来支撑，那么公司的发展就十分危险。作者曾深入分析过香港、美国、日本公司的借贷比例。美国低于1，工业公司；日本大于1，综合商社，背后有银行支持，香港则不等。长江实业为0.18~0.23，中型地产为0.3左右，红筹为0.5，甚至更多。负债过多，在正常环境下没有问题，遇到金融风暴公司就会破产。贷款多，说明财务上融资是有成绩的，但是未见投资增加多少，说明公司经营状况在恶化，贷款用来支付利息，发工资，甚至实际应收款大幅增加了，这样公司就十分危险了。

对于投资总量的控制，作者认为可以使用由营业规模测定投资总额的方法。从公司外部看，按以销定产的原则，营业规模的大小受市场行情的影响。而从公司内部讲，营业规模的大小又是由资金的多寡在起着决定性的作用。当资产总量、资金周转次数一定时，如果营业结构不变，则营业规模也就可以确定了。换言之，如果营业规模、资金周转次数保持一定，投资需求量也就随之确定了。在实际工作中，依据市场行情分析，初步设定营业规模计划目标，然后，按此营业规模测算投资需求。由历史的或社会平均的资金周转次数，考虑计划期资金周转可能增快或减慢的因素，选定计划期资金周转次数，分行业测定资金需求量，汇总起来即为投资总需求量。再分析现有资金量、计划期可能增加的资金来源。于是，计划期资金缺口数量也就可知了。如果资金缺口解决不了，资金周转已无潜力可挖，则只有削减营业规模。投资总量达不到一定的额度，形不成规模效益，资金占用过多达不到相应的营业规模，则负债利息都背不起。在投资总额与营业规模之间，要反复平衡测算，协调安排。一般地做法是按照国别经营方针，逐一考虑项目，匡算新老项目投资需求量，按投资收益率高低排队汇总平衡。然后，测算计划期内的可能的股本、权益来源，再按照股本、权益与负债的正常比例，求出计划期资金来源总额。最后，将投资需求量与资金来源量结合起来考虑。这里要注意考虑资金周转使用的问题。如果资金供需缺口大，则按投资收益率孰高入选原则确定项目，直到资金来源能满足为止。余下的备选项目在计划期不予考虑。

通常，在编制投资计划过程中，公司并没有也不可能把要开发的项目都列出来。只能依据财务负担能力划出一定投资额度和一些意向性项目，具体投资项目由今后在计划实施过程中，依据市场环境条件去寻找确定。投资项目的安排要与经营策略相协调。切勿经营战略要求发展东南亚地区，而投资项目却定在北非地区。这种乱点兔子定项目的做法，不是经营战略严重脱离实际，就是将经营战略变成一句空话，投资项目则难以获得成功。

在这里，作者还想多强调一点，投资项目立项决策应执行严格的计划管理，建立科学合理的决策管理程序。在一定投资额度范围以上的项目应经股东大会，或董事会、管理委员会批准后实施。在投资限额下项目，可以授权部门或部分下属子公司、分公司确定。但这类项目的全部投资额在计划期内也应有限制。绝不允许未在总部的授权范围，先签合同，或购买土地，或钓鱼项目，形成骑虎难下之势。

为了适应市场经济，不论经那一级审批的项目，总部经过财力平衡按照投资布局的要求，应列出计划期间可能投资的额度，通知子公司、分公司去寻找项目，否则找了一些项目，总部没有这个能力，成为无效劳动。除特殊情况外，一经批准，投资总额计划不作调整。

在投资项目实施过程中，对项目要进行跟踪分析，严格控制投资费用支出。如果市场环境发生了根本性变化，在计划执行过程中应及时调整经营战略方针，再确定或调整投资项目的安排。每确定一个项目，要有若干个投资项目排队比较，同一国家不同项目的比较，不同国家不同项目的比较，为投资最佳决策创造条件。

7.7 融资专项计划

将投资规模控制在公司财力所能负荷的范围以内，这是制定和推行经营战略的约束条件，也是实现经营策略的可靠保障。已经确定的投资计划与公司可动用的自有资金的缺口，就要通过扩大资金来源，多方式、多渠道、多层次筹措资金来解决，这也就是融资计划要平衡的内容。

一般地讲，资金来源的多少受世界政治经济秩序、所在国市场环境、公司发展需要、获利期望值、项目借债吸收能力、公司借债的承受能力等多种因素制约。所在国家或地区形势稳定，市场前景乐观，投资环境好，投资回报率高，项目变现力强，筹资规模可以适当扩大。反之，则应适当缩小筹资规模。

公司的资金来源有以下三个方面：一是从母体公司获得股权资本或其他现金支持，二是公司通过经营活动产生的资金或售卖下属公司后的变现收入，三是从银行、其他金融机构和社会上直接或间接的筹资。不同来源渠道的资金，从所属关系角度可划分为两类。第一类，联合股东投资，形成股本。一个正在营运的公司实现的利润如不分配，用于再投资，也是属于这一部分。第二类，借款投资，形成债务。如发行公司债券、担保贷款、抵押贷款、自身信誉贷款等方式筹措的资金。

分析国际、国内资本市场的行情，利用已经取得的成功经验，制定和实施新的筹资策略，是加快企业发展的关键环节之一。

1. 以发展求筹资，以筹资促发展。

筹资能力的大小归根结底是一个发展问题。筹资不是孤立的，一方面受世界政治经济次序、所在国或地区市场环境的影响，另一方面是与公司的社会信誉、借债的承受能力、获利期望值紧密相连的。发现并证明了变现能力强、投资回报率高的项目，就可以筹得开发需要的资金。反之，筹资能力就下降。因此，要在公司发展上下工夫。

2. 进入国际金融市场筹措资金。

随着我国经济体制改革的不断深化，财务会计与国际接轨，中国自己的证券市场的积极建设，使用共同的商业语言，国内的渠道已经打通。在1993年7月中国青岛啤酒在香港联交所挂牌交易和1994年8月山东华能发电公司在美国纽约交易所上市成功后，中国企业纷纷寻求境外上市，积极开拓融资渠道，引进西方财团资金，增加自身实力，也都取得了令人满意的成果。

3. 继续争取国家有关部门的支持，增加在国外担保贷款的额度。

通过银行担保、项目抵押、财产抵押等方式增加贷款来源。及时偿还贷款本息，缓解债务高峰，确保借贷信誉。同时对一些被实践证明具有投入产出能力的国家或地区予以有力支持，提高盈利水平。

4. 加强与国内外有资金实力的公司的广泛联系。

以项目牵头，用股份制的形式，共同出资、共担风险、共享收益，增强国内外市场的竞争能力。

5. 采取切实可行的措施，开展筹资工作。

总部、子公司、分公司负责人、财务负责人要系统学习国际金融知识，熟悉国际金融市场筹融资的要领，找到我们可用的操作点，逐步推进。要注重与金融界、银行界、公司界广交朋友，增加联系渠道，取得彼此信任，创造合作机会。有条件的中国公司要争取国家批准设立财务公司，或合作开办银行。

市场经济社会中，公司经营与负债紧密联系。有胆识的企业家希望通过适当的负债经营，迅速筹集资金，扩大营业规模，提高自有资本利润率。也就是常说的，由于杠杆利率的作用，驱使企业家们越借越多。然而，为了对公司的前途负责，也不是负债愈多愈好。西方工业国家许多公司的成败史表明，经营有方，靠借鸡下蛋，一本万利，走向鼎盛的不计其数，而管理不善，债台高筑，积重难返，最终导致破产者俯拾皆是。因此，将负债规模控制在一定限度之内是非常必要的。事实上，各国对公司的借债都有成文或不成文的规定，超过负债总额与股本比率的限度，银行就控制该公司的借债数量。显而易见，该比例越大，债权人承担的风险越大。当我们有了业务所在国家或地区的股本与负债的比例常数之后，资金来源总量就可以确定了。

没有资金来源的规划，投资需求失去了源泉。公司战略则成了不切实际的幻想。依据金融市场的行情，自有资本的条件，选择资金筹措策略。如向银团寻求长期、短期贷款，发行股票、出售公司债券等。保持股本与负债的合理比例，确保借贷信誉。预测国际金融市场的走势，选择借贷货币的种类，减少汇率风险。

7.8 现金流量专项计划

现金流量计划反映公司在计划期间内，经营活动、投资活动和筹资活动产生的现金流入与流出情况。它回答的问题既简单又十分有用，即钱从何处来，又到了何方；计划期各年份各项目增减变化，从过去到目前的发展趋势如何；为什么有时盈利现金却周转不灵，而暂时亏损如安排调剂得好还能按时偿还债务，甚至还有能力投资。科学预测，准确定量把握，对于目标、策略的实现起到举足轻重的作用。

（1）以收付实现制为基础，真实反映本期现金流入、现金流出的状况，从而分析公司产生现金的能力。公司有些利润后，就开始一再扩大投资规模，干得热火朝天，如果这些钱不是靠经营活动产生，而是靠借款、配股集资来的，就要十分小心。因此，公司界将现金流量表成为公司经营成果的"测谎器"，实在形象且深刻。

（2）有助于债权人分析公司偿债能力，为债务的重新安排创造条件。现金流量表揭示获取现金的能力，从而可以分析其偿债能力，尤其是偿还短期债务的能力。

（3）有助于投资者分析公司支付股利的能力，为投资决策提供依据。已经是股东的投资者，对于公司的盈利能力和派发股利的能力是十分关心的。有足够的现金支付利于增强股民的信心。潜在的投资者，对公司本金的偿还，支付利息的保障，股利的高低、股价变动趋势是用心研究的，希望在其购入股票后能获得资本的保值增值。这一切都依赖于公司产生现金的能力，尤其是从经营活动及投资活动中产生现金的能力，从而实现真实可靠利润的能力。

（4）不论是实际，还是计划、预算、预测、结算，现金流量表是连接资产负债表、损益表的桥梁，沟通了三者之间的关系。将这些计划表，以及附表综合起来观察、分析，就能对财务状况作出全面的、系统的、准确的结论，以利于各方面作出正确决策。这里特别要说明，一些活动在发生的本期不会产生现金流量，但却会对公司的资本结构和未来的现金流量产生重要的影响事项，亦能通过补充报表结合上述三张报表予以观察分析。

在计划 02 表中，给出了一个在三段式平衡的基础上按照行业分组来编制现金流量计划的表式，这主要适合于公司进行大体平衡时所用，要求安排到每个年度，并与其他计划相衔接，尽量不留缺口。

7.9 利润专项计划

利润专项计划是公司经营活动所带来的最终效果的数量化体现。

利润专项计划的编制需要以收入作为起点，结合行业平均收益水平和出资人的要求，逐大项进行推算。

由于现有利润都是消化潜亏与不良资产之后的效益，因此，为全面反映公司当期的业绩，需要对基期利润表进行还原处理，即将在不同会计科目中消化的潜亏与不良资产数额加回到损益表对应科目中。

在确定利润指标时，我们还可以采取以下方法：

1. 项目测算法

即逐一分析在手项目获利能力，结合合同工期的要求，测算计划期可能完成的工作量及收益情况，得出全部项目利润计划后，再考虑费用开支等安排，进而得到公司利润计划。

2. 毛利率测算法

即从上一个计划期的主营业务毛利率完成情况入手，结合计划期营销策略、市场竞争让利幅度、集中管理的收效等因素，推算本计划期主营业务毛利率能够达到的水平，进而推导出公司利润计划。

3. 资本回报测算法

即通过计算投入资本回报率的方式来确定利润。这里，作者给出了一个计算公式：

$$投入资本回报率＝息税前收益/投入资本$$

式中：

$$息税前收益＝利润总额＋利息支出$$
$$投入资本＝现金＋营运资本＋固定资产净值$$
$$营运资本＝应收款项＋存货－应付款项$$

4. EVA 测算法

（1）基本公式：

$$经济增加值＝税后净经营利润－资本成本系数×全部资本$$

（2）现学术界流行的经济增加值公式：

调整后的经济增加值＝期末公司调整后的营业净利润－加权平均资本成本×上一期末公司资产的市场总价值

（3）原经贸委经研中心在开展我国公司竞争力评价时使用的经济增加值的公式：

$$经济增加值＝息前税后利润－资金成本$$
$$＝税后利润＋利息支出－资金成本率×投入资本$$

（4）建筑公司使用的调整后的经济增加值公式：

调整后的经济增加值＝报表净利润－资金成本×投入资本－占用母公司或有资源的付现成本

式中：

$$净利润＝利润总额－所得税－少数股东损益$$

资金成本由母公司根据其所从事的行业特点，采取按国家公布的上一年绩效评价标准值中同行业平均值的算术平均值的计算方式统一确定。

$$投入资本＝年均所有者权益＋年均占用母公司其他资金$$

占用母公司或有资源付现成本＝（年平均占有母公司担保贷款＋年均信用证押汇）
$$×1.5\%＋年平均占用母公司工程保函×0.3\%$$

如果从全体股东角度出发，建议使用如下公式：

$$调整后的经济增加值＝息前税后利润－资金成本×投入资本$$

式中：

$$息前税后利润＝税后利润＋利息支出$$
$$投入资本＝股东权益＋银行贷款余额$$

7.10 资产负债专项计划

公司一切的经营活动，最终将通过财务报表的形式加以反映。公司编制资产负债计划的目的在于处理好股本与负债的关系。从而既能充分利用借贷资金，又能确保借贷信誉，是公司战略中必须妥善处理的问题。

合理的负债结构是公司战略的重要保证。负债结构包括期限结构、利率结构、币种结构。通过债务结构的科学安排，达到长短期负债兼顾，筹资成本最低，汇率风险减少的目的。

(1) 保持流动负债、长期负债的结构合理。公司应以长期负债为主，流动负债为辅。长期、中期负债与流动负债结构应同固定资产与流动资产的结构相适应。一般采用流动资产的变现能力来控制流动负债的规模。西方工业国家公认，流动资产与流动负债之比为200%，或2:1比较合适。流动负债的规模安排之后，长期负债的规模也就可以确定了。总之，不同期限的负债要错开安排，避免还债高峰过于集中，导致债务危机。

(2) 力争负债成本最低。依据对国际金融市场，所在国家或地区金融市场的存款利率、贷款利率、贴现率的历史、现状、近期、远期的分析，预测负债利率升降趋势，选用不同固定利率或浮动利率，使负债的利率结构合理。如果利率趋升，则宜选用固定利率，反之，则采用浮动利率。长期投资项目的筹资也宜将固定利率与浮动利率混合使用。这样可以避免利率风险，降低投资资金成本。

(3) 慎重选择负债币种，减少汇率风险。公司在多国开展业务，应逐一剖析业务所在国家或地区的政治经济局势，研究国际金融市场的行情，对主要货币远期汇率的走势进行预测，安排借款的国家或地区。一般地，借入远期汇率预测为软货币的较有利，将来可以从汇率下降而获得汇兑收益。当然，不能只盯住一种货币。通过借款币种结构的合理安排，减少汇率风险。

(4) 在编制资产负债计划时，建筑公司主要选择影响企业现金流量的主要因素进行考虑，对货币资金、应收款项、银行贷款等科目进行较为详尽的测算，其他科目则可暂不考虑。

经过各项预算的安排，最终要反映到财务状况上。通过资产负债表的编制，综合反映预算年末的资产、负债及资本的增减变化及相互间的对应关系。以观察公司的资产结构、负债和资本结构是否合理，是否有较强的还债能力。预算年度负债与资本比率、流动比率和速动比率是否能为股东、社会所接受。资产构成的合理，资本及负债比例的合理，资产、资本、负债保持合理的比例关系是十分重要的。如果编制出来的资产负债预算出现资产结构发生不利变动、负债超过安全限度的情况，则需要重新安排各项预算，作有科学依据的调整。这一点，对于需要保持良好的财务状况并定期向社会公众公布资产负债表、损益表的股份有限公司尤为重要。

第八章 年度预算编制

年度预算是在中长期规划的指导下，依据基期的经营状况，规划期内外环境条件的变化趋势而制定的。全面安排人、财、物、产、供、销是年度预算的主要任务。要求做到综合平衡、协调一致、积极可行、留有余地。按照国际上习惯做法，为便于操作，本章以我国从事建筑工程、劳务合作、房地产经营为主的公司为例，通过各部分预算表格和预算指标体系，介绍年度预算的编制方法。

8.1 综合预算

预算管理是一个完整的庞大体系，涉及公司的方方面面，可能涉及的指标有200多个，甚至更多。公司通过这些指标去观察、分析，经过反复平衡后，寻找一条能够达到资源配置合理、效益最优化的途径。

综合预算通过关键环节的一系列指标来体现主要矛盾和核心问题，来反映公司生产经营全过程。经过综合预算构建预算期的总体目标，也便于加强综合平衡安排。一般地，综合预算由专业部门围绕总体构想编制各自的建议预算，综合部门反复协调平衡后，提出整体预算。

在综合预算指标中，一般包括考核指标和观察指标。考核指标是指我国政府或出资人对公司提出的在预算期内应达到的指标。观察指标是为了计算分析而设置的，反映实现重要预算目标的配套措施，它是综合预算中分析内部条件、协调平衡不可缺少的部分。譬如，Z公司的综合预算指标设置如本书所附预算表一所示，包括合同额、营业额、利润总额、上缴公司投资收益、当年需公司投入资金与额度、资产总额、银行贷款、股东权益、当年投资、年末从业人员数、资产保值增值率、资产负债率等四十余个预算指标。通常，考核指标是从预算指标中挑选并保持口径与数值的一致性。按国务院国资委《中央公司经营业绩考核暂行办法》的规定，除可以将利润总额、净资产收益率、应收账款周转率、成本费用占主营业务收入比重等指标纳入考核范畴外，公司还可以选择适合自身特点的指标纳入考核范畴，其余均可作为观察指标。目前，对下考核可以通过签订责任状的方式，从法律上加以规范；也可以通过直接下达指标的方式，通过行使管理职权来约束。

为了研究分析预算基期的经营态势，体现预算期经营战略方针，主要指标需要按下属单位、经营结构、分国家或地区计列，如合同额、营业额、年末职工人数、利润总额等指标。Z公司依据下属单位的级次进行分组情况见本书所附预算表五所示；业务范围按行业分组为商用住宅、公共建筑、能源项目、交通项目、工业项目、通信项目等，如预算表六附表1所示；分国家或地区则按国别划分，对于业务量很大的国家，还可以按省、或城市划分，如预算表六、预算表七所示。按经营方式则划分为自营与委托经营两种，如预算表六附表2所示。这样就可以从数量的分布上，构成上去研究基期的状况，明确重点地区重点行业，以及利润的主要来源。从而安排预算期发展、收缩的国家或地区行业，落实调整转移的方针。

在综合预算编制的过程中，还将涉及指标的汇总、内部转移价值的处理，以及记账本位币的选择等问题。这些是公司财务会计、统计要研究的，预算管理中也涉及这个问题。因此，对若干原则作一介绍。

在西方国家公司之间相互参股、控股，纵横交错，一个公司经营多种行业较为普遍，为了反映整体经营状况，都将各行业予以合并后公布。人们见诸报刊、杂志的资产负债表、现金流量表、损益表都是多个行业、多个分公司或子公司合并的结果。合并后就能得到合同总额、投资总额、销售（营业）总额、资产总额、负债总额、权益总额、利润总额、资产利润率、销售利润率等综合指标，这些指标能全面反映公司的营业规模、资产拥有量及经济效益状况。事实上，如不能合并，则不能计算比重构成，也就无法研究分布变动趋势。因此，不同行业经营的同一属性的价值量指标是可以合并的。

合并综合指标时，同一公司内部的转移价值必须予以剔除。否则，转移的次数越多，指标虚大的因素就越多。若用虚大的销售总额为基础计算销售利润率，则不能真实反映从市场中获利的能力，也不能反映资金周转的快慢。利润虚大则增加公司的税赋，这是得不偿失的事。

公司在众多的国家或地区开展业务，涉及几十种货币。综合合并时，必须选择一种货币作为记账本位币。目前，我国的公司向国内主管部门报送会计报表时，按财政部的规定，以人民币为记账本位币。向国内外提供资格预审，日常运用时多数以美元为记账本位币。对于中东、北非等非自由外汇的国家或地区，当地币对美元来说多数是软货币，而且官方汇价高估，与市场汇价（实际能兑换的自由外汇）相差悬殊，且汇价经常波动。在综合合并时，要建立相应的制度办法。例如，用非自由外汇签订的合同，选择平均汇率换算营业额和费用，并建立汇兑损益项目予以平衡。流动资产、流动负债按期末汇率换算，固定资产按资产购置时的汇率换算，长期负债按负债成立时的汇率换算等，确保按记账本位币综合合并平衡安排出的营业规模、资产、负债、权益利润等预算真实可靠。否则会造成虚假繁荣，以致所订预算与实际完成相差悬殊，甚至难以准确考核子公司、分公司的业绩。

8.2 新签合同预算

在市场经济条件下，合同订单价值量的多少是一个前瞻性指标。合同额增加，生产则上升，营业额也随之增多。反之，合同额减少，生产也便减少，营业额自然随之下降。因此，合同额增减变化是公司经营前景的晴雨表。合同额预算反映公司对某一国家或地区承包市场的信息，是未来国别经营策略的具体体现，也是预测营业额、编制营业预算的主要依据。

目前，建筑公司对合同额的统计有两种口径，一种是当年新签合同额＋上年末结转下来的待施合同额，另一种是当年新签合同额，从衡量公司持续发展的角度考虑，作者认为应使用后者作为计算标准。

新签合同额预算需要以公司发展战略为基础，分析外部环境的变化、公司经营布局和经营结构的变化、竞争对手的情况和扩展计划、新签合同的定价政策等因素，综合考虑不同行业的特点，分析制定预算的依据和前提。譬如，制定合同额预算要逐个计算项目待施结转合同额的情况，正在洽谈，投标报价的项目，以及市场环境、内部条件全面考虑予以安排。同时，可以通过与前面营业额的配比关系进行验算。即：

预算期收入＝结转任务在预算期所完成的收入＋新接合同在预算期大体要完成的收入

可推导出：

预算期新签合同额＝(预算期收入－报告期末预计结转的在手任务在预算期完成的收入)/预算期新签合同预计完成率

结转任务在预算期所完成的收入可以按在手任务的有效性、合同工期、目前进展、业主支付情况等因素逐一进行分析，也可以根据前三年的平均水平进行估算或按照工程通常的周期和工作量进行简单划分。

预算期新签合同预计完成率可以按照前三年新签合同额在预算期平均完成比例进行大

体推算而得出。

借助计算机,我们还可以计算和模拟出每月、每季度可能新签或必须维持的最低任务量,进而从分地区、分结构、分管理方式等方面进行合同额的具体落实和安排。

分地区安排是指把拟承揽的项目按照自然行政区域进行细分,从而完成对地区布局的调整。

分结构安排是指将承揽的项目按商用住宅、公共建筑、能源、交通、工业、通信等行业进行分类,从而判断公司发挥自身优势,紧跟所在国家或地区投资导向的能力,进而实现经营机构的调整目标。

分管理方式安排是指根据公司资产重组、法人管项目的要求,结合公司资源配置状况,就新承揽项目在自营、合营实施方式上进行安排。

一般地,合同额预算只作为观察指标,不能作为考核指标。或许有人会问,既然不作为考核指标,预算指标中列了又有何用呢?现在我们就以承包工程为例来分析作为预算指标的必要性和作为考核指标的危害性。

某一国家或地区合同额预算指标的增减变化,表明公司对该市场是发展,还是保持现状,或者收缩所持的态度,它是一系列经营分析决策的集中体现。如此重大决策是在研究分析市场、竞争程度、平均利润率的高低、自身经营实绩后作出的。已经形成一定规模的国家或地区,要作出收缩的决策是艰难的。例如,北非某一国家某公司开展承包业务,已投入1000万美元,其中一半已变成了不可自由兑换的当地币。由于政局动荡,进入困难,存款不给利息,当地币汇率一贬再贬,通货膨胀率居高不下,工程款时有拖欠,承包市场远景预测,令人担忧。前景暗淡。经过反复分析证论后,决定收缩。但是,不是简单地说走就一走了之的事。因为工程款需要催收,手中当地币需要转化。对市场的深入分析预测发现,寻找到业主信誉好、支付有保证的项目,还是可以干一些。假定该国家的水利工程项目可支付自由外汇60%,而在工程中要花掉40%,外汇可以节余20%。要想把500万美元的当地币转成自由外汇,需要拿2500万美元的合同额。当转换自由外汇是压倒一切的任务时,甚至可把报价利润率降为零而夺标,通过转汇保本。这样的决策是艰难的选择。由此可见,制定合同额预算是非常必要的。通过合同额的制定,既是认识市场,也是认识自己的一个重要方面。

但是,合同额预算指标却不能作为考核指标,即签订合同与否不能同奖罚挂钩。这主要是因为合同额的签订受到许多因素制约,很多因素非公司所能左右。比如,从事国际承包业务的公司对内派管理人员多执行定期轮换，为完成合同额预算指标，签订一些低标，等工程竣工时，经理已经换人了，是投标低了，还是施工赔了，责任功过往往搞不清楚。因此，签订合同不能作为发奖的依据。如非要对签订合同计奖不可，不能一签合同就给予发奖，也必须进行价本分离（中标价与成本分离）后计提，即合同签订后，组织有关人员进行制造成本分析，并与合同额收入对比，公司或分公司层面的分析得到项目部的认可，由此可以计算出报价利润，以报价利润计奖是可以的。或者等到工程实施到一定程度，比如大部分工程已经分包出去，报价所获得利润已经比较清楚了再核发奖励。

8.3 营业预算

营业额预算是公司预算的重要组成部分。它是现金流量、外汇收支预算、设备材料预算、人员数量预算、经营管理费用预算、人员费用预算、工程成本预算、利润预算等的基础。没有营业预算，其他预算无从谈起。

承包工程营业额的安排，根据待施合同额、在手项目信息及其签约的可能性确定。待施合同额以合同工期为主要依据编制。即以工程项目的合同工期为起始点，与施工组织设计安排的进度计划相协调。前者以后者为出发点，就是在确保合同工期实现的前提，安排人、财、物，否则可能面临工程延误带来的业主拖期罚款的危险。

这里，介绍一下通过量本利模型模拟营业额预算的做法。

许多经营预算的起点是决定保本点，即收入和成本相等利润为零的那一点。用公式表述为：

$$保本点收入 = 成本$$
$$= 固定成本/边际贡献率$$
$$= 固定成本/(1-变动成本率)$$

通过量本利分析公司预算期应该达到的目标

$$利润 = 收入 - 成本$$
$$目标收入 = 成本 + 利润$$
$$= (固定成本 + 目标利润)/边际贡献率$$

式中，变动成本：随着工程量的增减而相应发生增减的费用，与工程量的变化呈正比。如构成工程实体的材料费等。

固定成本：与工程量增减没有直接联系，变化不大，与工程量成反比而相对固定的费用。如人工成本、财务费用等。

$$边际贡献率=(收入-变动成本)/收入×100\%$$

在实际计算过程中，可以根据财务决算给出的以往年度相关数据估算预算期的保本点和目标收入。这里，对有关概念定义如下：

变动成本=不包括折旧和公司员工人力成本的主营业务成本+营业税及附加

固定成本=主营业务成本中的折旧和公司员工人力成本+管理费用+财务费用

注意，在计算时应考虑预算期间物价与工资上涨幅度、竞价承包所带来的让利损失等方面的影响，赋予有关成本一定的调节系数。

房地产销售额是预算年度签订销售合同，并收到现金的金额。房地产销售额不等于房地产的营业收入，房地产的营业收入要在购房者验收入住后才可以确定。房地产销售额是房地产投资回收再投入预算安排，以及未来几年预测现金流量预算安排的重要依据。

制定房地产销售预算之前，要全面分析房地产开发项目的发展计划，到基期为止的实施进展，预算期是否能达到预售的工程进度要求，以及办妥所在国家或地区规定办理的法律手续。还要深入分析房地产市场销售价格的变化趋势，选定的销售日期是否妥当，尤其同期推出的类似建筑单位是否较多，能否提前或推迟。经过这些分析后，再选定房地产项目推出的大体月份。

8.4 投资预算

这里所讲的投资包括固定资产投资、更新改造投资、房地产开发投资、资本性投资等。经营活动中的垫资行为，也应视同投资考虑。

8.4.1 固定资产投资预算

固定资产投资预算一般是指需要大量资金，回收期在一年以上，对公司经营活动有持续作用的投资项目。固定资产投资包括不需要安装的生产、运输和其他设备购置支出，房屋建筑物和设备安装等新建工程，包括对现有固定资产的更新、改造投资，不包括专利权、专用技术和商标等无形资产的购置资产支出。固定资产投资要视需求状况，与现金流量、外汇收支预算相协调、相平衡，不留缺口。避免把在施项目的投资规模搞得过大，影响流动资产的正常需求，超过了公司的承受能力，导致现金收支状况恶化的对策。

编制固定资产支出预算时，要认真分析现有固定资产使用状况，是否还有潜力可挖，仔细研究生产经营是否必需，与营业规模是否相配套，对所需型号、品种、类型的价格进行广泛地调查询价，货比三家，然后再纳入固定资产预算。

8.4.2 房地产投资预算

从事房地产开发的公司，则需要进行房地产投资的安排。

（1）要分析正在开发的项目计划投资、截至报告期末已累计投入资金、在施项目还需要多少投资、预算年度资金需要量等内容。

（2）分析现在房地产的销售规模、购入土地价与建房价的比重，确定保持一定销售额、需要储备多少土地等情况。

（3）预测房地产销售前景，在售出有把握的前提下，确定新上房地产项目规模。

（4）将房地产投资需要量与其他资本支出需要量汇总，再整体分析资金来源量，做到综合平衡。

8.4.3 股权投资预算

公司由于各国的法律需求，往往设立一些合营公司。年度预算安排时，要分析现有合营公司的状况以及是否新建合营公司、协议投资额、截至报告期已投入资金、年度投资额预算等资料。为便于分析研究问题，还要分行业列出。对于合营公司的投资额预算，一般是按照合营各方签字的合同需要量计列，预算安排没有多少余地。只有尚未签的合同的新建合营公司的投资额预算有主动权，由经过资金平衡后再予安排，如无能力则不能安排。

8.4.4 工程垫资预算

在激烈的工程承包市场竞争中，伴随着工程承包业务经常会发生形式多样、情况复杂的投资行为。这些投资行为处理得好，对提高公司的竞争力、扩大市场占有率会产生一定的积极作用。但由于我国社会法制不健全，市场发育不成熟，如果对这些投资行为控制不严、管理不善，则会给公司造成巨大的伤害。公司在承包工程过程中陷入欺诈性投资圈套，押金、款项被卷走，业主资金不落实、工程烂尾等现象屡见不鲜，造成了施工公司垫资款被套牢、流动资金断流、不良资产积压等后果，严重地影响了工程承包主营业务的正常开展。因此，树立"垫资是投资"的观念是十分必要的。

承包工程中的投资行为包括在承包工程中发生的承包商投资入股、与投资人合伙或合作、带资、垫资、对投资人拆借、贷款或为投资人出具还款担保以及向投资人提供现金、实物抵押等一切主动和被动的行为均称作承包工程中的投资行为。为强化管理，对承包工程中发生的无预付款承包、延期付款承包和长期拖欠工程款等经营活动，也应视同承包工程中的投资行为看待。

在安排新接工程垫资预算时，通常依照不同类型项目所取得的历史经验，结合预算期新签合同额的类型进行不分具体项目的大致测算，并根据公司投资审批权限办理预核准手续后，再正式列入投资预算进行安排。

作者认为，公司应建立承包工程中的投资限额分级审批制度。对于一定限额以上的项目如系统内凡投资额在1,000万元（含1,000万元）人民币（国际工程100万美元）以上的工程承包项目，应实行向集团公司备案或审批制。上述限额以下的工程承包项目由所属二级单位制定具体的限额审批制度。二级公司不得随意下放审批权限。

8.4.5 其他投资预算

凡无法纳入上述投资预算范畴的投资行为，如购买国家证券、公司证券及资本市场衍生工具的投资，可归纳在其他投资预算项下进行归集。

对于建筑公司，在资金允许的情况下，可从事与自身主业相关的其他投资活动，但对于期货、期权、证券、贵重金属买卖等高风险的投资行为，应严格控制。在编制此类预算过程中，应本着一事一议的原则进行统筹，这里就不再赘述了。

8.5 人员预算

营业规模预算确定之后，依据工程项目特点，机构设置的情况安排人员预算。

单位从业人员是指按法律关系（劳动合同）明确的公司全部人员。包括在岗职工，成建制的外联队伍、聘用的离退休人员、聘用的港澳台和外籍人员，离开本单位仍保留劳动关系的职工如下岗人员、内部退养人员、长期病休假人员等。

与人员计划作出大致安排不同的是，人员预算重点在于在职人力资源更加细致的统筹、调配，要求尽可能精确到月份、到项目、到班组。

人员预算的编制可从岗位标准和工作性质入手，按照管理人员、工程技术人员、翻译、后勤服务人员、工人等分类做好协调。既要考虑现有人力资源自然减员、改制重组和主辅分离而分流的减员等情况，又要考虑新接收大中专学生、退伍转业安置人员、下岗再就业人员、其他需要补充的人员等情况。

人员预算的编制要考虑公司管理现状，同时结合预算期劳动生产率能否提高、管理人员与工人的比例变化、薪酬政策的吸引力、员工培训计划等因素，按照目标层层分解、逐级定岗定员的方式，确定劳动力适用预算，编制劳动力分包预算，平衡项目投入的最高人数和平均人数，将人员需求落到实处。

　　在跨国建筑公司编制人员预算时，应根据驻在国的法律与规定，在尽量贯彻当地化的前提下，做好内派人员和当地雇佣人员间的衔接工作。如对于发展中的国家和一些劳动力输出受限的发达国家，要考虑劳动力准入政策、新签合同获得的劳工证数量、内派人员在选拔与派遣等环节的时间周期，提前做好平衡，必要时，可通过与当地一些专业性承包公司建立合作关系，使用第三国劳动力进行短期调剂，以缓和供需矛盾，确保项目的顺利实施。

　　在编制国内人员预算时，比较麻烦的是成建制外联队伍人员预算。以往，在总分包模式下，作为总包的建筑公司是不单独考虑这些人员数量与配置的。随着项目管理方式的变革，考虑到承揽项目、项目核算、公司对社会贡献、出资人对公司考核等方面的需要，公司开始逐步注意这方面的安排了。

　　随着法人管项目的深入，对作业层的管理也将发生变化，如果企业能够成立劳务公司，打破劳务分包队伍的垄断现象，建立自己的劳务基地，为自身经营提供稳定和充足的、专业化和高水平的劳务资源，则就会将原来分包所赚取的利润留在本公司内部。那时的人员预算就会变得更加迫切与具体了。

　　作者认为，对于成建制外联队伍人员预算，可根据拟完成的工作收入（或实物量）、工资收入占成本的大致比例（或人工费占到工程总价的比例）、平均工资收入等条件进行推算。

8.6　采购供应预算

　　采购供应预算要注意区分采购地，如本地采购、境内采购、国际采购等。同时，做好采购资金需求量、货币种类等方面的测算与安排，为编制现金流量、外汇收支预算提供条件。

　　采购供应预算依据工程项目计划、年度营业项目预算，逐项工程提出材料、设备采购供应预算。要按照工程项目的设计要求，提出品种、规格、技术要求、价格限额、时间限制，各项目汇总平衡就是子公司、分公司的材料设备采购供应预算。

材料采购部门要根据供应商、供应地点的安排，确定经济订购批量，编制详细材料设备采购供应预算。

预制加工件的联系制作，或自制加工件的预算安排，也是材料设备采购供应预算的重要组成部分，否则将影响工程进度。

设备的采购供应预算，要搞清现有设备状况、完好、利用等情况，现在承担的任务，以及今后将可能承接的合同，提出设备需求的规格、品种、产地等。采取租赁办法，还是自己购买，要进行多方案技术经济比较，确定可行方案，最后拍板定案。

在材料设备的预算制定、采购过程中，要千方百计选用我国生产的产品，扩大国产物资设备的出口创汇能力。能在所在国家或地区采购的，优先选用，以减少运输费用、进出口税、管理费等，非在第三国采购不可的，在保证质量的前提下，尽可能寻找软货币的国家或地区。材料设备的采购供应从设计选型到规范的限制，要搞得清清楚楚，同时，要设法向业主争取，使承包商获得较为有利的条件。

材料设备的采购，要广泛搜集信息，多方寻价，做到货比三家。不同子公司、分公司到同一国家或地区采购，总部要集中设置采购网点，要积极推行网上采购，则可以做到货比三家，统一采购供货，获得保质产品，优惠价格。

8.7 成本费用预算

成本费用预算是完成营业额所支付的费用总和。它是反映公司管理质量的一个综合性指标。生产产品质量的优劣、消耗的多少、工效的快慢、资金占用的多寡、管理费的高低等都在成本费用预算中全面反映出来。这里，按照制造成本法，先叙述工程成本预算的编制，再介绍期间费用预算的编制。

8.7.1 工程成本核算的界限

为便于工程成本预算的检查考核，工程成本预算的界限应与工程成本核算的界限相一致。必须划清以下界限：报告期成本与下期成本的界限；已结算项目成本与未结算项目成本的界限；成本核算对象之间的界限。承包工程原则上应以每一个项目合同的成本核算对象。一个规模较大、工期较长，或者单位工程较多的承包合同，可以独立的以单位工程或施工区域作为对象；同一承包合同由几个施工单位施工的，以各施工单位各自承担的项目为核算对象；同一地区有若干承包合同，规模小，工期短，交叉作业，费用难以划分的，也可以合并作为一个核算对象。

8.7.2 工程预算成本预算

它是衡量和考核公司降低成本的尺度，它以施工图预算（工程合同价）为依据计算确定。

报告期已完工程预算成本是指已经向业主办理工程价款结算的工程预算成本，是根据报告期实际完成分部分项工程实物量，按照施工图预算所列工程单位估价和管理费取费标准进行计算。

工程预算成本在利润计算中叫做营业收入，从口径范围上讲，应等于营业额。从时间上看，前者晚于后者，也可能产生差别。当差别较大时，应予注明。

8.7.3 工程成本构成预算

它是指工程在施工过程中将要发生的费用总额预算，是工程成本的核心部分。根据工程任务的实际情况确定。编制的依据是工程项目合同额、分部分项价格、施工图纸、施工组织设计、转（分）包合同价、预算期营业额、工程目标成本等。各成本包括的内容及编制方法简要叙述如下：

1. 材料费预算

材料费包括按合同规定由我方提供的，用于承包项目的建设、安装材料（包括施工用的周转材料）、结构件等各种材料费用，还包括这些材料物资的运杂费，即运输费、装卸费、包装费、保险费、港口费等。材料费预算可按照在一定生产技术组织条件下，完成单位产品或某项任务必须消耗的钢材、水泥、木材、周转料具（包括钢管、模板、脚手架等）等材料数量及现实购买价格计算。

2. 人工费预算

人工费包括从事施工人员的工资、奖金、加班费、福利费、工资性津贴、劳动保护费等。对于从事境外承包的公司还应注意考虑出国人员费和当地人员费在明细构成上的区别。人工费预算可按照完成单位产品或一定工作时间的定额、产值工资率计算，也可以通过工日数量和工日单价两方面安排进行计算。

3. 施工机械使用费预算

施工机械使用费包括施工使用的各种机械折旧费（或摊销费）、修理费、燃料及动力费、施工机械的场外运输费、安装拆除费以及外租施工机械的租赁费等。施工机械使用费预算可以按照一定生产技术组织条件下，完成单位产品或某项任务必须配置的机械设备台班及租赁价格进行计算。

4. 其他直接费预算

其他直接费包括现场水电费、材料二次搬运费、检验试验费、现场清理费、工具用具使用费等方面的支出。其他直接费预算可以根据投标报价时其他直接费取费标准和项目预算成本预算进行计算。

5. 间接费预算

间接费包括项目为组织和管理生产所发生的费用，如临时设施费用、设计费用、管理人员的工资及福利费、办公费用等。间接费预算可以比照零基预算编制方式，根据工程规模、工期长短以及公司对项目的控制要求来计算。

8.7.4 工程成本降低额预算

工程预算成本减去工程实际成本的差额为成本降低额。如为正数，即成本降低；如为负数，即成本超支。

在编制工程成本降低额预算时，除考虑到构成项目成本核算范围的各项因素影响外，还应综合考虑项目质量、安全、工期以及签证、索赔的影响。

一般而言，工程成本降低率也是编制过程成本降低额预算要考虑的一个指标。

工程成本降低额与工程预算成本之比，即为工程成本降低率。它是工程成本预算管理的重要指标。其表达式为：

$$工程成本降低率=\frac{工程成本降低额}{工程预算成本}\times100\%$$

以上介绍的是工程成本预算。主要过程项目需要逐一计算分析预算成本预算、实际成本预算构成、成本降低额、降低率等，然后将各工程汇总得到全部工程成本预算中即可。此时不必逐个项目列出实际成本预算构成。对于经营多行业的公司，如同时搞房地产开发销售或出租，还要参照上述办法，结合具体行业的营业收入、成本构成分别编制预算，最后汇总成为全公司的成本预算。

8.7.5 期间费用预算

它是指预算期内发生的销售费用、管理费用和财务费用预算。以历史情况为参照，采取占营业额比重的办法匡算，再对数量大的项目逐项计算予以验证的办法编制。原则上应以会计核算为口径编制，但在历史资料的分析、预算检查时，应做一些必要调整，以便反映本期期间费用的真实状况。如递延资产的摊销或增加，坏账损失增减等。

1. 销售费用预算

销售费用是指公司在销售产品、材料、物资过程中发生的有关费用，以及专设销售机构发生的各项费用。包括运输费、装卸费、包装费、销售佣金、代销手续费、广告费、租赁费、销售服务费等费用，以及销售部门人员工资、差旅费、办公费、折旧费、修理费、低值易耗品摊销和其他费用等。销售费用预算可根据近三年销售费用占主营业务收入的比例这一历史资料与预算期主营业务收入预算进行计算。

2. 管理费用预算

管理费用是指公司行政管理部门为组织和管理生产经营活动而发生的各种费用。包括公司国内外行政管理部门发生的办公费、差旅费、董事会费、咨询费、设计费、诉讼费、劳动保险费、待业保险费、排污费、绿化费、税金、土地损失补偿费、土地使用费、技术转让费、工资及福利费、考察联络费、招标投标费、无形资产及递延资产摊销、折旧及修理费、材料物资盘亏和毁损（减盘盈）坏账损失、工会经费、业务交际费、业务资料费、佣金及其他管理费等。管理费用预算既可以按照近三年管理费用占主营业务收入的比例这一历史资料与预算期主营业务收入预算进行计算；也可以采用零基预算编制方法，根据预算期各项管理费用构成内容的控制标准逐项进行计算。

3. 财务费用预算

财务费用是指公司筹集生产经营所许资金而发生的各项费用。包括利息支出（减利息收入）、汇兑损失（减汇兑收益），银行、证券交易所及其他金融机构手续费等。财务费用预算可根据预算期银行贷款等筹资目标和上一年的存贷利率差以及可能的变动趋势进行大致性计算。

8.8 现金流量预算

在初步安排了营业额预算、采购供应预算、人员预算之后，接下来就是编制现金收支预算。一方面要按营业规模、投资开发、偿还借款等测算资金需求量，另一方面要分析现有资金状况，可以周转运用的资金，列出资金缺口，落实资金来源。如果资金缺口过大，来源无法保证，则要调减营业规模，或减少固定资产投资、长期投资。只有经过反复综合平衡安排的计划，才是可靠的。

8.8.1 编制内容

会计报表中的现金流量表用分配法编制，它是事后算账。现金流量管理用这个方法就不好，不直观，也不好用。作者认为应该用直接法编制现金流量表，按类别直接将一个个项目汇总起来，这样直观、形象，尤其便于公司高层管理人员理解。不论直接法还是间接法编制现金流量表，都是通过经营活动、投资活动、筹资活动各自产生的现金流量的划分而统一起来。从理论上讲，其最终结果应该说是一样的。

年度现金流量预算应将经营性现金流量、投资性现金流量、筹资性现金流量的分组统一起来，深入研究公司的现金流量是否正常，公司究竟靠什么钱生存、发展、壮大。像一个人一样，活着血液在流动，是靠输液呢，还是靠自身造血呢？公司是靠经营性产生现金流量呢，还是靠借贷来维持呢？这个区别是很大的。可以提供很多的信息，可以更好地为公司决策服务。

年度现金流量预算实质上是依照现实发展状况，对三年现金流量计划所作出的一个调整过程，并在此基础上，细化到季度、月份，甚至到旬，其中月度和每周流量预算是比较常用的选择，资金计划在每月结尾滚动12个月预算，以此为依据制定资金调度方案，同时每周编制资金周报，密切跟踪资金平衡状况，确保安全运行。

制定现金流量预算，是公司制度性工作。但是实际上，并不是说公司编了现金流量表就能够遵照执行，现实情况不是这么回事，你经营情况好，钱能收得回来，那么就是你不编现金流量计划，公司的资金也可以运转起来，但是，目前公司有这个管理手段，就要充分地利用起来。

8.8.2 平衡方式

年度现金流量预算应按照先经营、投资、筹资三项活动段内平衡，再段间平衡，最后将差额与期初余额进行平衡的方式来编制。

最终平衡的结果是要保证期末现金净流量为正数，也就是要有节余，同时这个节余还要维持一定的数量。在平衡过程中，平衡措施的采取不仅要考虑预算期的结果，同时也要往后滚动两年观察预测。当预测手中持有的现金和额度不足以弥补资金缺口的时候，必须提前寻求新的贷款额度或采取加快销售回笼资金、压缩投资支出等措施，以保持一定的现金及额度节余，保证公司的安全运转。

出售股票、发行债券、借入贷款、接受信托、接受租赁、吸收外资联合开发，这就构成了资金供给的不同来源。资金的来源不同，其成本也就不尽相同。为了估计使用资金的总费用，公司必须确定资金的供给来源，偿还安排，并计算相应的成本费用。不同资金来源的最佳组合，可以使资金成本费用最低。

在安排资金的使用时，要妥善安排到期债务的及时归还，并安排应急措施。使资金的借、用、还保持动态平衡。保持良好的借贷信誉，是公司赖以存在的基本条件之一。

公司的现金流量预算的编制是比较复杂的，涉及几十种货币。我们认为在各项安排的基础上，应注意币种间的平衡。

（1）选择一个记账本位币，编制综合的现金流量预算。如选择美元，其他各种货币换算成美元编制。

（2）要编制外汇收支预算。这里所说的外汇是指自由外汇。一般以美元为计账本位币，其他自由外汇均折算成美元编制，以分析观察外汇收支的平衡状况。

（3）编制大量使用货币的现金流量预算。驻外机构按所在国家或地区的币种编制，总部则要编制人民币现金流量预算。

8.8.3 编制步骤

现金流量预算通常要以资产负债和损益预算为基础，但指标间并没有严格的对应关系。现金流量预算编制步骤可表述如下。

1. 确定各类活动取得的收入

（1）根据合约的规定，考虑业主支付周期，确定在手项目预算期完成量所能够得到的现金收入；

（2）根据宏观形势和企业清欠目标，确定预算期前一年末被拖欠工程款的回收收入。

（3）根据预算期新接项目大体的拟完成的营业额计划和通常所表现出来的回款条件，测算预算期新接项目的收入。

（4）根据企业改革进展、预算期安排的上缴收益、投资项目资金回笼等情况，测算投资活动所带来的收入。

（5）根据信贷计划、国家宏观调控等政策测算银行贷款收入。

（6）根据预算期确定的方针、政策，测算其他收入，如退税收入、收回其他单位往来欠款等。

2. 确定各类活动的支出

（1）经营活动的成本、费用、预付款项等方面的支出，要考虑加息、通胀、税收政策调整带来的成本费用增加部分。

(2) 测算各项投资活动的支出,及测算归还银行贷款、支付股息等方面的支出。

(3) 其他方面的支出和可能会发生的机动性支出。

3. 进行初步平衡

按照收入打紧、支出打足的原则,以收定支。同时要考虑期末余额不能出现负数,还要保持一定的节余,以应对可能的突发事件。如香港上市公司一般是总资产的8%~10%,对于内地企业来讲,最好要留足总部一个季度的运营费用。

4. 重新编制收入与支出预算

根据平衡后的状况,按照需求与可能,再次调整各项活动的收入与支出安排,并最终完成现金流量的编制工作。

8.9 外汇流量预算

公司经营业务的国家或地区较多,涉及几种、几十种货币。外汇汇率的升降变化对投资实施、经营成果的影响很大。因此,总部要在全球范围内通观全局,权衡利弊,对外汇资金实行统一预算、控制和管理,以便减少汇价风险损失。

(1) 根据营业规模、投资预算、现金流量预算,测算外汇的收支,做到外汇平衡有余。外汇收支的净额就是创汇额。

(2) 为获得银行给予的优惠,公司的外汇存款或贷款宜集中在几个国家或地区。切不要有多少个国家或地区就将有限的外汇分散存款或贷款,分散存款不利资金的集中使用、平衡调度,应付突发事件。分散贷款,筹资成本增加。

(3) 公司还要采取切实可行的办法,对外汇进行保值。签订产品销售、承包工程、劳务合作、投资等要采取用自由外汇计价,在合同中也要列明保值条款。用自由外汇计价时,我方收入要争取用硬货币计价,支出用软货币计价。依据计价货币的软硬,支付期限,预测远期汇率的变化,反过来再推算买卖商品的价格是否合算。我国的公司均以美元为记账本位币。现以美元为例介绍期货交易:销售外汇计价的产品或劳务,从合同签订起,在外汇期货市场上卖预定收款日期的同种等量外币,买进等量美元。购买外币计价的产品或劳务,从合同签订起,在外汇期货市场买入预定付款日期的所需外币,卖出等量的美元。

8.10 利润及分配预算

利润预算是全部预算的核心，也是上述预算的推演结果。在编制利润总额预算中，要注意与现行的会计制度规定的口径、范围相一致。其计算过程如下：产品的营业收入取自销售预算；根据所在国家或地区的税率，计算出产品销售税金，进出口海关税金（某些产品出口可以退税，则应加上）；产品的销售成本取自成本预算，这就是预算毛利等于预算营业收入减去销售税金和进出口税金，再减预算销售成本。于是产品的预算销售利润就等于销售毛利预算减去销售费用预算和管理费用预算。公司合资合作公司比较多，还要依据合同的规定，投入的资金，经营状况，估算预算期可分得的利润。再加上其他业务的利润预算。最后，如果营业外收支数额较大，以前年度遗留问题比较多，应收合同款将发生坏账损失等，编制预算时也要尽可能的计列。各项利润预算加在一起，就可以得出利润总额预算。与预算年度占用的资产相除，求得总资产报酬率，再同上年已经达到的总资产报酬率相比较，国家或地区之间进行比较，验证利润总额的高低水平，最后确定利润总额预算。

在境外公司的利润分配预算是上缴政府所得税、向股东派息和留下利润的安排。政府所得税通常为利润总额减去按税法可在纳税前扣除的部分，作为基数，根据不同的利润额按累进税制交纳所得税。减去纳税额后就可以得到税后利润。税后利润则需按照公司的章程向股东派息，留下利润用于再投入。由董事会提出，经股东大会批准，少派利息，以扩大投资来源。我国政府规定，子公司、分公司报回来的利润不包括在所在国交纳营业税和所得税，而是税后利润。总部汇总后，再按我国政府的规定交纳所得税，剩下的利润，才能与合营单位分红。之后按规定安排提取职工奖励及福利基金、储备基金和公司发展基金的预算。

8.11 资产负债预算

资产负债表是反映企业在特定日期所拥有的资产、负债和权益数额。其结构就是按照会计恒等式"资产＝负债＋所有者权益"排列的，其左方列示资产，右方则包括负债和权益项目，其左、右方栏目余额相等。

资产负债表在具体项目的排列上是按照以下规律进行的。其中，资产项目的报表顺序是按资产变现能力从大到小排列,负债项目按债务的偿还期限从短到长列示,而权益项目则是按权益资本的稳定性水平,从高到低进行排列。

从决算的角度看,资产负债表各科目应根据已经发生的经济活动的不同,通过借贷双方严格的逻辑关系来完成编制工作。但编制资产负债预算大不一样了,无法强求借贷的平衡关系,只能通过各科目占资产总额(或权益负债总额)的比例变化趋势来进行调控了。对于合并报表式的资产负债预算,合并对冲数量可以借鉴前两年平均变化情况来完成简单的合并工作。正是由于种种客观因素的存在,使得资产负债预算整体执行效果远低于利润预算和现金流量预算的控制力度。

1. 在编制资产负债预算时应注意事项

(1) 要确保涉及其他预算的资产负债项目与其他预算数据保持一致,而对于其他资产负债项目则主要通过侧重于有关财务指标来进行控制,如使资产负债率、应收账款周转率、应收款项回收率、流动比率、速动比率等指标达到管理的要求。

(2) 将非有形资产控制在合理范围内。非有形资产包括递延资产、递延税款、待摊费用、待处理流动资产和固定资产净损失,无形资产,如其过多则意味着资产质量低下,资本构成虚增。

(3) 要严控收入没有增长但存货和应收账款增多情况发生。在收入没有增长甚至下降的情况下,存货增长反映了经营走入困境,这可能是由于竞争不利造成的。同时,假如企业清理存货不力,而因存货占用资金而使流动负债大幅增长,企业可能将面对一定的财务风险。应收账款的上升反映了企业催缴应收账款不利,应收账款既占用了资金又增加了潜在损失。尤其在经济紧缩时,其应收账款是否能收回更值得怀疑,此时应注意企业是否进行了坏账准备的提取。

(4) 固定资产增长应不低于同行业水平。激烈的竞争要求固定资产不断更新或增添,如果企业现金流入不足,或不重视企业长期发展,长期满足不了固定资产更新的要求,则企业的长期竞争力会日趋下降。

(5) 要通过投资收益来控制长期投资规模。如果损益表中投资收益数额甚小,而长期投资数额较大,且长期保持不变,说明长期投资可能已经损失,只待确认。所以要根据企业投资收益的水平来适当调整长期投资规模。

(6) 可通过与其他预算的对应关系来进行检验,如资产负债预算项下的货币资金要与现金流量表的期末现金余额相对应,短期借款、一年内到期的长期负债和长期借款要与银行借款和还款预算的数字相对应，应收款项要与应收款项回收率目标所确定的数字相对应，新增所有者权益要与利润分配表中扣除分配后的净利润相对应。

2. 编制资产负债计划的具体步骤

（1）通过对资产负债的结构分析，研究历史规律。

（2）就影响现金流量的关键资产负债科目，如应收款项、存货、银行贷款等进行专项测算，比较其占资产总额（或负债与权益总额）比例变化情况，以求资产质量得以提高。如银行借款，既要能够满足生产经营的需要，又要体现资产负债率、借贷资本率向好的方向发展的要求。

（3）借助资产负债表与现金流量表、损益表间的对应关系，结合其他专项预算的编制，拟就资产负债预算草案。

（4）适当考虑核算体系变化带来的影响。如新会计制度、某一科目核算方式的变化等。

（5）经过综合平衡后，正式编制资产负债总量计划。

第四篇

战略执行

第九章 资源管理

从这一章开始至结束,我们进入战略执行的讨论。这一章我们讨论资源管理,即在战略目标及策略选择之后,配套安排人、财、物资源,落实具体措施,以支撑战略规划。实际上,将战略规划付诸实施后,因各种因素对战略进行调整,也需要对资源进行调整,这也是战略执行中要及时解决的问题。

9.1 市场营销管理

市场营销管理是对执行市场营销战略过程中各项工作的管理,其内容涉及前面在市场营销分析中所谈到的各个方面,但其中最为重要的是推介工作管理、业主关系管理和大客户管理工作,以下我们将重点围绕这三个方面进行阐述。

9.1.1 推介工作管理

推介工作管理的核心就在于动员整个公司的力量,利用各种机会,采取各种方式向业主全方位展示公司的能力和形象,以使本公司在业主心目中获得比其他竞争对手更高的评价,从而在激烈的投标竞争中获得最终的胜利。

以国内某大型建筑集团成功获得日本森大厦株式会社在上海投资兴建的世界第一高楼—101层的上海环球金融中心工程(SWFC)的总承包权过程中的推介工作为例,该集团主要领导人态度鲜明,意念坚定,亲自参与经营工作,用公司的实力和公司领导人的人格魅力取得业主的信任,使日方的态度从怀疑到观望,直至信任甚至折服。该集团主要领导先后三次率队赴日递交该项目总包工程投标书并参加投标答辩,并在项目投标的关键时刻,三次向日方致信,并两次单独会见日方森大厦株式会社社长,表达了承建上海环球项目的诚意和决心。在日方业主发布主体结构及总包工程的标书文件和图纸后,集团公司领导亲自参与和主持多次投标工作协调会,对投标联合体的组织构架、专业分工、关键节点工期计划、项目总承包管理等方面作了许多重要指示,确保了投标工作以一流的质量,一流的速度,一流的服务和极具竞争力的价格,最终赢得了日方业主的信任。

另外，在这个项目的投标过程中，该集团充分发挥其经验和优势，运用了目前最先进的三维动画软件和其他多媒体技术，将上海环球金融中心项目从主体基础施工（土方开挖）到 101 层的土建、机电、钢结构安装的施工技术浓缩于 38 分钟的三维动画演示片中，演示片向日方展示后，令日方技术管理人员惊叹不已，为该集团的最终中标奠定了良好的基础。

9.1.2　业主关系管理

随着市场竞争越来越激烈，公司的管理理念经历了从以生产、产品为中心到以客户为中心的演变。建筑公司提供给业主的是有形的建筑产品以及附加在建筑物上的服务。一些公司有一流的市场营销能力、一流的项目施工管理能力，但是在满足业主需求，提高业主满意度，最终实现提高公司效益和竞争力方面做得还不够，尤其是具体到日常的工程收款、拖欠款回收等工作，更是需要充分认识业主关系管理的重要性，搞好业主关系管理。

真正来说，为我们提供价值的，实际上是业主、材料供应商、劳务队伍、各级政府人员和其他与我们有利害关系的人，我们要把他们分门别类地输入到我们的计算机中，他们有什么需求，我们要随时进行研究，对他们的需求进行反馈，而且时间要早要快，这样才能进一步增强我们的竞争能力。作者曾参观过汇丰银行的计算机系统应用的窗口。每个客户的情况是很清楚的，全球的贷款客户一目了然，对客户的服务与监管十分到位。

1. 业主关系管理的由来

客户关系管理（CRM）是针对产品面对的大众消费者，是从统计规律上分析顾客的需求，进行管理。建筑公司的客户一般称为业主，在建筑产品建造的过程中，他们就是建筑产品的拥有者。而正是因为单一合同额高，所以承包商的业主数量比较少，不像一般消费品生产者，要面对数以万、亿计的顾客，因此承包商有条件对业主进行一对一的精确业主关系管理。以一个年营业额 100 亿元的工程公司为例，在手的项目大约 100 个左右，也就是 100 个业主，每个业主有 8~10 个关键人员，加上正在跟踪的项目，需要把握的目标业主的人员大约 1600 人左右，管好这些业主关系，任务是繁重的。但同样规模的大众消费品公司的客户是数以千万计的，因此建筑公司抓好这项工作是有必要，也是有条件的。

2. 建筑产品的特点需要开展业主关系管理工作

建筑产品体量大、单笔合同数额高，持续时间长，在合同谈判、合同履约的过程中，始终要与业主打交道，就是为业主提供服务，按照合同约定，满足业主需求。只有了解业主的需求，才能够有针对性地为业主提供服务，提高业主满意度，为业主和建筑公司自身创造更大价值。

在建筑公司的业主关系管理上，还有周期性和阶段性的特点。建设项目从项目跟踪到项目结束，工程款收回一般都要经历5～6年的时间，建筑公司与业主要共同工作相当长的一段时间，所以相互之间的信任、相互了解、配合相当重要。而在项目生命周期内，又分为好几个阶段，在合同签约前，双方主要是中高层领导的接触，高层的态度非常关键，但是中层管理人员也非常重要；项目的实施阶段主要是双方基层人员之间的项目配合；到了项目竣工结算、催收清欠阶段，中高层的接触又成为了关键环节。把握这些特点，可以为承包商搞好业主关系管理提供依据。

3. "三次营销"

"三次营销"的理念是开展业主关系管理工作的指导原则。营销（MARKETING）和销售（SALES）有着本质的不同，销售是由内向外进行的，它起始于工厂，强调公司当前的产品，进行大量的推销和促销以便获利。着眼点在于征服客户，追求短期利益，从而忽视了谁是购买者及为什么购买的问题。与此相反，营销观念是由外向内进行。起始于明确定义的市场，强调顾客的需要，协调影响顾客的所有营销活动，按照顾客的价值和满意状况建立与顾客长期的互惠关系并由此获利。

"三次营销"指的是合同签约前的营销，合同履约过程中的营销和项目竣工后的工程款清欠三个阶段。过去在第一次营销的过程中对业主关系的管理做得比较出色，在签约之前可以为业主提供出色的规划设计、施工方案、商务方案，承包商的营销人员能够做到与业主交朋友，为业主出谋划策，赢得业主的信任，使业主放心地把工程交给承包商做。但是在随后接下来的第二次营销和第三次营销的过程中，这一良好的业主关系常常得不到继承和延续。项目进入实施阶段，与业务打交道的主体变成了项目经理、项目商务经理以及公司的相关职能部门，需要重新建立与业主的合作关系和相互之间的信任，而熟悉业主情况的营销人员又转到了别的项目的前期工作中去，所以在第一次营销和第二次营销之间的衔接工作就显得十分重要，这方面承包商还有许多工作要做。

而在"第三次营销"阶段，也就是清理拖欠工程款的过程中，又是另一批人员与业主打交道，对前面的情况不清楚，对业主的特点不了解，而且由于是清欠，要从业主那里拿钱，所以业主关系管理工作更加困难，经常是不仅难以达到收回拖欠款的目的，甚至由于矛盾对立破坏原有的业主关系。所以要把这三次营销工作进行整体考虑，做好每个阶段之间的衔接，才能把业主关系管理工作做好。

业主关系管理工作的内容首先是明确业主管理的范围，针对不同类型的业主分析他们的特点，并制定出具体的行为规范，通过多种渠道、多种方式做好业主关系管理工作。

4. 与业主建立关系的范围

从法律意义上讲，业主是一个法人，承包商是与某个法人签订合同，提供服务。而在营销等活动的过程中，与承包商打交道的是代表业主的一个个自然人。这些人是承包商进行关系管理的目标人群。要了解他们，与他们进行有效的沟通。业主关系管理不仅仅包括作为工程发包方的业主，还包括外部中介审计机构等，这些机构不是承包商的业主，但他们是与业主和承包商有重要利益关系的单位，也是承包商进行业主关系管理的对象之一。

5. 与业主接触的方式

对一个提供服务的建筑公司来说，业主关系管理是一个双向的过程，不光是要去了解业主的情况，还要让业主了解承包商，使业主对承包商产生信任，提高相互间沟通协调的效率。所以承包商需要通过多种渠道、多种方式保持与业主的接触。

（1）产品接触。施工现场是建筑公司展示形象的最佳载体，是让业主了解承包商的最直接的渠道。通过施工过程中质量、安全、进度等的管理和现场的CI策划，使业主全方位了解承包商的经营理念、服务理念，以及承包商的管理水平和为业主提供服务的能力，树立公司的品牌形象和公司文化形象。

（2）人际接触。通过与业主的电话交谈、面对面的交谈，进行感情交流、业务交流是维护业主关系的最重要的手段。

（3）信息接触。信息接触包括传真、E-mail、书面报告、法律文书等。

以上这些接触方式大量的发生在承包商与业主的日常工作中，很多都是一些细节问题，因此需要有一定的行为规范。比如，对项目工作人员的培训中，应对上下楼梯作出具体规定，上楼时，业主、监理走在前面，项目工作人员走在后面；下楼时，项目工作人员走在前面，业主、监理走在后面。此外，接电话时的问候方式、态度，甚至说话的语气等，都有相应的规定。这些事情虽小，但是体现了承包商对业主的尊重，业主正是通过这些点滴之处感受到承包商服务的品质。

6. 以业主为中心，整合战略与流程

整个价值创造分为四个阶段，即价值定义、价值创造、价值传递、价值评估（图9-1），每个阶段都与业主（客户）密切相关。对承包商而言，业主关系管理涉及经营管理的多个环节，市场、营销、工程、法律、财务等都是业主接触的窗口部门，每个部门都是公司价值增值流程的一部分，所以业主关系管理工作必须有一个系统的策划，整合各部门掌握的业主信息，形成以业主为中心的组织架构体系和运作程序。

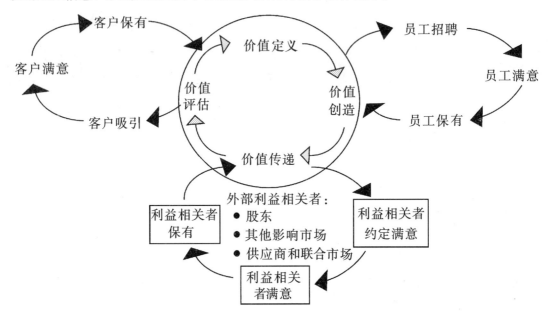

图 9-1　关系管理价值模型

以业主为中心，就是要把焦点聚集到业主身上，整个公司组织都在为业主着想，站在业主的立场想解决方案，而不是站在承包商的角度，只为自己方便。建筑公司及其业主都处在各自的产业价值链中，都在为实现各自的价值增值进行经营管理活动，工程项目是双方价值链的交叉点，建筑公司作为建设领域的专家，可以为业主提供更加合理、经济、高效的方案，使业主实现价值增值的同时，获得应有的收益。

7. 整合公司流程

为了实现上述目的，承包商就要改变传统的公司管理流程。承包商公司内部的组织结构是垂直式分工的，而业主需要的服务是水平式的，全方位的。对一个法人来说，垂直式的组织结构不可能炸掉，当然，层级可以尽可能压缩，也就是说，最终职能结构是存在的（图 9-2）。但承包商必须以业主为中心，将各职能整合起来，要从公司管理指导原则上、机制上要求人们进行横向合作，以满足业主的需求。

一个有效的业主关系管理流程首先要做到多渠道的无缝连接，每一个与业主打交道的环节在流程中加以规范。做到多渠道的无缝连接首先是加强组织领导，由公司高层领导直接负责，由牵头部门组织落实，各相关部门密切配合；二是做到部门职责清楚，个人分工明确；三是信息快速传递，口径统一，决策及时、反馈及时、服务及时。四是入情入理，依法而行。

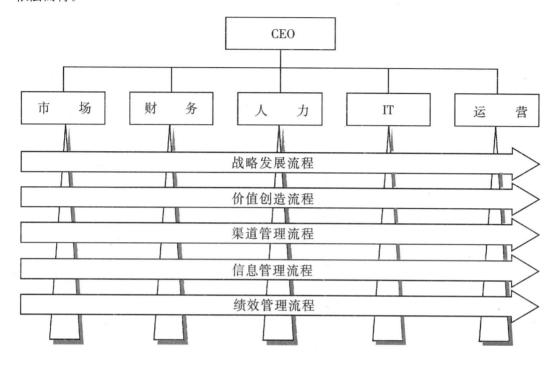

图 9-2 计划流程的整合

8. 加强业主关系管理的基础业务建设

突出体现在两个方面：

（1）建立业主信息数据库。业主信息数据库是承包商分析业主特点、预测业主需求、管理业主信用的基础。建立业主信息数据库是将业主的基本情况、与公司的交易记录、信用记录、特点、需求等信息进行归档，便于进行业主类型分析和一对一管理，这样一个信息系统可以在全系统内共享，将原来分散在个人手中的信息资源变成整个公司、整个集团公司共享的资源。

建立业主信息数据库是业主关系管理的重要工作，但不是业主关系管理的目的，更重要的工作是形成以业主为中心的经营理念和组织架构、业务流程，利用所掌握的数据把精力投入到与业主建立更密切的联系上，这样才能提高承包商的竞争能力，为公司和业主创造更多价值。

（2）建立业主关系管理制度。事实上，各单位、各级各类人员在与业主打交道的过程中都积累了十分丰富的经验。但是这些经验均处于自发阶段，零星分散，大多数都储存在大家的脑海中，还没有总结形成文字资料，更没有形成制度。因此，总结大家的经验、智慧，建立相应的制度非常重要。

业主关系管理制度的内容应该包括业主信用管理、业主投诉管理、工程回访管理、业主资料及来往文件管理、工程维修管理等内容，此外，还应包括CI管理办法、员工行为规范等。

9.1.3 大客户管理

前面所述是建筑公司客户关系管理的基本要求。对于建筑公司而言，在客户管理过程中，有一类客户需要给予特别的关注，那就是大客户。大客户是一个比较的概念，一般是指为企业创造相对较大的效益或对经营有重要性影响的客户。选择大客户的标准，通常是规模大、发展潜力大、管理水平高、具有行业影响力的客户，这些客户代表着行业的发展方向，具有高成长性。主要应满足这样几个条件：一是能给公司带来大体量、连续性项目的客户。二是能给公司带来稳定利润的客户。三是具有较长时间持续发展能力的客户。

Z公司下属E工程局结合多年的管理经验，综合考虑了客户的营业收入、回款率、利润水平以及客户持续发展能力、行业影响力、商业信誉等因素，制定了具有可操作性的量化评级标准，划分出A、B、C三个不同等级的大客户。同时，建立大客户定期评判机制，每年对所有大客户进行一次重要性评级。有的大客户可能退步，就要降低重要性等级；有的大客户持续发展能力不强、坏账风险较大，就要被排除在清单之外；有的非大客户在富有成效的经营工作以及自身的良性发展双重作用下，可能被推荐后，进入大客户清单。

E工程局认识到，战略合作是建筑公司与大客户之间最有效的合作模式。战略合作的优势在于，面对竞争市场，双方可以实现较多层面的优势互补。与大客户寻求战略合作，就是为了充分利用目前所具有的各种优势，转化为长远的战略优势，提升在市场上的竞争力。E工程局比较长期和稳定的大客户都是实力雄厚、行业领先的大企业。如该局与A商业地产集团从2003年开始第一次合作，至今承接了该地产集团的40个工程，合同额超过了400亿元。该局与B核电投资公司从1987年开始第一次合作，B核电投资公司现运行及在建核电站8个，E工程局参建了6个，合同额95亿元。正是这些长期、稳定的战略合作伙伴，使E工程局保持了快速可持续发展，并成为公司收益的重要来源之一。

9.2 项目管理

施工项目是建筑企业的基本生产单元，也是公司利润的主要来源。做好项目的合同管理和精益管理,有助于公司在激烈的市场竞争中取得低成本优势,提高公司的获利水平。

9.2.1 项目合同管理

合同是建筑施工企业从事项目管理的总纲,合同管理作为建设工程项目管理的重要组成部分,已成为与质量管理、进度管理、成本管理并列的一大管理职能。Z公司下属B工程局通过充分发挥局机关职能团队的引领作用,推行体系化、规范化、标准化的管理,不间断地进行知识复合型专业人才队伍培训,合同管理得以平稳发展,合同风险得以有效掌控。B工程局的主要做法包括:

1. 强化职能团队建设

B工程局从机构设置、人员配备和职能定位等方面逐步构建并完善了局、公司和项目部三级合同管理机构体系。B工程局以培训为强有力的手段,以项目合约经理的上岗取证和再教育为硬性要求,以项目法律顾问的培训学习和互动交流为必要条件,以优厚的待遇为激励机制(如项目合约经理享受项目副经理待遇),通过导入绩效考核,各级次合同管理人员的管理意识和业务能力逐年提升,履约过程的风险管控和降本增效得到有效的保障。

2. 建立法务合约合署的管理模式

B工程局从2001年开始实施法务部和合约部机构合并,合并后的部门职能优势互补,很好地实现了以"风险防控"为中心,从合同策划、谈判、评审、交底到履约策划、过程管控和竣工后合同总结的一体化的合同管控体系。

3. 推行局、公司、项目经理部三级联动的体系化管理

B工程在合约管理方面坚持分级授权管理:项目经理部是合同的直接执行者,是实施责任主体;公司是合同主线(包括谈判策划、洽谈、评审、签章、交底、履约策划、监控、总结、遗留问题处理)的第一管理责任主体,也是合同管理的核心层;局层面主要是宏观管理责任主体,负责标准化、规范化、信息化等管理制度的制定和监督执行以及合同的评审和用印,局重、特大项目或战略合作伙伴项目的宏观履约监控。三级机构分工明确,又相互协作,环环相扣,有效保障了合同管理工作的顺利开展。

4. 推行规范化、标准化管理

B工程局机关合约管理职能团队引领全局合约精英管理人员,及时总结管理和操作过程中各管理环节管理要素的管理精髓,辅以前瞻性的管理导向,通过管理《手册》、《指南》、《汇编》、《意见》等有效载体,在全局范围内推行规范化和标准化管理。

5. 实施合同管理前、中、后期环环相扣的主线管理

B工程局的合同管理以"风险管控"为中心，以"过程控制"为重点，通过"两评审"（标前合同条件评审、合同签订评审）、"两交底"（总包合同交底、分包合同交底两级交底）、"两分级"（合同风险分级管理和项目合约经理分级管理）、"四策划"（合同签订策划、履约策划、成本策划、结算策划）、"两反馈"（竣工工程合同总结和发生诉讼项目的诉讼案件总结），使得风险管理职能、成本控制措施、履约动态监控、职能人员职责行使都相对比较到位。以上管理环节和管理要素分布在以下个四阶段：

（1）合同签订之前以市场营销部门牵头通过对发包方资信审查和项目前期论证、客户管理以及招、投标文件合同条件的策划与评审构建标前合同风险预控指标体系。

（2）以合约部门牵头的合同签订再策划与谈判、合同评审与用印，以及合同交底形成合同签订阶段的风险管控体系。

（3）以"三总师系统"为主实施的自上而下的履约过程监、管、控体系。合同履约以"降本增效"为目的，以"风险抵押"为手段，以"资金集中、劳力集中和材料集中"为抓手，以"项目合约经理和项目法律顾问等项目职能人员"为直接实施主体，以"三级管理、三级控制"为手段，全面实施合同履约过程的风险管理。

（4）以"竣工项目100％进行合同总结"和"工程余款清理"为主的"后合同"管理体系。B工程局推行竣工项目合同总结，目的是通过总结提炼管理精髓，再推广使用，这是实现又好又快发展的快速通道。对于工程余款的清理，坚持"理债就是理财"的理念，必要时通过法律诉讼解决。对于通过诉讼解决的，也要及时进行案件总结报告，通过总结，反馈管理，扬长避短，良性发展。

9.2.2 项目精细化管理

建筑公司面临的竞争日益激烈，利润率不断下降。要在激烈的市场竞争中立于不败之地，建筑公司一方面要努力拓展高端市场，一方面要努力提高项目的精细化管理水平。精细化管理不仅可以缩短项目的工期，提高项目的质量，还可以大大节约项目的成本，提高建筑公司的市场竞争力。

Z公司以房屋建筑为传统主业，近年来逐步进入铁路市场，并中标了哈大客运专线TJ-2标段工程，中标总合同价款超过91亿元。由于Z公司进入铁路建设领域时间较短，缺乏成熟的管理模式和管理制度，为尽快在铁路市场站稳脚跟，Z公司哈大项目经理部狠抓项目的精细化管理，项目的工期和质量都获得了业主的好评。其主要做法有：

(1) 立足项目实际,补充完善了生产技术、质量安全环保、商务合约、财务资金、物资设备管理、人力资源、行政管理等各项管理制度30余项。项目部组织人员在总结项目管理经验的基础上,编写了铁路建设标准化管理文件初稿20余篇,为Z公司铁路工程施工步入标准化管理轨道打下了良好的基础。

(2) 细化项目施工计划,确保形象进度目标的实现。项目部制定了详尽的年度、季度、月度、旬施工生产计划和具体实施措施,确保了各项工作有的放矢,有序推进。

(3) 严格考核,强化激励约束。项目部修订了劳动竞赛管理办法和月度生产考核办法,实施了旬、月交班制度,完善激励约束机制,加大奖惩力度,进一步提高了广大参建单位奋勇争先、不甘落后的积极性。

(4) 落实责任,靠前指挥。指挥部根据工程进展情况,及时调整领导班子分工,先后推行了领导责任包保、实行联系点制度,明确责任,靠前指挥,督促协调项目部工作。

(5) 建立定期会议制度。项目指挥部每周召开交班会,每月召开生产例会,对制架梁、桥梁下部、路基、连续梁等生产要素,逐一分析排查问题,指导项目部组织攻关、滚动推进,有力地保证了制架梁的顺利展开和任务目标的完成。

(6) 以活动为载体,推进工作开展。项目指挥部积极开展了"决战一百天,开创新局面"活动,以制架梁为主线,全面推进路基、桥梁下部工程施工,努力掀起施工生产高潮;同时开展了安全质量、生产进度大反思、大检查、大整顿活动,针对施工过程中的薄弱环节进行整改提高。

(7) 加强现场文明施工管理,树立了良好的企业形象。项目指挥部统一规范施工现场CI管理,推行样板工程建设,指挥部多次组织召开了钢筋绑扎、路基填筑、桥面系等现场样板观摩会,通过立标打样,相互交流提高,大力推行标准化施工作业管理,取得了很好的经验。

9.3 技术创新管理

现代公司的竞争越来越依赖于科学技术,强化技术创新,已经成为世界大公司管理的一股新潮流,科技的竞争已经成为经济全球化和信息化时代竞争的焦点、发展的焦点和生存的焦点。我国建筑和建筑公司技术含量低,已成为了行业和公司发展的瓶颈。因此,必须遵循"科技是第一生产力"的指导思想,大力实施技术发展战略,靠技术创新形成新的生产力。

针对当前建筑施工技术发展的现状,建筑公司应在9个主要技术领域加强技术创新,发展和形成具有独立知识产权的成套技术,积极培植高新技术产业:

1. 发展地基基础及地下工程技术

(1) 开发研究相关地基处理技术:主要包括提高软土、冻土、湿陷性黄土等特殊地基处理的新技术、新工艺、新设备等。

(2) 进一步发展桩基础施工技术:根据高层、超高层建筑的桩基工程需求,提高各种超长、大直径桩基施工能力;积极发展多种桩型配套技术,提高桩基工程的适应性;提高基础施工环保技术。

(3) 发展深基坑施工技术:全面提高基坑支护、降水、防水、逆作法施工、水下作业、桩墙合一等施工技术水平;重点发展信息化基坑设计、施工和监控技术。

(4) 拓展地下空间设计与施工技术:收集和研究国内外相关技术信息,开发和引进国内外关键施工技术及设备,为进入地铁、地下商业建筑等地下建设市场提供技术支持。

2. 发展超高层、大跨度组合结构及特殊结构设计与施工技术

(1) 研究开发超高层、大跨度建筑结构体系,特别要研究总结机场、体育建筑、博览建筑的网架、索膜等大跨度钢结构设计成套技术。

(2) 提高钢结构制作及详图设计能力,发展钢结构安装、测量、校正和无损检测等技术。

(3) 发展超高层钢筋混凝土建(构)筑、组合结构与特殊结构的设计与施工技术。开发和完善新型模板脚手架体系,改进和完善现有模板体系,发展具有轻质、耐用、方便、经济等复合功效的新型模板体系,推广计算机在模板设计中的应用,提高模板的加工制作质量;积极培植具有规模化经营的模板脚手架专业公司。

(4) 发展各种高效钢筋和预应力设计及施工技术。推进新Ⅲ级钢在工程中的应用;引进和开发新的预应力技术体系,完善预应力工程的设计与施工配套,拓展预应力施工应用范围,形成设计施工一体化、具有较高技术水平和一定经营规模的专业预应力工程公司。

3. 发展地铁、轻轨、路桥及市政基础设施设计与施工技术

(1) 加强高速公路成套施工技术的开发研究,重点开发高速公路路基、预应力桥梁及高等级路面等关键施工技术,引进和合理配备具有较高水平的道路施工成套机具,组建和规范专业路桥工程公司。

(2) 开发应用城市交通工程和市政设施的新型施工技术,包括市政路网、城市轻轨线

路、地下管网施工等成套技术，重点发展旧有管网设施置换等非开挖技术和城市污水处理技术。

（3）加强西部地区高等级公路建设技术的研究与开发，重点研究开发特殊岩土地区公路修建技术，高墩大跨径桥梁设计与施工技术，长大公路隧道施工技术，山区排水系统设施施工技术，以及高边坡稳定技术等。

4. 发展住宅小区规划、设计与施工技术

（1）坚持以人为本的设计思想，加强住宅小区规划研究，小区规划设计能力要达国内先进水平。

（2）研究和开发新型住宅体系，重点开发应用大跨度、大空间结构体系、轻钢结构体系，完善既有的加筋砌体结构、板柱结构体系，形成2～3个具有独立知识产权和完整技术体系的住宅体系，并进入商业化运作。

（3）研究和开发新技术、新材料、新工艺，满足住宅建筑节能、隔声、防火、轻质等功能要求，消除量大面广的施工质量通病。研究和开发智能化居住小区设计施工技术，掌握智能小区的智能系统集成设计和施工安装技术；完善提高小流水段等施工工艺，开发和推广施工信息化技术，保证现场施工技术、工程进度和质量处于国内行业领先水平；探索住宅开发、设计、施工一体化的经营模式，研究降低住宅小区工程成本的施工和管理技术，提高公司经济效益。

5. 发展智能化建筑设计与施工技术

（1）密切跟踪国内外智能建筑技术发展的新动态，积极组织智能建筑系统集成和施工安装技术的系统研究。

（2）根据生产经营的需要，组建和完善以智能建筑设计、施工、设备为一体的专业化公司集团；利用工程总承包或施工总承包条件，积极与智能建筑设备商合作，发展项目前期设计策划、设备采购、安装施工、系统调试和维护服务等技术；重点开发系统调试及施工协调技术，配置先进检测调试仪器工具，编制施工协调程序。

6. 发展既有建筑和构筑物的检测、改造与加固技术

（1）开发既有房屋结构的检测评估技术，包括结构承载能力、结构裂缝、钢筋锈蚀、混凝土碳化等诊断评估，提出改造、加固方案，争取使公司检测技术和方法获得行业及政府管理部门认证；提高旧有建筑拆除的技术水平。

（2）要充分考虑安全和环保要求，使用先进拆除工艺和设备，安全作业，减少噪声和

粉尘污染；研发和利用高新技术和材料，包括加固技术、粘贴工艺、环保材料等，提高公司市场竞争力。

7. 开发新型建筑机械、建材和建筑产品

（1）统一规划和协调建筑、建材机械设备的研究、开发和生产等环节的技术发展，逐步整合形成完善的产业链条和技术产品系列。

（2）积极开展对外技术合作，开发和引进国内外先进建筑设备生产技术，引进消化具有高技术含量的机械设备以替代进口设备。建筑机械设备产品要向系列化、多样化、机电一体化、操作舒适化的方向发展，提高机械可靠性和使用寿命，提高售后服务水平。重点开发和改进工程建设所需的大型关键产品，主要包括：筑路机械、大型起重机械、桩工机械、土方作业机械和预拌混凝土设备；并积极探索研究和开发适合国内施工特点的施工机器人产品；研究、开发和生产高性能、环保性建材及制品。

（3）重点开发具有自主知识产权的新型墙体材料、建筑配件，高性能混凝土掺合料及保温、防水材料等；对发展前途广阔的新型材料，要逐步向产业化发展。

8. 发展建筑装饰设计及施工技术

（1）提高装饰设计水平，要积极开发和运用计算机软件技术进行高等级装饰设计，不断提高设计产品档次，努力创造一批具有较大社会影响力的高级装饰精品。

（2）积极开发高级装饰施工技术，研究提高装饰工程的干作业程度，将建筑装饰与建筑防灾、节能、环境保护等相结合，开发成套施工技术和配套施工机具，并针对装饰工程中的新技术、新工艺，积极编制装饰专业工法和公司技术标准，建立装饰专业数据库。

（3）加强对装饰设计、施工一体化经营的研究，提高建筑装饰公司的管理水平，增大装饰业在经营中的份额。

9. 发展建筑节能、节水与环保技术

（1）加强建筑节能研究，提高建筑节能设计水平。重点研究和开发建筑维护结构、门窗以及暖通、照明等配套设备的节能成套技术，特别要加强对外墙外保温系列新技术的开发和完善工作。

（2）注意研究既有建筑节能改造技术，提高能源利用率；发展建筑节能检测技术，拓展检测范围，跟踪国际检测技术，加强对外合作，保持节能检测技术在国内的领先水平；积极研究开发检测仪器，提高检测能力。

（3）开发节能产品和材料，要把节能技术的发展同新型住宅体系的开发结合起来，完善房屋节能技术的研究，研制高性能保温材料及施工工艺，并逐步实现产业化。

（4）积极研究和编制建筑节能施工、检测方面的行业和公司技术标准和专业工法；研究利用低噪声、少污染的材料和设备，提高施工现场环保水平；城市中的大型工程和重要工程项目的工地要达到花园式标准，全面提高公司文明施工程度；加强节水新技术的研究与开发。重点通过开发和推广应用新型设备和材料，以及配套的设计施工技术，形成体系完善的、具有国际先进水平的城市供水系统设计与施工成套技术。

9.4 财务资源管理

在社会范畴中，公司是追求经济效益的经济组织。在经济组织中，财务管理是公司管理的重要组成部分，财务管理的终极目标就是经济效益，经济效益是数字化的财务体现。不论是什么经济成分组建的公司，不论从事何种行业的公司，除高度重视市场，重视产品的CI形象外，还要高度重视公司财务管理，把财务管理放在公司管理中心位置上，并对其进行再认识。如何加强公司的财务管理，提高经营管理水平，已成为促进公司发展的重要课题。

财务策略管理是公司经营管理的重要核心，公司根据市场条件和自身的资源状况，制定一个切合实际的财务策略安排，是非常重要的。

9.4.1 融资管理

较之传统的筹资概念，融资有着更为广泛的内涵。站在传统的角度，公司筹资是指公司根据其生产经营、对外投资及调整资本结构的需要，通过金融机构和金融市场等筹资渠道，采取适当的方式，获取所需资金的一种行为。按所筹资金的权益性质，可将筹资分为权益性筹资和负债性筹资两种。权益性筹资可能使出资者丧失控制权；而负债性筹资则可能使子公司面临破产的困境，使出资者的权益遭受损失。为此，出资者必然要对经营者的筹资行为进行控制。

筹资管理是公司财务管理的一项最原始、最基本的内容。而作为融资概念，除了包含着传统的筹资特征外，更主要地体现为可运用的"活性"资金的增加。这种"活性"表现在四个方面：一是表内可资运用的资金来源总量增加；二是存在着相当数量的表外融资来源；三是即便资金来源总量不变，但通过资产形式的转换，如应收账款让售、票据贴现等（资产有债权形式转化为现金形式）可实现更多的购买力或支付能力；四是在财务资源有限量的情况下,通过对机会成本项目的开发,创造出新的资金来源。如公司基于未来发展或竞争的考虑,必须将营业场所迁移至一个环境良好的位置,但公司集团缺乏足够的资金进行新建、购置或支付额外的租赁费用,在这种情况下,公司集团便可以考虑通过按揭的方式购买新场地,并将原来的经营场所租赁出去,然后用取得的租金收入支付按揭场地的分期付款,如此等等。可见,较之传统的筹资概念,融资的着眼点在于为公司集团提供和创造出更多的可以运用的"活性"资金,而不仅仅是资金来源外延规模的增大。

1. 保持合理的资本结构

公司筹资的基本结构讲的就是资本金或所有者权益与负债,两者的比例关系称为资本结构,也可称为财务结构。资本与负债保持什么样的比例关系,涉及公司的财务收益和风险。公司的风险来自两个方面,即经营风险和融资风险。前者是指公司不使用负债时的资产风险,也即公司全部利用权益性资本筹资,则公司的利润水平变动的不肯定性只是来自于资产经营缺乏效率所带来的风险,而与筹资结构无关,这类风险即为纯粹的经营风险。但是,一旦公司借入资金经营,就需要按期还本付息。由于公司资本利润率和借款利率均不肯定,公司资本利润率可能高于或低于借款利率,因而公司使用借入资金,可能使公司资本利润率提高或降低,这种因借款而增加的风险,就是筹资风险。我们也把它界定为因公司使用债务而发生的进而由普通股东承担的附加风险。实际上这种附加风险包括两个层次:一是公司到期不能偿债时,由普通股或资本金抵债的风险;二是由于使用负债而可能导致公司所有权人的利益遭受损失的风险。为保证出资者的利益不受到侵害,母公司需要对子公司的资本结构进行控制。

资本结构可以给母公司的管理层以下启示:(1)资本结构决策是管理决策的重要内容,资本结构的变动会影响公司价值,因此,作为母公司的管理层必须将资本结构决策置于重大决策事项范围。通过子公司的股东大会与董事会来对资本结构进行决策,而子公司的经营者只是该资本结构决策的执行者。(2)负债性筹资存在税收屏蔽及抵免作用,但增加负债会带来破产成本和代理成本的增加,因此负债要有限额,而不能无节制。(3)子公司最佳资本结构的确定受子公司所面临的经营风险的影响,对于经营风险较高的子公司,保持适度或较低的负债比率和财务风险也许是必要且可行的。(4)当母公司试图改变子公司资本结构时,这种改变事实上是在向市场及投资者提供关于公司未来发展、未来收益的一种信号,信号的潜在作用与反作用不能低估,母公司的管理与决策当局必须谨慎从事。

在目前建筑市场还不规范、建筑公司管理素质尚需进一步提高的情况下,应由集团公司进行筹资的统一管理，以有利于降低公司融资成本和保持公司的抗风险能力。

2. 拓宽融资渠道，变换集资方式

依靠公司的实力和信誉，为公司筹集资金，促进公司的发展。公司融资的主要有两种渠道：从资本市场上集资和以负债方式集资。前者的主要方式是从金融市场的整体入手，密切关注，深入分析各种股票、债券、资本市场的变动，在掌握公司发展策略和了解公司业务的情况下，积极向金融界推介本公司，根据不同的经营方式需要，选择不同的融资方式，争取用较便宜的成本融入公司发展需要的资金。

要保持公司融资能力，建立借还款信誉，作者的体会是：(1) 要与几家大银行保持良好的互信合作关系。在资金供应充足时，也不特别挑剔贷款银行的条件，要做平衡。这样在资金紧张、公司有困难时，银行才会继续支持公司。如 Z 公司在香港同港资银行、欧资银行、美资银行、日资银行一直保持着这样的关系，金融风暴袭来后，除了日资银行撤走，其他银行都继续大力支持该公司。(2) 争取银团贷款；由于参与的银行较多，任何一家想改变贷款条件都不容易，较为安全。(3) 项目抵押贷款比较可靠，银行放心，但公司资源分散，不利于整体融资安排。香港的一家内资公司在积极转向银团贷款，不仅降低了公司融资成本，每年还可节省大量利息支出。(4) 按时归还银行贷款，维护公司借还款信誉，始终将按期归还银行贷款放在第一位，确保公司在银行界的信誉。

3. 严格控制公司的负债比率

对借款实行总量控制和年度借款预算，安排好中长期债务和短期债务，以确保公司保持良好的财务指标和融资能力。同时，在外汇贷款方面，也要加强管理，降低外汇贷款的风险。

作者曾对中国建筑公司在海外资源与业务匹配的情况进行了简要的分析。完成 100 亿元人民币的营业额，相应的需要资产总值达到 30 亿元人民币，相应的工程保函至少需要××亿元人民币。按照 2010 年 ENR 国际承包商第 10 名 89 亿美元（576 亿元人民币）的营业额，则需要保函××亿元，对于中国建筑公司向国际一流承包商迈进，保函资源的限制是一个重大问题。

银行对扩大保函授信额度的审查是十分严格的。各项财务指标，营业收入、现金流量、盈利水平、借贷权益比率、工程履约记录、公司品牌等都需要达到一定的条件。中国的大型建筑企业经过多年的发展，相当一些公司拥有庞大的总资产规模，充足的现金流量，专业的人才队伍，良好的银行界信誉，以及立足中国大陆快速发展中的经济，这些是中国公司走向世界，参与国际竞争的的基础，关键是如何有效地配置资源，将优质资源向发展前景广阔的市场上倾斜，实现企业的战略目标。

9.4.2 投资管理

建筑施工是低利润行业，建筑企业要做强，必须要采取施工与投资双轮驱动的策略。但由于投资活动资金需求量大、周期长，不可控因素较多，是一项高回报、高风险的业务。建筑企业要开展好投资业务，一是要尽量选择与主业相关的投资领域；二是要强化投资管理，才能最大限度地规避投资风险，实现预期的投资收益。Z公司下属S工程局积极抢抓政策和市场机遇，加快产业结构调整步伐，稳步推进房地产开发，大力开拓基础设施领域，不断完善钢结构和混凝土产业链布局，着力规范投资管理工作，投资业务得到了长足发展。其主要做法是：

1. 紧紧围绕建筑主业，正确把握投资方向

（1）该局近年来加大了对国家鼓励的投资项目如基础设施等的研究力度，在投资方向上优先考虑，并于2009年2月成立了局基础设施事业部，通过"融资带动总承包"、"小资金撬动大项目"，凭借投资对接市高端市场，实现了基础设施领域的重大突破。

（2）努力加快与建筑主业密切相关的房地产业务的发展。在投资区域的选择上，该局始终坚持投资于拥有相对竞争优势的地区，集中力量，重拳出击。该局的房地产开发业务板块立足武汉城市圈，从2005年开始先后投资了多个地产项目，收益情况良好。

（3）完善产业链布局。该局始终坚持投资方向应与企业主业相关联，与企业战略目标相一致。该局拥有在房屋建筑和钢结构方面拥有的品牌、人才、管理优势，但在钢结构加工制作方面一直较弱。为此，该局于2007年投资7亿元建设钢结构加工厂，建成后有望成为全国最大钢结构加工基地。

2. 始终坚持科学决策，严格防范投资风险

（1）确保程序规范。该局规定投资决策必须坚持"项目立项、市场调研与可行性研究、项目评估、项目决策"的决策流程，任何一个具体投资方案的决策都不能出现程序缺项。

（2）强化专业评估。为提高投资项目评估的准确性和严密性，该局建立了投资主张单位、内部评估部门和外部专业评估机构多层次结合的项目评估人员结构，构建了专业化的评估体系。

（3）力求科学决策。①合理的投资决策授权，该局目前将对外投资决策权限全部收归

到工程局，由局统一行使投资权，全面防控投资风险。②严格的分级负责制，该局出台了相关制度，明确提出投资项目主张、立项、评估、决策等环节在操作过程中应分层实施、相互监督、各负其责，并特别强调各单位法务人员的参与，所有投资项目均需法务人员提出专业法律意见，从法律层面降低或控制风险。

3. 不断加强体系管理，确保项目规范实施

（1）完善组织体系。通过建立总部、二级企业投资业务分级管理、分级负责的管理架构，完善项目主张、评审和决策三分离的决策管理体系，优化决策流程，提高决策效率。

（2）强化制度建设。为加强投资业务管理，有效规范投资行为，控制投资风险，该局先后制定并出台了一系列投资制度，为规范、顺利、高效地开展投资工作奠定了坚实的基础。

（3）严格风险评估。投资项目最大的风险来自于决策的风险，为此，该局着力通过制度约束行为，通过流程规范管理，杜绝"未批先干"行为的发生。

（4）注重预算管理。该局将投资预算的科学编制和严格实施作为保障和控制投资活动按计划开展的重要手段，要求所有投资项目在年初必须编制年度投资预算，做好投资计划和筹资安排。同时通过定期汇报与不定期检查等方式，不断加强投资预算的过程监控，确保不出现偏差。

（5）确保资金平衡。该局始终将资金的平衡和保障作为投资项目实施的必要条件和基本前提，提出了"尽力而为、量力而行"投资原则，决不盲目和超额投资，科学合理地分配财务资源，始终确保主业资金与投资资金的综合平衡。

（6）强化项目后评估。该局注重对已完投资项目开展后评估工作，对投资项目整体建设情况、运营情况、投资预算执行情况进行总结，为今后的投资提出管理建议，为公司不断提高投资管理水平积累了宝贵经验。

（7）严肃责任追究。一是加强跟踪监控，对投资项目外派人员述职、信息报告、绩效考评等方面作出了明确、具体的规定，进一步加强了对投资项目的过程监控。二是建立失误追究制度，使各投资管理环节有人负责、有据可查、有责必究，从而强化了投资管理人员的责任感，形成一套长期和完整的投资运行管理机制。

4. 着力建设管理团队，提升投资项目品质

（1）建设项目管理专业团队。一是加强培训，鼓励学习，加快培养自己的投资专业人才队伍。二是从外部引进、招募一些专门人才。三是积极培育项目执行力文化，把总的任

务转化为阶段性绩效指标并认真实施指标考核，最大限度地实现投资项目的预期目标。

(2) 建设职能部门监管团队。为确保投资项目预期目标的实现，该局建立了一支高效、负责的监管团队。该局按专业化原则组建和充实了投资管理相关职能部门，包括投资部、法务部、商务部、财务部、审计部等，要求投资监管部门人员定期跟踪检查投资项目实施情况，并对资金、效益、运营风险进行适时评估，努力降低投资损失风险，并要求监管部门人员提高办事效率，认真指导和服务于投资项目，切实履行好投资服务与监管双重职能。

9.4.3 现金流量管理

公司应该高度重视对现金流的管理，现金流对公司就如同血液对于人体一样，因流动资金不足而破产倒闭的情况国内外屡见不鲜。如珠海的巨人集团、日本的八佰伴等，都是因为忽视了对现金流的管理而招致失败。

1. 严格对资金收支的日常业务进行管理

集团公司及其他涉及现金收入、使用、保管、记录等事宜的单位，都要归入公司现金网点管理。同时还应制定一些切实可行的管理办法。例如，出纳人员实行休假轮岗监督制度，利用其年度假期，使其暂时离开工作岗位，由其他财务人员接替其工作，替岗人员通过工作交接，全面了解情况，对以前出纳人员经办的事情起到监督作用，检查现金控制中是否存在薄弱环节，便于进一步改进工作。

2. 严格支票管理

集团公司支票执行应由 A、B 组人员双签。按照公司付款程序办理，在经过公司业务部门层层审核以后，由公司确定的 A、B 组人员签名以后，收款人才能取到支票，前后要经过 10 人签名，一般所需时间 3~5 天，急件 1 天应处理完。每月都要有银行账户统计表，每季度报给集团公司总经理审阅。签字的 A、B 组人选由总经理亲自确定，保证签发的支票不出差错。

3. 严格预付款的支出

在未正式签署合同前，不预先支付预付金或诚意金；不代为支付与公司业务无关的款项；不为外单位开立任何资金担保或信用证。通过有效管理，保证在资金收支业务上不出现任何问题。

9.4.4 成本费用控制

公司在激烈的市场竞争中，既要取得优质及高回报的项目，更要通过成本的控制，提高边际利润,加强本身竞争优势。通过管理会计对公共管理费用和利息的进行摊分是管理会计中的一个很基本的部分,但不同的公司、不同性质的业务,都会根据实际情况,采取不同的摊分方法。

1. 建立公共管理费用及利息分摊试行制度

按照公司的业务及管理责任重新划分利润中心和成本中心,将费用予以重新归纳和分摊,按照获得的服务量为原则分摊公共管理费用,以占有公司的资金分摊利息,合理地反映各业务和子公司的收入和成本,再配合相对应的预算账目和指针体系,对各业务、子公司和部门,以至项目,实施全面的绩效考核、成本预算监控等功能。

2. 公司管理费根据为谁服务谁承担的原则进行分摊

首先分摊集团公司本部的管理费用,对费用发生的原因进行分析,落实承担单位,根据集团公司各部门具体服务的内容,按提供服务的时间和人员数量等在承建业务和地产业务之间分摊各项管理费用。承建业务本部管理费和集团公司本部摊入的管理费,再按照营业额摊到房屋公司、土木公司、基础公司等。

3. 建立较为完善的成本费用控制体系

公司要对每一个项目定期进行成本预测,随时了解工程的成本状况,成本预测每季度进行一次,按成本预测表进行填制,如实反映工程项目的盈亏状况。成本预测表由项目负责填报,经子公司主管领导审签后,报集团财务部。集团财务部建立预警系统进行监控,该系统设有三项指标:工程实际收入同计划收入比较指标、项目管理费与工程收入比较指标、占用资金情况指标。当项目同期实际收入低于计划收入的10%,或项目管理费与实际收入之比超出同类工程的平均值,或当工期过半,项目收支结余数没有达到项目盈利预算的30%以上(或为亏损控制指标没有达到减亏目标的30%)时,即发出预警,并采取相应措施。这对督促各项目及时回收工程款、降低管理费开支、加强成本控制将起到十分积极有效的作用。

4. 重视公司清产核资

公司每年都要进行清产核资工作,要成立专门的领导小组负责,应由集团财务部牵头,行政部、物资部、计算机中心共同参与组成,对公司固定资产和流动资产进行全面清查。公司通过建立较为完善的固定资产管理办法和固定资产年度清查,使实物资产管理工作井井有条。及时清理流动资产中各种往来款项,通过成立清理拖欠工程款领导小组追收逾期工程款,减少公司资金占有。

9.4.5 担保业务管理

工程保函是建筑业中的重要内容，作为国际承包商尤其要做好这项工作，积极申请工程保函额度，满足承接新工程的需要。

"担保业务"指公司为下属公司或者本公司以外公司出具的银行贷款担保、综合授信额度担保、工程保函担保、贸易项下融资担保、承兑汇票担保、信用证担保及其他所有需要或可能需要承担还款责任的或有负债担保。

由于国内大多数集团公司的经营范围覆盖国内和国外，因此，公司的担保业务也涉及国内担保和国外担保两部分。尽管担保的内容和性质大同小异，但具体实践中的做法和要求却大不相同。这里既有国内国外金融市场的差别，国内国外银行的不同要求，也有外汇管理和法律管辖的问题。

国内担保业务管理中，集团公司提供担保，必须遵守《中华人民共和国担保法》的规定。同时要依据本集团的实际，制定切实可行的集团担保业务管理制度，使担保管理规范化、制度化，减少发生担保损失的情况。在制定制度过程中，要明确规定严禁向集团公司以外的公司提供任何形式的担保。如遇特殊情况确需提供，必须事先报集团公司批准。在担保实践中，目前国内银行接受母公司对子公司的担保，但有些银行还不接受子公司对母公司的担保。在出具担保前，公司必须要对担保的风险进行认真识别、评估和采取相应防范措施。同时遵循"总量控制、逐级审查，分层负责，责任到人"的基本原则和审批程序进行，并注意：

（1）如果公司业务增长较慢，现金收入增加不多，除原有银行贷款展期或借新还旧的担保外，原则上不再办理新增担保，并视情况逐渐减少担保额度。

（2）工程保函担保可以适当增加，但要从严控制。

（3）如公司特别困难，又遇特殊情况，需要新增担保，必须提交公司最高决策机构研究审定。

（4）为集团公司提供担保的公司需要增加担保，可以适当增加，但也要从严掌握。

（5）公司为下属合资、参股公司提供担保，必须按照本公司在公司中的投资比例提供等比例的担保，风险共担，利益共享。因特殊情况需要提供超过投资比例的担保时，对方必须提供足够的保证，并事先报上级主管公司批准。

总之，集团公司对担保业务的管理必须常抓不懈。要充分重视或有负债风险，加大管理力度，避免因担保风险使"或有负债"变成实际债务。

9.4.6 税务策划管理

公司的税收策划基于法制规范，通过对融资、投资以及收益实现进度、结构等的合理安排，达到税后利润最大化或税负相对最小化目的的活动。公司在组织税收策划时必须树立的观念是：

（1）税收策划的宗旨主要不是为了追求纳税的减少，而在于取得更大的税后利润。否则，如果片面地追求税负的降低，必然给公司集团带来极大的负面效应：一是税收策划的直接收益抵补不了相关的直接费用，形成收不抵支，得不偿失；二是尽管税收策划本身取得了一定的经济效益，但却低于与之相关的机会成本；三是即便税收策划取得了暂时的效益，但如果因此扰乱了公司内在的经营秩序，势必给未来经济效益增长造成巨大的潜在损失。

（2）应学习西方公司的纳税观。纳税是公司取得并保持法人资格与权利地位的先决条件。与中国的某些公司不同，西方公司所看到的不是纳税越多，既得利益受到的损失越大，而恰恰相反：纳税越多意味着公司对社会的贡献越大、自身存在的社会价值越高，越是意味着经营的成功，在既定的税率下赚取的税后利润也就越多。同时，对于实现的应税收益，西方公司首先考虑的是如何保障税款的缴纳，而不是怎样才能将更多的既得利益留下来。在上述方面，乍看起来似乎只是一个思维顺次的问题，但中国的一些公司要能达到这种境界，绝非一朝一夕。

（3）税收策划不能以利用法律的纰漏为着眼点，更不能以偷逃税款为手段，而应当从守法意识出发，将税收的杠杆导向功能引入公司的管理理念与经营机制，实现集团组织结构的优化调整、筹资与投资活动的合理规划以及收益、成本、风险的最佳匹配。

（4）税收策划作用于收益实现的基础与实现的过程。收益结果一经实现，税收策划便不再具有法律上的支持，而必须严格地依据税法履行纳税责任。因此，公司需要事先筹划平衡税务工作。通过整体考虑和适当安排，达到合理避税和推迟缴税的目的，为公司增加利润和现金收入。

税务安排必须事先设计和筹划，而不是等到会计结算的时候才进行。国际承包商应充分利用税务条例，结合国内外的具体情况，统一集团整体避税。在公司自身进行税务安排的同时，积极主动向会计师进行咨询，发挥他们的专业水平，使避税和推迟缴税工作正常化、科学化。某公司在1995～1999年间在香港共计获得税务减免金额1.5亿多港元，取得了可观的经济效益。该公司在新成立时，就开始全面考虑税务平衡，以便于合理避税，并建立起了各类档案。

（5）税法是公正而严肃的，如果不按税法规定，无论是少交税还是多交税，都将不利于维护税法的公正性与严肃性。

税收策划是一个系统的工程，它融汇在从公司股权结构的设置到经营理财的全过程，而不是仅仅局限于对收益结果的处置。具体的策划方式也多种多样，包括逆向的和顺向的，需要公司根据自身的实际情况来作出合理的税收策划。

9.5 人力资源管理

当今时代，科学技术发展日新月异，知识经济的浪潮以排山倒海之势，汹涌而来。人成为生产力中最活跃的因素，人才资源成为最重要的战略资源，人才竞争成为最具有全局影响力的竞争。

建筑业是国民经济的支柱产业，国有独资及由国有企业转换而成的国有控股建筑公司，当前阶段，在建筑公司中无论从经营规模还是从业人数仍处于优势地位。由于国有大中型建筑公司从劳动力密集型向管理密集型转轨，建筑产业新技术、新材料、新工艺、新方法的大量产生和使用，市场经济新情况对公司管理的挑战，从而使传统的国有建筑公司从业人员无论从技术上还是管理上都存在着严重的先天不足，如果不能够正视这一点，并采取相应有效措施，国有建筑公司将会在竞争激烈的市场上失去"人"这一公司管理中最重要的因素优势，使公司形成不利的局面。从这个意义上讲，制定人才开发战略是十分必要的。首先是实施公司可持续发展战略所必需的，是战略启动阶段为了战略具体化和可操作而制定并实施的职能战略。其次，人才开发战略是提高员工素质所必要的。一个公司要发展，必须有高素质的人才，人是最主要的能动的资源，不论是领导成员，还是管理成员或业务工作人员，都是不可缺少的，都要求具备必要的素质，以适应各专业化的需求。再次，是管理现代化、知识化、信息化、科学化的需要。在当今社会中，无论是从事生产或从事管理，要求人们必须有相应的知识，方能称职。因此，牢固树立人才资源是公司第一资源的思想，坚持把人才资源管理作为公司可持续发展最根本、最重要的战略支持，这是每个公司都应牢牢把握治企之本。

9.5.1 战略人力资源管理框架

管理学家钱德勒认为，公司组织结构要服从战略，支持战略，为战略的实施服务，但他却忽略了人力资源管理在战略中的作用。加尔布雷斯（Galbraits）与内森逊（Nathanson）发展了钱德勒的思想，认为人力资源管理工作应与公司战略和组织结构相符合。表9-1就是依据他们的研究概括地说明了公司战略、组织结构与人力资源系统三者的一致性。

人力资源管理的主要任务是识人、用人、育人、留人。

公司战略、组织结构和人力资源管理的关系　　　　　　　表 9-1

序号	公司战略	组织结构	人力资源管理			
			选拔	评价	奖励	发展
1	单一产品战略	职能制	运用主观判断标准进行选拔	根据人事合同进行主观评价	家长式作风，报酬分配的随机性大	主要凭借个人的工作经验，随机性大，侧重于单一职能的能力提高
2	纵向一体化战略	直线职能制	运用规范的标准进行选拔	以生产率和成本的数据做客观评价的基础	奖励与效率和生产率挂钩	主要通过工作的轮换使工作技能和能力提高
3	产品系列进行相关多种经营战略	事业部制	运用系统的标准进行选拔	以投资回收率、劳动生产率和对公司作出的贡献等客观评价作为基础	根据获利能力和对整个公司的贡献进行奖励	主要通过在一个事业部内工作的轮换及在其他事业部内任职，使工作技能和能力提高
4	在多个国家里生产多种产品	全球性组织	运用系统的标准进行选拔	以多种目标为基础，如投资回收期，不同产品和国家要达到的利润等作为客观评价基础	根据已计划的多种目标和适当的高层管理的裁决来确定奖励	主要通过在其他事业部内任职或在其他子公司内任职，使工作技能和能力提高

9.5.2 人才选用与培养

人力资源管理要着眼于人的能力开发，落脚于人的全面发展，尊重人的特殊禀赋和个性，最大限度发挥人的特长和潜能。要全面引入竞争机制，激活员工，激发其内在活力和创造力，盘活内部人才资源，推进人才市场化。

1. 创新人才选用机制

跨国经营的建筑公司,应该充分利用国内外一体化经营优势,拓宽高层次人才培养途径。公司完善的人才选拔任用机制应该做到竞争择优、能上能下、人事相宜、人尽其才。创新人才选用机制,关键是怎样按照"公开、平等、竞争、择优"的原则,把党管干部原则和董事会依法选择经营管理者以及经营管理者依法行使用人权结合起来。对出资人代表,应采取组织考察、上级任命的选用方式。经营管理人才,应主要是通过市场和内部招聘来选拔任用。专业人才,尤其是高技能人才则可直接择优选用。这几种方式中,大量的、难度较大的是关于经营管理人才的选用机制问题。在这个方面,要把"赛马"和"相马"结合起来。赛马就是突出业绩,业绩是第一位的。相马就是组织考察,主要是政治素质、工作能力、品德培养、民意和自律情况。由于经营管理者主要是经过市场筛选,因此,"赛马"最为重要。

2. 创新人才培养机制

人才培养是人才资源能力建设的重要环节,也是公司实现人才工作目标的基础性工作。公司应按照国家人才战略关于大规模培训干部,大幅度提高干部队伍素质的部署和"大培训、大教育"的要求,创新人才培养机制,加强人才的培训与开发。

(1) 进行人才职业规划,促进岗位成才。丰富个人的岗位经历,是成才的重要因素。公司要从人才成长的规律出发,进行科学的职业规划,让每一个进入公司的员工,根据公司发展的需要和个人专业特长及发展方向,适时变换岗位,积累经验,丰富阅历,然后再选定一个方向走职业化道路。通过职业道路的设计,使各类人才奋斗有方向、创业有机会、干事有舞台、发展有空间,如图9-3所示。

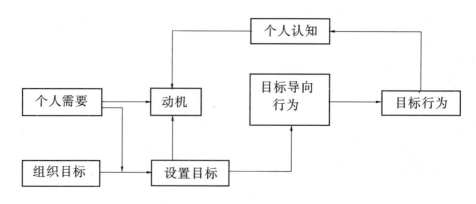

图9-3 人才发展动力机制示意图

(2) 完善人才培训制度,加强能力建设,倡导终身学习。公司应树立大规模的大培训和大教育观念,采取多种方式提高员工综合素质、业务能力和就业能力。重点加大对管理和技术人力资本的培训投入。强化对项目经理、项目管理人员和操作层关键工种的高级技工的专业化培训。持证上岗的各类人员,应切实完成定期培训任务。公司可根据发展需要,选派人员到国内外先进公司学习交流。对刻苦钻研业务、学以致用的人员,应以适当方式给予支持和鼓励。

(3) 激发人才的自学动力,鼓励自我成才。人才培养还有一点十分重要,就是激发人才自身学习与提高的需求和动力,进行自我培养。有了这种需求和动力,任何周边的素材都会成为教材,任何变化的环境也都转变为成才的积极因素。要培育学习钻研业务,提高技能的氛围。一方面,要让人才在学习提高后感到竞争力增强的自信感,另一方面,要让人才有不进则退的危机感,如图9-4所示。

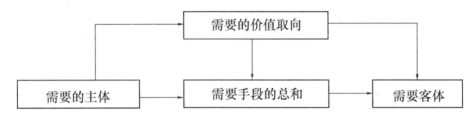

图 9-4 需要的基本要素

(4) 加强领导人员的教育培训。领导人员教育培训,首先要提高班子的集体学习能力。集体的学习能力是十分重要的,《第五项修炼》的作者圣吉说,公司的发展取决于公司的集体学习能力,这个观念得到了很多企业家的认同。公司应倡导建立学习型组织,公司领导班子要率先成为学习型团队,起到示范作用。其次,要加强对领导人员的培训。公司应根据公司生产经营需要和人员情况,做好各层次、各类别的培训,办好领导人员培训班,力争三至五年内将公司领导人员轮训一遍。第三,应抓紧对出资人代表培训项目的开发。出资人代表是随着公司改制的推进应运而生的,出资人代表的主体来自现有的领导人员。但是现有领导人员在新的机制下工作,必须转换角色,更新理念,掌握必要的理论和知识。

(5) 市场营销队伍建设。商场如战场,营销队伍就是公司占领市场的先头部队,但是营销队伍却往往无法让公司管理人员满意。营销队伍出现各种各样的问题的根源在于公司普遍缺乏一整套建设与管理营销队伍的体系,因而只能"头痛医头、脚痛医脚"。要解决这种状况,就必须从营销队伍的规划、培养、控制、激励等方面入手,打造营销队伍的"整体势能",使之逐步走向系统和规范,进而打造出能征善战的营销团队。要建立好这支队伍，首先，需要培养领导者市场营销意识。其次，要注重公司经营和管理人员的培养，应把与用户直接接触的经营生产人员和管理人员，纳入市场营销队伍中来。对市场营销人员的能力培养要分层次，突出重点，要结合其工作实际。第三，重点建设专职营销人员队伍。应对高、中、一线营销人员分别进行培养。对于高级营销人员重点放在市场分析和策划；对于中级市场营销人员重点放在组织营销计划的实施上；对一线营销人员重点在推介的技能和参加市场调研工作上。

3. 创新人才流动机制

公司集团系统内部人才流动不是流失，这个观点要成为大家的共识。人才流动越来越活跃是一种趋势，人才流向出效益的环节是市场配置资源的规律。随着人才强国、人才强企战略的实施，人才市场会更加活跃。在人才管理方面有作为的公司，会感到如鱼得水，而能力欠缺的公司，会感到竞争更残酷。采取堵的办法阻止人才流动越来越困难，集团系统内部是这样，社会上更是如此。因此，公司总部以及成员公司都应达成共识，使集团系统内部人才资源能够优化配置，协调内部人才有序流动，尽量减少人才流动对流出公司的震荡，确保人才内部优先聘用而不流失到系统外，更具有积极的现实意义。在人力资源的配置上按照市场规则建立相应的内部流动机制，是搞活人力资源，促进人才流动而不流失的措施之一。可以考虑先在一定地域或范围内试行建立网站，汇集信息，实行会员制，共享人才资源信息，实行流动补偿，减少人才对流出单位的影响。当然，公司要大力引导人才的正向流动。所谓正向流动，就是从集团整体强大的高度出发，鼓励人才到困难公司、到有挑战性的岗位、到最需要人才的地方发挥才能。好公司要在人才的培养和输出方面承担更多的责任，困难公司要从改变内部微观环境入手，减少人才流出。困难公司留住人才靠什么，要靠比别人更珍视、更关心人才。要给综合素质好、有潜力的年轻人委以重任。有些公司在这方面有很好的经验，他们公司原来流出去的人有一些都回来了，回到原公司的待遇比在外面的低。为什么他们会这样选择，因为原公司的面貌改变了、氛围改变了，他们能有更广阔的事业平台，这是人才所看中的。

4. 国际化人才队伍建设

跨国建筑公司的国际化经营，必须有一支具有丰富国际工程承包经验和公司管理经验，又了解所在国文化体系、商业体系、法律体系的国际化管理者队伍。

中国内地公司的境外机构中，在欧美经营的内派人员比例高，在港澳经营的内派人员比例低。以美国经营为例，中国公司在美招聘当地员工很少，内派人员和当地员工的比例只有1∶1,或稍多一些。而内地的中资企业在香港的比例为1∶10。尽管存在不同人种、不同文化的问题,不能达到香港的属地化水平,但在欧美地区1∶1这个比例还是偏低的。由于派出困难,再加内派人员的总成本可能也不低,作者认为在欧美地区做到1∶5或者1∶6还是有可能的,尤其是搞营销,没有当地员工是很难打入当地市场的。即使在内地,北方的公司在南方设机构,不用当地人,不吃当地菜,不会说当地话,还是打不开市场的,这个道理在美国也一样。做项目免不了和当地的居民、政府打交道。例如,中国公司在美国承包一个历史文物保护建筑的维修工程,报批程序复杂,要分别通过政府的听证答辩,当地社区管理委员会的同意等程序,中国公司的项目人员通过充分的准备,做通了社区老太太的思想工作,顺利通过了政府的答辩,使工程顺利实施,赢得业主、同行的极高评价,乃至成为该公司的核心竞争力之一。此外,中国公司还应总结管理当地人的经验,对不同文化背景、不同学历,普通员工、高层外籍员工的管理经验,建立相应的管理机制和制度。最后,中国公司还应该招聘刚毕业的美国学生。内地中资企业在香港差不多十多年前,在当地人中招聘刚毕业的大学生,最后培养成为忠诚于公司的高级管理人才。这个成功经验也可在美国一试,包括中国的留学生,培养、考察这些人员,形成合理、可靠的公司人才梯队。我们要以开阔的胸襟,广招天下人才为我所用。让中国的跨国公司成为不分肤色,不论国籍,共同工作的乐园。成为跨国跨种族文化融合的试验田,为办成一流的中国跨国公司探索经验。

中国内地企业参与海外经营,一定要有一支骨干的资产监管人员队伍,人数不一定需要很多,但是重在管理控制,关键的岗位一定安排内派人员,管好公司资产,这是许多内地中资企业在香港成功的经验。汇丰银行也有自己的骨干队伍,他们叫做国际志愿队。

人才的选拔任用机制、培养机制、激励机制、考核评价机制和流动机制,要在以人为本、贵在激活的观念统帅下,相互协调配合,共同服务于公司,吸引、留住和激励人才。公司要努力为人才提供成长的环境、竞争的机会、发挥能力的岗位、公平的回报,与此同时也要设有检验和处理程序,不合格"产品"要遭淘汰,不合格行为要遭惩处。这一系列机制建立后,一切就决定于员工个人。当员工的现在和未来掌握在自己手中时,其活力将会得到极大的激发,其潜能也将会得到充分的释放。

9.5.3 分配制度

分配制度是公司激励机制的重要组成部分,不同的公司差别很大。分配制度要解决外部竞争性和内部公平性问题。对外能够吸引需要的人才,对内能够体现每个人对公司的贡献，这个公平不是平均，而是个人付出和贡献与报酬对称。分配制度改革应坚持的总体原则是：坚持劳动、资本、技术和管理等生产要素按贡献参与分配、效率优先、兼顾公平的原则，注重人工成本投入产出效益，以能力和效绩为导向，以岗位为基础、贡献为核心、考核为依据，建立总额调控、方式多样、效绩挂钩、严格奖惩的分配制度。

在分配制度改革上，应以建立现代公司工资收入分配制度为目标，进一步深化公司内部分配制度改革，搞活公司内部分配，重点抓好公司经营者年薪制、管理人员岗薪制和社会通用岗位（工种）实行劳动力市场价位工资制度等三项主要工作，做好工资制度改革与人事制度改革的配套衔接工作，实行"竞争上岗、按岗定薪"，拉开关键岗位与一般岗位的分配差距，尽快形成有效的激励和约束机制。对于具备条件的公司，积极进行股权激励试点，进一步完善和丰富分配形式，提高分配的激励作用。进一步改进和完善公司工资总量决定办法，争取将所有公司纳入工效挂钩实施范围，根据公司特点采取不同形式工效挂钩办法。

在具体分配制度上，应打破平均主义，拉开分配差距，防止收入悬殊，实现共同富裕。积极探索一企多制、特岗特薪等方法，并依据公司条件，建立工资增长调控机制。针对不同的职务、层级、岗位和技术等级，制定切合公司实际、逐渐与社会平均市场价格接轨的分配制度。例如，对于公司经营管理者应是效绩评价和预算考核挂钩，推进和完善经营者年薪制；对于公司稀缺资源的职业经理人，应努力让其拥有公司合理比例的期权、期股或产权；对于公司一般员工应是在对岗位进行科学的测评后，实行岗薪制，并将简单劳动岗位与管理人员的工资分配脱钩；对于建筑公司项目经理则应是与项目成本管理挂钩，对项目经理实行降低成本分成奖励制度；对于有突出贡献的经营管理者和科技带头人应是设立总经理奖励基金，奖励贡献突出的公司经营管理者，设立科技进步奖，鼓励科技创新的专家型人才。

9.6 信息资源管理

"信息化是当今经济和社会发展的大趋势，也是我国产业升级和实现工业化、现代化的关键环节。要把推进国民经济和社会信息化放在优先位置。"这是国家第十个五年计划中作出的战略部署。无论是加强公司策略管理的整合与创新，还是加强信息化建设，都离不开对市场环境、公司体制、运行机制、组织结构、经营状况等各方面的问题进行分析。否则，就信息化策略谈信息化策略是难以深入的，甚至是无法取得实效的。

公司是国民经济运行的主体,公司总体经营水平直接关系着国家经济的发展质量。实施国民经济信息化,公司信息化是基础,是核心。因此,公司信息化也是国民经济和社会信息化的工作重点。积极利用当今的信息技术成果,加大在信息科技方面的投入,对传统的经营管理的手段和方式进行变革,让建筑和地产这一传统产业重新焕发青春,展现新的活力,将是建筑企业管理者面临的一个重大课题。

9.6.1 公司信息化内涵

信息科技改善了技术手段和我们的经营管理。工业化时代征服了距离,使我们结成了一个世界;信息化时代征服了时间,使我们成了一个地球村。信息如同空气一样,将成为人们工作、学习、生活不可缺少的东西。近几年来,信息科技的发展日新月异,知识的创造方式、生产方式、传递方式、学习方式和接受方式,都发生了改变,我们要做的就是通过这些先进的信息技术,利用互联网提供的信息,从整体上把握市场的动向,为策略管理服务,降低成本,提高效率。

通过上互联网,我们不仅可以查阅一些市场资料,更进一步地可以进行有关的专项研究,如国民经济、投资环境、人口状况、家庭收入等与房地产业密切相关方面的研究,与社会上一些咨询研究机构建立一种协同关系,利用他们的研究资料。作者曾经通过一个朋友,了解过柏诚公司,它是美国一家百年的老店,信息科技搞得很好。通过网络,几个人可以在同一个工作平台上作业,同一篇文章,几个人可以同时一起写,存在同一个档案里,他们的分公司在香港,总部在西雅图,通过内联网,可以同时一起工作,在这种情况下,无论人是在东京,还是在伦敦或是纽约,或是在香港,都可以协同工作,跟在一个办公室里差不多,这个世界确实是改变了。柏诚有网上大学、网上图书馆、网上杂志,他们有学术委员会,下设 60 几个专门委员会,有什么问题,例如,在香港某个基础打桩到 100 米,遇到了技术难题,应该怎么解决,向专门委员会发一个 E-mail,然后去睡觉,等第二天醒来,就可能收到好几个 E-mail。某位专家说,这个问题请看我的博士论文即可解决;也有专家说,请查阅我的什么专著,可以给予启示;还有的专家提示,请通过互联网到美国国会图书馆,检索几个专家的文献,以供参考,问题就可以很快得到解决,效率惊人的高。有人说,这是虚拟社会。作者的这位朋友也是一个专业委员会的成员,他说三年了只见过该委员会的一个人。我想类似的,我们在全国各地的公司、项目,可以通过互联网,在规划设计和方案论证等方面完全联起来做,这样可以提高效率,减少会议,减少出差,节省会议成本。在销售楼宇上,譬如说,一些房地产公司已经开始搞网上虚拟家园,把网上社区、网上商店等一些基本的东西纳入网上，提供这方面的服务，这也可能成为未来发展的一个重要标志。

中国在加入WTO后，国外先进公司的竞争压力是中国公司不可回避的问题。对中国公司而言，可以肯定地说，不是改革而生存，就是保守而灭亡-这是谁也无法回避的严酷现实！

公司信息化的管理，是国外公司提高生产率、降低成本和增加销售的最重要的武器。谁先实现了公司信息化管理，谁就可能在市场中生存并占尽先机！中国公司如果不尽快融入全球公司信息化发展的趋势，必将在新的一轮竞争中落后。

对公司信息化内容的认识，许多人认为"购买一些硬件设备、联上网、开发一个应用系统并给以一定的维护就是实现了公司信息化"，这是片面的理解。公司信息化虽然是要应用现代信息技术并贯穿其始终，但信息化的目的是要使公司充分开发和有效利用信息资源，把握机会，作出正确决策，增进公司运行效率，最终提高公司的竞争力水平。公司信息化的目的决定了公司信息化是为管理服务的，所以，公司信息化绝不仅仅是一个技术问题，而是与公司的发展规划、业务流程、组织结构、管理制度等密不可分的。

9.6.2 管理信息化工作要求

1. 完善建筑公司信息化经营管理体系。建成以集团母公司为中心的、涉及国内所属公司和驻外机构的全球虚拟广域网络平台，提供集团母公司经营活动的重点数据，为经营和开拓服务；提高管理中应用计算机的水平，降低成本，逐步实现无纸化办公及移动办公，提高管理层全员信息应用的综合水平；建立强有力的软件研发机构，开发适用的建筑行业软件；强化工程总承包中的信息技术应用，并逐步提高分包队伍信息技术应用水平；加强信息化技术应用的培训，公司应在5年内实现对45岁以下的管理人员进行计算机应用及信息使用轮训，人员考核上岗。

2. 跟上信息化建设的浪潮，推动公司信息化建设工作。在信息技术尤其是互联网发展迅猛的今天，知识的创造方式、生产方式、传递方式、学习方式和接受方式，都发生了改变。现在公司资源计划（ERP）、供应链管理系统（SCM）、客户管理系统（CRM）已在跨国公司中形成和推广，利用信息技术为公司的经营分析、决策提供有力的支持，来达到提高管理水平，增加竞争能力，为股东创造最大价值的目的。国内一些优秀的公司如联想、海尔等也快速跟上，而作为传统公司的建筑业公司在这方面差距比较大。公司的信息系统不仅仅只是设备、软件和技术的问题，信息技术也不再仅仅是支持"办公后台管理"

的工具，更重要的是它体现现代公司的管理思想，是涉及技术和管理两方面因素的极其复杂的系统工程，是对公司物流、资金流、信息流进行管理，高度和谐统一的体现。它已经成为大多数商业活动的重要战略组成部分，并且对市场和产业、公司战略和设计进行了重新定义。

3. 再造业务流程，强化系统的资源共享，为财务管理的集成化奠定基础。目前，建筑公司中已有少数公司建立了自身的财务管理及公司管理系统，虽然是重要的一步，但总体上还不尽如人意，还处于起步阶段，还仅限于将手工记账改为电脑记账。为了适应资讯科技时代竞争的需要，建立公司财务管理信息系统必须先行通过公司信息化来推动业务流程的再造，帮助我们进行有效控制，降低成本和提高效率。当前最核心和基础的工作，是业务流程的梳理、规范、优化、重组。对建筑企业来说，项目跟踪－签约－分判－采购－施工－工程款回收为基本业务流程；对房地产商来说，土地储备－方案设计－发包－验收－营销－资金回收为基本业务流程。以此为基础，再进行业务流程的逐级细化，找出关键点，进行有效控制。各类公司需要重组，业务流程必须优化。

在系统资源共享方面，目前，有些公司正在建立广域网，真正做到用集中化的数据库来处理问题。现在的情况，基本上是同一个数据至少要往计算机中输入多次。今后公司财务部门的概念可能要有所不同，一些人员主要是进行资料的汇集、分析、预测和控制，而不是像现在这样，相当一部分人来做账务处理工作，说不定传统的记账凭证今后可能用别的东西来代替。部门之间的墙要拆除，按管理授权，可以分享信息资源，为决策提供支持，为管理监督服务。

4. 加强对财务信息化工作的领导，充分发挥专业管理人员和信息工作人员各自的优势，搞好信息化建设。不发展信息化，不加强公司的信息化建设，我们的公司竞争力的提升就是一句空话。建筑公司尤其要加大对这方面的投入，一方面要积极争取国家财政的支持，另一方面要从公司有限资金上，统筹规划，分期投入。管理信息化是一项复杂的系统工程，需要业务人员与信息技术人员一道进行密切配合、深入研究、共同开展，管理人员要根据各项管理制度，设计、归纳出各种类型的表格、操作流程。信息化首先是管理工作的程序化、规范化。之后，再由信息技术人员将规范化的程序进行信息化，用电脑的语言表述出来。这样二者相互补充，相得益彰，才能把工作做得更好。

5. 坚持运用信息化手段创新公司管理方式，以财务管理信息化、项目管理信息化、业主资源管理信息化为中心，以报价系统、项目管理系统、材料采购系统、技术开发查询系统为目标，建立对外快速响应，对内快速决策的公司经营运作体系，实现从项目－三级公司－二级公司－集团总部管理系统的无缝集成。

信息技术是手段，业务管理信息化、公司信息化是目的，我们信息技术人员一定要认识到这一点，只有认识到这一点，工作的开展才有了指导方针，有了行动的准则。信息技术人员要多研究公司相关的各种业务知识，与业务人员交朋友，多站在他们的立场上想问题和考虑问题，那么我们就会受欢迎，工作难度就会小；专业人员也要熟练掌握相关的信息技术知识，运用到自己所从事的专业工作中去，在信息技术人员的大力配合下，共同推进公司事业的发展。

三级公司的信息化管理应该做到中标以后标书资料进数据中心，分包以后分包资料进数据中心，材料采购合同签了进数据中心，业主回执了QS发了收款凭证应该进数据中心，核定了分包商的工程款应该进数据中心，三级公司总部购买的东西也要进数据中心，并相应地配套研究有关的审核制度，公司成本与项目成本被详细划分出来，并进入到数据中心。这样项目经理就可以动态了解成本情况，三级公司财务、二级公司财务、集团总部财务可以根据这些数据进行成本监督，真正做到用集中化的数据库来进行成本控制，将不规范事件的发生真正杜绝。

在建筑材料采购上，可利用电子商务的各种模式，进行网上集中采购，便于货比千家，你在网上一登消息，供应商就来了，公司就可以收到进一步降低成本的效果。某建筑大公司每年的合同额在500亿元左右，其中材料费占到了60%～70%，总额达到300亿元左右，进行集中采购的不到100亿元，而进行网上采购则均未开始，实行网上采购的意义显而易见。

公司信息化建设的目标是建成四大信息系统。

(1) 业主信息数据库：业主信息数据库是公司分析业主特点、预测业主需求、管理业主信用的基础。建立业主数据库是将业主的基本情况、与公司的交易记录、信用记录、特点、需求等信息进行归档，便于公司进行业主类型分析和一对一管理，将原来分散在个人手中的信息资源变成整个集团公司共享的资源。

(2) 项目管理信息系统：项目信息管理系统应该做到标书资料，分包资料，合同资料，材料采购信息，工程款回收信息，工程进度、质量、安全的信息都可以通过信息系统进行查询。项目经理可以动态了解成本情况，三级公司财务、二级公司财务、集团总部财务可以根据这些数据进行成本监督，真正做到用集中化的数据库来进行成本控制和项目管理。

(3) 采购物流信息系统：在实施机构整合与财务资金集中管理的基础上，逐步推行集中采购。首先集中钢材、水泥、商品混凝土等主要材料，再向装饰材料、机电设备等物资的采购延伸。充分利用全公司的信息资源和规模效益，通过网络收集系统内需求信息和市场价格信息，以网上采购方式逐步替代传统采购方式。

(4) 财务管理信息系统：建立及时的、全面的、准确的财务会计信息系统，实现数据的共享，使集团总部财务会计工作能够总揽全局，统筹兼顾，对下能够及时了解掌握各单位的生产经营情况、资金结存和财务变动情况，并进行适时的指导和监控，对上能够及时汇总资料，为集团总部各项决策提供财务会计数据依据。

6. 实现整个集团公司的资源共享。在集团公司系统资源共享方面，建立广域网，在此基础上，借助网络办公的便利条件，建立一个及时的、全面的、准确的财务会计信息系统，实现数据的共享。通过财务数据资源共享系统的建设，可以更好地为集团已经制定的预算管理制度、资金管理制度、债务管理制度等各项制度的严格、准确、高效的贯彻落实提供保障。

7. 建筑公司开展信息化需要注意的问题。

(1) 提高认识，增强紧迫感。事实上，在新的形势下，公司不开展信息化就没有出路。

(2) 统筹规划，分步实施。公司信息化工作是一个复杂的系统工程，不可能一蹴而就，必须在总体规划下，本着急用先上的原则，分步实施。

(3) 处理好引进、消化、吸收、创新的关系。引进先进技术产品是手段，消化、吸收是关键，自主创新才是目的。信息化建设本身就是创新的过程，在技术创新的同时，注重体制创新和管理创新。注重实效，切勿为了信息化而信息化。

(4) 制定公司信息化方案必须考虑以下原则：①效益原则，包括社会效益、管理效益和经济效益；②实用性和先进性原则；③循序渐进持续发展的原则；④开放性原则；⑤弹性适应原则；⑥安全可靠性原则等。

(5) 试点引路，面上推广。在公司集团内选择若干类型具有典型意义的公司，开展公司信息化示范，其信息化成功经验和模式启迪和引导其他公司探索自身信息化的发展道路。

伴随着 Internet 走进千家万户，以及知识经济时代的到来，21 世纪的建筑业管理和工程项目管理必将走向信息化，施工公司间的竞争将越来越依赖于信息技术。面对建筑业管理的现状和我国加入WTO的现实，加速信息化建设，提升公司核心竞争力，既是时代的要求，又是与国际接轨的重要手段。因此，应围绕公司发展的总体目标，积极推进信息化的建设进程，促进公司在风云万变的市场中健康发展。

第十章 变革管理

当今世界科技创造日新月异，信息以光速在传播，地球已经变成了村落，公司经营的外部环境不断发生快速的变化。因此，公司内部的资源配置、组织结构、战略方向应必须随着环境的变化作出快速、准确的反映，如何实施有效的变革管理，也是公司战略管理的一个重要组成部分。

10.1 业务流程再造

面对当今经济全球化，信息化的浪潮，大多数公司的作业方式、管理结构都是在几十年前设计并形成的，已经严重不适应。有美国人预言，"在10年左右的时间内，现在的大公司可能有一半将不再存在"。必须进行彻底的改造，才可以让公司和人们在信息高速公路时代获得新生，否则只能在痛苦中挣扎，慢慢地消亡。

公司再造涉及经营管理的全过程，是一项庞大的系统工程。就中国公司的现状而言，应包括作业方式再造、资本结构再造、人力资源再造、组织结构再造、制度文化再造等。本节只对作业方式再造做一些论述。资本结构再造已在本章第四节略有涉及，就不再重复。其余再造内容，则已在第九章中讨论策略执行时，结合起来讨论。

传统的作业方式是从劳动分工理论演化出来的，强调分工精细化和专业化，提高了作业效率。但是，顾客的真正需要难以及时反馈，公司部门之间缺乏沟通、协作，结果损害了公司的整体利益。人类社会的发展已经从要求分工，在更高层次回归到需要综合。因此，从科学技术用于生产作业的全部过程，信息技术用于管理的全部过程，进而设计全新的作业方式、管理过程已经迫在眉睫。是全过程的运用新技术，而不是只作为一种手段，仅改造某一个环节。

压缩管理层级是业务流程再造的中心环节。长期以来，金字塔式的组织结构被认为是一种理想的组织结构，但随着科学技术的发展，对传统的公司组织结构也提出了革新的要求。罗斯·韦伯（Ross A. Webber）认为，由于未来公司组织中电子计算机广泛使用，由于管理信息系统大量建立，使得电脑专家及管理信息系统专家日渐增多，这将使公司组织又回复到集权制，即公司的重要决策又再度集中于高层管理者；高层管理者将决策及指挥命令直接下达给下层管理者，甚至直接下达给作业层的工人，如图10-1 所示。

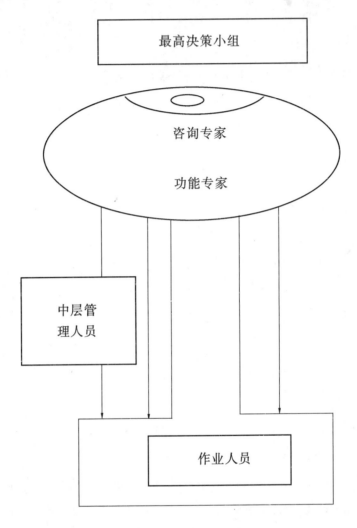

图 10-1　钟式组织结构

这种未来公司组织结构模式的特点是：中层管理人员的人数可以大量减少，因为有了电子计算机及管理信息系统，因此决策所必需的信息、知识及职权都可以集中在高层管理者手中，中层管理者只起到传达和沟通信息的角色，承担着人事和非技术性的责任。由于电脑及公司管理信息系统的进步，减少了对中间管理层的依赖，同时他们参与决策的机会减少了。随着中层管理人员人数的减少，使公司组织结构的中间部分变得非常狭窄，同时也使中层管理人员有余力从事更多的人际关系的协调及计划工作。

这种组织结构首先要求高层管理者获得硕士以上学位的人数应逐渐增多，据 1970 年在美国公司中的统计，高层管理者中约有50%获有硕士学位，有25%获博士学位。其次，某种组织结构要求有较多的电脑专家及管理信息系统专家。

全面梳理已经拥有的业务资源，识别已有的竞争能力，在此基础上，进行整合与创新。围绕资源的优化利用，核心竞争能力的形成、发育、建造，全面重建公司的战略。

坚定不移地进行资产重组，以优质资产、优势公司、优秀人才予以集中，让其突出重围。同时，对于劣质资产、劣势公司、冗余人员则予以剥离，卸下负担。经过重组，形成良好的资产结构。

对于中国的大型国有企业来说，公司重建已成为当务之急，只有重建业务结构、重建资产结构、重建责权结构，否则，核心竞争能力就无法形成，与跨国公司竞争无从谈起。

10.2 组织机构变革

传统国有建筑公司在发展过程中逐渐形成了管理链条漫长，财务资源分散的宝塔式组织结构，割裂了建筑公司各个价值环节，极易在决策贯彻过程中产生执行上的偏差，自然无法使资源得到合理配置并增加价值。

从发展趋势看，建筑公司应该积极构筑一级集中，两级管理的模式，彻底根除多头对接市场，实现资源的最佳配置。建立高效的运营管理系统。通过无缝连接，调整人员分布，提高经济效益，辅之以服务业主为中心的营销资源整合、以生产运营管理为载体的流程再造、以集中材料设备采购为手段的物流供应链重组、以开发劳动力资源为手段的劳务供应链重建等变革措施，对现有价值链进行重新剪裁与适应性构建，以求控制更多的核心资源，实现更多的价值增值。公司在各个发展阶段的基本特征如表10-1所示。

组织规模发展阶段特征表　　　　表10-1

项目	创业期	引导期	授权期	协调期	合作期
管理重点	生产和销售	生产效率	扩大市场	加强组织	管理革新
组织结构	非正式组织	职能制	地区性事业部制	制线管理及生产集团，超事业部型	矩阵式结构任务小组
高层领导风格	个人业主式	指导式	授权式	监察式	参与者
控制系统	市场结果	标准规格及成本中心	汇报制度及利润中心	计划及投资中心	相互间的目标管理

如前所述，大多数国有建筑公司都存在法人林立的问题，在这种情况下，构建呈金字塔形的组织结构成为现实的唯一选择。这带来的后果就是管理链条长，管理松散，而且层层制定战略，层层管理交叉，层层订立制度。不仅资源浪费，而且影响了总体规划的贯彻执行，导致执行力的效率低下。换言之，公司交易费用非常之高，效率非常低下，这种组织形式根本不可能实现资源的优化配置。

作者曾对美国、日本、中国香港等公司进行分析研究，资本主义发展300多年，大公司发展100多年，也讲分权，但是仅仅指的是经营权，财务上从来没有分过权。国有企业因为财产是国家的，没有人最终为这些财产承担责任。相对西方来说，国企一人管一摊，最后什么事都干不成，而西方国家决策是高度集中的。集中不是个人说了算，要建立办事程序，形成监督约束机制。一个制度健全的公司，每付一笔款要有5~6个人或7~8个人签字，有详细的流程设计，程序清楚，相互制约，运转流畅。

中国的企业要解决此类问题，有两种解决方法：

1. 以技术手段来降低组织交易成本。众所周知，在工业化时代，金字塔模式是必然的选择。现在已经步入了信息时代，互联网已经成为我们身边的基本工具，通过这样一种开放的网络，通过"零距离管理"，使多级的法人、众多的子公司、分散的资产通过网络汇集在领导者手中，从而使我们的运行、管理成本降低到最低限度。甚至可以通过虚拟团队这样的新生事物，使公司的价值链纵向延长，或者横向扩充为价值网，提高公司的效率和经济效益。

2. 大力压缩公司层次，减少公司数目，加强整合机构力度，实现管理架构的扁平化。Z公司在2001~2002年期间，针对下属单位层级过多的情况，制定了按总公司—子公司—孙公司三级集中的阶段性整合目标，要求子公司、孙公司对外签订合同后都必须直接管理项目。整合方式主要采取行政意义上的整合，包括"内部歇业"、"留牌撤人"、"一套机构两块或多块牌子"等，同时也包括撤销、合并、重组等法律意义上的整合。经过了一年多的努力，全集团裁减各级机构800多个，节约管理费4亿元。总公司直接管理的机构也由原来的100多家减少到18家。

所以，按照建立国有混合型控股公司要求和建筑公司本身特点，对于大型的建筑企业而言，应该将组织框架设计为集团公司、行业型或区域型公司（或分公司）、生产经营型公司（或分公司）三个层面，如图10-2所示。对于中小型的建筑企业，则应采用区域型公司（或分公司）、生产经营型公司（或分公司）的形式。

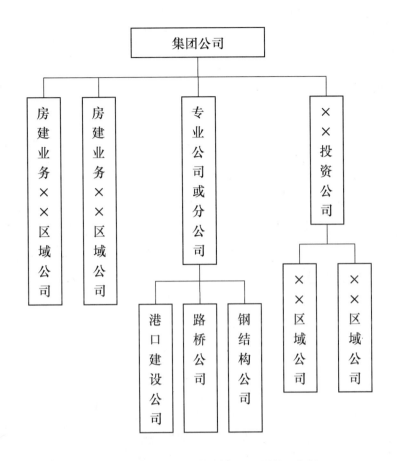

图 10-2 混合控股性建筑集团公司架构示意图

中国的建筑公司在集团公司层面上，涉及的领域是有限相关多元，从发展方向看，主要为建筑承包、房地产开发、基础设施投资等领域；按照业务框架的要求，集团公司发展方向为战略决策中心、科技开发中心、财务控制中心和人才管理中心。

中国的建筑公司在行业型或区域型公司（或分公司）层面上，主要按照"专业化、区域化"要求，打造具有行业竞争优势的公司或区域竞争优势公司，中间层具有营销、研发、管理的功能，主要资质也由中间层拥有。

中国的建筑公司在生产经营型公司（或分公司）层面上，主要是构造具有核心竞争力的生产经营体系，打造一批具有核心竞争优势的生产经营公司（或分公司）。

未来的中国建筑集团公司为了真正成为具有国际竞争力的企业集团，就必须按照集团控股公司模式，确定新的组织架构。公司中间层架构，主要为专业型公司和区域型公司。就专业型公司而言，可以设立房建公司、市政公司、路桥公司、房地产公司等。就区域型公司而言，在国内，可以将分布在北京、天津、上海、广州、武汉、香港、澳门等城市的优质资产打"包"，成立区域型公司；在国外，可在东南亚、中东、北非、南非、西欧、东欧、北美、中北美、南美等地设立区域公司。应该说，对于工程建筑企业而言，这样的布局较为合理。中间层公司，最终也都要改制成股份有限公司，然后也寻求上市之路。公司治理结构：董事会成员由控股公司、战略投资者和其他股东选派，公司经营班子由董事会向社会公开选聘。

集团公司第三层为与市场最为紧密联系的工程公司和不具有法人资格的工程局直营公司等。根据《公司法》，这一级公司可以吸纳管理层、技术骨干和外来战略投资者入股，改制为有限责任公司。公司治理结构：董事会成员由集团公司区域型公司或专业型公司、战略投资者和其他股东选派，公司经营班子由董事会向社会公开选聘。

10.3 公司治理结构

在激烈的市场竞争中，有效的公司治理结构是公司生存发展的根本保障。国有企业与生俱来的产权关系就是明晰的，但是由于缺乏人格化的出资者，其结果是政企不分、责权不等、机制不活等一系列问题，导致了国有企业普遍运行效率低下，经济效益不高。在母子公司的结构体制下，母公司必须对子公司的行为进行有效的激励和约束，以确保子公司的行为与母公司的目标保持一致。而其基本的前提，就是首先必须保证母公司自身有完善的内部治理结构和合理的组织结构。本节将针对国有建筑公司的公司治理现状和经营实践进行分析，并提出一些改进意见，与大家商榷。

10.3.1 建立公司内部治理结构的目的

公司内部治理结构，是指规范着公司中各利益主体相互之间的权、责、利关系的一组制度安排，这些利益主体主要包括出资者和经营者。在自然人公司中，其内部治理结构是依自我约束进行的，即自己的资产自己经营；从激励上表现为全部收入归自己，从约束上表现为一旦破产要承担无限责任。这样无需通过他人或外部施加激励和约束的影响，带有自治型的特征。公司制公司产生后，如何保证出资者"保值、增值"的目标，通过经营者的行为得以实现，就成为公司制企业必须解决的问题。

为了切实保证经营者的行为与出资者的目标达成一致，并充分实现出资者的目标，必须做到：一是经营者不能站在自身利益的立场行事，更不能背叛出资者；二是经营者不能进行无效甚至失误的决策。除此而外，公司制公司比之于自然人公司产权主体更加多元化，股权更为分散。股权结构的多元化，也相应产生了大股东与中小股东的利益是否达成一致，或者说大股东是否损害中小股东的利益的问题，以及现实的股东是否侵犯潜在股东的利益的问题。显然，这些问题不可能只是通过自我约束或自治来解决，而必须要形成一种公司内部各利益主体相互制约的内部制衡、协同机制，这就是内部治理结构的存在基础。在内部治理结构完善和合理化的过程中，加强所有权监督是一个相当重要的环节，因而审计在公司内部治理结构中的地位极为重要。在母子公司的结构下，这一问题更为明显。

10.3.2 内部治理结构的基本框架

内部治理结构的基本框架应该包括以下几个方面：一是形成有行为能力、行为合理的产权主体，二是形成公司内部的组织治理结构，三是形成公司内部的决策治理结构，四是形成公司的内部控制制度。

1. 必须形成有行为能力、行为合理的产权主体

公司的产权主体必须具有行使产权权力的行为能力，否则就意味着放弃出资者的权力，当然也就谈不上公司内部治理的问题。在产权多元化、分散化后，公司的产权主体也必须合理地行使产权权力，这不仅意味着产权权力主体与经营者之间的委托受托责任关系清晰、合理，而且意味着产权权力主体的行为是符合全体股东而不是少数股东的利益。达成上述要求，产权主体才具备合理、有效的行为能力，也才对公司内部治理结构的形成提供了前提或基础。

如果产权主体不具备投资和对所投出的资本进行监管的行为能力，产权主体实质上缺位，当然公司内部治理结构就缺乏存在的基础和运行的前提。如前所述，国家和自然人是公司的终极产权主体，一般而言国家作为一个抽象的概念，无论形式上和实质上都不具备行使产权权力的行为能力；自然人从形式上看具备行为能力，但从实质上讲也不具备或不完全具备行为能力，在社会一般公众持股时更是如此。解决这个问题只能是通过委托受托，寻找专家化、专业化的职业人士或机构完成。在两权分离后，出资者的行为主要是投资、寻找经营者和监督经营者。投资行为主要由机构投资者受托，而监督经营者主要是由会计师事务所受托。所以，为确保产权主体能够行使产权权力之基本权力-监督权，会计师事务所是不可或缺的；而对于全资国有企业，国家审计又是不可或缺的。审计之所以产生，就是因为其代表了出资者行使监督权。

2. 必须形成公司内部的组织治理结构

组织治理结构的核心是在公司内部应形成相互制约、协调一致的组织架构。公司内各组织之间的相互制约、协调是公司内各利益主体行为合理、有效的前提。公司内部的组织

治理结构的形成，首先，有赖于各组织主体都必须具备合理、有效的行为能力；其次，有赖于各组织主体的权、责、利的合理界定；最后，有赖于各组织主体的行为之间存在一种合理有效的制衡关系。

通常所说的公司内部治理结构，也主要是从组织治理结构的角度理解的，它包括两个基本的层次：一是在公司内部的决策层面要形成股东大会（或代表大会）、监事会、董事会之间的相互制衡关系；二是在公司内部的执行层面要形成决策的董事会与执行的经理班子之间的相互制衡关系。前者类似于立法权（制定公司章程）、行政权（执行公司章程）、司法权（监督公司章程的实行）的三权分离制衡关系；后者则是决策权与执行权相分离的制衡关系。这种关系不仅在公司的最高层面存在，而且在公司的行政分权体系的每一层面中都存在，尤其在公司存在分公司或子公司的时候。

就形成公司内部的组织治理结构而言，必然要面临以下问题：

（1）如何构造一个能形成相互制约的组织框架，这个框架结构足以保证经营者（或董事会）的行为能受到出资者的监控。如前所述，公司可通过设立监事会对经营者的行为进行约束，这样，在公司的组织框架中，最高层就形成了股东大会、董事会、监事会的三权分离架构。这种组织架构实质上隐含着这样的假定：由于股东不能实现专家化经营，就要聘请董事会；由于股东在实行专家化经营后需要监督经营者，而自身又不具备进行专业监督的能力，则要设立监事会。监事会与会计师事务所不同，尽管两者的设立都与出资者的行为能力不足有关，但监事会只是代表现实的股东，而会计师事务所则不仅要代表现实股东，也要代表潜在的股东，它不得不处在第三者的立场。

通常情况下，公司都要建立监事会以形成公司内部各组织之间的制约，但这并不意味着任何公司都只有依靠设立监事会的形式形成内部治理。实践中，美国不少公司制公司并未设立监事会，原因何在，从理论上说，监事会是代行股东对经营者的监督权的，如果股东确实拥有行使监督的能力，当然无需设立监事会，这不仅可以实现监督的目的，而且可以节省代理成本，避免监事的不道德行为。

（2）对经营者的约束不能仅仅局限于对其经营和财务成果的考评以及相应的激励和约束，而是应由结果监督转化成过程监督。就这一点而言，通常会计师事务所主要进行结果监督，财务报表审计就是其表现；而过程监督则主要依靠监事会来进行，这正是监事会必须常设于公司内部的根本原因。在不设监事会的情况下，由股东或股东中的代表进行审计，也应具备过程监督的特征。

（3）对经营者的约束不能仅仅限于来自外部的监控，而是在公司内部的组织框架中会形成自动的约束，即达成外部监督与内部监督的相互协同。会计师事务所是独立于公司之外的一种监督（国家审计机构也是如此），所产生的监督作用是一种外部约束；为了实现公司的内部约束或组织约束，在公司内部应形成分权制约的体系，监事会正是这种分权制约体系中的一环。

3. 必须形成公司内部的决策治理结构

公司内部治理结构的形成不仅要通过内部制衡关系防止经营者对于出资者，广而言之是每一个层次对于上一层次的道德风险，更要防止失误的决策产生。决策的失误是全局的、持久的、根本的，公司内部治理结构必须有助于尽可能减少以至消除失误的决策。也就是内部治理结构既要治理不道德和背叛行为，也需要治理无效行为。组织治理结构的形成主要是实现前一目标，而决策治理结构是为了实现后一目标。

决策治理结构的目标是要保证决策的有效性。怎样才能达成这一目标呢？长期以来，普遍的认识是，要保证董事会决策正确，股东大会就必须对公司的重大事项进行决策，也就是有关重大问题的决策必须报股东大会批准。我们把这种决策治理结构称之为决策权上移的决策治理结构。但是，这种决策治理结构与两权分离的产生基础是不相符的。之所以两权分离，就是因为出资者的经营能力不及职业经理人的经营能力，即从决策能力上讲，出资者不及经营者，否则，两权分离根本就没有必要。

既然如此，决策权上移显然难以保证决策的有效性，所以，公司应选择决策权下移，或放权于董事会。在决策权下移的过程中，出资者特别关注的问题有两个，一是董事会是否能按照股东利益最大化的原则进行决策以及能否防止决策过程中董事们的不道德甚至背叛行为；二是董事会是否能作出有效的决策。

为了确保这两个方面的问题能得到有效解决，在实践中一般有两种行之有效的办法，一种办法就是在公司董事会中引入独立董事制度。独立董事具有两个特点：一是不参与公司的生产经营活动，独立于公司之外，在参与决策时，较易处在客观公正的立场；二是具有较高的专业水准，是专家，在参与决策时，较易有效地发表决策意见并进行决策。另一种有效的解决办法就是在董事会下设立若干专业委员会。专业委员会由独立董事和母公司内外部的其他专业人士与专家组成。其基本职能是为董事会的决策提供专业咨询意见，通常一项决策方案如果得不到专业委员会的认可，也就不可能提交给董事会。专业委员会通常可以包括战略委员会、预算委员会、投资委员会、技术委员会、人力资源委员会、薪酬委员会、审计委员会、市场委员会和管理制度设计委员会等。母公司依据自身的需求和不同时期的要求确定专业委员会的个数。

实际上，处于公司内部组织结构重要位置的董事会有三种典型的情况：即股东主导型的董事会、经理主导型的董事会和专家主导型的董事会。究竟设置何种类型董事会，在很大程度上取决于各公司实际情况，从公司的发展历程来看，早先是股东主导型的董事会，后来逐渐发展到经营者主导型的董事会，而专家主导型的董事会则成为当前和今后董事会设置的一种趋势。

在董事会中设立了独立董事和专家委员会后，仍然不能否认公司内部审计和监事会在公司内部治理结构中的作用，因为，一方面，独立董事和专业委员会都是以决策或以咨询的身份出现的，基本职责是决策或咨询而不是监督，为了保证决策符合股东的利益，更直接地说符合公司章程的规定，仍然需要监事会对整个董事会进行监督，这与董事会的内部结构的变动并没有直接关系；另一方面，独立董事和专业委员会的成员作为一个独立的利益主体，也可能存在不道德行为，为防止这种行为发生，当然也需要监事会的监督。目前，我国的监事会权力有限，无法有效地制约董事会，为了使审计能真正置身于决策治理结构中，必须使监事会在具有专家化行为能力的同时具有相应的职权，才能够真正发挥监督作用。

4. 必须形成公司的内部控制制度

从公司内部治理结构的角度来说，内部控制制度不仅应存在于公司的最高管理层，也应存在于公司内部因行政分权（或管理分层）而形成的各个层次上，因为它们之间仍然存在着委托受托责任关系。

这种委托受托责任关系的第一个方面是资产受托使用关系。出资者的财产委托经营者经营后，经营者必须将这些财产分层委托给公司内各层次实际占用、管理和运用。出资者的财产能否安全、完整以至保值、增值，不仅取决于经营者的职业道德和经营能力，也取决于公司内部各分权层次是否合法、合理地使用资产。为此，必须建立整套有效的内部控制制度，促使各分权层次的行为在符合资本保值、增值要求的制度框架内进行。不难看出，通过股东大会、董事会和监事会的三权分离，以及决策权与执行权的分离，建立了公司最高管理层的内部治理结构；通过内部控制制度，建立了公司执行层或运行层的内部治理结构，两者不可或缺。

公司内部的委托受托责任关系的第二个方面是决策执行关系。公司内部各分权层次不仅要遵从出资者的要求，而且直接地应遵从经营者的要求。经营者是公司决策者，相应各分权层次是决策的执行者。如何保证决策的有效执行，是经营者直接关心的问题。如果说决策治理结构是保证决策正确的话，那么，内部控制制度则是为了保证正确的决策得以全面、有效贯彻实施，它也可以看成是决策治理结构的延伸。

10.3.3 案例：Z公司治理结构改革

1. 按照《公司法》要求，建立产权清晰、责权明确的公司治理结构

Z公司这个法人，名字虽然叫做公司，其实质是按照《全民所有制工业企业法》设立的公司单位，不受《公司法》的约束，没有股东会、董事会、监事会等最高权力机构经营决策机构、监督控制机构，其下属公司也同样是这一模式；Z公司在境内外投资设立了很多新子公司，这些公司分别是按照中华人民共和国《公司法》以及境外各国的法律制度设立，尤其是在中国香港、美国、新加坡等地设立的公司，严格按照当地的法律制度，建立了规范的公司治理结构，日常实际管理又有差别，还存留许多国有企业管理的痕迹。而国内的一些公司，尽管名义上存在《公司法》要求的治理结构体系，但是其在经营的过程中实质上与《企业法》要求的厂长（经理）负责制没有多少区别。主要原因还是产权结构不合理，国有股一股独大等问题造成的，没有发挥公司治理结构应有的监督、约束、激励的作用。

按照国资委完善国有独资公司的有效治理方式的要求，对Z公司进行公司制改革是必然的选择，也就是按《公司法》的规定改制后的Z公司不设立股东会，股东会的部分权力由国资委来行使，部分权力则由国资委授权公司的董事会行使。Z公司将建立由国资委委派人员、公司高管人员、外部董事组成的董事会；以及由国务院或国务院授权机构、部门委派人员组成，并有公司职工代表参加的监事会。

Z公司对下属公司改造设立有限责任公司，由2个以上50个以下股东共同出资设立。由于建筑公司历史包袱较重，寻求投资入股的股东难度较大，因此，改造设立的新的有限责任公司将建立股东会、董事会及总经理层、监事会的公司治理结构，进行规范化改造。由于历史的原因，人人自以为是国家的主人，自己就是国有股的股东代表，对股东负责的观念淡薄，因此，要特别注重股东会的作用，确保出资人利益。无论如何，这类公司从根本上仍然不能解决产权结构单一，接受社会的监督是有限的。所以，有条件的公司要设立股份有限公司，由Z公司占绝对大股，吸纳社会资本，经营者及职工以期权持股，将工程公司重组为股份制公司，建立完全符合《公司法》的公司治理结构，股东会、董事会及

经理层、监事会三权独立。公司章程中应对董事会职权、董事的任职资格和产生程序、董事的权利、义务和责任、董事长职权、董事会的议事方式、董事会会议的召开、董事会的表决、会议的记录等方面进行具体的规定。经理层作为公司经营决策的执行者和日常生产经营的执行机构，实行总经理负责制，主要职责包括主持公司的生产经营管理工作，进行公司内部管理，拟定或制定公司的各项制度，聘任或者解聘除应由董事会聘任或解聘以外的管理人员；决定公司职工的处分、辞退或奖励、晋升等。

2. 建立有效的激励与约束机制

Z公司是国家全资所有的全民所有制公司，产权结构单一，下属单位大多也是这种情况，以及一些成立较晚的有限责任公司，也同样是国有股一股独大，因此，不可避免地存在出资人不到位、管理制度不健全、激励和约束机制不到位等问题，导致Z公司对外不能充分利用社会资源及接受社会监督，对内又很难营造完善的公司治理结构及公平的竞争环境，特别是从计划经济中沿袭下来的公司领导体制，已十分不适应现代公司在市场经济中激烈竞争的需要，一些领导班子的团结问题已成为一个较为突出的难以解决的问题，公司的经营的好坏及进一步的发展维系于对于公司领导的任命。但同时缺乏有效的激励和约束机制，公司经营者承担的责任重大，但是付出与回报不对等，做的好了没有奖励，出了问题也没有相应的惩罚，长此以往形成现在奖罚不明的现状，公司的发展也没有了动力。

现代公司治理中，激励机制的核心是对人力资本的激励。公司中的人力资本包括两类人：技术创新者和职业经理人。人才成为公司的人力资本，已经不是过去意义上的人力资源，而是要参与分配。因此，在做好一般性的人力资源管理工作的同时，要特别注重对公司经营管理人员的激励和约束。对这类人才的激励，不是简单的给予相应的工资报酬，应当充分运用奖金、期权、发展空间等各种方式调动他们的积极性，将经营者的收益与公司的效益联系在一起。与此同时，做好经营业绩评价工作，按照经营业绩落实奖励兑现，推进和完善经营者年薪制。此外，还可以设立总经理奖励基金，奖励贡献突出的公司经营管理者；设立科技进步奖，奖励科技创新的专家型人才。

对人力资本的约束，首先靠法律、公司章程、合同。在法治国家，无论在哪个公司工作，都必须遵守这些基本的规章制度，违反了就要受到制裁。其次要通过公司的各项管理制度、运行程序进行约束。相应的职务有相应的权限，各项决策有规范的审批程序，超越权限的事办不了。最后是个人道德、公司文化的约束。这个约束并不明确，但是企业文化浓厚的公司，这个约束虽是无形的，而力量却是非常大的。

改制公司通过监事会、外部中介机构，对经营管理人员进行监督控制；对未改制公司，上级公司要加强对其的审计监督、财务资金监控、重大投融资事项的审核；不论是何种性质的公司，都要加强党委、纪委对党员领导干部的考核与监察。这些是做好激励与约束工作的基本原则。

Z公司的案例清楚地说明，国有企业的公司制改造做好了，可以从源头上解决公司治理结构问题，改变相当部分国有企业领导班子软弱涣散状况，让国有企业焕发出新的活力和生机。

10.4 公司文化重塑

10.4.1 公司文化重塑的意义

优秀的公司文化使公司不断前进，发展壮大，不良的公司文化则使公司走向衰败，这方面的例子很多。优秀的公司文化，应该以人为本，以顾客为中心，努力服务社会，同时，平等对待员工，提倡团队精神，并鼓励创新。IBM咨询公司[1]对世界500强公司的调查表明，这些公司出类拔萃的关键是其具有优秀的公司文化，它们令人注目的技术创新、体制创新和管理创新根植于其优秀而独特的公司文化，公司文化是它们位列500强而闻名于世的根本原因。

尽管公司文化对公司和员工都有着重要的价值，但我们也应当看到，公司文化，即使是现在被认为优秀的公司文化，如果与进一步提高公司效率的要求不相符合时，它就成为了组织的束缚。这是在公司环境处于动态变化的情况下，最有可能出现的情况。人类在进入21世纪之后，公司管理的深度、广度都发生了极大的扩展，公司间的竞争已经从产品的竞争、管理的竞争、人才的竞争，升级为文化的竞争。因此，研究公司文化并在其与动态变化的环境不相适应时果断对其进行重塑，对公司的发展具有重要的战略意义。例如，1978年，李·亚柯卡就任克莱斯勒汽车公司总裁时，公司正面临破产的边缘。李·亚柯卡用了5年的时间，把克莱斯勒公司原来保守、内向、技术导向的文化，转变成了行动导向、对市场反应敏捷的文化，使克莱斯勒获得了新生。

---

[1] IBM咨询公司在收购普华永道的咨询服务部门后将成为仅次于埃森哲咨询公司（Accenture Ltd.）的世界第二大咨询服务提供商。

10.4.2 建筑公司重塑公司文化的建议

建筑公司必须塑造具有公司特色的公司文化，使之成为公司的核心竞争力。如前所述，公司文化的其中一个特点就是其涉及公司管理的所有方面，综合行业特点和公司自身的现状，应当对以下几方面工作作出具体部署。

(1) 当前正在进行的国有企业改革和国有企业内部机构整合工作实质上是一次公司的组织再造，结合这些工作，推行并彻底打破等级观念、官本位思想和官僚主义。

(2) 结合公司人力资源规划，打造公司利益和个人利益双赢的平台，在实现公司价值的同时实现个人价值，体现以人为本的精神。

(3) 强化服务意识，通过推行 CRM 和 TQC，提高公司服务质量，通过服务创造价值。

(4) 整合统一的公司文化。通过人员流动和逐步缩小劳资差距形成统一的公司文化。实际上统一文化的进程一直在发展着，现在建筑公司集团总部文化、下属施工企业文化、下属勘察设计企业文化一直在进行交融，互相影响，只不过有强势有弱势而已。我们必须将他们各自优秀的文化融合起来，形成统一的建筑公司文化。

(5) 创建学习性组织，提倡创新精神。建立学习的渠道和制度，大力提倡员工个人学习的同时，强化公司学习的能力。

总之，建筑公司就是要体现以人为本、服务社会的公司理念。需要说明的是，口号并不代表公司文化，只是为了把公司文化的特点以一种具体的形式表现出来。真正的公司文化，体现在领导风格、人力资源管理、管理制度等各个方面，除了核心价值观，还可以通过制定公司目标、公司宗旨、公司哲学、制度建设、出版文化产品、建立信息平台等各种方式开展，通过规定具体目标，量化考核，可以把公司文化建设落到实处，见到成效。

10.5 权力与变革管理

变革需要组织内部强有力的支持，但由于变革往往导致利益的重新分配，因此即使变革对公司整体而言是有利的，那些既得利益者也会动用自己的权力，以各种方式阻挠变革。而变革的推动者为了使变革得以顺利推进，除了加强与员工的沟通之外，还必须利用自身所掌握的权力去强力推动变革。所以，我们有必要在此对权力的内涵和领导者的权威观进行一些探讨。

10.5.1 权力的内涵

权力,在政治学教科书里被定义为"对他人的影响力",它是政治学研究的核心概念。有了这样一个定义,我们就可以看到,"权力结构"不同于公司管理学常常讨论的"决策权分配"。前者指现实中的影响力,不论发挥影响力的人是否掌握决策权力。后者则可以是事前规定的决策程序,不论规定的决策者是否能发挥相应的影响力。

一个介于权力和决策权之间的概念,是"领导力"(leadership)。在麦克斯韦尔的著名阐释中,将其称作"影响力"。但如此定义的"领导力",不是和"权力"定义相混淆了吗?所以,我必须进一步交代麦克斯韦尔描述的"领导权"的5个类型:

(1) 由规章赋予的领导权。人们服从这一权力,因为他们不得不服从。

(2) 由人际关系决定的领导权。人们服从这一权力,因为他们愿意服从。

(3) 由效果决定的领导权。人们服从这一权力,因为可以给组织带来巨大好处。

(4) 由人的发展决定的领导权。人们服从这一权力,因为它给服从者带来了巨大的发展机会。

(5) 由人格力量决定的领导权。人们服从这一权力,是因为站在它后面的人的品质和能力。

显然,麦克斯韦尔所论的领导权,在一些类型(第(1)、第(2))中与"决策权"的概念有重合,在另一些类型(第(2)、第(4)、第(5))中又与"影响力"的概念有重合。2000年,麦克斯韦尔发表新著,专门探讨成功的领导者与平庸的领导者之间的差异。

麦克斯韦尔的核心观点是:在人们通常为"成功者"提出的许多"成功因素"中,最常见的是家庭背景、财富、机遇、道德品质、个性。对这些因素,麦克斯韦尔一一加以否定。他认为,使成功者从芸芸众生中脱颖而出,归根结底只有一个因素,那就是"对待失败的态度"。

平庸的领导者在失败面前典型地表现出下列行为特征:抱怨别人;重复同样的错误;期望着不再犯错误;结果是连续不断地犯错误,变得越发悲观;盲目遵从传统惯例;被过去的错误压抑得循规蹈矩,眼界日益狭窄;自己承认是失败者;退出。

作为对比,麦克斯韦尔列举了成功者在失败面前的典型表现:主动承担责任;努力从错误中汲取教训;知道失败是进步的一部分;保持积极自强的态度;敢于挑战任何过时的假设;敢于承担更多的风险;相信别人不敢相信的事情;坚持到成功。

综合上面两本著作,我们知道,麦克斯韦尔谈论的领导权,重点是指第(5)种类型,即由人格力量决定的领导权，而与其他类型不甚相关。换句话说，使成功的公司能够从大量失败的公司当中脱颖而出的最终因素，是公司领导者对待"失败"的态度。

有一期《财富》杂志，封面文章的主题就是"为什么公司会失败"（Ram Charanand Jerry Useem, whycompaniesfail, Fortune, May27, 2002, pp: 50-62）。文章的作者们为最近失败的大公司群体找到了10大病因，按照病症的轻重缓急程度排列如下：

（1）甘当华尔街的奴仆：公司领导异化为华尔街意志的执行者，不再为股东和员工利益服务。

（2）天真的眼睛：领导人看不见任何邪恶，从而邪恶得以日积月累，盘根错节，积重难返。

（3）冒险主义：领导人为了缓解危局，常常铤而走险，让公司承担了更大的风险，终致无药可救。

（4）董事会功能失常：公司完全失去了监督，这一公司治理问题已经传染给全世界的公司了。

（5）成功导致公司"软化"：以往的成功往往给公司主管带来巨大的权力，从而把公司拖入"成功的陷阱"而难以自拔。

（6）战略迷信症：领导人一味追求伟大的经营战略，以为一招妙棋，满盘皆活，结果在失败泥坑里越陷越深。

（7）沉湎于并购：许多大公司患着这一绝症，领导人执迷不悟，对过度并购所造成的公司文化的瓦解置若罔闻，终致团队瓦解。

（8）员工的"老板恐惧症"。公司领导人的独断专行和刚愎自用，往往成为公司崩溃的先兆。

（9）"危险文化"的滋生和发展，包括"报喜不报忧"和"办公室政治"等文化在公司内部的蔓延，导致公司内耗迅速上升，外部竞争力丧失殆尽。

（10）追赶"市场时髦"：领导人只看市场喜好，置公司的现实于不顾，使得大批高科技公司在纳斯达克"死亡上升"期间被卷上死亡的峰顶。

大家注意，在这10大病因里，9项都与公司领导人的品质有密切关系（（4）除外）。这就把我们的话题引导到了公司内部的权力结构上：一个设计恰当的权力结构，不但可以激发出蕴涵在公司领导人和员工身上的公司领导者的能力，而且可以克制公司领导人的权力膨胀，补偿公司领导人在品质方面的不足。在这一意义上，我们不妨认为，权力结构是介于公司组织结构和公司文化之间的某种结构。

每个人都有对他人的影响力。社会学家告诉我们：即便性格最内向的人，在一生当中也至少要对 1 万个人发生影响。所以，不论是公司员工还是公司主管，在日常工作和生活环境里，都会对周围的人发出"影响力"，从而影响公司运行的效率。

原则上，如果我们能够贴近地观察公司内部人际关系和人际间的影响力，我们就能够比较清晰地理解和界定公司内部的"权力结构"。或许，这应当是人事管理者最主要的职责。而上述的两部著作和一篇文章已经大致刻画了权力结构的各个方面，以及权力结构可能发生的各种弊病。

学者们尚不知道如何设计"最优"的权力结构，可能根本就不会有什么最优的权力结构。我们能够做到的，充其量只是动态的权力平衡，让公司员工和各级主管各尽其能，各享其权。之所以"动态"，是因为每个人的影响力都随环境的改变而改变。这里强调"权力结构"的概念，目的只在于从"公司文化"的概念向着更具操作性的"结构"概念接近一步而已。

10.5.2 领导者的权威观

1. 两种权威观

所谓领导，其本质是一种影响力，即对一个组织为制定目标和实现目标所进行的活动施加影响的过程。

领导影响力的主要来源有两方面：

（1）职位权力。这种影响力与职位相联系，有职则有权，无职则无权，它包括惩罚权、奖赏权、合法权。

（2）个人权力。这种影响力与职位无关，只取决于个人素质，它包括模范权（高尚的品德和良好的作风）和专长权（丰富的学识、卓越的技术、超凡的能力）。

由于对上述两种权威来源的认识和理解不同，自然就形成了两种权威观：一个是"正式权限论"。这是古典管理学派的权威观。他们把被领导者看成"经济人"，因此主要依靠职位权力来树立威信。法约尔说：所谓权限，是指发布命令的权力和引导职工服从命令的能力。他们主张充分地利用职位权力，在发号施令中树立领导权威。另一个是"权威接受论"。这是以巴纳德为代表的社会系统学派的观点。他们认为，权威的主要来源是个人权力，而非职位权力；权力和权威不是来自上级的授予，而是来自下级的认可。领导者的权威是否成立，不在于发布命令本身，而仅仅在于命令是否被接受和执行。

2. 不同的权威观导致不同的领导行为

如图 10-3 所示，通常典型的领导作风可分为三类：

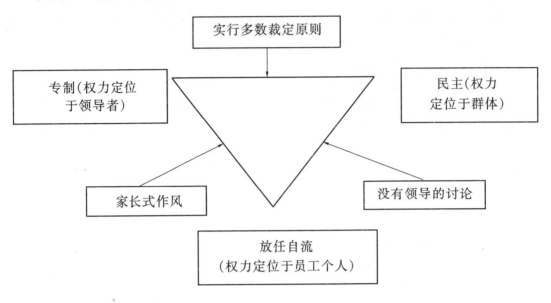

图 10-3　勒温领导作风剖视图

(1) 专制作风。专制的领导行为，独断专行，依靠发号施令推动工作，下级没有自由，权力只定位于领导者。这种领导行为来源于正式权限论。

(2) 民主作风。这是权威接受论所必然导致的领导行为，其特点是讲求民主，注意倾听下级意见，吸收其参与决策过程，主要不是靠行政命令，而是靠个人的高尚品德、业务专长所形成的个人权力来推动工作，权力定位于群体。

(3) 放任作风。将权力分散于组织每个成员手中，决策要由每个人自己作出，一切措施也由下级摸索制定。领导者放弃权力，当然也就没有权威可言。这种情况并不多见。

社会心理学家勒温指出，在实际领导过程中，极少存在三种极端领导作风，而经常采用处于两种类型之间的混合型作风即家长式作风、多数裁定作风、下级自决作风。

3. 不同的领导行为导致不同的下级行为

如图 10-4 所示，领导者的权威观（管理人员特征）、团体因素、下级特征、组织因素共同决定了领导行为，而领导行为又强有力地影响着部下的行为，不仅影响到部下的满足度，而且影响到部下的激励深度，从而影响到下级的劳动态度（出勤率、人员流动率）和劳动效果（劳动生产率）。

具体而言，三种不同的领导行为，使下级行为具有不同的特点：

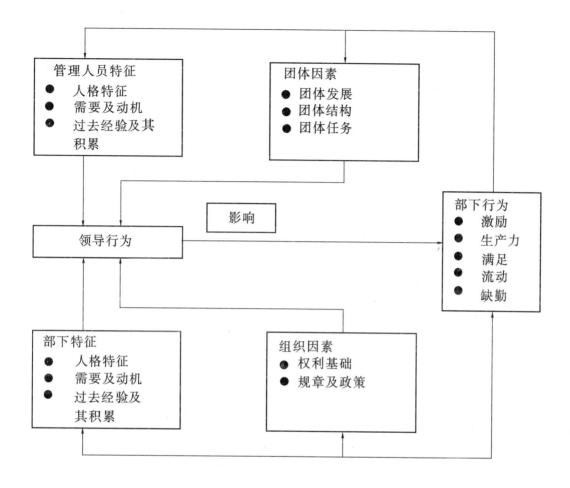

图 10-4 影响领导行为的情境因素

(1) 专制作风的领导通过严格的管理、重奖重罚，使组织完成工作目标，具有一定的工作效率，但却造成了组织成员的消极态度和对抗情绪的明显增加，以至于人员流动率高、出勤率低、不满事件增多、劳资纠纷严重、领导者与被领导者关系对立。

(2) 民主作风的组织工作效率最高，不仅能较好地达到工作目标，而且组织成员积极主动，表现出高度的主观能动性和创造精神。下级的物质需要和精神需要同时得到一定程度的满足，表现出高出勤率、低流动率、劳资关系缓和、领导者与被领导者关系和谐，其突出的表现是形成一定的团队精神。

(3) 放任作风工作效率最差。由于领导者对组织活动没有评判和规定，不关心组织成员的需要和态度，虽然有一定士气（但这种士气不是指向组织目标），但是工作效率低下，不能达到工作目标。下级群龙无首，各自为政，无序沟通，行为失控，恰似一盘散沙，丧失了组织凝聚力。

4. 领导者应该树立正确的权威观

综上所述，为了诱导出良好的下级行为，有效地达到组织目标，领导者均应努力树立正确的权威观。

（1）破除对职位权力的迷信。对领导者来说，职位权力是影响力的基础，它是必要的，没有足够的职位权力，便难于发挥领导作用。但必须破除对职位权力的迷信，不要以为"有权就有威"，要看到职位权力的局限-它造成的下级服从是被迫的、浅层次的，往往是口服心不服。因此，不要过分依赖职位权力，而应该把注意力转移到树立和运用个人权力上来。应该看到，只有个人权力才是影响力的根本，导致下级自愿的、深刻的服从，口服心服，领导者才会真正树立起威信。

（2）正确认识权力的来源。领导者的权力是哪里来的？盯住职位权力的人回答："上级给的。"盯住个人权力的人往往回答："个人赢得的。"这两种回答皆有片面性，都忽视了一个关键环节—下级的认可和认同。离开下级的认可、接受，职位权力和个人权力都难于建立，更难于奏效。中国唐代名臣魏征说得好：民如水，君如舟，水能载舟，亦能覆舟。归根结底，离开下级的认可和支持，任何领导、任何权威都是无本之木、无源之水。领导者应该认识到：权力是上级给的，更是下级给的。

（3）正确地使用权力。第一，应该认识影响力是双向的。领导者既要主动地对下级施加影响，同时又要主动地接受下级对自己的影响（倾听下级意见，吸收其合理建议，主动邀请下级参与决策过程），只有这样，才能实施有效的领导，充分地开发和利用本组织有限的人力资源。第二，坚持以权谋公。运用权力实现组织目标，而不是用来谋私。坚持廉政（出以公心，办事公正，一身正气，廉洁奉公）和勤政（认真负责、忠于职守、勤劳敬业、取得实绩）。只有这样，才能得到下级的认可、认同和拥护，才能树立与职务相称的威信，才能发挥领导作用，把下级的积极性和聪明才智汇成一股合力，形成巨大的综合能量。

深入的了解权力的内涵和领导者的权威观，有助于变革的推动者建立一个稳定的权力基础，强化支持变革的力量，克服反对力量，使公司的大部分成员都同意和支持变革行动，这样才能保证公司的变革的顺利进行。

第十一章 战略风险管理

通过前面各章节,我们了解到了建筑公司在战略管理和执行过程中如何分析公司外部环境和内部资源、如何制定和选择战略、如何进行运营管理等。然而要保证公司战略最终能被成功实施并能完成目标,则还需要对整个公司实施战略的全过程风险进行评估,通过控制风险,调节、纠正偏差,以确保建筑公司战略管理过程按照预定计划进行,并达到预期目标。

11.1 战略风险的基本概念

所谓战略风险,就是指能够严重削弱管理者实施原定公司战略能力的尚未预料到的一个事件或一系列条件。建筑公司的战略风险有四个基本来源:市场竞争风险、经营风险、财务风险和法律风险。如果四个当中的任何一个风险的程度变得充分大,那么建筑公司就会存在重大的品牌危机或生存危机。

1. 市场竞争风险

市场竞争风险是建筑公司主要面临的风险之一,并且是不可消除的风险。主要表现为:公司所在国家政治环境、政府法令法规变化、业主对建筑产品的特殊要求、供应商定价等。从5种竞争力分析来考虑风险分散的出发点:竞争对手通过改变自身能力而提高竞争力;苛求的业主可能选择其他承包商;供应商提高原材料价格;国内外新的竞争对手的进入;政府固定投资改变到不熟悉的方面等。

公司管理者必须一直对不能预期的风险保持警惕,并对这些风险要作出快速反应,避免市场竞争游戏变得不利于本公司。

市场竞争风险的风险指标通常包括竞争对手市场份额扩大、国家颁布的新法令、政府新出台的调控政策、原材料价格指数变化等。

2. 经营风险

经营风险是建筑公司市场经营、项目施工等方面能力衰弱或出现差错的结果。进行工程项目投标报价时漏报单项、施工技术方案出错、工程质量问题以及安全事故等,这些失误或错误都有给公司带来损失或债务的可能；目前国内大量拖欠工程款、拖欠农民工工资都给建筑公司带来重大的生产经营风险。由于这些风险的后果时常是由于工作人员的失误引发的。因此公司管理者可以通过价值链分析，指出哪些系统错误会损害关键的生产经营活动或造成资产的损失。通过标准化和流程再造来保证重大生产经营风险不会发生。

生产经营风险的风险指标通常包括工程停工、出现多起安全事故、业主经常抱怨或出现重大索赔、工程质量问题增多、合同额和利润大幅下降、出现大量不良资产、持有大量不能兑现的债权等。

3. 财务风险

通常反映为利率、汇率变化所带来的风险。公司管理者加强财务风险控制，充分利用信贷杠杆效应。搞好资金的统筹安排，从整体上控制财务风险，保持一定的财务弹性，注意资产负债率、借贷权益比率的控制。要密切注视国际金融市场的变化，加强对利率、汇率风险的监控，增强抗风险和应变的能力。同时，投资支出必须要实行与经营收入挂钩的稳健原则。财务风险的风险指标通常利息支出的异动、汇兑损益的变化国际国内证券市场的变化等。

4. 法律风险

建筑企业法律风险主要存在于建设工程施工、公司管理、改制等经营活动中，面对上述情况如何最大限度降低风险及采取何种防范措施，主要表现在注册资本金、抵押担保、工程款回收等问题上。

（1）企业注册资金问题。法律规定股东应足额交纳出资并以此承担相应责任。由于历史等原因，早期成立的国有企业，股东出资往往不到位，或者有关验资证明不规范，经不起推敲，发生诉讼后公司就会处于极为不利的境地。

（2）抵押、担保问题。对具有担保性质的项目保证金、履约保函等问题。目前项目保证金往往变成了实质上的"垫资"，如何安全回收成了急待解决的问题。在确切核实业主资信的前提条件下，我们认为只有通过严格的合同管理并在过程中辅助以有效的监控手段才能解决。这对于履约保函的风险防范也同样适用。

（3）回收工程欠款应当注意的法律问题。当业主拖欠建筑公司工程款时，一定要根据现行法律有关诉讼时效的规定，有计划的向业主发出催收工程款的通知，通过书面形式来确定债权及诉讼时效，与财务原始凭证一起，为将来的谈判及诉讼工作进行充分有效的准备。

11.2 战略风险的评估

11.2.1 战略风险评估过程活动

战略风险评估活动贯穿于整个公司战略实施的过程之中，具体可以分为5个阶段：确定评估内容、设立风险标准、衡量实际风险、将实际与标准进行比较、依据差距情况采取适当调整方案。通常前4个阶段为评估。

1. 确定评估内容

为了采取措施确保公司的战略过程更有效地进行，就要对战略风险现状有一个全面的把握。因此要根据前面提到的四种风险的风险指标和评估目的确定评估内容。为了保证评估的结果全面、客观，在确定评估内容时必须考虑指标的重要性和可操作性。对于那些很难甚至根本无法进行定量分析的重要指标，公司管理者绝对不能因此而忽略它们对公司战略实施可能产生的潜在风险，防止简单地用可量化指标代替不可量化指标。对于那些对公司战略风险判断有重大影响力的指标，不论多困难也要设法对其加以适当衡量。

2. 设立风险标准

公司管理者在明确战略目标的前提下，结合自身实际，确定战略风险评估的参照系。在设立标准时，除了要指明可接受的水平外，还应当包括一个允许误差的范围。一般情况下，只要公司战略实施过程中的实际风险落在容差范围内，就不必加以调整。在设立标准时要同时考虑进行中的结果和最终结果。

3. 衡量实际风险

公司管理者根据确定的内容和标准，定期、定点地对公司运行情况进行记录分析，找出存在的问题，衡量实际的风险。

4. 比较实际风险与标准要求

通过比较来确定公司战略管理是否存在偏差，以便找出偏差产生的原因，从而制定对策，消除偏差。

11.2.2 战略风险评估的作用

（1）战略风险评估是公司战略管理的重要环节，它能保证公司战略的有效实施。

（2）战略风险评估能力和效率的高低是公司战略决策的重要制约因素之一，它决定了公司战略行为能力的大小。

（3）战略风险评估可为战略决策提供重要的反馈，帮助公司提高战略决策的适应性和水平。

（4）战略风险评估可以促进公司文化等基础建设，为战略决策奠定良好基础。

11.2.3 战略风险评估的方法

1. 盈亏平衡分析

盈亏平衡分析也称为收支平衡点分析。它的内容是对产品的成本、营业收入、利润间的关系进行分析。因此，在工程经济学中又叫做量本利分析。也就是只有产品批量达到一定程度之后，单位产品分摊的固定成本才足以承受，单位成本将低于产品销售价，从而产生盈利；相反，则产生亏损。盈利与亏损分界的产品批量就是盈亏平衡的一种主要表现形式。

大量的分析评价可知，盈亏平衡点的值总是越小越好。因为在经济萧条或产品滞销的时候，只要生产少量的产品就能达到收支平衡，维持公司自身的生存，不致破产倒闭。盈亏平衡点的值越小，公司的生命力就越强，愈能承受经济上的风险。因此，在投资评价时，宜选择盈亏平衡点较低的项目或方案。

2. 敏感性分析

敏感性分析也称为敏感度分析。它是研究投资规模、产量、可变成本、价格、工期、外汇比价等因素分别发生变化时，投资项目经济效益将会发生何种变化，特别是由此引起的内部收益率的敏感程度。在敏感性分析中，假设变化的因素，一般都选择不利于投资项目获得经济效益的因素发生变化。譬如，投资规模增加，原材料价格上涨，产量降低，单位价格下降，建设工期延长等，通过计算分析，找出对投资项目经济效益影响最大、最敏感的关键因素，反之，就是影响不大、最不敏感的次要因素。揭示各因素同经济效益之间的因果关系，预测要承担的风险，采取防范措施，当发生意外情况时，不至于束手无策。这样就能趋利避害，使投资项目获得最佳经济效益。如果分析所得结论同原来的结论相一致，那么就更增加了决策部门的信心，如果分析前后的结论不一致，则需要对原结论重新进行考察分析，以求获得客观公正的结论。

值得指出的是，敏感性分析需要的数据多，计算工作量大。当每一个因素发生上升或有3％、5％、10％、15％等变化时，都要分别计算有关评价指标的变化幅度。通常情况下，不只计算一个项目或方案，而是要同时计算几个项目或几个方案。为充分论证、权衡利弊，有时还需要将各个项目和方案进行适当的组合，而且每一种情况都要分别计算出整个项目的寿命期每一年的各项数据。这样，所需计算的数据多达几万、几十万个，乃至上百万个，用手工计算是难以想象的。当然，在电子计算机广泛应用的今天，顺利快捷地完成计算已经不是什么障碍。

通过敏感性分析，找出影响投资项目经济效益的关键因素。为减少投资风险，提高预测的可靠性，必要时，对某些最敏感的关键因素要重新预测和估算，并再次进行财务评价。一般地说，当因素变化时经济效益对此的敏感性越低越好，或者越迟钝越好。敏感性越迟钝，其经济生命力越强，越能经得起风险。因此，不同方案比较时，在经济效益相同的情况下，选取敏感性小的方案，亦即风险小的方案，更为有利。

3. 其他分析方法

（1）调研法，即采用直接同行业内公司高层领导面谈的方式或发放问卷方式来确定行业整体的风险以及特定公司所面临的风险。

（2）财务指标法，即将公司战略风险简单归结为公司内部具体风险要素的变化，通常利用的指标有：资产负债率、资本密集度、研发比例。

（3）主观判断差异法，利用不同专家对公司未来状态（如公司收益）的判断差异程度来确定公司未来面临的风险水平。

这些方法大都发展于近些年，在方法本身的科学性、通用性、可操作性上都还有相当的局限性，战略风险的评估方法在理论和实践上都存在很多问题。

11.3 战略风险管理措施

在战略管理中，战略风险控制是战略风险评估的继续，公司对战略风险作出评估后，必须对其进行控制。

11.3.1 战略风险管理遵循的原则

1. 关键性原则

战略风险管理应尽量涉及较少信息，能可靠描述事情即可，控制太多易造成混淆。集中于关键成功因素：决定80%结果的那20%因素。

2. 有用性原则

战略风险管理应监测有意义的活动和结果，不管有多困难。

3. 及时性原则

战略风险管理应及时,不要等到很晚才采取纠正措施。要注重事前控制。

4. 一致性原则

战略目标有短期的也有长期的,战略风险管理同样既有短期的,也有长期的。战略风险管理要与战略目标相一致。

5. 特殊性原则

战略风险管理应针对特殊情况,只有落在预定可接受范围之外的活动或结果才需采取措施。

6. 重奖轻罚原则

战略风险管理要奖励达到或超过标准,而不是惩罚没有达到标准。大力惩罚失败一般会引起目标错位。管理人员将"捏造"报告,并游说降低标准。

11.3.2 战略风险控制的方式

在战略实施过程中,进行完善、有效的战略风险控制是公司战略目标得以实现的重要保证。战略风险控制方式有以下 4 种:

1. 回避问题的控制

公司管理者采用适当的手段使不适当的行为没有产生的机会,从而达到不需要控制的目的。如,通过不同其他公司共同承担风险而减少控制;不对外进行资本性投资,以此消除有关控制活动。

2. 具体行为的控制

具体行为的控制是保证公司员工个人能够按照公司的期望进行活动的一种手段。如通过规章制度在行为上限制员工,以避免出现不符合公司预期的行为;通过设定有关的考核奖罚制度,使员工明确公司要求。

3. 成果的控制

是以行为的最终结果为中心的控制方式,这种控制方式要求员工对自己的工作成果负责。

4. 人员的控制

即要求有关员工为公司作出最大贡献。如加强员工培训提高员工工作能力;建立良好的上下沟通渠道,使公司员工更清楚知道自己在公司的价值。

战略风险控制方式的选择需要管理人员较高专业知识和职业判断力,可以通过对有关预期的具体活动方面的知识掌握的丰富与贫乏和评价效益方面成果的能力的高与低来确定控制方式，如图 11-1 所示。

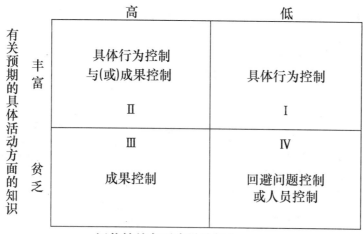

图 11-1 评价效果图

在第Ⅳ象限中反映的是公司对预期具体活动不了解，对重要的成果领域也不能作出很好判断的情况。这种情况公司管理者一般采用人员控制或回避问题的控制方式。

在第Ⅲ象限中反映的是公司对预期的具体活动不了解，但能对成果作出很好评价的情况。这种情况因为工作成果可以得到较好的控制，因此公司管理者采用成果控制方式。

在第Ⅰ象限中反映的是公司对预期的具体活动有较多的知识，但能对成果难以作出很好评价的情况。这种情况因为工作成果可以得到较好的控制，因此公司管理者采用具体行为控制方式。

在第Ⅱ象限中里，管理人员既不能只依赖于一个固定领域的人员去采取行动，也不可能过早地提出一种或多种回避手段。此时管理者应考虑具体行为的控制方式、成果的控制方式或者两者兼有。

11.3.3 项目合同管理风险控制

当前建筑市场是发包方的市场，建筑公司作为承包方处于相对被动的地位，而建筑工程在整个施工过程中受自然条件、社会条件的不可预见因素的影响，各种风险随时都可能发生，也正是由于客观存在和不确定性，施工公司要加强合同管理、增强风险意识。为预防和规避工程风险，在合同签订和合同履约管理中应采取以下措施。

1. 签订完善的施工合同是预防和规避工程风险、保证工程能够顺利进行的前提和

基础

(1) 依法签订合同。合同法规定"合同当事人的法律地位平等，一方不得把自己的意志强加给另一方"；"当事人应当遵循公平的原则确定各方的权利和义务。"市场经济是法制经济，对合同约定内容的法律作用也越来越被当事人所重视。涉及施工阶段的法律、法规是保护工程承发包双方利益的法律依据。施工公司只有熟悉和掌握这些法律法规，才能加强用法律保护自己利益的意识，有效依法控制工程风险。

(2) 掌握市场价格动态。在投标报价时，要及时掌握市场价格，使报价准确合理，要避免为了争取中标，不顾实际情况和客观条件一味压低标价，造成亏损风险。

(3) 签订合同的可行性。承、发包双方在谈判和签订施工合同前要对项目进行科学论证，对可预见及不可预见的风险进行分析研究，对于承担风险过多、于己不利的合同宁可不签。只有施工合同具有可行性，可再进行实质性谈判。

(4) 使用国家标准合同文本。国家制订的《建设工程施工合同（示范文本）》内容完整，条款齐全，双方责权利明确、平衡，风险较小，对一些不可避免的风险，分担比较公正合理。双方应按照《建设工程施工合同（示范文本）》结合工程项目的具体情况，将合同条款认真研究，逐条推敲。除执行通用条款外，对工程的一些具体要求在专用条款内约定。要特别注意合同用词的严密性，不能使用"争取"等不规范用语，前后条款不能互相矛盾或互相否定。各项约定都必须非常具体。例如：一方面是具备开工条件方面的约定。由发包人完成的施工场地"三通一平"，应写明水、电、电信等管线接至的地点，接通的时间和要求；道路的起止地点，开通的时间，路面的要求；施工场地的面积和应达到的平整程度等要求以及影响开工的责任等，如果由于发包方的原因导致承包方不能如期开工，则工期顺延。另一方面是合同价款的约定。如果采用固定价格合同，必须把风险范围约定清楚。如建筑规模扩大，装饰水平提高，主要材料价格超过合同价款内相应价格一定幅度等因素，不包括在风险范围以内，在合同约定中必须注明；应当把风险费用的计算方法约定清楚。约定方法可采用系数法，即以合同价款为基础，确定一个百分比率，作为计算风险费用的方法。也可采用绝对值法，如将风险费用定为若干万元；对于风险范围以外的风险费用，应约定调整办法。如遇设计有重大变更，采用原合同造价的计算方法调整，主要材料价格变动超过合同价款内相应价格一定幅度时，采用超过部分按实调整方法等。通过合同谈判，使发包方和承包方清楚地认识到各自在施工合同中承担的义务和享有的权利，并对工程风险通过合同条款在合同双方之间进行合理分配。

2. 在施工合同履行过程中加强合同管理是对合同风险进行有效控制的手段

(1) 研究合同预测工程风险。项目管理人员首先要对施工合同进行完整、全面、详细地研究分析，切实了解自己和对方在合同中约定的权利和义务，预测合同风险，分析进行合同变更和索赔的可能性，以便采取最有效的合同管理策略。

(2) 明确项目管理目标。在开工准备阶段，要根据合同要求编制施工组织设计，安排生产计划，制定工期目标、质量目标、成本目标，建立配套的组织体系、责任体系，确保目标实现。

(3) 加强现场施工管理。现场施工管理是防范风险的重要环节，组建强有力的项目班子，对工程实施全过程管理，对工程质量、进度、成本严格控制，做好事前、事中和事后控制，避免因工期延误、质量问题、人员、材料、设备的浪费带来的风险。

(4) 加强安全管理。实行全员、全过程的安全管理，教育员工必须严格遵守安全操作规程，并每天对现场进行检查考核，建立严格的奖惩措施，杜绝安全事故的发生，避免由于生产过程当中的安全因素造成责任事故和人身伤亡等重大法律风险。

(5) 注意和重视索赔资料的收集和准备。在施工合同履行过程中，由于一些不可预测风险的发生，发包方不能履行合同或不能完全履行合同，而使承包方遭受到合同价款以外的损失和影响了工期的，承包方就要依法索赔。索赔的成功很大程度上取决于承包方对索赔作出的解释和强有力的证据。索赔证据有：会议纪要、施工日志、工程照片、设计变更、指令或通知、气象资料、造价指数等，注意和重视索赔资料的收集，及时合理地提出索赔，是使工程法律风险合理合法转移的有效措施。

(6) 注意索赔方法和策略。索赔方法以单项索赔为主，单项索赔事件简单，容易解决，而且能及时得到补偿。当索赔事件发生后，严格按合同规定的要求和程序提出索赔，保证索赔事件的真实，要有足够的证据来证明索赔事件是由于对方责任引起的。如遇突发性索赔事件，要强调即使一个有经验的工程师也难以预见，并且要指出在事件发生后承包方为减少损失，已采取了最有力措施，用证据和事实促使索赔成功。

11.3.4 项目过程监管

项目是建筑企业的基本生产单元，项目风险的控制对公司的长远发展至关重要。项目风险控制不能仅靠事后的考核和奖惩来解决，还需要强化对项目的过程监管。C公司为了避免出现推行承包责任制后项目对效益的片面追求，保障项目的综合管理水平，对项目实行了全程的监督管理，在项目施工期即承包合同实施过程中，强调各有关部门的监督和控制,而不仅仅是体现在完工后的考核结算,在奖励公式的设计上就鲜明地体现了这一点:项目最后的奖金是由完成的超额利润乘以综合管理系数评分来决定的,综合管理系数评分则包括了进度、合约、质量、财务、物资、安全、环保、业主评价等各项内容,项目需要接受工程部门、安全环保部、质量技术部、物资部、会计部等各个职能部门的考核,各个评分单项都制定有十分详尽的评分标准,各部门会按照进度安排每个季度进行一次检查评分,评分结果经整理直接汇报给公司领导,使总部及时掌握项目进展的情况,并将反馈结果作为调整项目部署的最直接依据,以求将项目风险降到最低。通过过程管理,大大提高了项目的效益,有效防范了项目风险(表11-1)。

项目过程监管要素表　　　　　　　　表11-1

序号	项目	2006年	2007年	责任部门
	合计	100%	100%	人力资源部汇总,公司领导审定
1	合约管理	12.5%	12%	工程部门
2	进度管理	15%	15%	工程部门
3	业主评价	12.5%	12%	工程部门
4	安全管理	15%	15%	安全环保部
5	环保管理	10%	8%	安全环保部
6	保安管理	10%	5%	安全环保部
7	质量管理	10%	8%	质量技术部
8	科技及信息管理	0%	5%	质量技术部计算机中心
9	物资管理	5%	10%	物资部
10	成本监控	5%	8%	会计部
11	总经理激励系数	2.5%	2%	总经理

11.3.5 财务风险管理

目前,国内多数建筑公司面临的财务风险很大,可以说是"三多一少",即应收款多、银行债务多、潜亏多,而一少是现金流量少,犹如沙漠滴水,难得来,容易去,点滴之水,不能合流。需要公司以制定制度的形式对担保、对外借款、信用证等予以严格的控制。

分析国际、国内资本市场的行情,选择资金筹措方式是保证公司战略成功实施的关键之一。国际承包商应充分利用已经建立起来的信誉,进入国际金融市场筹措资金,积极开拓融资渠道。通过让银行持有公司股权,同国际金融机构建立固定的合作关系。利用分拆上市供股配股、发行债券，吸收社会资金。大量引进西方国家的资金，增加资金实力，实现加速发展。积极争取国家有关部门的支持，增加在国外担保贷款的额度，通过银行担保、项目抵押、财产抵押等方式增加贷款来源。及时偿还贷款本息，缓解债务高峰，确保借贷信誉。争取国家批准设立财务公司。在提高筹资能力的同时，适度拓展证券业务，积极开展融资工作。地处西方国家的子公司、分公司，应增加收集研究分析所在国家金融市场信息，与银行保持联系的职能，配合总部开展融资工作。总之，要多方式、多渠道、多层次筹措资金，扩大资金来源，促进公司发展。

11.3.6　转移项目风险的途径

在当前竞争激烈的建筑市场中，拖欠工程款问题已成为建筑市场的"公害"，扰乱了建筑市场的正常秩序，严重影响了建筑公司自身的发展；正在推行的国际通用的"工程量清单报价、低价中标"招标投标管理办法，在我国买方市场条件下，建筑公司也处于不利地位。随着我国建筑业不断发展，并走向国际化，我国建筑市场经济秩序将不断完善。规范市场主体行为，保证工程质量、安全生产和合同的履行，除了要运用法律手段和必要的行政手段外，还要借助于经济手段。与发达国家相比，我国风险管理尚处于起步阶段，以下几种转移风险的途径可供我们借鉴。

1. 要求业主提供工程担保转移风险

工程担保作为工程风险转移的一种重要手段，充分利用了信用手段，能够加强建筑市场主体之间的责任关系，有效地保障工程建设顺利进行。因此，许多国家都在建设法规中对工程担保制度作出专门规定，许多国际组织在标准合同条件中也包含有工程担保的相应条款。在建设工程合同担保中，国际上一般采用工程保证担保的形式。

工程保证担保涉及三方契约关系，承担保证的一方为保证人，或称担保人，主要包括从事担保业务的银行、担保公司、保险公司、金融机构、商业团体；接受保证的一方为权利人或称受益人、债权人；对于权利人具有某种义务的一方被称为保证人或称为义务人、债务人；建设工程合同中，当事人一方为了避免因对方原因而造成的损失，往往需要具有合格资信的第三方为对方提供保证，即通过保证人向权力人提供担保，倘若被保证人不能履行其对权力人的承诺和义务，以致权力人造成损失，则由保证人代为履约或负责赔偿。

对于承包方而言，在合同实施过程中，如何保证业主按时支付工程款是最重要的风险管理问题。要求业主提供工程担保就是要求业主提供支付保证，即业主通过保证人为其提供担保，保证业主将按照合同规定的支付条件，如期将工程款支付给承包商。如果业主不按合同支付工程款，将由保证人代向承包商履行支付责任，业主支付保证的实行，为业主拖欠工程款问题的解决找到了一条有效途径。

我国《建设工程施工合同》第41条规定：为了全面履行合同，应互相提供以下担保，发包人向承包人提供履约担保，按合同约定支付工程价款及履行合同其他义务。一方违约后，另一方可以要求提供担保的第三人承担相应责任。提供担保的内容方式和相关责任，发包人、承包人除在专用条款中约定外，被担保方与担保方还签订担保合同，作为本合同附件。这一规定，为承包商风险提供了有力的法律依据。

2. 充分利用保险制度转移风险

工程保险是迄今最普通、也是最有效的工程风险管理手段之一。工程保险以建设项目为保障对象，是对其建设过程中，遭受自然灾害或意外事故所造成的损失提供经济补偿的一种保险形式。投保人将威胁自己的工程风险转移给保险人（保险公司），并按期向保险人缴纳保险费，如果事故发生，投保人可以通过保险公司取得损失赔偿，以保证自身免受损失。

建筑工程保险是属于财产保险和人身保险的范畴，它是以工程项目承包合同价格或该预算价格作为保险金额，以重置价值进行赔偿，以建设的主体、工程用料、临时建筑等作为保险标的，对整个工程建设期间由于保险责任范围内的危险造成的物质损失及列明费用予以赔偿的保险。国际工程保险一般包括下列险种：以工程项目本身为保险标的的建设工程一切险；以安装工程为主体的安装工程一切险；以从事危险作业的职业的生命健康为保险标的的意外伤害险；以第三者的生命对健康和财产为保险标的的第三者责任险；以设计人、咨询商的设计、监理错误或员工工作疏漏给业主或承包商造成的损失为保险标的的职业责任险。

在美国，承包商若没有购买相应的保险，几乎无法获取工程合同。我国重新修订的《建设工程施工合同（示范文本）》也对工程一切险、第三者责任险、人身伤亡险和施工机械设备险设置了相应的条款，但一直未能普遍推行。据悉，国家正在考虑逐步开设勘察设计、工程监理、工程咨询及其他工程咨询机构的职业责任险和工程质量保修保险。要想在我国普遍推行工程保险业务，对保险公司而言，应解决险种单一、保险费率高、服务质量差等问题，借鉴国际工程保险制度成功经验，增设相应险种；对政府而言，在建立推行保险制度的同时，应对现行工程造价构成进行调整，将保险费计入工程成本，从而解决保险费资金来源问题。

3. 利用索赔制度转移风险

索赔是在合同实施过程中，根据法律、合同规定及惯例，对并非由于自己的过错，而是属于应由合同对方承担责任的情况造成的，且实际发生了损失，向对方提出给予补偿的要求。我国新修订的《建设工程施工合同（示范文本）》为承包商开展索赔创造了条件。《建设工程施工合同（示范文本）》第36条第2款规定：发包人未能按合同约定履行自己的各项义务或发生错误以及应由承包人承担责任的其他情况，造成工期延误和承包人不能及时得到合同价款及承包人的其他经济损失，承包人可以向发包人索赔。索赔可以归纳为费用索赔和工期索赔。通过索赔，承包商可以提高合同价格，弥补损失，增加收益，这也是国际工程承包中承包商转移风险的一种普遍做法。

根据《建设工程施工合同（示范文本）》条款，承包商可以索赔的内容主要有如下几个方面：①不利自然条件与人为障碍引起的索赔；②工期延误和延长引起的索赔；③加速施工引起的索赔；④因施工临时中断和工效降低引起的索赔；⑤业主不正当地终止工程引起的索赔；⑥业主风险和特殊风险引起的索赔；⑦物价上涨引起的索赔；⑧拖欠工程款引起的索赔；⑨法规、货币、汇率变化引起的索赔；⑩合同文件错误引起的索赔。

工程索赔制度在我国尚未普遍推行，承包方对索赔的认识还很不足，没有认识到建筑市场已由初期"靠关系"转化到"靠合同"，除非迫不得已，一般不会索赔，认为这样有失"面子"，更别谈创造索赔机会了，对索赔的具体做法也十分生疏。因此，承包商应不断了解利用索赔制度转移风险的意义，加强合同管理，捕捉索赔机会，学会科学索赔方法。

风险管理在国际工程承包中是一项非常普遍的管理制度，承包商应该具备识别风险的能力，尽量利用现有法律制度，转移风险、利用风险，并密切关注相关法律制度动向，加强研究，为我所用，对风险采取有效措施加以防范，从而保护自身的利益不受损失。

11.3.7 战略审计

所谓战略审计，是对建筑公司的战略分析、战略选择、战略执行所进行的全面的、系统的、独立的和定期的检查，其目的在于发现机会，找出问题，提出正确的短期和长期行动方案，以保证公司战略的执行或不合理的战略选择的修正，提高该公司的总体绩效。在当前的市场环境中，广泛开展战略审计，全面、有效地实施战略控制，对保证公司高效率和高效益运转，有着重要的意义。

战略审计不是一次临时性工作，在工作中应注意以下几个问题：

①全面性。战略审计不只是审查几个出问题的地方,而是覆盖整个外部环境,内部系统以至具体运营活动的各个方面。②系统性。战略审计包括一系列有秩序的诊断步骤,对外部环境、内部系统以及各项运营活动进行有秩序的检查,在确诊的基础上制订修正计划。③独立性。通过自我审计、内部交叉审计、上级公司审计以及聘请外来专家进行审计等途径,开展独立性工作。④定期性。战略审计是定期进行的,而不是出现问题时才采取的临时行动。定期而持久的战略审计是公司的经常性业务工作的组成部分。

1. 战略审计的内容

(1) 目前形势审计。包括市场占有率、净资产收益率等指标来考察公司上一年度的整体业绩如何。

(2) 战略态势审计。公司目前的使命、目标、战略和政策是什么?

(3) 公司治理审计。包括董事会和高管层的情况,他们分别的人员构成,在公司的作用和两者之间的关系。

(4) 绩效审计。主要包括收入绩效评核审查、费用绩效审查,实施与计划的比较分析、经营活动绩效的审查,工程款回收绩效评核分析。

(5) 计划、预算系统审计。主要包括计划、预算范围审查,实施计划、预算应具备的要素审查,计划、预算的特性审查,计划、预算制定程序审查,计划、预算方案审查。

(6) 风险控制系统审计。主要包括市场风险、经营风险、财务风险、法律风险,这些风险可以通过内部控制、市场占有率、运营效率、资产负债率、借贷比率、净资产收益率等指标进行监控。

(7) 获利能力控制系统审计。主要包括成本审查和盈利能力审查。

(8) 信息系统审计。主要包括设计信息系统的审查、使用信息系统的审查、构成信息系统的审查、建立信息系统的条件审查。

(9) 管理职能审计。包括管理的总体审计和单项审计。

2. 战略审计的工作程序

由于市场受客观环境变化的影响很大,而某些决策往往又带有主观性,为了经济、有效和高效率地开展审计工作,战略审计一般按下列程序分成四个阶段:

(1) 初审阶段。其主要工作是明确审计的目标、范围、深度、数据来源及所需时间;熟悉被审计单位的情况;审查及测试各项控制制度,掌握其主要问题,从而定出审计工作的计划和方案,这称为准备阶段。

(2) 详审阶段。即计划实施阶段，其主要工作是根据计划内容进一步收集和核实数据，确定评价标准、查阅有关资料，进行实地访问、掌握确切的资料。

(3) 审计的结论阶段。即审计人员在审计过程中所发现的问题和改进意见的书面总结。

(4) 后续阶段。即追踪阶段，其主要任务是审查对审计结论中所提出的建议和意见的贯彻情况，促使其贯彻实现，并在客观条件发生变化时提出修正意见。

3. 战略审计的工作方法

战略审计中一般可以采用顺查法、逆查法、核对法、审阅法、查询法、分析法、推理法、任意抽样法、判断抽样法、随机抽样法以及因素分析法、本量利分析法、均衡率计算法等统计和数学方法来进行。

建筑公司的审计基础工作应在以下方面作出努力：

(1) 严格稽核工作。为减少实际操作中的错误，财务部门应设置总稽核人员负责每一张会计凭证的审核，而且从制作会计凭证、总稽核审核、出纳人员开出支票到有效签字人签发支票，每一个涉及其过程的人员都要做好相应的把关和审核工作，确保不出现差错。

(2) 定期检查银行账户。公司在财务制度中应要求财务负责人对银行账户、现金网点的情况不定期进行检查，对库存现金随时进行抽查，保证公司的资金安全。如，某公司有各类银行账户876个，其中上市公司695个，非上市公司181个，这就需要其定期进行汇总，严格监管，并设立了银行账户综合管理员（兼职）。

(3) 建立财务控制体系。建立内部审核制度，公司的内部审计应实行事先参与、事中控制、事后评估的审计检查制度。对财务工作作出客观公正的评价，提出改进建议和要求。并且通过编制年度审计项目计划，充分做好审计的安排计划工作，保证审计工作的顺利进行。历史上公司的财务稽核制度基本是健全的，审计部门要做的工作要不定期的多一些，对公司要形成威慑力。

(4) 建立外部审计制度。实际上，现在国内多数公司已经开展得很好，国家国有资产监督管理委员会和财政部门也都对公司的年度决算提出了严格的要求，规定公司一定要由中介机构（获国家有关部门指定的中介机构）对公司年度财务决算进行审计，以起到对财务部门本身的监控，对总会计师（财务总监）的监控。从实践结果看，外部审计的确起到了相当的约束作用，尤其是外部审计是受股东委托，对董事会、总经理、管理层、财务部门等进行监督。

第十二章 绩 效 考 核

公司的一切活动离不开人。我们常讲，事业留人，环境聚人，机制造人。但人是经济中人，社会中人，只有其付出与回报成正比，才能发挥其作用。西方经济学告诉我们，人都是"经济人"，追求利益最大化，也知道如何实现利益最大化。因此，业绩考核如果能够以人为本，将员工的切身利益与企业的命运紧紧结合在一起，同时配之以严格有效的监督惩罚机制，那么必将会产生强大的合力，形成一支有着共同价值观和奋斗目标、有着强大竞争力的团队。战国时期秦国的"军功授爵"制度就是一个成功的考核激励的例子。

除了"远交近攻"战略运用得当外，秦国的考核激励对统一中国也发挥了巨大作用。早在战国中期，秦国的商鞅就创立了著名的"军功授爵"制度。杀敌越多，爵位越高，并且可以世袭下去。秦国士兵常年征战，家人为奴，自己食不果腹，世袭爵位的激励作用非常明显，受到鼓舞的秦军在战场上将生死置之度外，所向披靡，最终实现了中华民族的首次统一。可以说，如果把统一六国作为秦国的战略目标，那么秦国"军功授爵制度"就是推动目标实现的重要手段。

恰当的激励制度有助于推动组织目标的实现，而实施激励的基础是业绩考核的结果。因此，如何科学合理地衡量业绩，就成了其中的关键环节。实施业绩考核和激励机制的主要目的在于规范人们的行为，加大执行战略目标的力度。这里，作者结合现代公司管理与控制理论，就Z公司业绩考核工作的开展情况进行了一次初步的评估，进而提出加强业绩考核工作的相关措施，以期促进公司全面提高执行力。绩效考核工作分三个方面展开：即母公司对子公司、公司对项目、公司对部门的绩效考核。

12.1 公司绩效考核

本节以Z公司为例，论述集团公司（母公司）对所属子公司（分公司、事业部）进行绩效考核的有关问题。

12.1.1 绩效考核工作的演化

2001年以来，Z公司的经营绩效考核工作，主要经历了以下三个阶段：

1. 自我摸索阶段（2001~2003年）。这一阶段，经营业绩考核工作特点可以概括为：目标明确，注重经济效益；指标清晰，量化基本指标和辅助指标；健全机制，考核结果与负责人薪酬挂钩。

2. 压力传递阶段（2004~2007年）。紧密围绕国资委考核目标和公司战略目标，按照经营利润最大化、经营效率最优化、可持续发展和资产保值增值原则，通过责任层层分解，短期不断加速，中期适时调整，过程严格监测来确保企业年度预算和发展目标的有效衔接，使监督管理手段既重评议更重实绩、既重规模更重效益、既重定性更重数据。对催收清欠、法律诉讼、安全生产、海外经营等若干重大事项开展了专项考核，并与企业负责人的薪酬进行挂钩。

3. 合理引导阶段（2008年至今）。按照科学发展观的基本内涵对考核制度进行了完善，形成了包括基本指标、发展指标和鼓励指标相互支持配合的考核体系，对公司一直强调的"一整合、两消灭、三集中"（即整合机构，消灭亏损和挂靠项目，资金、材料、劳务集中）以及催收清欠等重点工作加大了奖罚力度，在推动经营结构调整、提升管理短板等方面起到了积极的导向作用。

12.1.2 绩效考核的主要措施与方法

近年来，Z公司按照"纵向到底、横向到边、层层传递压力"的总体要求，狠抓组织执行力，积极落实国有资产保值增值责任体系，大胆开展体制和机制创新，积极探索企业发展的长效机制，以绩效考核推动企业发展，"千斤重担万人挑，人人肩上有指标"的局面已经形成。

1. 建立责任到位的考核体系

（1）纵向到底，压力层层传递。在法人层面的考核中，Z公司按照科学发展观的基本要求和行业特点，以利润为中心，营销为重点，完善了子公司、事业部的考核指标体系。从子公司、分公司、区域公司到项目部，建立了严密的责任体系，人人肩上都扛指标。子公司、分公司的基本指标以净利润为主线，兼顾现金流、成本费用管理和催收清欠；子公司、分公司的发展指标主要考察合同额、营业额、职工收入、科技投入等管理短板；专项考核除贯彻落实安全、法律、节能减排等工作外，还增加了对拖欠职工债务、应交税费、信贷余额的考核。

（2）横向到边，全员纳入考核范围。Z公司按照"具体化、指标化"的原则，采取了工作量化目标和履行岗位职责相结合的做法。按照年度工作目标和领导职责分工，将合同额、营业收入、质量、安全、创优、社会保障和精神文明等项指标全部进行量化,并要求所有班子副职成员都要签订量化目标责任书,在年度工作会上述职,接受上级、同级和下级的直接考核。

(3) 不留死角,健全企业治理结构考核。Z 公司在健全现代化的企业治理结构,明确董事会、监事会、经营层考核目标的同时,对党建工作的考核也进行了有益的探索,认真落实上级单位党建、思想政治和精神文明建设工作部署,监督检查落实情况,将党务效能监督、争先创优、党风建设等指标纳入领导班子和所属企业党务系统领导干部的考核体系。

2. 制定目标明确的指标体系

(1) 考核指标,简单明了。Z 公司对于事业部、营销分支机构和子公司的考核指标由利润总额、上缴利润、合同额、应收账款回收率、分支机构管理费用五项指标构成;对于非经营性机构、人员则主要考核管理费用预算执行情况。Z 公司坚持指标量化,过程中注意化繁为简,将企业的总体目标转变为全体管理人员的行动,真正体现了"大道至简至易"这句古语的深刻含义。

(2) 抓住关键、突出重点。对于建筑主业而言,项目质量、工期、安全、技术、劳务管理是基本功,也是必须做好的。而决定企业经济效益的关键环节,第一是营销激励机制的建立到位,第二是项目成本管理的抓准抓实,第三是催收清欠的持续深化。长期以来,Z 公司始终把营销作为龙头来抓,将合同额、营销效益作为营销人员的提奖指标,通过经营报告书制度、项目营销可行性研究等一系列内控措施,有效降低了项目营销风险。

(3) 分类考核,提升短板。随着经营规模的快速增长,工程款催收困难、拖欠问题突出成为制约企业发展的主要障碍。Z 公司深入贯彻"三次营销"的指导思想,从树立和全面落实科学发展观、构建和谐企业的高度出发,持续推动催收清欠工作。公司上下以现金流为中心,重点抓好合同把关、商务策划、过程预警催收、结算办理、拖欠清收和责任考核六个环节,将应收款项回收率作为重点指标纳入下属公司负责人的考核之中。

3. 完善组织领导体系和薪酬挂钩机制

(1) 组织领导集中统一。为保证考核压力的有效传递,Z 公司及下属企业都由一把手亲自主抓业绩考核工作。各单位都成立了考核工作领导小组,主要负责考核办法的审批、考核过程监督和考核结果的审核。领导小组办公室主要负责制定考核办法、过程管理、考核结果汇总分析等。考核工作领导机构及工作体系的建立,为 Z 公司绩效考核工作的实施提供了强有力的组织保障。

(2) 薪酬挂钩机制核心突出。目前，Z公司绩效考核指标在预算挂钩、纵向对比的基础上，以净利润和上缴指标为核心、考核结果为依据，全面实现了与各级责任主体的薪酬挂钩，这部分指标对应着全部薪酬的60%～70%。Z公司在企业发展过程中，充分挖掘职工潜力和创造力，依靠广大干部群众取得了跨越式发展。在二次分配中，Z公司努力提高员工的薪酬福利待遇，留住和吸引了一流的人才，真正实现了"企业好、员工好；员工好，企业好"的双赢格局。

12.2 项目绩效考核

项目是建筑企业的基本生产单元，是公司利润的源泉。项目营销奖励和项目风险抵押是项目绩效考核的重要组成部分，对推动项目效益的提升有着重要的意义。

12.2.1 营销奖励

B公司始终把营销工作作为公司各项工作的重中之重，为提高营销人员的积极性和营销质量，B公司将新签项目的合同额、营销效益作为营销人员的提奖依据。合同额是实行营销奖励的基础，但又不能仅以合同额作为奖励依据，还要综合考虑营销效益。确定营销效益的主要方法是价本分离。价本分离主要包括获取投标报价交底资料、测算责任成本和调整责任成本三个步骤。其中，责任成本是指企业根据项目投标报价交底资料和不同地区的项目管理经验数据，对项目的直接工程费、措施费、现场管理费、规费、税金和其他费用进行测算，由成本主管部门与项目经理部协商确定的项目确保完成的成本。通过实施价本分离，一方面可以按照材料市场定价下的定额费用和其他规费核定责任成本，计算出营销效益，从而分清项目的总体效益中哪些是营销带来的，哪些是优化项目管理产生的，只有营销效益才是营销人员给公司带来的贡献，公司对营销人员的奖励应以营销效益为基础；另一方面，价本分离可以准确预测项目成本，有针对性地制定措施，防范经济风险，实现过程控制，从而达到降低工程成本、实现项目收益最大化的最终目的。对于边设计、边修改、边施工的"三边项目"，B公司主要依据清单暂估量和相关价格确定一个初步的责任成本，待项目的基本数据完善后，再对责任成本进行调整。对于经常出现的责任成本不统一现象，B公司采用自下而上的方式，以内部定额为基础，给予项目部一定的让利或在考核兑现中适度调整，防止价本分离久拖不决。通过实施科学合理的营销奖励，保证了

B公司大项目、好项目源源不断地涌现。

12.2.2 项目风险抵押与项目考核

在长期的探索实践中,"项目风险抵押"逐步成为跨区域经营的大中型建筑施工企业进行工程项目管理的主要形式。项目风险抵押就是在对中标工程价本分离、科学测算成本和利润等责任指标的基础上,将项目人员薪酬与项目最终盈利挂钩,以收缴风险抵押金、签订目标责任书的方式建立起公司对项目的激励约束机制,是实现工程项目"风险共担、利益共享"的有效途径。

1. 项目风险抵押实施中存在的问题

项目风险抵押模式通过十多年来行业内众多企业的实践积累、经验总结,其承包测算、风险抵押、考核兑现等各环节渐趋成熟,极大提高了项目一线生产管理者降本增效的积极性和风险意识、责任意识,实现了施工企业和从业人员的双赢局面。但与此同时,由于项目的过程考核问题没有很好解决,导致大多数企业将这项活动流于形式,"以包代管"现象严重,使项目风险抵押的效果大打折扣。项目风险抵押实施中存在的问题主要表现在:

(1) 工程施工过程中收入计量的模糊性和大量不确定性,导致月度(季度)考核兑现存在较大风险。

(2) 施工企业月度工程预(结)算工作滞后,影响当期成本和当期毛利确认的准确性,而这正是月度考核兑现的主要依据。

(3) 由于考核尤其是兑现,涉及对个人利益的转移,管理环节多,手续复杂,频繁的考核兑现增加了从总部、区域公司、项目部几个层面的负担。

(4) 由于工程项目之间在施工周期、付款条件等各方面存在较多和较大差异,公平的兑现标准较难确立。

(5) 大量的项目效益体现在最终结算量的审计谈判中,先期对最终效益估计过高,极有可能出现预分配过高、个人收益过度的情况,也可能导致最后大量琐碎的工程收尾工作无人负责。

以上因素导致这些年来很多建筑企业项目过程考核兑现存在一定程度的缺失,这对项目经营造成了较大的负面影响,主要表现在:

(1) 企业对施工项目监管不到位,项目经营风险仍然较大。因为尽管项目承包经营者向施工单位交纳了一定金额的风险抵押金,但如果没有足够过程的监管,仍有可能出现重大舞弊和损失浪费。

（2）由于施工周期较长，一线生产经营人员平时仅预发工资，考核兑现往往在所有总、分包结算完全结束后，甚至是工程尾款全部收回后，平时较低的个人收入，大大影响了一线生产经营人员的工作积极性。

如何才能解决好上述问题，使项目风险抵押发挥其应有的作用？以下将从项目绩效考核的角度，结合我们的探索和实践，对项目风险抵押做进一步的探讨。

2. 风险抵押应遵循的原则

（1）坚持管控。风险抵押金制度的运行应当坚持法人管项目，资金集中管理，集中采购，公司收益优先，风险与效益对等，以此来增强人、财、物集中到法人层面的执行力度。

（2）自愿抵押。目前，项目风险抵押主要有项目班子成员抵押、项目全员抵押两种模式。从构建利益共同体、打造和谐企业的角度出发，项目经理、合约经理、技术经理等项目班子成员，预算主管、技术主管等与成本关联紧密的项目骨干人员是必须交纳的，而项目普通员工则要充分考虑其实际承受能力，交纳应以自愿为主。

（3）持续改进。风险抵押金制度的运行不是简单的"一缴了之"，兑现的公平与否、激励幅度的高低是所有人关注的焦点。制度要顺利运行并得到大多数人的拥护，就必须符合战略意图、管理实际和群众的呼声，并在经营实践中，依据内外部环境的变化不断去调整和完善。

3. 完善项目风险抵押和考核的探索和实践

下面以B公司的做法为例，介绍建筑企业完善项目风险抵押和考核的最新探索和实践：

（1）建立成本管理体系。项目的成本管理涉及面广，且贯穿项目的生命周期，是一项复杂而系统的工程。为此，B公司在系统内建立了总经理领导下的总经济师负责制的成本管理体系，强调总经理是成本管理工作的第一责任人，公司总经济师为成本管理工作的主管领导，公司成立成本管理部门，并配备专业人员3~5名，实行价本分离、风险抵押、过程控制、考核兑现全过程的总经济师负责制，从而形成上传下达、左右联动的工作局面，建立了科学合理的成本管理体系（图12-1）。

同时，B公司还以风险抵押承包责任制为切入点，"责任成本、计划成本、实际成本"三大成本管理为主线，项目生命周期和成本管理业务流程为顺序，制定了《项目成本管理

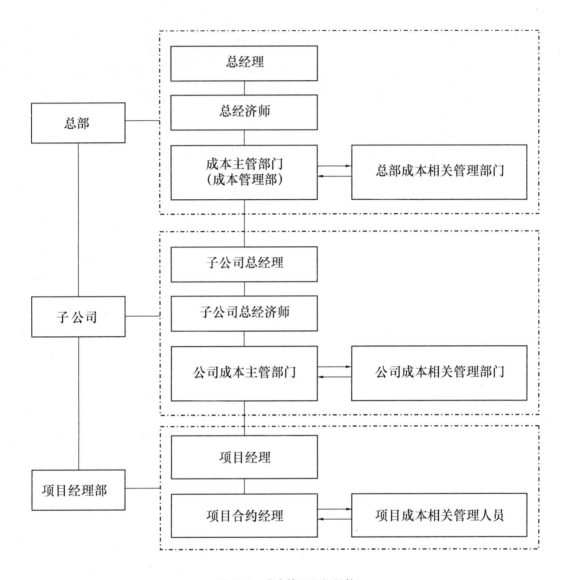

图 12-1 成本管理组织机构

办法》,使全局的成本管理工作基本做到有章可循、有据可依,从事后核算向事前策划、事中控制的转变。

(2) 签订风险抵押责任状。在新开工程项目管理中创新引入风险抵押责任承包管理模式,核心是对中标项目科学测算成本、降低成本等指标。在同项目经理部充分沟通后,以签订《项目管理目标责任书》形成合约关系,明确项目各岗位管理人员的风险抵押金额(根据各岗位职责确定缴纳风险抵押金的权重和金额)。通过这种方式将项目经理部所有成员紧密地结合在一起,将项目的成败与项目全员的切身利益紧紧地挂起钩来。

(3) 在缴纳风险抵押金时,B公司根据项目类型、规模、承包模式等情况按照相应额度计算,并在《项目成本管理办法》中统一了标准,原则上建筑工程风险抵押金缴纳总额不低于30万元。有关数据如表12-1所示。

在项目缴纳风险抵押金权重分配上,B公司规定:项目班子成员抵押权重不得低于抵押金总额的52%,项目班子以外的员工的权重在48%以内。其中,项目经理不低于25%,副经理、合约经理、总工程师各不低于9%。在抵押方式上,根据项目的不同情况,分别实行了全员风险抵押和项目班子成员抵押。

风险抵押金额情况表　　　　　　　　　　　　　　　　表 12-1

(单位:万元)

建筑工程		安装、装饰工程	
合同额(自营)	抵押金额	合同额(自营)	抵押金额
低于5000	30	低于500	10
5000(含)~10000	30~50	500~1000	10~15
10000(含)~15000	50~65	1000~1500	15~20
15000(含)~20000	65~80	1500~2000	20~25
20000(含)~30000	80~100	2000~3000	25~30
30000(含)~40000	100~120	3000~5000	30~35
40000(含)~50000	120~140	5000~8000	35~40
高于50000(含)	140以上	高于8000	40以上

(4) 过程成本控制。为确保项目成本管理达到预期目标,B公司强化项目风险管理,积极完善风险防控体系,加强成本管理的过程控制,做到事前进行成本策划和结算策划;事中根据责任成本实施监控,按时间或形象节点进行成本分析,分析问题产生的原因,制定纠偏措施,并予以落实;事后分析实际成本和计划成本的差距,总结经验教训。

(5) 及时考核兑现。土建项目情况错综复杂,结算期很长,从交纳抵押金到实际兑现要等一年到两年甚至更长的时间。如果考核制度执行不力,该奖的不奖,该罚的不罚,该兑的不兑,只有不确定风险扣罚的约束,考核激励政策所起的作用不仅不是正面的,而且很有可能是负面的,甚至直接影响成本管理工作的有效开展。

B公司进行考核兑现原则是"成熟一个,考核一个,兑现一个",对项目体量大、工期长的项目,按地下室、主体封顶、竣工结算三个节点进行过程兑现。项目具备兑现条件后,由成本主管部门按兑现程序,组织有关职能部门对项目进行考核,签署考核意见,计算奖惩结果,报批后正式兑现。对工程项目及时考核兑现,践行了公司的诚信,坚定了项目管理人员对企业的信任。

12.3 部门绩效考核

上面两节主要讨论的战略绩效考核的两端——公司业绩考核与项目业绩考核的实施。作为连接这两项考核的桥梁，也就是公司部门层面的考核往往是业绩考核中最难处理的部分。因为前两项考核都可以通过具体的财务数据进行衡量，而部门特别是业务支持部门（行政、规划、财务、审计等），其业绩往往很难量化。通常所采用的方式是与公司业绩和项目业绩挂钩，通过前两项的业绩体现部门（员工）的业绩。下面介绍一些具体的操作方式：

在企业本部部门与员工考核中，F公司于20世纪90年代初期开始推行目标管理，以企业战略规划和年度预算为基础层层分解，覆盖全员。部门考核主要由服务指导与配合协作能力、经济管理目标完成情况和日常基础管理三部分构成，权重分别为45%、45%和10%。纪检监察部、党群办公室、离退办、居委会等19个职能部门的考核指标全部进行了量化，不仅包括了企业管理目标，一些部门还承担了公司的经营目标，如表12-2所示。

某公司部分职能部门承担经营目标情况　　　　　　表12-2

序号	部门	目标	占部门得分权重（%）
1	市场部	完成新签合约额75亿元	15
2	合约部	全年实现项目实际收益24430.53万元	10
3	项目管理部	完成营业额40亿元	10
4	机电工程部	完成机电工程新签合约额12亿元	10

W公司则在部门考核中采取了定性评价、定量考核相结合的方式。定性评价中，主要从办事效率、服务态度、服务质量、工作创新、合作精神等方面评价部门工作，从工作绩效、业务能力、团队建设、员工培养及品行等方面评价部门负责人，从工作绩效、业务能力、工作态度、工作责任心及团队协作等方面对一般员工进行评价，归档计分。定量考核内容主要为公司下达给各部门的量化指标，其中部门正职考核全部量化指标，部门副职考核分管量化指标。一般员工由部门下达量化指标，每人2~3项。通过上述措施，有效地推动了部门管理水平和服务态度的提升。

12.4 平衡计分卡的运用

平衡计分卡贯穿于战略规划管理的三个阶段，已成为众多国际、国内著名公司竞相采用的战略规划管理方法。

12.4.1 平衡计分卡简要介绍

20世纪90年代初,哈佛商学院的Robert Kaplan和诺朗诺顿研究所所长David Norton发展出一种全新的公司绩效管理方法:平衡计分卡(The Balanced Scorecard)。该方法打破了传统的只注重财务指标的业绩管理方法。平衡计分卡认为,传统的财务会计模式只能衡量过去发生的事情(落后的结果因素),但无法评估公司前瞻性的投资(领先的驱动因素)。在工业时代,注重财务指标的管理方法还是有效的。但在信息社会里,传统的业绩管理方法是很不全面的,公司必须通过在客户、供应商、员工、公司流程、技术和革新等方面的投资,获得持续发展的动力。正是基于这样的认识,平衡计分卡方法认为,公司应从四个角度审视自身业绩:学习与成长、业务流程、顾客、财务。

12.4.2 平衡计分卡的基本内容

平衡计分卡反映了财务、非财务衡量方法之间的平衡,长期目标与短期目标之间的平衡,外部和内部的平衡,结果和过程平衡,管理业绩和经营业绩的平衡等多个方面。所以能反映公司综合经营状况,使业绩评价趋于平衡和完善,利于公司长期发展。

平衡计分卡中的目标和评估指标来源于公司战略规划,它把公司的使命和战略规划转化为有形的目标和衡量指标。由财务指标和非财务指标构成。主要包括财务、客户、内部经营过程和学习与增长四个层面的指标:

1. 财务层面的业绩评价指标

一般包括收入增长指标、成本降低指标以及资产利用或投资指标。详细指标一般有净资产收益率、资产负债率、投资回报率、应收账款周转率、存货周转率、成本降低率和现金流量净额等。

2. 客户层面的业绩评价指标

包括市场份额、客户保持率、客户取得率、客户满意度和客户盈利率等。

3. 内部经营过程层面的业绩评价指标

包括:

(1) 创新:与公司研究开发费用的评价有关,包括产品及设计水平、新产品开发能力、研究开发费增长率等。

(2) 经营:评价指标主要是关于质量、生产周期效率、成本等方面。

(3) 售后服务：服务的时间、质量、成本等。

4. 学习与增长层面的业绩评价指标

主要包括职员能力，信息系统能力，激励、权力和协作等。

"平衡计分卡"主要从图 12-2 所示的四个方面对公司进行衡量。

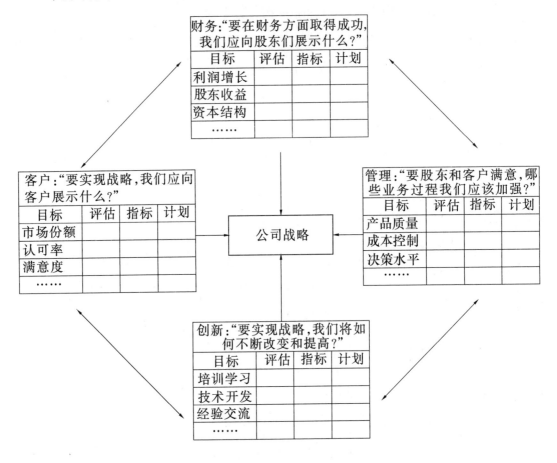

图 12-2　平衡计分卡四方面图

总之，平衡计分卡的财务方面列示了公司的财务目标，并衡量战略规划的实施和执行是否在为最终的经营成果的改善作出贡献。平衡计分卡中的目标和衡量指标是相互联系的，这种联系不仅包括因果关系，而且包括结果的衡量和引起结果的过程的衡量相结合，最终反映公司战略规划的目标。

平衡计分卡方法有以下的优点：(1) 克服了财务评估方法的短期行为；(2) 使整个公司行动一致，服务于战略规划目标；(3) 能有效地将公司的战略规划转化为公司各层的绩效指标和行动；(4) 有助于员工对公司目标和战略规划的沟通和理解；(5) 利于公司和员工的学习成长和核心能力的培养；(6) 实现公司长远发展；(7) 通过实施平衡计分卡，提高公司整体管理水平。

12.4.3 平衡计分卡与战略规划管理的关系

1. 由于制定平衡计分卡时，要把公司经营战略规划转化为一系列的目标和衡量指标，此时管理层往往需要对战略规划进行重新的审视和修改，这样平衡计分卡为管理层提供了就经营战略规划的具体含义和执行方法进行交流的机会。同时，因为战略规划制定和战略规划实施是一个交互式的过程，在运用平衡计分卡评价公司经营业绩之后，管理者们了解了战略规划执行情况，可对战略规划进行检验和调整。

2. 在战略规划实施阶段，平衡计分卡主要是一个战略规划实施机制，它把公司的战略规划和一整套的衡量指标相联系，弥补了制定战略规划和实施战略规划间的差距。传统的公司管理体制在实施战略规划时有很多弊端：或是虽有战略规划却无法操作；或是长期的战略规划和短期的年度预算相脱节；或是战略规划未同各部门及个人的目标相联系，这样，使战略规划处于一种空中楼阁的状态，而平衡计分卡则改变了这种状况。

3. 在制定平衡计分卡时与战略规划挂钩，用平衡计分卡解释战略规划。如前所述，一份好的平衡计分卡通过一系列因果关系来展示公司战略规划。例如，某一公司的战略规划之一是提高收入，则有下列因果关系：增加对雇员销售技能培训→了解产品性能→促进销售工作→收入提高。平衡计分卡中的每一衡量指标都是因果关系中的一环。一份好的平衡计分卡中的评估手段包括业绩评估手段和推动业绩的评估手段，前者反映某项战略规划的最终目标及近期的工作是否产生了成果，后者反映实现业绩所做的工作，两者缺一不可。

4. 利用平衡计分卡宣传公司战略规划。实施战略规划的重点是公司所有的雇员、公司高级经理、董事会成员都了解这项战略规划。通过宣传平衡计分卡可以使雇员加深对战略规划的了解，提高其实现战略规划目标的自觉性。同时通过定期、不间断地将平衡计分卡中的评估结果告诉雇员，可以使其了解平衡计分卡给公司带来的变化。为了使董事会能够监督公司的高级经理人员及整个公司的业绩表现，董事会成员也应了解平衡计分卡。这样，他们监督的重点将不再是短期的财务指标，而是公司战略规划的实施。

5. 将平衡计分卡与团队、个人的目标挂钩。这一工作可以通过分解平衡计分卡的目标和衡量指标来完成。平衡计分卡是由一整套具有因果关系的目标、衡量指标组成的体系，因此，它对于分解非财务指标有着独特的优势（传统上，非财务指标很难分解）。分解可以采取两种方式：第一种是由集团公司管理人员制定平衡计分卡中财务方面、客户方面的战略规划，然后由中层管理人员参与制定内部经营过程和学习成长方面的目标和衡量指标。第二种是下一级部门将集团公司的平衡计分卡作为参考，部门经理从集团公司的计分卡中找到自己可以施加影响的目标和衡量指标，然后制定该部门的计分卡。

平衡计分卡中的目标和评估指标均来源于公司规划目标，它的优点是不仅强调了绩效管理与公司规划之间的紧密关系，而且提出了一套完整的具体指标框架体系。平衡计分卡从四个维度审视公司的业绩：学习与成长、内部经营过程、客户价值、财务。这四个方面的指标互相间存在深层的内在关系，即：学习与成长解决公司长期生命力的问题，是提高公司内部运作管理能力的基础；公司通过内部管理能力的提高为客户提供更大的价值；客户的满意导致公司良好的财务效益。同时，平衡计分卡的每项内容又可细化成众多具体指标来进行详细分析和考核。

平衡计分卡的指标设计不是一成不变的，公司管理者、经营者以及人力资源管理者们可以根据公司的特性、所处市场环境等因素制定各自的指标；相应地，在公司内部还可以根据各个部门不同的运作特点，制定不同的平衡计分卡考核系统，即每个部门的员工根据部门目标设定个人的计分卡。总之，平衡计分卡的目的是要让公司的每一位员工每天的行动都与公司的规划挂钩。

以平衡计分卡为基础建立起来的公司绩效管理系统，在实际运用中，还需要有其他诸如奖励激励体系、内部沟通评价体系的支持，才能真正发挥其作用。在激励奖惩体系方面，随着经济的发展，公司奖励激励的重点应由外部激励转向内部激励，从短期激励转向长期激励。传统上，多数公司较注重外部激励手段的运用，如职位、薪酬或待遇。现代公司除对外部激励手段的使用外，更多地开始关注如何进行内部的激励，如满足员工的成就感、尊重感以及实施员工持股计划等长期激励手段。同时在内外部、长短期两个方向上寻求平衡和激励效果的最大化。在完善奖励手段的同时，为保持并发展公司的竞争力，对绩效低下的员工实施有效管理也是很重要的。

6. 把平衡计分卡用于执行战略规划和计划的过程，将战略规划转化为行动。

第一步，要为战略规划性的衡量制定3～5年的目标。

第二步，便是制订能够实现这一目标的战略性计划。以资本预算为例，传统的资本预算未能把投资和战略规划相连，而选用了回报率等单纯的财务指标进行投资决策。现在我们可以用平衡计分卡来做，通过利用平衡计分卡来为投资项目打分，名列前茅的并在资本预算范围内的投资项目将被采用。这种投资决策方法使资本预算和公司战略规划紧密相连。

第三步，为战略规划计划确定短期计划。管理人员根据顾客情况、战略规划计划、经营过程、雇员情况按月或季制定短期目标，即把第一步"3～5年的目标"中的第1年目标转化为平衡计分卡中4个方面的目标和衡量指标。这种战略规划性衡量指标→长远目标→战略规划计划→短期计划的过程，为公司目标转化为切实的行动提供了途径。

在战略规划评价和反馈阶段，由于平衡计分卡中的衡量指标之间存在着因果联系，因此，当我们发现某项指标未达到预期目标时，便可以根据因果关系层层分析引起这项指标变动的其他指标是否合格。如果不合格，则表明是执行不力。如果均已合格，那么管理人员就应对公司内外部环境重新分析，检查据以确定战略规划的环境因素是否已发生变化，是否需要调整战略规划。这一反馈分析的过程，对于战略规划管理有着重要的意义，充分体现了战略规划管理动态的特征。

附录一

建筑公司"十二五"(2011～2015年)计划表

公 司 董 事 长（签字）：
公司战略管理委员会主任（签字）：
公司战略管理部门负责人（签字）：
公 司 战 略 编 制 人 员（签字）：

编制日期：　　年　　月　　日

建筑公司"十二五"计划表目录

一、综合指标表	计划 01 表
二、现金流量表	计划 02 表
三、银行借款表	计划 03 表
四、或有负债表	计划 04 表
五、年度投资表	计划 05 表
六、人力资源情况表	计划 06 表
七、公司组织结构调整表	计划 07 表
八、科技进步及信息化建设情况表	计划 08 表
九、国内承包营业情况表	计划 09 表
十、国内承包市场结构分析表	计划 10 表
十一、海外经营规模构成表	计划 11 表
十二、房地产经营情况表	计划 12 表
十三、房地产市场分析表	计划 13 表
十四、勘察设计业务市场分析表	计划 14 表
十五、进出口业务经营情况表	计划 15 表

十二五计划综合指标表

编制单位：　　　　　　　　编制日期：　年　月　日　　　　　　计划 01 表

指　标	行次	2005年实际	"十一五"期间			"十二五"计划期间			
			五年完成合计	2010年实际	五年平均增长率	五年计划合计	2015年计划	2015年比2010年增长%	五年平均增长率
甲	乙	1	2	3	4	5	6	7	8
一、合同额	1=2+3+4+5								
1. 承包工程	2								
2. 房地产	3								
3. 勘察设计及咨询	4								
4. 其他	5								
二、营业额	6=7+8+9+10								
1. 承包工程	7								
2. 房地产	8								
3. 勘察设计及咨询	9								
4. 其他	10								
三、年度投资总额	11=12+13+14+15								
1. 房地产	12								
2. 基础设施投资	13								
3. 机械设备	14								
4. 其他	15								
四、利税总额	16								
其中：利润总额	17								
五、净利润	18								
六、资产总额	19								
流动资产	20								
其中：应收账款	21								
其他应收款	22								
存货	23								
七、负债总额	24								
其中：流动负债	25								
九、少数股东权益	26								
十、所有者权益	27=19−24−26								
十一、年末现金余额	28								
十二、年末银行借款余额	29								
十三、年末借款担保额度	30								
其中：企业担保额度	31								
为下属单位担保额度	32								
十四、年末保函额度	33								
十五、年末尚未消化潜亏或不良资产	34								
十六、期末在职员工总数	35								
其中：管理人员、专业技术人员	36								
十七、相对指标	37								
1. 资产负债率	38=24/19								
2. 借贷资本率	39=29/(19−24)								
3. 流动比率	40=20/25								
4. 净资产报酬率	41=17/(19−24)								
5. 项目平均成本降低率	42								
6. 单位工程一次交验优良品率	43								
7. 工亡率	44								

编制说明：

1. 本表由公司下属单位及公司总部编制。

2. 计量单位：亿元人民币、人、%、‰；美元、港币分别按照 1∶6.3 和 1∶0.82 的汇率折算成人民币；小数点后保留两位数字；百分比小数点后保留一位数字。

3. 列 4、列 8 的五年平均增长率计算公式如下：$r = \left(\sqrt[5]{\dfrac{A_5}{A_0}} - 1\right) \times 100\%$

r 是五年平均增长速度，A_0 是基期数据，A_5 是期末数据。以"十一五"为例：A_5 是 2010 年数据，A_0 是 2005 数据。

4. 列 7 增长率计算公式：$R = (L6 - L3)/L3 \times 100\%$，$R$ 为增长率，$L3$ 是基期 2010 年数据，$L6$ 是 2015 年数据。

5. 本表的有关指标要与相关专业表中的指标相吻合。

6. 利税总额＝税后利润＋所得税＋营业税＋增值税＋城建税＋教育费附加＋房产税＋印花税＋车船税

7. "年末尚未消化潜亏或不良资产"基期数据按照编制通知的相关要求填报。

8. 项目平均成本降低率＝(∑项目预算成本−∑项目实际成本)/∑项目预算成本×100%

9. 单位工程一次交验优良品率＝
$\dfrac{\sum \text{报告期第一次交付验收评定为优良的单位工程面积（或个数）}}{\sum \text{报告期第一次交付验收的全部单位工程面积（或个数）}} \times 100\%$

10. 死亡率＝$\dfrac{\text{报告期因工伤事故造成的员工死亡人数}}{\text{报告期全部在职员工平均人数}} \times 1000‰$

报告期全部在职员工平均数＝(报告期初全部在职员工数＋报告期末全部在职员工数)/2

11. 本表应于××年×月×日前报送给公司战略规划管理部门。

十二五计划现金流量表

编制单位：　　　　　　　　编制日期：　年　月　日　　　　　　　　计划 02 表

指　标	行　次	2010年实际	"十二五"计划期间						2015年比2010年增长%
			五年计划合计	2011年计划	2012年计划	2013年计划	2014年计划	2015年计划	
甲	乙	1	2	3	4	5	6	7	8
一、期初现金余额	1								
二、经营活动净现金流量	2＝3－8								
（一）现金收入	3＝4＋5＋6＋7								
1. 承包工程收入	4								
2. 勘察设计及咨询收入	5								
3. 物业出租及管理收入	6								
4. 其他收入	7								
（二）现金支出	8＝9＋10＋11＋12＋13								
1. 承包工程支出	9								
2. 勘察设计及咨询支出	10								
3. 管理费用	11								
4. 各项税费开支	12								
5. 其他支出	13								
三、投资活动净现金流量	14＝15－21								
（一）现金收入	15＝16＋17＋…＋20								
1. 售楼收入	16								
2. 基础设施投资收入	17								
3. 投资收益	18								
4. 处置固定资产、无形资产等收入	19								
5. 其他收入	20								
（二）现金支出	21＝22＋23＋…＋26								
1. 房地产投资支出	22								
其中：新增项目投资	23								
2. 基础设施投资支出	24								
3. 购建固定资产、无形资产等支出	25								
4. 其他支出	26								
四、筹资活动现金流量	27＝28－33								
（一）现金收入	28＝29＋30＋31＋32								
1. 新增银行贷款	29								
2. 母公司拨入资金	30								
3. 吸收投资收到现金	31								
4. 其他收入	32								
（二）现金支出	33＝34＋35＋36＋37＋38								
1. 归还贷款本金	34								
2. 归还贷款利息	35								
3. 上缴母公司投资收益	36								
4. 支付股利、债券本息等支出	37								
5. 其他支出	38								
五、期末现金结余	39＝1＋2＋14＋27								
其中：可动用现金	40								

编制说明：

1. 本表分别由公司下属单位及公司总部编制。

2. 计量单位：亿元人民币；美元、港币分别按照1：6.3和1：0.82的汇率折算成人民币；小数点后保留两位数字；百分比小数点后保留一位数字。

3. 本表行39数据要同01表行28数据一致。

4. 列8增长率指标计算公式如下：$R=(L7-L1)/L1\times 100\%$，R为增长率，$L1$为基期2010年数据，$L7$为2015年数据。

5. 基础设施投资指对于市政基础设施项目的投资。

6. 筹资活动现金流量中"母公司拨入资金"指母公司代还银行借款，后转做对其投资的资金；垫付的正常往来款项在经营活动的"其他"项下反映。

7. 上缴母公司投资收益，按编制通知的要求进行安排。

8. 期末现金余额中可动用现金指能够自由支配的现金、银行存款以及现金等价物；不包括被冻结、质押的现金、存款及现金等价物。

9. 本表于××年×月×日前报送给公司战略规划管理部门。

十二五计划银行借款表

编制单位：　　　　　编制日期：　年　月　日　　　　　　　　　计划03表

指　　标	行　次	2010年实际	"十二五"计划期间						2015年比2010年增长%
			五年计划合计	2011年计划	2012年计划	2013年计划	2014年计划	2015年计划	
甲	乙	1	2	3	4	5	6	7	8
一、期初借款余额	1＝2+3								
1.短期借款	2								
2.长期借款	3								
二、本期借款增加	4＝5+6								
1.短期借款	5								
2.长期借款	6								
三、本期归还借款	7＝8+9								
1.短期借款	8								
2.长期借款	9								
四、期末借款余额	10＝11+12								
1.短期借款	11								
2.长期借款	12								
五、期末逾期借款	13								
六、期末抵押借款	14								
七、期末公司担保借款	15								
八、期末为下属单位担保借款	16								

编制说明：

1. 本表由公司下属单位和公司总部编制。

2. 计量单位：亿元人民币；美元、港币分别按照1：6.3和1：0.82的汇率折合成人民币。小数点后保留两位数字；百分比小数点后保留一位数字。

3. 列8增长率指标计算公式如下：$R=(L7-L1)/L1\times 100\%$，R为增长率，$L1$为基期2010年数据，$L7$为2015年数据。

4. 本表的有关指标要与综合报表中的相应指标吻合；如：行10的数据要与01表行29的数据一致。

5. 本表于××年×月×日前报送给公司战略规划管理部门。

十二五计划或有负债表

编制单位:　　　　　　编制日期:　　年　月　日　　　　计划 04 表

指　标	行　次	2010年实际	"十 二 五"计 划 期 间						2015年比2010年增长%
			五年计划合计	2011年计划	2012年计划	2013年计划	2014年计划	2015年计划	
甲	乙	1	2	3	4	5	6	7	8
一、借款担保	1＝5+6+7								
（一）占用公司借款担保额度									
1. 期初占用公司借款担保额度	2								
2. 本期增加占用企业借款担保额度	3								
3. 本期减少占用公司借款担保额度	4								
4. 期末占用公司借款担保额度	5＝2+3－4								
（二）期末为所属单位提供借款担保余额	6								
（三）期末为外单位提供借款担保余额	7								
二、保函	8＝12+13								
（一）占用公司保函额度									
1. 期初占用公司保函额度	9								
2. 本期增加占用公司保函额度	10								
3. 本期减少占用公司保函额度	11								
4. 期末占用公司保函额度	12＝9+10－11								
（二）保函担保	13								
三、信用证担保									
1. 期初占用公司信用证担保额度	14								
2. 本期增加占用公司信用证担保额度	15								
3. 本期减少占用公司信用证担保额度	16								
4. 期末占用公司信用证担保额度	17＝14+15－16								

编制说明:

1. 本表由公司下属单位和公司总部编制。

2. 计量单位：亿元人民币；美元、港币分别按照 1:6.3 和 1:0.82 的汇率折合成人民币；小数点后保留两位数字；百分比小数点后保留一位数字。

3. 列 8 增长率指标计算公式如下：$R=(L7-L1)/L1\times 100\%$，R 为增长率，$L1$ 为基期 2010 年数据，$L7$ 为 2015 年数据。

4. 占用公司借款担保、为所属单位提供借款担保以及为外单位提供借款担保包含承兑汇票担保。

5. 占用公司保函额度指直接占用公司在银行的保函额度；保函担保指由公司出具担保而使用单位自行开立的保函。

6. 本表的有关指标要与综合报表中的相应指标吻合；如：行 5 的数据要与 01 表行 31 的数据一致。

7. 本表于××年×月×日前报给公司战略规划管理部门。

十二五计划年度投资表

编制单位：　　　　编制日期：　年　月　日　　　　计划05表

指　标	行　次	2005实际	"十一五"期间			"十二五"计划期间						
			五年完成合计	2010年实际	五年平均增长率	五年计划合计	2011年计划	2012年计划	2013年计划	2014年计划	2015年计划	2015年比2010年增长%	五年平均增长率
甲	乙	1	2	3	4	5	6	7	8	9	10	11	12
年度投资总额	1＝2＋6＋10＋11＋12												
一、经营性固定资产投资	2＝3＋5												
1. 基本建设投资	3												
其中：新建办公用房	4												
2. 更新改造投资	5												
二、资本性投资	6＝7＋8＋9												
1. 购买他人股票	7												
2. 投资设立企业	8												
3. 其他	9												
三、基础设施投资	10												
四、房地产投资	11												
五、其他投资	12												
……	13												

编制说明：

1. 本表分别由公司下属单位和公司总部编制。

2. 计量单位：亿元人民币；小数点后保留两位数字；百分比小数点后保留一位数字。

3. 列4，列12的五年平均增长率计算公式：$r = \left(\sqrt[5]{\dfrac{A_5}{A_0}} - 1\right) \times 100\%$

r是五年平均增长速度，A_0是基期数据，A_5是期末数据。以"十一五"为例：A_5是2010年数据，A_0是2005年数据。

4. 列11增长率指标计算公式如下：$R = (L10 - L3)/L3 \times 100\%$，$R$为增长率，$L3$为基期2010年数据，$L10$为2015年数据。

5. 基础设施投资，指对于市政基础设施项目的投资。

6. 本表于××年×月×日前报送给公司战略规划管理部门。

十二五计划人力资源情况表

编制单位：　　　　　　　编制日期：　年　月　日　　　　　　计划 06 表

指　　标	行　次	2010年实际	"十二五"计划期间					
			2011年计划	2012年计划	2013年计划	2014年计划	2015年计划	2015年比2010年增长%
甲	乙	1	2	3	4	5	6	7
一、单位人员总数	1=2+3+6							
1. 在岗人员总数	2							
2. 非在岗人员总数	3							
其中：内退人员总数	4							
待（下）岗人员总数	5							
3. 离退休人数	6							
二、单位在职人员总数	7=2+3 =8+16 =20=25 =31=40							
（一）管理人员、专业技术人员	8							
其中：项目经理	9=10+ 12+14							
1. 一级项目经理	10							
其中：在岗人数	11							
2. 二级项目经理	12							
其中：在岗人数	13							
3. 三级项目经理	14							
其中：在岗人数	15							
（二）技术工人	16=17+ 18+19							
1. 高级技师	17							
2. 技师	18							
3. 高、中、初级工	19							
三、在职人员按学历划分	20=21+ 22+23+24							
研究生以上	21							
本科	22							
大专	23							
其他	24							
四、在职人员按专业技术职务级别划分	25=26+ 28+29+30							
高级职务	26							
其中：正高级职务	27							
中级职务	28							
初级职务	29							
其他	30							

编制说明：

1. 本表分别由公司下属单位及公司总部编制。

2. 计量单位：人、万元人民币，并保留整数。

3. 本表有关数据要同综合表的相应数据一致，如：行7、行8要分别同01表的行35、36数据一致。

4. 二级单位指公司直属单位，三级单位为二级单位直属单位。

5. 列7增长率指标计算公式如下：$R=(L6-L1)/L1\times100\%$，R 为增长率，$L1$ 为基期2010年数据，$L6$ 为2015年数据；百分比小数点后保留一位数字。

6. 指标解释：

（1）在职人员数为在岗人员和非在岗人员总数之和；

（2）在岗人员成本是指公司支付给在岗人员的工资、福利费用以及公司缴纳的各项社会保险费用的总和；

（3）非在岗人员成本是指公司支付给非在岗人员的生活费、福利费用以及公司缴纳的各项社会保险费用的总和；

（4）离退休人员成本是指公司支付离退休人员的公司补贴和福利费用的总和。

7. 本表于××年×月×日前报送给公司战略规划管理部门。

续表

指　　标	行　次	2010年实际	"十二五"计划期间					2015年比2010年增长%
			2011年计划	2012年计划	2013年计划	2014年计划	2015年计划	
甲	乙	1	2	3	4	5	6	7
五、在职人员按专业技术职务划分	31＝32＋33＋34＋…＋39							
工程技术人员	32							
经济人员	33							
会计人员	34							
统计人员	35							
翻译人员	36							
律师、公证人员	37							
政工人员	38							
其他人员	39							
六、在职人员按年龄划分	40＝41＋42＋43＋44							
35岁及以下	41							
36～45岁	42							
46～54岁	43							
55岁及以上	44							
七、培训人数	45＝46＋49＋53＋54＋55							
1. 领导人员	46							
其中：a. 二三级单位党政负责人及财务负责人（财务总监）	47							
b. 二三级单位副职	48							
2. 项目经理	49							
其中：a. 一级项目经理	50							
b. 二级项目经理	51							
c. 三级项目经理	52							
3. 专业技术人员	53							
4. 新毕业学生	54							
5. 其他人员	55							
八、培训经费投入	56							
九、人均培训经费	57							
十、领导人员人均培训经费	58							
十一、专业技术人员人均培训经费	59							
十二、新毕业学生人均培训经费	60							
十三、人力资源总成本	61＝62＋63＋66							
1. 在岗人员成本	62							
2. 非在岗人员成本	63							
其中：内退人员成本	64							
待（下）岗人员成本	65							
3. 离退休人员成本	66							
十四、人员分流总成本	67＝68＋69							
1. 解除合同经济补偿	68							
2. 其他	69							

编制说明：

1. 本表分别由公司下属单位及公司总部编制。

2. 计量单位：人、万元人民币，并保留整数。

3. 本表有关数据要同综合表的相应数据一致，如：行7、行8要分别同01表的行35、36数据一致。

4. 二级单位指公司直属单位，三级单位为二级单位直属单位。

5. 列7增长率指标计算公式如下：$R=(L6-L1)/L1\times 100\%$，R为增长率，$L1$为基期2010年数据，$L6$为2015年数据；百分比小数点后保留一位数字。

6. 指标解释：

（1）在职人员数为在岗人员和非在岗人员总数之和；

（2）在岗人员成本是指公司支付给在岗人员的工资、福利费用以及公司缴纳的各项社会保险费用的总和；

（3）非在岗人员成本是指公司支付给非在岗人员的生活费、福利费用以及公司缴纳的各项社会保险费用的总和；

（4）离退休人员成本是指公司支付离退休人员的公司补贴和福利费用的总和。

7. 本表于××年×月×日前报送给公司战略规划管理部门。

十二五计划公司组织结构调整表

编制单位：　　　　　　　　编制日期：　年　月　日　　　　　　　　　计划07表

指　标	行　次	2010年实际	"十二五"计划期间					
			2011年计划	2012年计划	2013年计划	2014年计划	2015年计划	2015年比2010年增长%
甲	乙	1	2	3	4	5	6	7
一、期末全部公司数量	1=2=5							
（一）按法律关系划分	2=3+4							
1. 法人企业	3							
2. 非法人企业	4							
（二）按内部管理级次划分	5=6+10							
1. 二级单位	6							
其中：全资单位	7							
控股单位	8							
参股单位	9							
2. 三级单位	10							
分组同上	11							
二、期末建安公司数量	12=13=16							
（一）按盈亏状况划分	13=14+15							
1. 盈利单位	14							
2. 亏损单位	15							
（二）按主营资质划分	16=17+29+33+34							
1. 施工总承包单位	17=18+23+28							
1) 房屋建筑	18=19+20+21+22							
特级资质单位	19							
一级资质单位	20							
二级资质单位	21							
三级资质单位	22							
2) 公路工程	23=24+25+26+27							
特级资质单位	24							
一级资质单位	25							
二级资质单位	26							
三级资质单位	27							
……	28							
2. 专业承包单位	29=30+31+32							
1) 地基与基础工程	30							
2) 土石方工程	31							
……	32							
3. 劳务承包单位	33							
4. 其他（专指无资质）单位	34							

编制说明：

1. 本表由公司从事施工生产的国内下属单位编制。

2. 统计单位：户。

3. 列7增长率指标计算公式如下：$R=(L6-L1)/L1\times 100\%$，R为增长率，$L1$、$L6$分别为2010、2015年数据；百分比小数点后保留一位数字。

4. 管理级次的划分：二级单位为公司所属单位，三级单位为二级单位所属单位，依次类推。

5. 公司盈亏根据当年实际或预计的本期利润数判断；

6. 有关主营资质的细项分类，参见建设部2001年4月颁发的《建筑业企业资质等级标准》。

7. 本表于××年×月×日前报给公司战略规划管理部门。

十二五计划科技进步及信息化建设情况表

编制单位： 编制日期： 年 月 日 计划08表

指 标	行次	2010年实际	"十二五"计划期间					2015年比2010年增长%
			2011年计划	2012年计划	2013年计划	2014年计划	2015年计划	
甲	乙	1	2	3	4	5	6	7
一、科技、信息化建设总投入（万元）	1							
二、人均拥有电脑数量（台）	2							
三、科技研发机构、科研基地数量（个）	3							
四、科研信息专业人员数量（人）	4							
五、科技进步奖项（个）	5							
其中：国家级科技进步奖（个）	6							
省部级科技进步奖（个）	7							
六、专利与发明（项）	8							
七、科技进步创造效益（万元）	9							
1.采用新技术、新工艺带来的效益	10							
2.运用科技手段带来的效益	11							
3.其他	12							
八、相对指标	13							
1.技术装备率	14							
2.科技发展资金投入率	15							
3.科技进步效益率	16							

编制说明：

1. 本表分别由公司下属单位及公司总部编制。

2. 百分比小数点后保留一位数字。

3. 列7增长率指标计算公式如下：$R=(L6-L1)/L1\times 100\%$，R为增长率，$L1$为基期2010年数据，$L6$为2015年数据。

4. 科技进步奖指获得国家级、省部级和公司评定的科技进步奖。

5. 技术装备率＝技术装备净值/在岗员工总数×100％

科技发展资金投入率＝当年科技资金投入额/当年营业额×100％

科技进步效益率＝由科技进步产生的效益/当年营业额×100％

6. 本表于××年×月×日前报给公司战略规划管理部门。

十二五计划国内承包营业情况表

编制单位：　　　　　编制日期：　年　月　日　　　　　　　计划09表

指标	行次	2010年实际	"十二五"计划期间						
			五年计划合计	2011年计划	2012年计划	2013年计划	2014年计划	2015年计划	2015年比2010年增长%
甲	乙	1	2	3	4	5	6	7	8
营业额合计	1								
一、商用住宅项目	2								
二、道路桥梁	3								
三、工业厂房项目	4								
四、能源化工项目	5								
五、机场建设	6								
六、其他工程	7								

编制说明：

1. 本表由公司在国内开展承包经营业务的下属单位编制。

2. 计量单位：亿元人民币；小数点后保留两位数字；百分比小数点后保留一位数字。

3. 本表工程项目分类是采用美国工程新闻周刊ENR的分类标准。

4. 列8增长率指标计算公式如下：$R = (L7 - L1)/L1 \times 100\%$，$R$为增长率，$L1$为基期2010年数据，$L7$为2015年数据。

5. 本表于××年×月×日前报给公司战略规划管理部门。

十二五计划国内承包市场结构分析表

编制单位：　　　　　　编制日期：　年　月　日　　　　　　计划10表

指　标	行　次	2010年实际	"十二五"计划期间						2015年比2010年增长%
			五年计划合计	2011年计划	2012年计划	2013年计划	2014年计划	2015年计划	
甲	乙	1	2	3	4	5	6	7	8
一、××城市	1								
（一）土木工程建设投资	2=4+6+8								
其中：本单位签订合同	3=5+7+9								
1. 房屋建筑	4								
其中：本单位签订合同	5								
2. 交通运输	6								
其中：本单位签订合同	7								
3. 其他土木工程投资	8								
其中：本单位签订合同	9								
（二）安装工程建设投资	10=12+14								
其中：本单位签订合同	11=13+15								
1. 线路、管道安装工程	12								
其中：本单位签订合同	13								
2. 设备安装工程	14								
其中：本单位签订合同	15								
（三）装饰装修工程建设投资	16								
其中：本单位签订合同	17								
二、××城市	18								
分组同上	19								
……	20								

编制说明：

1. 本表由公司在国内有承包经营业务的下属单位编制。

2. 计量单位：亿元人民币；小数点后保留两位数字；百分比小数点后保留一位数字。

3. 本表工程分类标准采用国家统计局的分类标准。

4. 工程建设投资指政府在该工程领域的投资，含地方政府的投资。

5. 列8增长率指标计算公式如下：$R = (L7 - L1)/L1 \times 100\%$，$R$为增长率，$L1$为基期2010年数据，$L7$为2015年数据。

6. 本表城市指企业经营活动所在的大中城市，占本单位合同额前五名的大中城市须填制此表。

7. 本表于××年×月×日前报给公司战略规划管理部门。

十二五计划海外经营规模构成表

编制单位：　　　　　　　编制日期：　年　月　日　　　　　　　计划11表

指　　标	行　次	2005年实际	"十一五"期间			"十二五"计划期间						
			五年完成合计	2010年实际	2010年比2005年增长%	五年计划合计	2011年计划	2012年计划	2013年计划	2014年计划	2015年计划	2015年比2010年增长%
甲	乙	1	2	3	4	5	6	7	8	9	10	11
一、营业额总计	1											
二、××国家												
（一）营业额小计	2＝3＋5＋6＋7＋8											
1. 承包工程	3											
2. 劳务合作	4											
3. 设计咨询	5											
4. 经援项目	6											
5. 房地产业务	7											
6. 其他业务	8											
（二）承包带动物资出口	9											
三、××国家												
分组同上	10											
……	11											

编制说明：

1. 本表由公司从事对外经济技术合作业务的下属单位编制。

2. 计量单位：亿元人民币；美元按照1∶6.3的汇率折合人民币；小数点后保留两位数字；百分比小数点后保留一位数字。

3. 增长率指标计算公式如下：$R=(L10-L3)/L3\times100\%$，R为增长率，$L3$为2010年数据，$L10$为2015年数据。

4. "承包带动物资出口"指在对外工程承包或劳务合作带出的设备和物资，是15表的细化，请根据可能填列。

5. 本表于××年×月×日前报给公司战略规划管理部门。

十二五计划房地产经营情况表

编制单位：　　　　　　　编制日期：　年　月　日　　　　　　　　　　　计划12表

指　标	行次	2005年实际	"十一五"期间			"十二五"计划期间						
			五年完成合计	2010年实际	2010年比2005年增长%	五年计划合计	2011年计划	2012年计划	2013年计划	2014年计划	2015年计划	2015年比2010年增长%
甲	乙	1	2	3	4	5	6	7	8	9	10	11
一、年末土地储备面积	1											
二、当年开发面积	2											
三、当年竣工面积	3											
四、当年销售面积	4											
五、年末尚未售出面积	5											
六、项目计划投资额	6											
其中：土地支出	7											
七、累计完成投资	8											
八、年度投资额	9											
其中：土地支出	10											
九、当年销售收入	11											

编制说明：

1. 本表由公司有房地产开发业务的下属单位编制。

2. 面积单位万 m^2；货币单位：亿元人民币；港币按照 1∶0.82 汇率折合人民币；小数点后保留两位数字；百分比小数点后保留一位数字。

3. 增长率指标计算公式如下：$R = (L10 - L3)/L3 \times 100\%$，$R$ 为增长率，$L3$ 为2010年数据，$L10$ 为2015年数据。

4. 项目计划投资额指项目立项到完成计划投入的资金。

5. 累计完成投资指在开发项目自项目开始至计划期初累计完成的投资额。

6. 本表的有关指标要与综合报表中的相应指标吻合；如行9的数据要与01表行12的数据一致。

7. 本表于××年×月×日前报给公司战略规划管理部门。

十二五计划房地产市场分析表

编制单位：　　　　　编制日期：　年　月　日　　　　　　计划13表

指　　标	行次	2010年实际	"十二五"计划期间					
			五年计划合计	2011年计划	2012年计划	2013年计划	2014年计划	2015年计划	2015年比2010年增长%
甲	乙	1	2	3	4	5	6	7	8
一、××城市	1								
（一）房地产开发总规模	2								
1. 写字楼项目	3								
2. 住宅项目	4								
其中：高档住宅	5								
中档住宅	6								
低档住宅	7								
3. 其他项目	8								
（二）本单位开发规模	9								
分组同上	10								
（三）本单位市场占有率	11								
分组同上	12								
二、××城市	13								
分组同上	14								
……	15								

编制说明：

1. 本表由公司有房地产业务的下属单位编制。

2. 计量单位：万 m^2；百分比小数点后保留一位数字。

3. 列8增长率指标计算公式如下：$R = (L7 - L1)/L1 \times 100\%$，$R$ 为增长率，$L1$ 为基期2010年数据，$L7$ 为2015年数据。

4. 本表按城市填列，反映市场占有情况。城市指经营所在的大中城市。如果在某城市的开发额占本单位总开发额的10%（含以上）须编制此表。

5. 地区市场占有率指标计算公式：P 为市场占有率

$$P = \frac{\text{本单位在某地区开发的写字楼（某档次商品房）面积}}{\text{该地区写字楼（或某档次商品房）开发总面积}} \times 100\%$$

6. 本表于××年×月×日前报给公司战略规划管理部门。

十二五计划勘察设计业务市场分析表

编制单位：　　　　　编制人员：　　年　月　日　　　　　　　　　计划14表

指　标	行　次	2010年实际	"十二五"计划期间						2015年比2010年增长%
			五年计划合计	2011年计划	2012年计划	2013年计划	2014年计划	2015年计划	
甲	乙	1	2	3	4	5	6	7	8
一、××城市	1								
（一）总体建筑设计产值	2								
1. 住宅工程	3								
2. 公建工程	4								
3. 其他工程	5								
（二）本单位在该城市的设计产值	6								
分组同上	7								
（三）本单位市场占有率	8								
分组同上	9								
二、××城市	10								
分组同上	11								
……	12								
……	13								

编制说明：

1. 本表由公司有设计资质的下属单位编制。

2. 计量单位：亿元人民币；小数点后保留两位数字；百分比小数点后保留一位数字。

3. 列8增长率指标计算公式如下：$R = (L7 - L1)/L1 \times 100\%$，$R$为增长率，$L1$为基期2010年数据，$L7$为2015年数据。

4. 本表按照城市划分，反映市场占有情况。城市指经营所在的大中城市。如果在某城市的设计产值占本单位总设计产值的10%（含以上）须编制此表。

5. 地区市场占有率指标计算公式：P为市场占有率

$$P = \frac{本单位某项设计业务在某城市的设计产值}{某城市该项设计业务总产值} \times 100\%$$

6. 本表于××年×月×日前报给公司战略规划管理部门。

十二五计划进出口业务经营情况表

编制单位：　　　　　编制日期：　　年　月　日　　　　　　　　　　　计划 15 表

指　　标	行　次	2010年实际	"十二五"计划期间						2015年比2010年增长%
			五年计划合计	2011年计划	2012年计划	2013年计划	2014年计划	2015年计划	
甲	乙	1	2	3	4	5	6	7	8
一、贸易总额	1＝2＋6								
（一）物资进口总额	2								
1. 机械设备	3								
2. 建筑材料	4								
3. 其他物资	5								
（二）物资出口总额	6								
其中：承包带动物资出口	7								
1. 机械设备	8								
2. 建筑材料	9								
3. 其他物资	10								

编制说明：

1. 本表由公司有进出口业务的下属单位编制。

2. 货币单位：亿元人民币；美元、港币分别按照 1∶6.3 和 1∶0.82 的汇率折合人民币；小数点后保留两位数字；百分比小数点后保留一位数字。

3. 列 8 增长率指标计算公式如下：$R=(L7-L1)/L1×100\%$，R 为增长率，$L1$ 为基期 2010 年数据，$L7$ 为 2015 年数据。

4. 本表于××年×月×日前报给公司战略规划管理部门。

附录二

建筑公司 2012 年预算

公司董事长或授权人（签字）：

公司预算管理委员会主任（签字）：　　　　联系电话：

公司预算管理部门负责人（签字）：　　　　联系电话：

公司预算编制人员（签字）：　　　　　　　联系电话：

年　月　日

2012 年预算编报目录

序号	表　号	表　式　名　称	报 送 单 位	报 送 时 间
1	预算表一	主要预算指标综合表	公司所属单位	2011年×月×日
2	预算表一续表	主要预算指标综合表（续）		
3	预算表二	利润及利润分配预算		
4	预算表二附表	成本费用预算		
5	预算表三	现金流量预算		
6	预算表四	资产负债预算		
7	预算表四附表	资产负债预算结构表		
8	预算表五	国内单位生产经营预算		
9	预算表六	国内单位新签合同额预算		
10	预算表六附表1	国内单位分行业合同额预算		
11	预算表六附表2	国内施工单位新签项目经营方式预算		
12	预算表七	海外经营预算		
13	预算表八	投资预算		
14	预算表九	投资收益预算		
15	预算表十	应收款项回收预算		
16	预算表十附表	重大拖欠项目清收预算		
17	预算表十一	银行借款归还预算		
18	预算表十一附表	银行贷款归还预算		
19	预算表十二	自有员工人力资源预算		
20	预算表十三	自有员工工资总额预算		
21	预算表十四	国内单位资金集中管理目标预算		
22	预算表十五	国内单位材料费及采购方式目标预算		

2012年主要预算指标综合表

预算表一
单位：万元

指　标　名　称	计算单位	2009年实际	2010年实际	2011年预算	2011年预计完成	2012年预算	2013年预测	备注
一、合同额	万元							
二、营业额	万元							
三、利润总额（含在损益中消化的潜亏）	万元							
其中：利润总额	万元							
当年在损益中消化的潜亏	万元							
四、报表净利润	万元							
五、上缴上一级公司投资收益	万元							
六、年末银行借款本金余额	万元							
七、资产总额	万元							
其中：应收账款	万元							
八、负债总额	万元							
九、股东权益	万元							
其中：所有者权益	万元							
十、需上一级公司当年投入现金及信用额度	万元							
其中：现金	万元							
贷款担保额度	万元							
保函担保额度	万元							
承兑汇票额度	万元							
十一、年末占用上一级公司贷款担保额度	万元							
十二、年末占用上一级公司工程保函额度	万元							
十三、单位为系统外公司提供担保年末余额	万元							
十四、周转资金指标	万元							
十五、项目计划投资额	万元							
十六、当年安排投资支出	万元							
十七、单位拖欠职工债务当年归还额	万元							
十八、管理费用	万元							
十九、年末从业人员	人							
其中：在岗职工	人							
二十、单位从业人员工资总额	万元							
其中：在岗职工	万元							
其中：管理人员	万元							
二十一、亿元施工产值死亡率	‰							

说明：1. 本表由公司下属单位及公司总部编制。在编制2012年预算的同时，亦请按照2012年的编制原则，对2013年指标进行初步的预测。
2. 除指明外，指标按现行财务、统计口径计算，并应与其他预算表的指标相衔接。
其中：从业人员包括在岗职工、离开单位但保留劳动关系的职工、其他从业人员。其他从业人员包括成建制外联队伍、聘用的离退休人员、聘用的港澳台及外籍人员等。
3. 所属单位向公司上缴的投资收益按照编制通知的有关要求编制。
4. 亿元施工产值死亡率＝当年死亡人数/以亿元为单位的施工产值×1000‰
5. 周转资金按照期间发生数填报。
6. 项目计划投资额是指正在实施的项目自开工到完工期间的计划投资额。
7. 本表绝对数字保留整数，相对数字小数点后保留两位，按四舍五入计算。
8. 本表请于2011年×月×日前报至公司预算管理部门。

2012年主要预算指标综合表（续）

预算表一续表

单位：%

指　标　名　称	计算单位	2009年实际	2010年实际	2011年预算	2011年预计完成	2012年预算	2013年预测	备注
二十二、相对指标								
1. 资产负债率	%							
2. 收入利润率	%							
3. 借贷资本率	%							
4. 资本保值增值率	%							
5. 成本费用利润率	%							
6. 总资产报酬率	%							
7. 主营业务利润率	%							
8. 管理费用占主营业务收入比率	%							
9. 净资产收益率	%							
10. 应收款项回收率	%							
11. 应收账款周转率	次							
12. 成本费用总额占主营业务收入比重	%							
13. 不良资产比率	%							
14. 全员劳动生产率								
按主营业务收入计算	元/人年							
按增加值计算	元/人年							
15. 按从业人员计算的人均管理费								
	元/人							
	元/人							

说明：
1. 资产负债率＝负债总额/资产总额×100%
2. 收入利润率＝利润总额（含消潜）/主营业务收入×100%
3. 借贷资本率＝年末银行借款总额/年末股东权益×100%
4. 资本保值增值率＝期末扣除客观因素后的所有者权益/期初所有者权益×100%
   保值增值率预计（预算）数＝（期初所有者权益＋报表净利润预计数＋当年消化潜亏预计数）/期初所有者权益×100%
5. 成本费用利润率＝报表利润总额/（成本＋费用）×100%
   成本＋费用＝主营业务成本＋主营业务税金及附加＋经营（营业）费用＋管理费用＋财务费用
6. 总资产报酬率＝（利润总额＋利息支出）/平均资产总额×100%
   平均资产总额＝（年初资产总额＋年末资产总额）/2
7. 主营业务利润率（亦称毛利率）＝主营业务利润/主营业务收入×100%
8. 管理费用占主营业务收入比率＝管理费用/主营业务收入×100%
9. 净资产收益率＝净利润/平均净资产×100%
   其中：平均净资产＝（期初所有者权益＋期末所有者权益）/2
10. 应收款项回收率＝[1－（应收款项期末净额－应收款项期初净额）/主营业务收入]×100%
    其中：应收款项＝应收账款＋其他应收款
11. 应收账款周转率＝主营业务收入/应收账款平均余额
    其中：应收账款余额＝应收账款净额＋坏账准备
    应收账款平均余额＝（应收账款余额年初数＋应收账款余额年末数）/2
    坏账准备按照总公司有关要求计提。
12. 成本费用占主营业务收入的比重＝（主营业务成本＋主营业务税金及附加＋营业（经营）费用＋管理费用＋财务费用）/主营业务收入×100%
13. 不良资产比率＝年末不良资产总额/年末资产总额×100%
14. 按主营业务收入计算的劳动生产率＝主营业务收入/年末企业全部从业人员数
    按增加值计算的劳动生产率＝增加值/年末企业全部从业人员数
    其中：增加值＝当年计提固定资产折旧＋主营业务应付工资及福利费＋管理费用中的劳动保险费＋工程结算税金及附加＋管理费用中的税金＋工程结算利润－转作奖金的利润

2012 年度利润及利润分配预算

预算表二
单位：万元

项　　目	2009 年实际	2010 年实际	2011 年 预算	2011 年 预计完成	2012 年预算	2013 年预测	备　注
一、主营业务收入							
主营业务收入净额							
减：主营业务成本							
主营业务税金及附加							
经营费用							
其他							
二、主营业务利润							
加：其他业务利润							
减：营业费用							
管理费用							
财务费用							
其中：利息支出							
其他							
三、营业利润							
加：投资收益							
营业外收入							
其他							
其中：以前年度含量节余弥补利润							
减：营业外支出							
其他							
其中：结转的含量工资包干节余							
四、利润总额							
减：所得税							
少数股东损益							
加：未确认的投资损失							
五、净利润							
六、当年可供分配利润							
其中：应付投资者利润							
七、未分配利润							
其中：应由以后年度税前利润弥补的亏损							
八、主营业务利润率％							
九、成本费用利润率％							

说明：1. 本表分别由公司下属单位和公司总部编制。

2. 主营业务利润率＝主营业务利润/主营业务收入净额×100％

成本费用利润率＝报表利润总额/（成本＋费用）×100％

成本＋费用＝主营业务成本＋主营业务税金及附加＋经营（营业）费用＋管理费用＋财务费用

3. 本表请于 2011 年×月×日前报至公司预算管理部门。

2012 年度成本费用预算

预算表二附表
单位：万元

项　目	2009年实际	2010年实际	2011年预算	2011年预计完成	2012年预算	2013年预测	项　目	2009年实际	2010年实际	2011年预算	2011年预计完成	2012年预算	2013年预测
成本费用合计							五、财务费用						
一、主营业务成本							其中：利息支出						
其中：直接材料							利息收入						
直接人工							汇兑净损失						
制造费用							手续费						
二、主营业务税金及附加													
三、营业费用（经营费用）							补充资料						
（一）工资							一、人工成本总额						
（二）福利费							1.从业人员工资总额						
（三）业务经费							2.社会保险费用						
（四）折旧费							3.商业保险费用						
（五）其他							4.职工福利费						
四、管理费用							5.教育培训经费						
按科目划分							6.工会经费						
（一）工资							7.劳动保护费用						
（二）劳动保险费							8.住房费用						
（三）办公费							9.其他人工成本						
（四）差旅费							二、资产减值准备总额						
（五）业务招待费							1.坏账准备						
（六）住房公积金补贴							2.短期投资跌价准备						
（七）折旧费							3.存货跌价准备						
（八）其他							4.长期投资减值准备						
按预算级次划分							5.固定资产减值准备						
（一）二级单位总部小计							6.无形资产减值准备						
1.总部机关							7.在建工程减值准备						
2.分公司							8.委托贷款减值准备						
（二）三级单位													
1.总部机关													
2.分公司													
3.所属法人单位													

说明：1. 本表由公司下属单位汇总编制，并注意与利润表对应科目的衔接。
2. 各预算编制单位请按零基预算方式编制各项指标，即不考虑上期发生水平，而按预算期经营规模、费用控制标准等内容列示。
3. 有关资产减值准备的计提标准按企业相关规定执行。
4. 请于 2004 年×月×日前报至公司预算管理部门。

2012 年度现金流量预算

预算表三
单位：万元

项目	2010年实际	2011年		2012 年度预算					备注
		预算	预计完成	全年合计	其中：				
					第一季度	第二季度	第三季度	第四季度	
一、期初现金结余									
二、经营活动净现金流量									
（一）现金收入合计									
1. 销售商品、提供劳务收入									
2. 收到的租金及税费返还收入									
3. 其他收入									
（二）现金支出合计									
1. 购买商品、接受劳务支出									
2. 拖欠职工债务当年偿还额									
3. 管理费支出									
4. 税项支出									
5. 其他支出									
三、投资活动净现金流量									
（一）现金收入合计									
1. 房地产销售收入									
2. 出租物业收入									
3. 收到的投资收益									
4. 清理投资收入									
5. 其他投资性收入									
（二）现金支出合计									
1. 房地产投资支出									
2. 权益性的投资支出									
3. 工程垫资性支出									
4. 其他投资性支出									
四、筹资活动产生的净现金流量									
（一）现金收入合计									
1. 银行贷款									
2. 下属单位资金周转性收入									
3. 其他筹资性收入									
（二）现金支出合计									
1. 还款现金支出									
2. 支付利息									
3. 上缴上级企业投资收益									
4. 其他筹资性支出									
五、期末现金余额									

说明：1. 本表由公司下属单位和公司总部按照收付实现制原则用直接法编制。
2. 有关指标按现行财务决算报表中"现金流量表"口径计算，并安排到季度。
3. 保留整数。
4. 本表请于2011年度×月×日前报至公司预算管理部门。

2012年度资产负债预算

预算表四
单位：万元

资产	2009年实际	2010年实际	2011年预计	2012年预算	2013年预测	负债及所有者权益	2009年实际	2010年实际	2011年预计	2012年预算	2013年预测
流动资产合计						流动负债合计					
其中：货币资金						其中：短期借款					
应收账款						应付票据					
其他应收款						应付账款					
存货						其他应付款					
待摊费用						预收账款					
其他流动资产						应付工资					
长期投资合计						应付福利费					
固定资产合计						应交税金					
其中：固定资产原价						预提费用					
固定资产净额						一年内到期的长期负债					
无形及其他资产合计						长期负债合计					
递延税款借项						其中：长期借款					
						递延税款贷项					
						负债合计					
						少数股东权益					
						所有者权益合计					
						其中：实收资本（股本）					
						未分配利润					
资产总计						负债和所有者权益总计					

说明：1. 本表由公司下属单位及公司总部编制。

2. 计量单位保留两位整数。

3. 请于2004年×月×日前报至公司预算管理部门。

2012年度资产负债预算结构表

预算表四附表
单位：%

资　产	2009年实际	2010年实际	2011年预计	2012年预算	2013年预测	负债及所有者权益	2009年实际	2010年实际	2011年预计	2012年预算	2013年预测
流动资产合计						流动负债合计					
其中：货币资金						其中：短期借款					
应收账款						应付票据					
其他应收款						应付账款					
存货						其他应付款					
待摊费用						预收账款					
其他流动资产						应付工资					
长期投资合计						应付福利费					
固定资产合计						应交税金					
其中：固定资产原价						预提费用					
固定资产净额						一年内到期的长期负债					
无形及其他资产合计						长期负债合计					
递延税款借项						其中：长期借款					
						递延税款贷项					
						负债合计					
						少数股东权益					
						所有者权益合计					
						其中：实收资本（股本）					
						未分配利润					
资产总计						负债和所有者权益总计					

说明：1. 本表由公司下属单位及公司总部编制。
2. 本表主要反映资产总额（或负债与权益总额）的构成与资产质量的变化情况。
3. 计算结果请保留两位小数。
4. 请于2011年×月×日前报至公司预算管理部门。

2012年国内单位生产经营预算

预算表五
单位：万元、人

企业名称	合同额				营业额				利润总额（含消潜）				年末在岗职工人数				附：当年结转任务量	
	2010年实际	2011年预计	2012年预算	2013年预测	2010年实际	2011年预计	2012年预算	2013年预测	2010年实际	2011年预计	2012年预算	2013年预测	2010年实际	2011年预计	2012年预算	2013年预测	2010年实际	2011年预计
总　　计																		
一、二级单位总部小计																		
××分公司（经理部）																		
××分公司（经理部）																		
……																		
二、二级单位所属企业小计																		
××公司																		
××公司																		
××公司																		
××公司																		
……																		

说明：1. 本表由公司所属国内单位汇总编制。
2. 利润总额（含消潜）＝利润总额＋当年在损益中消化的潜亏与挂账。
3. 当年结转任务量＝上一年末待施工程合同量＋本年承包工程新签合同额－本年完成的施工产值
4. 请于2011年×月×日前报至公司预算管理部门。

2012 年度国内单位新签合同额预算

预算表六
单位：万元、％

地区分类	2009年实际		2010年实际		2011年预计		2012年预算		2013年预测		备注
	小计	其中：使用公司资质	小计	其中：使用公司资质	小计	其中：使用公司资质	小计	其中：使用公司资质	小计	其中：使用公司资质	
总　计											
1. 北京市											
2. 上海市											
3. 天津市											
4. 重庆市											
5. 深圳市											
6. 广州市											
7. 武汉市											
8. 贵阳市											
9. 长沙市											
10. 郑州市											
11. 济南市											
12. 沈阳市											
13. 西安市											
14. 南京市											
15. 兰州市											
16. 青岛市											
17. 大连市											
18. 海口市											
19. 成都市											
20. 其他城市											

说明：1. 本表由公司下属国内施工单位按照业务所在城市汇总编制。

2. 在本表列举城市之外开展业务的，直接计入"其他城市"合计栏。

3. 使用公司资质承揽项目包括下属单位为承接项目而自愿使用和公司根据融资需要而硬性安排两部分。

4. 请于2011年×月×日前报至公司预算管理部门。

2012年度国内单位分行业合同额预算

预算表六附表1
单位：万元

行业分类	2009年实际		2010年实际		2011年预计		2012年预算		2013年预测		备注
	数量	占全部合同额的比例%	数量	占全部合同额的比例%	数量	占全部合同额的比例%	数量	占全部合同额的比例%	数量	占全部合同额的比例%	
总　计											
一、商用住宅											
二、公共建筑											
三、能源项目											
四、交通项目											
五、工业项目											
六、通讯项目											
七、其他项目											

说明：1. 本表由公司下属国内施工单位汇总编制。

2. 有关行业分组请参照企业统计报表制度的相关内容。

3. 请于2011年×月×日前报至公司预算管理部门。

2012年度国内施工单位新签项目经营方式预算

预算表六附表2
单位：万元、％

企业名称	2009年实际			2010年实际			2011年预计			2012年预算			2013年预测		
	合同额数量	不同经营方式所占比例％		合同额数量	不同经营方式所占比例％		合同额数量	不同经营方式所占比例％		合同额数量	不同经营方式所占比例％		合同额数量	不同经营方式所占比例％	
		自营	委托经营		自营	委托经营		自营	委托经营		自营	委托经营		自营	委托经营
总 计															
一、二级单位总部小计															
××分公司（经理部）															
××分公司（经理部）															
……															
二、二级单位所属企业小计															
××公司															
××公司															
××公司															
××公司															
……															

说明：1. 本表由公司所属国内施工单位汇总编制。

2. 自营项目（亦称直接经营项目）是指我方对所承揽项目的施工实行自我管理，拥有项目班子、分包队伍选择权，材料物资和机械设备实现统一采购或调派，工程价款统一与业主进行结算，并承担合同规定的全部责任。实行项目股份制中我方占控股地位的项目视同自营项目。

3. 凡自营以外的项目归为委托项目（亦称联营项目），包括挂靠、我方不占控股地位的股份制项目等形式。

4. 有关比例的计算公式为自营项目（或委托经营项目）所占合同额/企业当年承揽的工程项目合同额×100％

自营项目比例＋委托项目比例＝100％

5. 请于2011年×月×日前报至公司预算管理部门。

2012年海外经营预算

预算表七
单位：万元

地区分类	合同额						营业额							利润总额（含消潜）			年末在外人员			附：2011年底结转任务量
	2010年实际		2011年预计		2012年预算		2010年实际		2011年预计		2012年预算			2010年实际	2011年预计	2012年预算	2010年实际	2011年预计	2012年预算	
	小计	其中：承包工程	小计	其中：承包工程	小计	其中：承包工程	小计	其中：承包工程	小计	其中：承包工程	小计	其中：承包工程	房地产							
总　计																				
1. 中国大陆																				
2. 港澳地区																				
3. 韩国																				
4. 越南																				
5. 泰国																				
6. 新加坡																				
7. 菲律宾																				
8. 印度																				
9. 巴基斯坦																				
10. 阿联酋																				
11. 卡塔尔																				
12. 伊拉克																				
13. 阿尔及利亚																				
14. 埃及																				
15. 利比亚																				
16. 博茨瓦纳																				
17. 美国																				
18. 巴巴多斯																				
19. 巴西																				
……																				
……																				

说明：1. 本表由公司负责海外经营的部门根据其所管理的海外机构情况汇总编制。国内单位中有开展海外经营的单位亦应编制本预算，并需特别注明是否使用公司对外经营资格开展业务。
2. 凡在本表列举国家（或地区）之外开展业务的，直接计入"其他"合计栏。
3. 2011年底结转任务量＝2010年末待施承包工程合同额＋2011年新签承包工程合同额－2010末年承包工程营业额。
4. 年末在外人员是指年度末由中国大陆派驻海外机构工作的人员，包括再次派遣在内地工作的人员。
5. 请于2011年×月×日前报至公司预算管理部门。

2012 年度投资预算

预算表八
单位：万元

项目名称	项目计划投资总额				2011 年投资支出		截止2011年末累计完成投资	2012 年投资支出预算			
	小计	其中：			下达预算	预计完成		小计	其中：		
		自有资金	银行贷款	其他资金					自有资金	银行贷款	其他资金
总　计											
一、续建项目											
(一)固定资产投资											
1. 限额以上项目小计											
××项目											
××项目											
……											
2. 限额以下项目小计											
(二)更新改造投资											
分组同上											
(三)资本性投资											
分组同上											
(四)房地产投资											
分组同上											
(五)工程承包投资											
1. BT 项目投资											
(1)限额以上项目小计											
××项目											
××项目											
……											
(2)限额以下项目小计											
2. 工程垫资											
分组同 BT 项目											
(六)其他投资											
分组同固定资产投资											
二、新建项目											
分组同续建项目											

说明：1. 本表由公司下属单位和公司总部分别汇总编制，预算期投资应纳入现金流量预算。
2. 资本性投资是指新设公司、增加原有企业的资本投入、兼并或收购其他企业等。
3. 凡是符合下列条件的项目均须逐一列示：
   固定资产投资在 100 万元以上；
   更新改造单体设备投资在 50 万元以上；
   资本性投资在 500 万元以上；
   房地产投资在 1000 万元以上；
   BT 项目投资在 1000 万元以上；
   工程垫资项目在 500 万元以上；
   其他投资在 100 万元以上。
4. 请于 2011 年×月×日前报至公司预算管理部门。

2012 年度投资收益预算

预算表九
单位：万元

项目	投资金额	投资收益		变动说明		预测根据说明
		2011年预计	2012年预算	增减变动率	原因说明	
总　计						
一、股票投资收益（请列出主要明细）						
1. 现金红利收入						
2. 权益法下的投资收益						
3. 出售股票投资收益（损失）						
二、债券投资收益（请列出主要明细）						
1. 利息收入						
2. 债券处置收益（损失）						
三、投资子公司收益(请列出主要明细)						
1. 现金红利收入						
2. 权益法下的投资收益						
3. 出售子公司的投资收益						
四、其他投资（请列出主要明细）						
1. 现金红利收入						
2. 权益法下的投资收益						
3. 出售其他投资收益（损失）						

说明：1. 本表由公司下属单位按自身投资收益编制。

2. 凡某一明细投资收益金额超过该大类合计数金额20%以上者，须单独列示。

3. 本表请于2011年度×月×日前报至公司预算管理部门。

2012 年度应收款项回收预算

预算表十
单位：人民币万元

项 目 名 称	2009 年末实际数	2010 年末实际数	2011 年末预计数	2012 年末预算	2013 年末预测	回 收 率		
						2010 年实际	2011 年预计	2012 年预算
应收款项余额总计								
其中：1. 一年以内								
2. 一至二年								
3. 二至三年								
4. 三年以上								
应收款项净额总计								
一、应收账款余额								
其中：1. 一年以内								
2. 一至二年								
3. 二至三年								
4. 三年以上								
应收账款净额								
二、其他应收款余额								
其中：1. 一年以内								
2. 一至二年								
3. 二至三年								
4. 三年以上								
其他应收款净额								

说明：1. 本表由公司下属单位填报。应收款项包括应收账款净额、其他应收款净额两部分。

2. 应收款项回收率＝［1－（应收款项期末数－应收款项期初数）/主营业务收入］×100%

仅在应收款项净额"总计"栏填写回收率。

3. 本表请于 2011 年×月×日前报至公司预算管理部门。

2012年度重大拖欠项目清收预算

预算表十附表
单位：万元、％

被拖欠项目名称	截止报告期年末累计拖欠金额			2012年		2012年预计被拖欠金额	备注
	小　计	截止10月末拖欠金额	预计11～12月份新发生拖欠金额	全年回收预算	当年回收金额占全部拖欠金额的比例		
甲	1	2	3	4	5	6	7
总　　计							
一、截止2003年年底拖欠项目小计							
1. 竣工已结算							
××项目							
××项目							
……							
2. 竣工未结算							
××项目							
××项目							
……							
3. 竣工未办理验收							
××项目							
××项目							
……							
4. 在建工程							
××项目							
××项目							
……							
二、2004年新增拖欠项目小计							
分组同上							
……							

说明：1. 本表由公司下属单位汇总编制。

2. 重大拖欠项目是指报告期末拖欠金额在3000万元以上的项目。

3. 预计11～12月份新发生拖欠金额是指在当期拖欠与回收相抵后的净额。

4. 本表请于2011年×月×日前报至公司预算管理部门。

2012 年度银行借款归还预算

预算表十一
单位：万元人民币

项目名称	2011年末银行借款本金余额	2012年应还本付息			2012年归还预算				2012年新增贷款本金预算	预计2012年末借款本金余额
		小计	其中：		小计	其中：				
			应付本金	应付利息		展期	自有资金	其他		
总　计										
一、本部										
××银行										
××银行										
二、下属单位										
1.××企业										
××银行										
××银行										
2.××企业										
××银行										
××银行										

说明：1. 本表由公司下属单位和公司总部汇总编制。
2. 编制本部预算时请按银行名称列示在该行下总的贷款情况。下属单位亦按单位分银行逐一列示。
3. 对于使用公司担保贷款情况请按使用单位分银行列示。
4. 计算单位为万元人民币，外币贷款请折算为人民币，美元与人民币的汇率统一按1∶6.3计算。
5. 用"展期"方式归还银行借款包括实际从银行获得的展期和用银行贷款借新还旧方式归还两种形式。凡不涉及用展期、自有资金方式归还的列入"其他"项下，如借用其他单位资金归还等。
6. 计算贷款利息时，合同有明确利率的，按规定计算；利率不明确的，按预算编制时银行同类贷款利率计算。
7. 2012年末新增银行借款本金＝2012年末银行贷借款本金余额－2011年末银行借款本金余额。"2012年应还本付息"小计数＝"2012年归还预算"小计数，两者从不同的角度阐述了到期银行贷款应归还的数量及归还的方式。
8. 表中数字请在四舍五入后保留整数。
9. 本表请于2011年×月×日前报至公司预算管理部门。

补充情况：
1. 公司批准综合授信额度：2011年末＿＿＿＿＿万元，2012年预计＿＿＿＿＿万元；
2. 实际使用综合授信额度：2009年末＿＿＿＿＿万元，2010年预计＿＿＿＿＿万元；
3. 公司担保贷款：2011年末＿＿＿＿＿万元，2012年预计＿＿＿＿＿万元；
4. 实际使用担保贷款：2011年末＿＿＿＿＿万元，2012年预计＿＿＿＿＿万元。

2012年度银行贷款归还预算

预算表十一附表

单位：万元

贷款行名称	2011年末贷款余额预计	2012 年 归 还 预 算												备注
		全年小计	1月	2月	3月	4月	5月	6月	7月	8月	9月	10月	11月	12月	
总　　计															
一、贷款本金															
（一）本部															
1. 人民币贷款															
××银行															
××银行															
2. 外汇贷款															
××银行															
××银行															
（二）下属单位															
1.××单位															
××银行															
2.××单位															
××银行															
二、利息															
（一）本部															
1. 人民币部分															
2. 外汇部分															
（二）下属单位															
××单位															
××单位															

说明：1. 本表由公司下属单位和公司总部汇总编制。
2. 请在备注栏注明使用公司贷款担保的归还情况。
3. 本表总计中"全年小计"栏应与预算表十中2012年"本息合计"栏相衔接。
4. 涉及本部还款的应按币种分银行列示，下属单位按单位分银行逐一列示。
5. 保留整数。
6. 本表请于2011年度×月×日前报至公司预算管理部门。

2012年人力资源预算

预算表十二

指 标 名 称	2009年实际		2010年实际		2011年预计		2012年预算		备注
	年末数	年均数	年末数	年均数	年末数	年均数	年末数	年均数	
总 计									
一、在岗职工									
1. 各级机关人员									
1) 管理人员									
其中：营销人员									
工程技术及科研人员									
商务合约及法律人员									
人力资源管理人员									
财会人员									
政工人员									
2) 机关后勤及其他人员									
2. 项目人员									
1) 项目管理人员									
其中：项目经理									
工程技术人员									
商务合约人员									
2) 项目上直接从事作业的人员									
3. 其他人员									
其中：企业办社会人员									
二、不在岗职工									
1. 内退人员									
2. 下（待）岗人员									
三、其他从业人员									
1. 成建制外联队伍									
2. 聘用的离退休人员									
3. 聘用的港澳台和外籍人员									
附：下岗再就业人员									

说明：
1. 本表由公司下属单位和公司总部汇总编制。
2. 年平均数＝（年末数＋年初数）/2
3. 各级机关管理人员是指公司以下各二级、三级单位以及其所属分公司、区域公司中从事机关管理工作的人员。
4. 企业办社会人员包括在公司自办的学校、医院、社区、派出所等社会职能机构中工作的自有在岗人员。
5. 下岗再就业人员是指从公司所属单位内下岗后又被系统内单位接纳吸收重新上岗人员。
6. 请于2011年×月×日前报至公司预算管理部门。

2012年工资总额预算

预算表十三
单位：万元

指 标 名 称	2010年实际	2011年			2012年预算	备 注
		总公司预算	预计完成	完成预算%		
总　　计						
一、在岗职工工资总额小计						
其中：各级机关职工工资总额						
各类项目职工工资总额						
企业办社会人员工资总额						
二、不在岗职工工资总额小计						
其中：内退人员生活费						
下岗职工基本生活费						
三、其他从业人员工资总额小计						

说明：1. 本表由公司下属单位和公司总部汇总编制。

2. 本表应以人力资源预算中的人数为基础进行编制。

3. 请于2011年×月×日前报至公司预算管理部门。

2012 年国内单位资金集中管理目标预算

预算表十四
单位：个、万元

企 业 名 称	2010 年 实 际			2011 年 预 计			2012 年目标预算			备注
	项目自行控制账户数	期末存款余额	财务机构数	项目自行控制账户数	期末存款余额	财务机构数	项目自行控制账户数	期末存款余额	财务机构数	
总　　计										
一、二级单位总部小计										
××分公司（经理部）										
××分公司（经理部）										
……										
二、二级单位所属企业小计										
××公司										
××公司										
××公司										
××公司										
……										

说明：1. 本表由公司下属国内单位汇总编制。

2. 请于 2011 年×月×日前报至公司预算管理部门。

2012年国内单位材料费及采购方式目标预算

预算表十五
单位：万元

企业名称	2011 年 预 计						2012 年 目 标 预 算					
	小计	业主自供和指定价格数量	法人层次集中采购	分公司层次采购	项目经理部自行采购	分包采购	小计	业主自供和指定价格数量	法人层次集中采购	分公司层次采购	项目经理部自行采购	分包采购
总　计												
一、二级单位总部小计												
××分公司（经理部）												
××分公司（经理部）												
……												
二、二级单位所属企业小计												
××公司												
××公司												
××公司												
××公司												
……												
……												

说明：1. 本表由公司下属国内单位汇总编制。

2. 请于2011年×月×日前报至公司预算管理部门。

参 考 文 献

1. 朱志刚、张冀湘主编．控股公司组织与管理——模式比较与案例分析．北京：中国社会科学出版社，1994年7月
2. 周剑浩．"建设工程欠款优先受偿"的理解与适用
3. 中华人民共和国国家统计局．2004中国统计年鉴．北京：中国统计出版社
4. 中华人民共和国国家统计局．中国统计年鉴．北京：中国统计出版社，2002年9月
5. 中国经济呈菱形四角增长．人民日报，2002年6月7日
6. 中国建筑业改革与发展研究报告编委会．中国建筑业改革与发展研究报告．2003年
7. 芝加哥大学商学院、欧洲管理学院、密歇根大学商学院、牛津大学赛德商学院联合编辑．把握战略-MBA战略精要．王智慧，译．北京：北京大学出版社，2003年1月
8. 曾肇河．建筑业企业价值链管理探索．建筑经济，2004年6月
9. 曾肇河．国有建筑企业如何切实提高企业执行力．建筑，2004年10月
10. 余绪缨，等编著．管理会计学．北京：中国人民大学出版社出版，1999年8月
11. 姚先成．在大型工程项目上的国际合作-浅论联营公司的运作和管理．土木工程学报（建设工程与管理分册），2002年2月第1卷第1期
12. 杨慎．房地产与国民经济．中国建筑工业出版社，2002年，218
13. 杨蕙馨．从技术角度对企业内部组织演进的考．文史哲，2003年3月
14. 夏冬林．会计学．北京：清华大学出版社，2003年9月第1版
15. 夏冬林．会计学——财务会计部分讲义．清华大学经济管理学院，2003年9月
16. 魏杰．企业制度安排——企业存亡诊断书．北京：中国发展出版社，2002年4月
17. 王众托．知识系统工程．北京：科学出版社，2004年2月
18. 王盈均、杨承．WTO与中国建筑业．北京：中国建筑工业出版社，2002年5月
19. 王晓瑜．入世后的中国房地产业．北京：中国建筑工业出版社，2002
20. 王璞．母子公司管理．北京：中信出版社，2003年8月
21. 王宁．美国、加拿大工程公司开展工程总承包项目管理的考察报告（上、下）．建筑经济，2003年第4期（总第246期）、同年第5期（总第247期）
22. 汪治平．建设工程价款优先受偿权的若干问题
23. 唐斯、梅振家．Kill App——12步打造数位企业．邱文宝，译．[台湾]天下远见出

版股份有限公司出版，2000年1月7日
24. 苏米特拉·杜塔、让-弗朗李瓦·曼佐尼．过程再造、组织变革与绩效改进．焦叔斌，等译．北京：中国人民大学出版社，麦格劳—希尔教育出版集团，2001年10月
25. 石本仁．公司治理与中国会计改革。广州：广东人民出版社，2000年4月
26. 上海建工股份有限公司1998年上市招股书，以及历年年报、半年报、重大事项公告等文件资料
27. 冉秋红．战略成本管理的思想与方法．经济管理
28. 平狄克，鲁宾费尔德．微观经济学．北京：中国人民大学出版社，1997年
29. 彭诚信．合同法第286条的权利定性．吉林大学法学院
30. 潘明惠．信息化工程原理与应用。北京：清华大学出版社，2004年1月
31. 宁向东．国有资产管理与公司治理．北京：企业管理出版社，2003年3月
32. 宁向东．公司组织与治理课程讲义．2004年3月
33. 南怀瑾．原本大学微言．北京：世界知识出版社，2000年7月
34. 美国工程新闻周刊，www.enr.com
35. 马智亮、吴炜煜、彭明．实现建设领域信息化之路．北京：中国建筑工业出版社，2002年1月
36. 林有娴．公司董事——权力与责任．天地图书有限公司
37. 梁能主编，尹尊声、李玲、李惠眉，副主编．公司治理结构：中国的实践与美国的经验．北京：中国人民大学出版社，2000年4月
38. 梁彗星．合同法第286条的权利性质及其适用
39. 理查·奥立佛．预约2050年：未来企业制胜的七大谋略．乐为良、董育群，译．[台湾] 美商麦格罗·希尔国际股份有限公司台湾分公司出版，1999年11月
40. 李荣融，等．企业财务管理信息化指南．北京：经济科学出版社，2001年7月
41. 李坤岳．加强建筑企业战略管理的几点思考．中建三局改革办
42. 金占明、马力．中国著名企业战略管理。北京：清华大学出版社，2000年4月
43. 金香梅．要积极培育发展工程总承包和工程项目管理企业-访建设部建筑市场管理司张鲁风司长．《建筑》，2003年第4期
44. 姜汝祥．中国超一流离世界一流有多远？——从战略角度剖析海尔与GE的差距．经济观察报，2002年9月23日
45. 江伟．我国建筑业物流供应链管理探究．建筑经济，2003年第5期（总第247期）
46. 江平．中华人民共和国合同法精解．北京：中国政法大学出版社，1999年3月
47. 建设部文件．关于培育发展工程总承包和工程项目管理企业的指导意见．建筑经济，2003年第3期（总第245期）
48. 霍国庆．企业战略信息管理．北京：科学出版社，2001年8月
49. 黄群慧，等．管理信息化：新世纪生产管理变革的主线．广州广东经济出版社出版，2001年9月
50. 胡建华．建筑项目联营承包实践对我国承建商的借鉴．建筑经济，2003年第2期（总第244期）
51. 胡斌．企业组织再造的经济学分析．技术经济，第6期（总第150期），2000年

52. 胡鞍钢. 影响决策的国情报告. 北京：清华大学出版社，2002年12月
53. 国民经济和社会发展第十个五年计划纲要. 人民日报，2001年3月18日
54. 郭全益. 策略管理. ［台湾］，高雄复文图书出版社，1995年5月
55. 菲利普·科特勒. 营销管理. 北京：中国人民大学出版社、Prentice Hall 出版公司，2001年，79～80
56. 方博亮. 管理经济学. 张初愚，译. 清华大学经济管理学院，2003年7月
57. 戴维·马歇尔，韦恩·麦柯马纳斯著. 会计学——数字意味着什么. 北京：人民邮电出版社，2003年
58. 陈剑、王众托、蓝伯雄. 信息管理讲义. 清华大学经济管理学院，2004年6月
59. 陈建文. 会计学——管理会计部讲义. 清华大学经济管理学院，2003年9月
60. 陈国权. 组织行为学讲义. 清华大学经济管理学院，2003年3月
61. 杨栋. 建筑公司绩效管理. 北京：中国建筑工业出版社，2006年12月
62. 尤建新、曹吉鸣. 建筑企业管理. 北京：中国建筑工业出版社，2008年6月
63. 谢颖. 建筑施工企业管理. 武汉：华中科技大学出版社，2008年10月
64. 刘志强. 建筑企业管理. 武汉：武汉理工大学出版社，2008年9月
65. 李彬、张明媚、陶红霞. 建筑企业经营管理. 北京：机械工业出版社，2008年9月
66. 田金信. 建筑企业管理学. 北京：中国建筑工业出版社，2009年7月
67. 贺志东. 建筑施工企业财务管理. 广东省出版集团图书发行有限公司，2010年08月
68. 财政部统计评价司编. 2003年企业绩效评价标准值. 经济科学出版社，2003年
69. Stephen L. Slavin. 经济学导论（上下册）. 刘迎秋，译. 五南图书公司印行，1996年10月
70. Richard Lynch. 公司战略. 昆明：云南大学出版社，2001年，4～89
71. 最高人民法院关于建设工程价款优先受偿权问题的批复（法释［2002］16号）. 2002年6月11日最高人民法院审判委员会第1225次会议通过
72. 中国房地产市场年鉴（2000—2001）. 北京：中国计划出版社，2001年9月
73. 微软公司战略研究报告. 中国华为公司战略研究报告. 福特公司战略研究报告. 宏基公司战略研究报告
74. 企业国有资产管理暂行条例起草小组. 国有资产监督管理暂行条例释义. 北京：中国法律出版社，2003年7月
75. ［英］Richard Lynch. 公司战略. 周寅、赵占波、张丽华、任润译，张一驰审校. 昆明：云南大学出版社，2001年9月
76. ［英］Bernard Burnes. 变革时代的管理. 任润、方礼兵，译. 昆明：云南大学出版社，2001年9月
77. ［新加坡］莫少昆. 战略管理. 清华大学经济管理学院，2002年12月
78. ［香港］白重恩. 管理经济学讲义. 清华大学经济管理学院，2003年7月
79. ［美］詹姆斯·钱匹. 企业X再造. 阎正茂，译. 北京：中信出版社，2002年8月
80. ［美］于刚. 运营管理讲义. 清华大学经济管理学院，2003年10月
81. ［美］小瑞芒德·麦克劳德、乔治·谢尔. 管理信息系统（第10版）. 北京：电子工业出版社，2004年2月第3次印刷

82. [美] 韦尔奇. 韦尔奇经理法则全书. 谢德高, 编译. 九州出版社, 2002年1月
83. [美] 唐·泰普史考特. N 时代：主导二十一世纪数位生活的新新族群. 陈晓开、袁世佩, 译, 王士明, 校. [台] 美商麦格罗·希尔国际股份有限公司台湾分公司出版, 1998年9月
84. [美] 唐·泰普史考特、亚力·罗威、大卫·堤可. 新经济——数位世纪的新游戏规则. 乐为良、陈晓开、梁美雅, 译. [台] 美商麦格罗·希尔国际股份有限公司台湾分公司出版, 1999年11月
85. [美] 斯蒂格利茨. 经济学. 吴敬琏, 校, 梁小民、黄险峰, 译. 北京：中国人民大学出版社, 2000年12月
86. [美] 斯蒂芬·哈格、梅芙·卡明斯、唐纳德·J·麦卡布雷. 信息时代的管理信息系统（第四版）. 严建援, 等译. 北京：机械工业出版社, 2004年3月
87. [美] 佩葛·纽豪瑟、雷·维德、柯克·史壮伯格. 再造企业纲领文化. 曾育慧, 译. [台湾] 商周出版, 2001年10月23日
88. [美] 迈克尔·波特. 竞争优势（上、下册）. 李明轩、邱如美, 译. （台湾）. 天下远见出版股份有限公司出版, 1999年1月
89. [美] 迈克尔·D·波顿. 大话管理100年. 文岗, 译. 北京：中国纺织出版社, 2003年2月
90. [美] 迈克尔·波特、加里·哈默尔、亨利·明茨伯格、迈克尔·汉默, 著, 刘守英, 主编. 战略——45位战略家谈如何建立核心竞争力. 北京：中国发展出版社, 2002年4月
91. [美] 迈克尔·A·波特、R·杜安·爱尔兰、罗伯特·E·霍斯基森等. 战略管理. 吕巍等, 译. 北京：机械工业出版社, 2002年7月
92. [美] 马库斯·白金汉 & 柯特·科夫曼. 首先, 打破一切常规. 鲍世修, 等译, 方晓光译, 校. 北京：中国青年出版社, 2002年5月
93. [美] 罗伯特·N·安东尼·大卫, F·霍金斯、肯尼斯·A·麦钱特. 会计：教材与案例, 管理会计分册（第10版）. 北京：机械工业出版社, 2001年2月
94. [美] 丹尼尔·科勒兹, 等. 麦肯锡分析. 乔迪、韩可弟, 编译. 海口：海南出版社, 2002年7月
95. [美] 比尔·盖茨. 未来时速：数字神经系统与商务新思维. 姜显璟、姜明, 译, 刘树森, 校, 北京：北京大学出版社, 1999年4月
96. [美] 埃德温·曼斯菲尔德. 管理经济学（第3版）. 王志伟, 等译. 北京：经济科学出版社, 1999年7月
97. [美] Shapiro 博士. 国际财务管理. 张碧霜, 译, 中国台湾西书出版社, 1998年6月
98. [美] Ronald H. Ballon. 企业物流管理——供应链的规划、组织和控制. 王晓东、胡瑞娟, 等译. 北京：机械工业出版社, 2003年3月
99. [美] N·格利高利·曼昆. 宏观经济学（第四版）. 梁小民, 译, 北京：中国人民大学出版社, 2000年12月
100. [美] Charles W. L. Hill、Gareth R. Jones. 策略管理. 黄营杉, 译. 华泰文化事业

公司出版，1999 年 5 月
101. ［加］林志军. 会计信息系统原理与应用. 大连：东北财经大学出版社，1999 年 12 月
102. 傅仁章. 中国建筑业的兴起. 北京：中国建筑工业出版社，1996，3～4
103. ［日］中村实、渡边和宣、本间峰一、坂田健司、石川昌平、细贝隆. SAP 革命. 谢明宏，译. ［台］迪茂国际出版公司，2000 年 4 月
104. ［美］斯蒂芬·P·罗宾斯. 组织行为学. 孙建敏、李原，等译. 北京：中国人民大学出版社，1997 年 12 月
105. ［美］麦克尔·哈默. 企业行动纲领. 赵学凯、王建南、房成鑫，译. 北京：中信出版社，2002 年 8 月
106. ［美］迈克尔·E·哈特斯利、林达·麦克詹妮特. 管理沟通——原理与实践. 李布、赵宇平，等译. 北京：机械工业出版社，2000 年 5 月

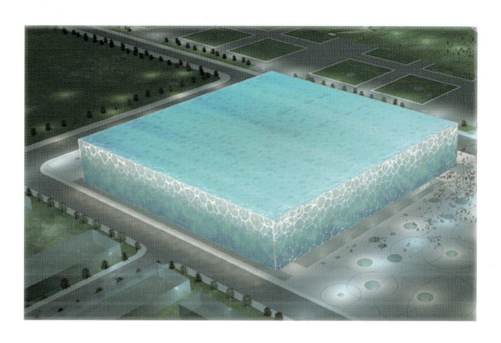

国家游泳中心

由中建一局建设发展公司施工总承包建设,于2008年4月竣工,合同额66亿元人民币,建筑面积6.28万平方米。

中央电视台新址

由中建总公司施工总承包建设,合同额46.5亿元人民币,建筑面积49万平方米。

上海环球金融中心

由中国建筑工程总公司/上海建工（集团）总公司联合体施工总承包建设，于2007年12月竣工，合同额39亿元人民币，建筑面积37.7万平方米。

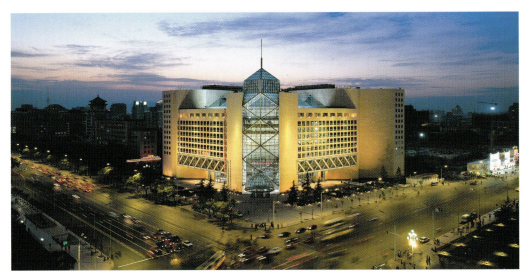

北京中国银行大厦

由中建建筑承包公司施工总承包建设，于2000年12月竣工，合同额21.5亿元人民币，建筑面积17.5万平方米。

北京中国国际贸易中心三期

由中建一局建设发展公司施工总承包建设,于 2009 年 6 月竣工,合同额 16 亿元人民币,建筑面积 37 万平方米。

成都双流机场新航站楼

由中建三局股份公司工程总承包公司施工总承包建设,于 2011 年 9 月竣工,合同额 3.8 亿元人民币,建筑面积 30 万平方米。

酒泉卫星发射基地

由中建八局三公司施工总承包建设，于 1996 年 12 月竣工，合同额 1.2 亿元人民币，建筑面积 3 万平方米。

广州珠江新城西塔

由中建总公司施工总承包建设，于 2009 年 11 月竣工，合同额 11 亿元人民币，建筑面积 45 万平方米。

深圳地王大厦

由中建三局一公司施工总承包建设,于 1996 年 1 月竣工,合同额 0.87 亿元人民币,建筑面积 27 万平方米。

岭澳核电站

由中建二局深圳分公司施工总承包建设,于 2010 年 1 月竣工,合同额 11 亿元人民币。

深圳湾体育中心

由中建三局二公司施工总承包建设，于 2010 年 12 月竣工，合同额 20 亿元人民币，建筑面积 25.6 万平方米。

北京中海广场

由中海地产投资，中建三局二公司施工总承包建设，于 2008 年 12 月竣工，合同额 7.6 亿元人民币。

广州中海康城

由中海地产投资,中建八局广州公司施工总承包建设,合同额0.88亿元人民币,建筑面积14万平方米。

中国石油大厦

由中建一局建设发展公司施工总承包建设,于2007年8月竣工,合同额18亿元人民币,建筑面积20万平方米。

陕西蓝商高速

由中建二局土木公司、中建四局路桥公司、中建五局五公司承包建设，于 2008 年 10 月竣工，合同额 7.2 亿元人民币。

西安大唐芙蓉园

由中建西北院设计。

西安中建开元壹号
由中建地产投资,中建-大成建筑有限责任公司施工承包建设。

中国驻美大使馆
由中国建筑工程总公司施工总承包建设，于 2008 年 7 月竣工。

香港迪斯尼乐园
由中建香港公司施工总承包建设，于 2005 年 5 月竣工，合同额 6 亿元人民币。

阿尔及利亚阿尔及尔国际机场

由中国建筑工程总公司施工总承包建设,于 2006 年 1 月竣工,合同额 16 亿元人民币,建筑面积 8.8 万平方米。

阿联酋棕榈岛

由中国建筑工程总公司施工总承包建设,于 2005 年 5 月竣工,合同额 13.7 亿元人民币。

香港中环填海第三期

由中建香港施工总承包建设，于 2008 年 9 月竣工，合同额 18 亿元人民币。

泰国拉玛八士皇大桥

由中国建筑工程总公司施工总承包建设，于 2000 年 10 月竣工，合同额 1.6 亿元人民币。

巴基斯坦人马座大酒店
　　由中国建筑工程总公司施工总承包建设,于2010年1月竣工,合同额17.6亿元人民币,建筑面积32万平方米。

美国亚历山大·汉密尔顿大桥

　　由中国建筑股份有限公司施工总承包建设，预计于 2013 年竣工，合同额 28 亿元人民币。